경기도
공공기관
통합채용

NCS직업기초능력평가

경기도
공공기관 통합채용
NCS 직업기초능력평가

개정1판 발행   2023년 9월 8일
개정2판 발행   2025년 3월 21일

편 저 자 | 취업적성연구소
발 행 처 | (주)서원각
등록번호 | 1999-1A-107호
주   소 | 경기도 고양시 일산서구 덕산로 88-45(가좌동)
대표번호 | 031-923-2051
팩   스 | 031-923-3815
교재문의 | 카카오톡 플러스 친구 [서원각]
홈페이지 | goseowon.com

우리나라 기업들은 1960년대 이후 현재까지 비약적인 발전을 이루었다. 이렇게 급속한 성장을 이룰 수 있었던 배경에는 우리나라 국민들의 근면성 및 도전정신이 있었다. 그러나 빠르게 변화하는 세계 경제의 환경에 적응하기 위해서는 근면성과 도전정신 이외에 또 다른 성장 요인이 필요하다.

최근 많은 공사·공단에서는 기존의 직무 관련성에 대한 고려 없이 인·적성, 지식 중심으로 치러지던 필기전형을 탈피하고, 산업현장에서 직무를 수행하기 위해 요구되는 능력을 산업부문별·수준별로 체계화 및 표준화한 NCS를 기반으로 하여 채용공고 단계에서 제시되는 '직무 설명자료'에서 제시되는 직업기초능력과 직무수행능력을 측정하기 위한 직업기초능력평가, 직무수행능력평가 등을 도입하고 있다.

경기도 공공기관에서도 업무에 필요한 역량 및 책임감과 적응력 등을 구비한 인재를 선발하기 위하여 고유의 필기전형을 치르고 있다. 본서는 경기도 공공기관 채용대비를 위한 필독서로 경기도 공공기관 필기전형의 출제경향을 철저히 분석하여 응시자들이 보다 쉽게 시험유형을 파악하고 효율적으로 대비할 수 있도록 구성하였다.

신념을 가지고 도전하는 사람은 반드시 그 꿈을 이룰 수 있습니다. 처음에 품은 신념과 열정이 취업 성공의 그 날까지 빛바래지 않도록 서원각이 수험생 여러분을 응원합니다.

STRUCTURE

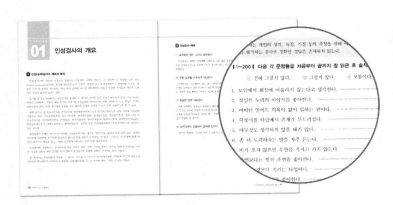

NCS 핵심이론

NCS 직업기초능력 핵심이론을 체계적으로 정리하고 대표유형 문제를 엄선하여 수록하였습니다.

NCS 예상문제

적중률 높은 영역별 출제예상문제를 수록하여 학습효율을 확실하게 높였습니다.

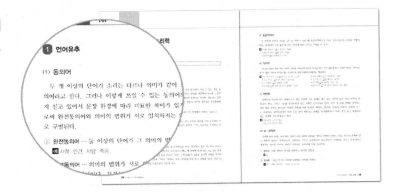

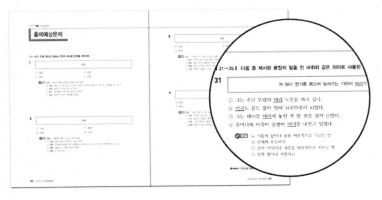

NCS 정답 및 해설

문제의 핵심을 꿰뚫는 명쾌하고 자세한 해설로 수험생들의 이해를 돕습니다.

CONTENTS

PART

I

경기도 공공기관 채용안내

01 경기도 소개

1 '경기(京畿)'의 기원

① **명칭** : 경기라는 이름이 역사에 처음 등장한 것은 1018년(현종 8)이며 왕도인 개경의 외곽지역을 일컬어 '경기'라고 하면서부터이다. '경기제(京畿制)'는 당나라에서 도성 안을 경현, 밖을 기현으로 구분하여 다스렸던 데서 비롯되었으며 고려 성종 때 그 개념을 도입하였고 현종 때 공식적인 명칭으로 경기를 사용하였다.

경기의 기(畿)자를 나누어 보면 전(田;밭)과 과(戈;창), 즉 ㉠ 도성의 관리를 위한 녹봉을 책임지는 곳, ㉡ 도성 방어의 역할을 하는 곳이라는 의미임을 알 수 있다.

② **경기지역** : 경기도를 기전(畿甸)지역이라고 하는데 전라도를 호남, 강원도를 관서·관동 등으로 부르는 것과 같은 맥락이다. 현재의 행정구역을 떠나 지역을 지칭할 때 적합한 개념으로 원래의 경기지역, 즉 인천, 강남(서울), 강화, 충청 일부를 포함하는 땅을 말한다.

2 경기도 기본현황

① **인구** ··· 1,369만 4,685명(2024. 12.)

② **위치** ··· 경기도는 동북아시아에 길게 뻗은 한반도의 서부중앙지역으로 동경 126°와 127°, 북위 36°와 38° 사이에 위치해 있으며, 경기도청의 위치는 동경 127° 0′도와 북위 37° 16′도에 위치해 있다.

③ **면적** ··· 경기도의 면적은 전 국토의 약 10%인 10.185㎢이며 북쪽으로는 86km의 휴전선에 서쪽으로는 332km의 해안선에 접해있으며, 동쪽으로는 강원도, 남쪽으로는 충청도와 인접해 있고 그 중앙에는 서울이 위치하고 있다.

④ **행정구역** ··· 28시, 3군, 17구, 37읍, 103면, 403동

3 경기도 기(旗)

① 도기(道旗)의 관리 : 도기는 '경기도 GI' 이미지를 대표하는 공식적인 시각 상징물로서 제작 시 세심한 주의가 필요하며, 훼손이나 오염을 방지하여 항상 청결하게 관리한다.

② 도기(道旗)의 제작요령

    ㉠ 기면의 길이와 너비는 3 : 2의 비례로 한다.

    ㉡ 도형은 문장을 활용하여 비례 규정에 따라 작도하여 사용한다.

    ㉢ 도기는 필요에 따라 적정한 크기의 동일한 비례로 축소 또는 확대한 규격으로 활용할 수 있다.

    ㉣ 도기 깃봉과 깃대의 제작 기준은 「대한민국국기법」 제7조 제4항부터 제6항까지를 준용한다.

4 문장(紋章)

	문장(紋章)의 의미
 기본형 문장 + 로고타입(국문) 문장 + 로고타입(영문)	㉠ 전체 모형은 경기도 이름의 초성인 한글 'ㄱ, ㄱ, ㄷ'을 상징적으로 표현함. • ㄱ, ㄱ, ㄷ이 하나의 길로 연결되어 곧게 뻗어나가는 모습은 미래의 새로운 길을 제시하고, 도민과 함께 더 나은 내일의 길을 만드는 경기도를 표현함. ㉡ 직선과 곡선의 조화로 유연하고 강직한 경기도의 이미지 전달함. • 왼쪽의 'ㄱ'은 경기도의 '경'을 나타내며, 하단의 우상향 이미지는 '공정한' 가치를 바탕으로 번영하는 미래를 향해 나아가는 경기도를 표현 • 가운데의 'ㄱ'은 경기도의 '기'를 나타내며, 하단의 우상향 이미지는 더 위대한 미래를 위한 '가능성'을 만드는 경기도를 표현 • 오른쪽의 'ㄷ'은 경기도의 '도'를 의미하며, 하단의 수평 이미지는 '다양한' 삶이 공존하는 경기도를 표현

5 슬로건

① 브랜드, 슬로건

	GO GREAT, GYEONGGI
 기본형 GO GREAT, GYEONGGI GO GREAT GYEONGGI 영문 슬로건형	"GO GREAT, GYEONGGI"는 대한민국 대표 지방정부로서 위상을 굳건히 하며, 도민과 함께 더 나은 미래로 번영해 나가는 경기도를 의미함. • 경기도의 영문 머리글자 'G'와 한글 초성 'ㄱ'을 결합하여 경기도의 정체성을 명료하게 전달 • 'G' 하단의 'ㄱ'은 문장 디자인과 연계하여 사선으로 처리하고, 초록색과 파란색의 조화를 통해 새로운 내일의 방향성을 제시하는 경기도 표현 • 이탤릭(Italic) 서체를 통해 미래를 향해 역동적으로 나아가는 선도 이미지 전달

② 도정슬로건 기본형

- ㉠ 경기도 민선 8기의 핵심 가치인 혁신 · 기회 · 통합을 시각적으로 표현한 슬로건입니다.
- ㉡ 유기적인 형태가 겹쳐지는 모습은 유연하고 합리적인 자세로 소통하는 경기도를 의미하며, 비대칭적으로 교차되는 모습은 경기도가 변화와 기회를 계속 완성해 나간다는 의미를 담고 있습니다.
- ㉢ 부드러운 외곽 형태와 대비되는 강한 로고타입은, 대한민국의 중심이자 더 나은 미래를 위한 변화의 중심으로 책임있는 경기도의 자세를 나타냅니다.

③ 도정슬로건 응용형

변화의 중심 기회의 경기

변화의 중심 기회의 경기

도정슬로건 기본형 사용을 우선으로 하나, 기본형 사용이 어려운 상황에서는 응용형 디자인을 사용할 수 있습니다.

6 경기도 상징물

① **도의 나무** … 은행나무
은행나무의 웅대한 모습은 큰 번영을 뜻하며 양질의 목질과 과실을 맺고 신록과 단풍은 관상수로 손꼽힙니다.

② **도의 새** … 비둘기
인류의 영원한 평화를 상징하며 도민 평화를 통한 조국 평화통일의 염원을 담고 있습니다.

③ **도의 꽃** … 개나리
대량으로 도내에서 자생하며 번식이 용이하여 큰 번영을 뜻하고 친근, 명랑, 고귀한 빛을 나타냅니다.

7 지리와 기후

① **경기도의 지형**
- ㉠ 동쪽에서 서쪽으로 흐르는 한강에 의해 남, 북지역으로 나뉘어져서 한수이북은 산간지역, 한수이남지역은 평야지대가 펼쳐져 있습니다.

ⓛ 경기도의 땅모양은 광주산맥과 차령산맥이 동쪽에서 뻗어와 차츰 낮아지는 모습이고 서쪽은 김포, 경기, 평택평야가 넓게 펼쳐져 있습니다. 그래서 예부터 동쪽땅이 높고 서쪽땅이 낮은땅(경동지형)이라 했습니다.

② **경기도의 기온**

　ⓐ 경기도의 기후는 여름과 겨울의 기온차이가 심한 대륙성 기후로서 연평균 기온은 11~13C°로서 북동부 산악지대가 낮고 남서쪽 해안지역이 약간 높습니다.

　ⓛ 1월 평균기온은 경기만 일대가 −4C°, 남한강 유역이 −4~ −6C°이고 북한강과 임진강 유역이 −6 ~ −8C°로 해안에서 내륙으로 갈수록 한랭하고 기온차가 커집니다.

　ⓔ 여름은 겨울보다 지역차가 적으며 내륙지방이 경기만 일대보다 높아 가장 더운 곳은 평택으로 8월 평균기온이 26.5C°입니다.

③ **경기도의 강수량**

　ⓐ 연평균 강수량은 1,100mm내외로 비의 양이 많습니다.

　ⓛ 북동부 내륙지방인 북한강 유역과 임진강 상류는 강수량이 1,300~1,400mm나 되지만 해안지방 강수량이 900mm정도 됩니다.

7 경기도가 하는 일

① 함께 추진하는 일(고속철도 건설, 공항건설 등)

② 잘 할 수 있도록 도와주는 일(주민불편사항 해결 등)

③ 활동을 도와주는 일

④ 교통을 편하게 하는 일

⑤ 하지 못하도록 감시하는 일

⑥ 하천을 보수하는 일

⑦ 119구조대의 응급구조활동

⑧ 문화재 관리

⑨ 일자리제공과 어려운 이웃을 도와주는 일

⑩ 불편을 느끼고 있는 것을 찾아서 개선하는 일

02 경기도 공공기관 채용안내

1 채용인원 및 응시자격

(1) 채용인원
총 25개 기관 130명 선발예정

(2) 응시자격
채용 공공기관별 자격요건에 따름

2 원서접수

(1) 홈페이지 접수
경기도 공공기관 통합채용 홈페이지(http://gg.saramin.co.kr) 접속 후 응시를 희망하는 공공기관을 선택(배너 클릭)하여 접수

(2) 중복지원 불가
중복지원 불가 (하나의 기관, 하나의 모집단위에만 지원 가능)

3 전형 일정

내용	일정	비고
시험공고	2025. 2. 25.(화) 09:00 ~ 3. 17.(월) 17:00	
원서접수	2025. 3. 11.(화) 10:00 ~ 3. 17.(월) 17:00	※ 입사지원서 최종 제출 후에는 수정 불가하며, 최종지원여부를 반드시 확인(수험번호가 발부되어야 최종지원 완료) 또한 입사지원서 삭제는 접수마감일 16시까지 가능
필기시험	2025. 4. 12.(토)	※ 단, 필기시험 일정은 기관의 사정 등에 따라 변경될 수 있음. 필기시험 장소, 유의사항 등 세부사항은 2025.4.3.(목) 17:00이후 통합채용 홈페이지(http://gg.saramin.co.kr)에 공지 예정

점수사전공개	2025. 4. 22.(화) ~ 4. 24.(목)	
필기합격 발표	2025. 4. 29.(화)	
서류 및 면접시험	2025. 5월 이후	※ 기관별 일정에 따름
최종합격	2025. 5월 이후	※ 기관별 일정에 따름

4 필기시험 합격자 결정

(1) 필기시험 합격자 결정

공공기관별 합격자 선정기준에 따름 (공공기관별 공고문 참조)

(2) 기타

① 시험과목, 응시자격, 가산점 등 세부사항은 기관별 통합채용 홈페이지 내 공고문 참조

② 필기시험 이후 일정(서류ㆍ면접 전형, 최종합격자 발표 등)은 공공기관별 채용일정에 의함

5 인성검사 및 공통과목

(1) 1교시 (인성검사)

① **인성검사(공통)** : 전 기관 공통으로 인성검사 시행

② **검사문항** : 210문항 30분

　※ 면접시 참고자료로 활용된다.

(2) 2교시 (NCS직업기초능력평가)

① **NCS직업기초능력평가(공통과목)** : 모든 기관에 공통으로 적용한다.

② **출제영역**

　㉠ **5개 영역** : 의사소통, 수리, 문제해결, 자원관리, 조직이해

　㉡ **출제문항** : 각 10문항씩 총 50문항 출제

　㉢ **시험시간** : 50분

　※ 단, 장애인 구분모집단위에 한하여 제1차 시험 면제(인성검사만 실시)

※ **상세 내용은 기관별 채용 홈페이지 내 채용공고를 참조바랍니다.**

6 기관별 채용인원 및 시험과목

① 경기주택도시공사

㉠ 제1차 시험과목

모집단위(직종·직급)	구분모집	채용인원	시험과목		문항수
일반직(행정직_일반) 6급	일반	8	2교시(50분)	NCS*	50
			3교시(40분)	경영학	20
				회계학	20
일반직(기술직_토목) 6급	일반	5	2교시(50분)	NCS*	50
			3교시(40분)	응용역학	20
				토질역학	20
일반직(기술직_건축) 6급	일반	8	2교시(50분)	NCS*	50
			3교시(40분)	건축계획학	20
				건축시공학	20
일반직(기술직_도시계획) 6급	일반	1	2교시(50분)	NCS*	50
			3교시(40분)	도시계획	20
				도시설계및단지계획	20
일반직(행정직_일반) 6급	보훈	2	2교시(50분)	NCS*	50
			3교시(40분)	경영학	40
채용 합계 인원		24			

㉡ 제3차 시험과목

모집단위(직종·직급)	구분모집	공통과목[1] (60분)	전공과목[2] (90분)
일반직(행정직_일반) 6급	일반	일반논술	경영학+회계학
일반직(기술직_토목) 6급	일반		응용역학+토질역학
일반직(기술직_건축) 6급	일반		건축계획학+건축시공학
일반직(기술직_도시계획) 6급	일반		도시계획+도시설계및단지계획
일반직(행정직_일반) 6급	보훈		경영학

1) 공통과목 : GH공사 역할 및 관련 이슈 등 관련 주제(논술형, 60분)
2) 전공과목 : 해당 직렬의 직무 관련 주제 출제(약술형, 6문항)

② 경기평택항만공사

모집단위(직종 · 직급)	구분모집	채용인원	시험과목		문항수
사무직(사무_사무) 6급	보훈	1	2교시 (50분)	NCS	50

③ 경기관광공사

모집단위(직종 · 직급)	구분모집	채용인원	시험과목		문항수
사무직(사무) 7급(일반/외국어)	일반	2	2교시 (50분)	NCS*	50
			3교시 (40분)	관광학	40
사무직(사무) 7급(기록물)	일반	1	2교시 (50분)	NCS	50
			3교시 (40분)	기록물관리학개론	20
				전자기록관리론	20
채용 합계 인원		3			

④ 경기교통공사

모집단위(직종 · 직급)	구분모집	채용인원	시험과목		문항수
일반직 5급(홍보)	일반	1	2교시(50분)	NCS*	50
일반직 5급(회계)	일반	1	2교시(50분)	NCS*	50
일반직 6급(철도)	일반	2	2교시(50분)	NCS*	50
			3교시(40분)	철도공학	20
				운전이론	20
일반직 6급(회계)	일반	2	2교시(50분)	NCS*	50
			3교시(40분)	회계학	40
일반직 6급(행정)	일반	2	2교시(50분)	NCS*	50
			3교시(40분)	경영학	20
				행정학	20
일반직 6급(교통)	일반	1	2교시(50분)	NCS*	50
			3교시(40분)	교통공학	40
일반직 6급(행정)	장애인	1	해당없음(인성검사만 시행)		
채용 합계 인원		10			

⑤ 경기신용보증재단

모집단위(직종·직급)	구분모집	채용인원	시험과목		문항수
일반직(사무직) 5급	일반	9	2교시 (50분)	NCS*	50
			3교시 (40분)	경영학	20
				경제학	20

⑥ 경기문화재단

모집단위(직종·직급)	구분모집	채용인원	시험과목		문항수
학예연구직 6급 (전시기획운영)	일반	2	2교시(50분)	NCS*	50
			3교시(40분)	박물관학	20
				교육학	20
문화행정직 6급 (일반행정)	일반	1	2교시(50분)	NCS*	50
			3교시(40분)	행정학	20
				회계원론	20
문화행정직 6급 (문화예술사업 기획운영)	일반	1	2교시(50분)	NCS*	50
			3교시(40분)	행정학	20
				예술경영	20
채용 합계 인원		4			

⑦ 경기도경제과학진흥원

모집단위(직종·직급)	구분모집	채용인원	시험과목		문항수
일반직 5급(일반행정)	일반	10	2교시(50분)	NCS	50
일반직 5급(일반행정)	장애	2	해당없음(인성검사만 시행)		
일반직 5급(전산)	일반	1	2교시(50분)	NCS	50
			3교시(40분)	전산학	40
연구직 5급(정책연구)	일반	2	2교시(50분)	NCS	50
			3교시(40분)	경제학	40
채용 합계 인원		15			

⑧ 한국도자재단

모집단위(직종ㆍ직급)	구분모집	채용인원	시험과목		문항수
일반직 주임(안전관리)	일반	1	2교시(50분)	NCS*	50
			3교시(40분)	산업안전 관리론	20
				인간공학 및 시스템 안전공학	20
일반직 사원(홍보)	일반	1	2교시(50분)	NCS*	50
			3교시(40분)	언론학개론	20
				경영학	20
일반직 사원(경영지원)	일반	1	2교시(50분)	NCS*	50
			3교시(40분)	경영학	20
				행정학	20
채용 합계 인원		3			

⑨ (재)경기도수원월드컵경기장관리재단

모집단위(직종ㆍ직급)	구분모집	채용인원	시험과목		문항수
일반직(기술_조경) 9급	일반	1	2교시(50분)	NCS*	50
			3교시(40분)	조경계획및설계	20
				조경관리	20
일반직(기술_전기) 9급	일반	1	2교시(50분)	NCS*	50
			3교시(40분)	전력공학	20
				전기기기	20
채용 합계 인원		2			

⑩ 경기콘텐츠진흥원

모집단위(직종ㆍ직급)	구분모집	채용인원	시험과목		문항수
일반직 8급	일반	3	2교시(50분)	NCS*	50
			3교시(20분)	콘텐츠관련 전공평가	20

⑪ **경기도미래세대재단**

모집단위(직종·직급)	구분모집	채용인원	시험과목		문항수
일반직 7급(일반)	일반/보훈	3	2교시(50분)	NCS*	50
			3교시(40분)	경영학	20
				행정학	20
일반직 7급(청소년지도)	보훈	1	2교시(50분)	NCS*	50
			3교시(40분)	청소년프로그램 개발과 평가	20
				청소년활동	20
일반직 7급(일반)	장애	1	해당없음(인성검사만 시행)		
일반직 7급(회계)	장애	1	해당없음(인성검사만 시행)		
공무직(전문직_환경지도사)6급	일반	1	2교시(50분)	NCS*	50
			3교시(40분)	환경교육론	20
				환경학개론	20
채용 합계 인원		7			

⑫ **경기도농수산진흥원**

모집단위(직종·직급)	구분모집	채용인원	시험과목		문항수
일반직 9급	일반	2	2교시(50분)	NCS*	50
			3교시(40분)	행정학	20
				경영학	20

⑬ **경기복지재단**

모집단위(직종·직급)	구분모집	채용인원	시험과목		문항수
공무직(연구직)	일반	1	2교시(50분)	NCS	50
연구원(나)급	보훈	1	3교시(40분)	사회복지학	40
채용 합계 인원		2			

⑭ 경기아트센터

모집단위(직종 · 직급)	구분모집	채용인원	시험과목		문항수
공연관리직 4급 (장애인오케스트라 운영)	일반	1	2교시 (50분)	NCS	50
공연관리직 5급 (장애인오케스트라 운영)	일반	1			
공연관리직(기획) 7급	일반	1			
경영관리직(행정) 7급	일반	1			
무대기술–음향 기술직 7급	일반	1			
예술직 5등급 (경기필하모닉오케스트라 사무단원)	일반	1			
공무직환경관리지원–경비 1급	일반	1			
공무직환경관리지원–미화 1급	일반	1			
채용 합계 인원		8			

⑮ 경기도평생교육진흥원

모집단위(직종 · 직급)	구분모집	채용인원	시험과목		문항수
일반직 7급 (사업운영 및 일반행정)	일반	1	2교시 (50분)	NCS*	50
일반직 7급 (사업운영 및 일반행정)	보훈	1	3교시 (40분)	교육학	20
				행정학	20
일반직 7급 (사업운영 및 일반행정)	장애	1	해당없음(인성검사만 시행)		
채용 합계 인원		3			

⑯ 경기도의료원

모집단위(직종 · 직급)	구분모집	채용인원	시험과목		문항수
일반직(행정직) 8급 (파주병원–전산)	일반	2	2교시(50분)	NCS*	50
			3교시(20분)	전산학	20

⑰ **경기대진테크노파크**

모집단위(직종 · 직급)	구분모집	채용인원	시험과목		문항수
일반직 5급	일반	3	2교시(50분)	NCS	50

⑱ **차세대융합기술연구원**

모집단위(직종 · 직급)	구분모집	채용인원	시험과목		문항수
공무직-시설직(기계)	일반	1	2교시(50분)	NCS*	50
공무직-보안직(보안)	일반	2			
공무직-미화직(미화)	일반	1			
채용 합계 인원		4			

⑲ **경기도시장상권진흥원**

모집단위(직종 · 직급)	구분모집	채용인원	시험과목		문항수
일반직 5급	일반	5	2교시(50분)	NCS*	50
			3교시(40분)	경영학	40
일반직 5급	장애인	1	해당없음(인성검사만 시행)		
채용 합계 인원		6			

⑳ **경기도사회서비스원**

모집단위(직종 · 직급)	구분모집	채용인원	시험과목		문항수
일반행정직 6급	일반	1	2교시(50분)	NCS*	50
돌봄직	일반	1	3교시(20분)	사회복지학	20
채용 합계 인원		2			

㉑ **경기환경에너지진흥원**

모집단위(직종 · 직급)	구분모집	채용인원	시험과목		문항수
일반직 5급(환경)	일반	1	2교시(50분)	NCS*	50
			3교시(20분)	환경공학	20

㉒ 경기도사회적경제원

모집단위(직종 · 직급)	구분모집	채용인원	시험과목		문항수
일반직 6급	일반	1	2교시 (50분)	NCS*	50
			3교시 (40분)	경영학	40

㉓ 킨텍스

모집단위(직종 · 직급)	구분모집	채용인원	시험과목		문항수
기술전문직 3-다급(사원) (건축)	일반	2	2교시(50분)	NCS	50
			3교시(40분)	건축공학개론	40
기술전문직 3-다급(사원) (기계)	일반	1	2교시(50분)	NCS	50
			3교시(40분)	기계공학개론	40
채용 합계 인원		3			

㉔ 코리아경기도주식회사

모집단위(직종 · 직급)	구분모집	채용인원	시험과목		문항수
일반직 6급	일반	2	2교시(50분)	NCS*	50
일반직 6급	장애인	1	해당없음(인성검사만 시행)		
채용 합계 인원		3			

㉕ 경기도체육회

모집단위(직종 · 직급)	구분모집	채용인원	시험과목		문항수
일반직(행정직_행정) 8급	일반	5	2교시(50분)	NCS*	50
			3교시(40분)	체육상식	20
				경영학	20
공무직	일반	2	2교시(50분)	NCS	50
			3교시(40분)	체육상식	40
채용 합계 인원		7			

PART

II

NCS 핵심이론 및 대표유형

01 NCS 핵심이론

PART ❶ 의사소통능력

❶ 의사소통과 의사소통능력

(1) 의사소통

① 개념 : 사람들 간에 생각이나 감정, 정보, 의견 등을 교환하는 총체적인 행위로, 직장생활에서의 의사소통은 조직과 팀의 효율성과 효과성을 성취할 목적으로 이루어지는 구성원 간의 정보와 지식 전달 과정이라고 할 수 있다.

② 기능 : 공동의 목표를 추구해 나가는 집단 내의 기본적 존재 기반이며 성과를 결정하는 핵심 기능이다.

③ 의사소통의 종류

    ㉠ 언어적인 것 : 대화, 전화통화, 토론 등

    ㉡ 문서적인 것 : 메모, 편지, 기획안 등

    ㉢ 비언어적인 것 : 몸짓, 표정 등

④ 의사소통을 저해하는 요인 : 정보의 과다, 메시지의 복잡성 및 메시지 간의 경쟁, 상이한 직위와 과업지향형, 신뢰의 부족, 의사소통을 위한 구조상의 권한, 잘못된 매체의 선택, 폐쇄적인 의사소통 분위기 등

(2) 의사소통능력

① 개념 : 직장생활에서 문서나 상대방이 하는 말의 의미를 파악하는 능력, 자신의 의사를 정확하게 표현하는 능력, 간단한 외국어 자료를 읽거나 외국인의 의사표시를 이해하는 능력을 포함한다.

② 의사소통능력 개발을 위한 방법

    ㉠ 사후검토와 피드백을 활용한다.

    ㉡ 명확한 의미를 가진 이해하기 쉬운 단어를 선택하여 이해도를 높인다.

    ㉢ 적극적으로 경청한다.

    ㉣ 메시지를 감정적으로 곡해하지 않는다.

② 의사소통능력을 구성하는 하위능력

(1) 문서이해능력

① 문서와 문서이해능력

　㉠ 문서 : 제안서, 보고서, 기획서, 이메일, 팩스 등 문자로 구성된 것으로 상대방에게 의사를 전달하여 설득하는 것을 목적으로 한다.

　㉡ 문서이해능력 : 직업현장에서 자신의 업무와 관련된 문서를 읽고, 내용을 이해하고 요점을 파악할 수 있는 능력을 말한다.

예제 1

다음은 신용카드 약관의 주요내용이다. 규정 약관을 제대로 이해하지 못한 사람은?

> **[부가서비스]**
> 카드사는 법령에서 정한 경우를 제외하고 상품을 새로 출시한 후 1년 이내에 부가서비스를 줄이거나 없앨 수가 없다. 또한 부가서비스를 줄이거나 없앨 경우에는 그 세부내용을 변경일 6개월 이전에 회원에게 알려주어야 한다.
>
> **[중도 해지 시 연회비 반환]**
> 연회비 부과기간이 끝나기 이전에 카드를 중도해지하는 경우 남은 기간에 해당하는 연회비를 계산하여 10 영업일 이내에 돌려줘야 한다. 다만, 카드 발급 및 부가서비스 제공에 이미 지출된 비용은 제외된다.
>
> **[카드 이용한도]**
> 카드 이용한도는 카드 발급을 신청할 때에 회원이 신청한 금액과 카드사의 심사기준을 종합적으로 반영하여 회원이 신청한 금액 범위 이내에서 책정되며 회원의 신용도가 변동되었을 때에는 카드사는 회원의 이용한도를 조정할 수 있다.
>
> **[부정사용 책임]**
> 카드 위조 및 변조로 인하여 발생된 부정사용 금액에 대해서는 카드사가 책임을 진다. 다만, 회원이 비밀번호를 다른 사람에게 알려주거나 카드를 다른 사람에게 빌려주는 등의 중대한 과실로 인해 부정사용이 발생하는 경우에는 회원이 그 책임의 전부 또는 일부를 부담할 수 있다.

① 혜수 : 카드사는 법령에서 정한 경우를 제외하고는 1년 이내에 부가서비스를 줄일 수 없어
② 진성 : 카드 위조 및 변조로 인하여 발생된 부정사용 금액은 일괄 카드사가 책임을 지게 돼
③ 영훈 : 회원의 신용도가 변경되었을 때 카드사가 이용한도를 조정할 수 있어
④ 영호 : 연회비 부과기간이 끝나기 이전에 카드를 중도해지하는 경우에는 남은 기간에 해당하는 연회비를 카드사는 돌려줘야 해

답 ②

② 문서의 종류

　　㉠ 공문서 : 정부기관에서 공무를 집행하기 위해 작성하는 문서로, 단체 또는 일반회사에서 정부기관을 상대로 사업을 진행할 때 작성하는 문서도 포함된다. 엄격한 규격과 양식이 특징이다.

　　㉡ 기획서 : 아이디어를 바탕으로 기획한 프로젝트에 대해 상대방에게 전달하여 시행하도록 설득하는 문서이다.

　　㉢ 기안서 : 업무에 대한 협조를 구하거나 의견을 전달할 때 작성하는 사내 공문서이다.

　　㉣ 보고서 : 특정한 업무에 관한 현황이나 진행 상황, 연구·검토 결과 등을 보고하고자 할 때 작성하는 문서이다.

　　㉤ 설명서 : 상품의 특성이나 작동 방법 등을 소비자에게 설명하기 위해 작성하는 문서이다.

　　㉥ 보도자료 : 정부기관이나 기업체 등이 언론을 상대로 자신들의 정보를 기사화 되도록 하기 위해 보내는 자료이다.

　　㉦ 자기소개서 : 개인이 자신의 성장과정이나, 입사 동기, 포부 등에 대해 구체적으로 기술하여 자신을 소개하는 문서이다.

　　㉧ 비즈니스 레터(E-mail) : 사업상의 이유로 고객에게 보내는 편지다.

　　㉨ 비즈니스 메모 : 업무상 확인해야 할 일을 메모형식으로 작성하여 전달하는 글이다.

③ 문서이해의 절차 : 문서의 목적 이해 → 문서 작성 배경·주제 파악 → 정보 확인 및 현안문제 파악 → 문서 작성자의 의도 파악 및 자신에게 요구되는 행동 분석 → 목적 달성을 위해 취해야 할 행동 고려 → 문서 작성자의 의도를 도표나 그림 등으로 요약·정리

(2) 문서작성능력

① 작성되는 문서에는 대상과 목적, 시기, 기대효과 등이 포함되어야 한다.

② 문서작성의 구성요소

　　㉠ 짜임새 있는 골격, 이해하기 쉬운 구조

　　㉡ 객관적이고 논리적인 내용

　　㉢ 명료하고 설득력 있는 문장

　　㉣ 세련되고 인상적인 레이아웃

다음은 들은 내용을 구조적으로 정리하는 방법이다. 순서에 맞게 배열하면?

> ㉠ 관련 있는 내용끼리 묶는다.
> ㉡ 묶은 내용에 적절한 이름을 붙인다.
> ㉢ 전체 내용을 이해하기 쉽게 구조화한다.
> ㉣ 중복된 내용이나 덜 중요한 내용을 삭제한다.

① ㉠㉡㉢㉣   ② ㉠㉡㉣㉢
③ ㉡㉠㉢㉣   ④ ㉡㉠㉣㉢

음성정보는 문자정보와는 달리 쉽게 잊혀지기 때문에 음성정보를 구조화 시키는 방법을 묻는 문항이다.

내용을 구조적으로 정리하는 방법은 '㉠ 관련 있는 내용끼리 묶는다. → ㉡ 묶은 내용에 적절한 이름을 붙인다. → ㉣ 중복된 내용이나 덜 중요한 내용을 삭제한다. → ㉢ 전체 내용을 이해하기 쉽게 구조화 한다.'가 적절하다.

답 ②

③ 문서의 종류에 따른 작성방법

　㉠ 공문서
　　• 육하원칙이 드러나도록 써야 한다.
　　• 날짜는 반드시 연도와 월, 일을 함께 언급하며, 날짜 다음에 괄호를 사용할 때는 마침표를 찍지 않는다.
　　• 대외문서이며, 장기간 보관되기 때문에 정확하게 기술해야 한다.
　　• 내용이 복잡할 경우 '-다음-', '-아래-'와 같은 항목을 만들어 구분한다.
　　• 한 장에 담아내는 것을 원칙으로 하며, 마지막엔 반드시 '끝'자로 마무리 한다.

　㉡ 설명서
　　• 정확하고 간결하게 작성한다.
　　• 이해하기 어려운 전문용어의 사용은 삼가고, 복잡한 내용은 도표화 한다.
　　• 명령문보다는 평서문을 사용하고, 동어 반복보다는 다양한 표현을 구사하는 것이 바람직하다.

　㉢ 기획서
　　• 상대를 설득하여 기획서가 채택되는 것이 목적이므로 상대가 요구하는 것이 무엇인지 고려하여 작성하며, 기획의 핵심을 잘 전달하였는지 확인한다.
　　• 분량이 많을 경우 전체 내용을 한눈에 파악할 수 있도록 목차구성을 신중히 한다.
　　• 효과적인 내용 전달을 위한 표나 그래프를 적절히 활용하고 산뜻한 느낌을 줄 수 있도록 한다.
　　• 인용한 자료의 출처 및 내용이 정확해야 하며 제출 전 충분히 검토한다.

　㉣ 보고서
　　• 도출하고자 하는 핵심내용을 구체적이고 간결하게 작성한다.
　　• 내용이 복잡할 경우 도표나 그림을 활용하고, 참고자료는 정확하게 제시한다.
　　• 제출하기 전에 최종점검을 하며 질의를 받을 것에 대비한다.

다음 중 공문서 작성에 대한 설명으로 가장 적절하지 못한 것은?

① 공문서나 유가증권 등에 금액을 표시할 때에는 한글로 기재하고 그 옆에 괄호를 넣어 숫자로 표기한다.

② 날짜는 숫자로 표기하되 년, 월, 일의 글자는 생략하고 그 자리에 온점(.)을 찍어 표시한다.

③ 첨부물이 있는 경우에는 붙임 표시문 끝에 1자 띄우고 "끝."이라고 표시한다.

④ 공문서의 본문이 끝났을 경우에는 1자를 띄우고 "끝."이라고 표시한다.

출제의도

업무를 할 때 필요한 공문서 작성법을 잘 알고 있는지를 측정하는 문항이다.

해 설

공문서 금액 표시

아라비아 숫자로 쓰고, 숫자 다음에 괄호를 하여 한글로 기재한다.
예) 123,456원의 표시 : 금 123,456(금일십이만삼천사백오십육원)

답 ①

④ 문서작성의 원칙

　　㉠ 문장은 짧고 간결하게 작성한다.(간결체 사용)

　　㉡ 상대방이 이해하기 쉽게 쓴다.

　　㉢ 불필요한 한자의 사용을 자제한다.

　　㉣ 문장은 긍정문의 형식을 사용한다.

　　㉤ 간단한 표제를 붙인다.

　　㉥ 문서의 핵심내용을 먼저 쓰도록 한다.(두괄식 구성)

⑤ 문서작성 시 주의사항

　　㉠ 육하원칙에 의해 작성한다.

　　㉡ 문서 작성시기가 중요하다.

　　㉢ 한 사안은 한 장의 용지에 작성한다.

　　㉣ 반드시 필요한 자료만 첨부한다.

　　㉤ 금액, 수량, 일자 등은 기재에 정확성을 기한다.

　　㉥ 경어나 단어사용 등 표현에 신경 쓴다.

　　㉦ 문서작성 후 반드시 최종적으로 검토한다.

⑥ 효과적인 문서작성 요령

　　㉠ 내용이해 : 전달하고자 하는 내용과 핵심을 정확하게 이해해야 한다.

　　㉡ 목표설정 : 전달하고자 하는 목표를 분명하게 설정한다.

　　㉢ 구성 : 내용 전달 및 설득에 효과적인 구성과 형식을 고려한다.

　　㉣ 자료수집 : 목표를 뒷받침할 자료를 수집한다.

　　㉤ 핵심전달 : 단락별 핵심을 하위목차로 요약한다.

　　㉥ 대상파악 : 대상에 대한 이해와 분석을 통해 철저히 파악한다.

　　㉦ 보충설명 : 예상되는 질문을 정리하여 구체적인 답변을 준비한다.

　　㉧ 문서표현의 시각화 : 그래프, 그림, 사진 등을 적절히 사용하여 이해를 돕는다.

(3) 경청능력

① 경청의 중요성 : 경청은 다른 사람의 말을 주의 깊게 들으며 공감하는 능력으로 경청을 통해 상대방을 한 개인으로 존중하고 성실한 마음으로 대하게 되며, 상대방의 입장에 공감하고 이해하게 된다.

② 경청을 방해하는 습관 : 짐작하기, 대답할 말 준비하기, 걸러내기, 판단하기, 다른 생각하기, 조언하기, 언쟁하기, 옳아야만 하기, 슬쩍 넘어가기, 비위 맞추기 등

③ 효과적인 경청방법

　　㉠ 준비하기 : 강연이나 프레젠테이션 이전에 나누어주는 자료를 읽어 미리 주제를 파악하고 등장하는 용어를 익혀둔다.

　　㉡ 주의 집중 : 말하는 사람의 모든 것에 집중해서 적극적으로 듣는다.

　　㉢ 예측하기 : 다음에 무엇을 말할 것인가를 추측하려고 노력한다.

　　㉣ 나와 관련짓기 : 상대방이 전달하고자 하는 메시지를 나의 경험과 관련지어 생각해 본다.

　　㉤ 질문하기 : 질문은 듣는 행위를 적극적으로 하게 만들고 집중력을 높인다.

　　㉥ 요약하기 : 주기적으로 상대방이 전달하려는 내용을 요약한다.

　　㉦ 반응하기 : 피드백을 통해 의사소통을 점검한다.

예제 4

다음은 면접스터디 중 일어난 대화이다. 민아의 고민을 해소하기 위한 조언으로 가장 적절한 것은?

> 지섭 : 민아씨, 어디 아파요? 표정이 안 좋아 보여요.
>
> 민아 : 제가 원서 넣은 공단이 내일 면접이어서요. 그동안 스터디를 통해서 면접 연습을 많이 했는데도 벌써부터 긴장이 되네요.
>
> 지섭 : 민아씨는 자기 의견도 명확히 피력할 줄 알고 조리 있게 설명을 잘 하시니 걱정 안 하셔도 될 것 같아요. 아, 손에 꽉 쥐고 계신 건 뭔가요?
>
> 민아 : 아, 제가 예상 답변을 정리해서 모아둔거에요. 내용은 거의 외웠는데 이렇게 쥐고 있지 않으면 불안해서..
>
> 지섭 : 그 정도로 준비를 철저히 하셨으면 걱정할 이유 없을 것 같아요.
>
> 민아 : 그래도 압박면접이거나 예상치 못한 질문이 들어오면 어떻게 하죠?
>
> 지섭 : _____

① 시선을 적절히 처리하면서 부드러운 어투로 말하는 연습을 해보는 건 어때요?
② 공식적인 자리인 만큼 옷차림을 신경 쓰는 게 좋을 것 같아요.
③ 당황하지 말고 질문자의 의도를 잘 파악해서 침착하게 대답하면 되지 않을까요?
④ 예상 질문에 대한 답변을 좀 더 정확하게 외워보는 건 어떨까요?

출제의도

상대방이 하는 말을 듣고 질문 의도에 따라 올바르게 답하는 능력을 측정하는 문항이다.

해 설

민아는 압박질문이나 예상치 못한 질문에 대해 걱정을 하고 있으므로 침착하게 대응하라고 조언을 해주는 것이 좋다.

답 ③

---

(4) 의사표현능력

① 의사표현의 개념과 종류

  ㉠ 개념 : 화자가 자신의 생각과 감정을 청자에게 음성언어나 신체언어로 표현하는 행위이다.

  ㉡ 종류

   • 공식적 말하기 : 사전에 준비된 내용을 대중을 대상으로 말하는 것으로 연설, 토의, 토론 등이 있다.

   • 의례적 말하기 : 사회·문화적 행사에서와 같이 절차에 따라 하는 말하기로 식사, 주례, 회의 등이 있다.

   • 친교적 말하기 : 친근한 사람들 사이에서 자연스럽게 주고받는 대화 등을 말한다.

② 의사표현의 방해요인

  ㉠ 연단공포증 : 연단에 섰을 때 가슴이 두근거리거나 땀이 나고 얼굴이 달아오르는 등의 현상으로 충분한 분석과 준비, 더 많은 말하기 기회 등을 통해 극복할 수 있다.

  ㉡ 말 : 말의 장단, 고저, 발음, 속도, 쉼 등을 포함한다.

  ㉢ 음성 : 목소리와 관련된 것으로 음색, 고저, 명료도, 완급 등을 의미한다.

  ㉣ 몸짓 : 비언어적 요소로 화자의 외모, 표정, 동작 등이다.

  ㉤ 유머 : 말하기 상황에 따른 적절한 유머를 구사할 수 있어야 한다.

③ 상황과 대상에 따른 의사표현법

    ㉠ 잘못을 지적할 때 : 모호한 표현을 삼가고 확실하게 지적하며, 당장 꾸짖고 있는 내용에만 한정한다.

    ㉡ 칭찬할 때 : 자칫 아부로 여겨질 수 있으므로 센스 있는 칭찬이 필요하다.

    ㉢ 부탁할 때 : 먼저 상대방의 사정을 듣고 응하기 쉽게 구체적으로 부탁하며 거절을 당해도 싫은 내색을 하지 않는다.

    ㉣ 요구를 거절할 때 : 먼저 사과하고 응해줄 수 없는 이유를 설명한다.

    ㉤ 명령할 때 : 강압적인 말투보다는 'ㅇㅇ을 이렇게 해주는 것이 어떻겠습니까?'와 같은 식으로 부드럽게 표현하는 것이 효과적이다.

    ㉥ 설득할 때 : 일방적으로 강요하기보다는 먼저 양보해서 이익을 공유하겠다는 의지를 보여주는 것이 좋다.

    ㉦ 충고할 때 : 충고는 가장 최후의 방법이다. 반드시 충고가 필요한 상황이라면 예화를 들어 비유적으로 깨우쳐주는 것이 바람직하다.

    ㉧ 질책할 때 : 샌드위치 화법(칭찬의 말 + 질책의 말 + 격려의 말)을 사용하여 청자의 반발을 최소화 한다.

예제 5

당신은 팀장님께 업무 지시내용을 수행하고 결과물을 보고 드렸다. 하지만 팀장님께서는 "최대리 업무를 이렇게 처리하면 어떡하나? 누락된 부분이 있지 않은가."라고 말하였다. 이에 대해 당신이 행할 수 있는 가장 부적절한 대처 자세는?

① "죄송합니다. 제가 잘 모르는 부분이라 이수혁 과장님께 부탁을 했는데 과장님께서 실수를 하신 것 같습니다."
② "주의를 기울이지 못해 죄송합니다. 어느 부분을 수정보완하면 될까요?"
③ "지시하신 내용을 제가 충분히 이해하지 못하였습니다. 내용을 다시 한 번 여쭤보아도 되겠습니까?"
④ "부족한 내용을 보완하는 자료를 취합하기 위해서 하루정도가 더 소요될 것 같습니다. 언제까지 재작성하여 드리면 될까요?"

출제의도

상사가 잘못을 지적하는 상황에서 어떻게 대처해야 하는지를 묻는 문항이다.

해 설

상사가 부탁한 지시사항을 다른 사람에게 부탁하는 것은 옳지 못하며 설사 그렇다고 해도 그 일의 과오에 대해 책임을 전가하는 것은 지양해야 할 자세이다.

답 ①

---

④ 원활한 의사표현을 위한 지침

    ㉠ 올바른 화법을 위해 독서를 하라.

    ㉡ 좋은 청중이 되라.

    ㉢ 칭찬을 아끼지 마라.

    ㉣ 공감하고, 긍정적으로 보이게 하라.

    ㉤ 겸손은 최고의 미덕임을 잊지 마라.

    ㉥ 과감하게 공개하라.

Ⓢ 뒷말을 숨기지 마라.

ⓞ 첫마디 말을 준비하라.

ⓩ 이성과 감성의 조화를 꾀하라.

ⓒ 대화의 룰을 지켜라.

ⓚ 문장을 완전하게 말하라.

⑤ 설득력 있는 의사표현을 위한 지침

㉠ 'Yes'를 유도하여 미리 설득 분위기를 조성하라.

㉡ 대비 효과로 분발심을 불러 일으켜라.

㉢ 침묵을 지키는 사람의 참여도를 높여라.

㉣ 여운을 남기는 말로 상대방의 감정을 누그러뜨려라.

㉤ 하던 말을 갑자기 멈춤으로써 상대방의 주의를 끌어라.

㉥ 호칭을 바꿔서 심리적 간격을 좁혀라.

㉦ 끄집어 말하여 자존심을 건드려라.

㉧ 정보전달 공식을 이용하여 설득하라.

㉨ 상대방의 불평이 가져올 결과를 강조하라.

㉩ 권위 있는 사람의 말이나 작품을 인용하라.

㉪ 약점을 보여 주어 심리적 거리를 좁혀라.

㉫ 이상과 현실의 구체적 차이를 확인시켜라.

㉬ 자신의 잘못도 솔직하게 인정하라.

㉭ 집단의 요구를 거절하려면 개개인의 의견을 물어라.

ⓐ 동조 심리를 이용하여 설득하라.

ⓑ 지금까지의 노고를 치하한 뒤 새로운 요구를 하라.

ⓒ 담당자가 대변자 역할을 하도록 하여 윗사람을 설득하게 하라.

ⓓ 겉치레 양보로 기선을 제압하라.

ⓔ 변명의 여지를 만들어 주고 설득하라.

ⓕ 혼자 말하는 척하면서 상대의 잘못을 지적하라.

(5) 기초외국어능력

① 기초외국어능력의 개념과 필요성

　　㉠ 개념 : 외국어로 된 간단한 자료를 이해하거나, 외국인과의 전화응대와 간단한 대화 등 외국인의 의사 표현을 이해하고, 자신의 의사를 기초외국어로 표현할 수 있는 능력이다.

　　㉡ 필요성 : 국제화·세계화 시대에 다른 나라와의 무역을 위해 우리의 언어가 아닌 국제적인 통용어를 사용하거나 그들의 언어로 의사소통을 해야 하는 경우가 생길 수 있다.

② 외국인과의 의사소통에서 피해야 할 행동

　　㉠ 상대를 볼 때 흘겨보거나, 노려보거나, 아예 보지 않는 행동

　　㉡ 팔이나 다리를 꼬는 행동

　　㉢ 표정이 없는 것

　　㉣ 다리를 흔들거나 펜을 돌리는 행동

　　㉤ 맞장구를 치지 않거나 고개를 끄덕이지 않는 행동

　　㉥ 생각 없이 메모하는 행동

　　㉦ 자료만 들여다보는 행동

　　㉧ 바르지 못한 자세로 앉는 행동

　　㉨ 한숨, 하품, 신음소리를 내는 행동

　　㉩ 다른 일을 하며 듣는 행동

　　㉪ 상대방에게 이름이나 호칭을 어떻게 부를지 묻지 않고 마음대로 부르는 행동

③ 기초외국어능력 향상을 위한 공부법

　　㉠ 외국어공부의 목적부터 정하라.

　　㉡ 매일 30분씩 눈과 손과 입에 밸 정도로 반복하라.

　　㉢ 실수를 두려워하지 말고 기회가 있을 때마다 외국어로 말하라.

　　㉣ 외국어 잡지나 원서와 친해져라.

　　㉤ 소홀해지지 않도록 라이벌을 정하고 공부하라.

　　㉥ 업무와 관련된 주요 용어의 외국어는 꼭 알아두자.

　　㉦ 출퇴근 시간에 외국어 방송을 보거나, 듣는 것만으로도 귀가 트인다.

　　㉧ 어린이가 단어를 배우듯 외국어 단어를 암기할 때 그림카드를 사용해 보라.

　　㉨ 가능하면 외국인 친구를 사귀고 대화를 자주 나눠 보라.

1 직장생활과 수리능력

(1) 기초직업능력으로서의 수리능력

① 개념 : 직장생활에서 요구되는 사칙연산과 기초적인 통계를 이해하고 도표의 의미를 파악하거나 도표를 이용해서 결과를 효과적으로 제시하는 능력을 말한다.

② 수리능력은 크게 기초연산능력, 기초통계능력, 도표분석능력, 도표작성능력으로 구성된다.

    ㉠ 기초연산능력 : 직장생활에서 필요한 기초적인 사칙연산과 계산방법을 이해하고 활용할 수 있는 능력

    ㉡ 기초통계능력 : 평균, 합계, 빈도 등 직장생활에서 자주 사용되는 기초적인 통계기법을 활용하여 자료의 특성과 경향성을 파악하는 능력

    ㉢ 도표분석능력 : 그래프, 그림 등 도표의 의미를 파악하고 필요한 정보를 해석하는 능력

    ㉣ 도표작성능력 : 도표를 이용하여 결과를 효과적으로 제시하는 능력

(2) 업무수행에서 수리능력이 활용되는 경우

① 업무상 계산을 수행하고 결과를 정리하는 경우

② 업무비용을 측정하는 경우

③ 고객과 소비자의 정보를 조사하고 결과를 종합하는 경우

④ 조직의 예산안을 작성하는 경우

⑤ 업무수행 경비를 제시해야 하는 경우

⑥ 다른 상품과 가격비교를 하는 경우

⑦ 연간 상품 판매실적을 제시하는 경우

⑧ 업무비용을 다른 조직과 비교해야 하는 경우

⑨ 상품판매를 위한 지역조사를 실시해야 하는 경우

⑩ 업무수행과정에서 도표로 주어진 자료를 해석하는 경우

⑪ 도표로 제시된 업무비용을 측정하는 경우

다음 자료를 보고 주어진 상황에 대한 물음에 답하시오.

〈근로소득에 대한 간이 세액표〉

월 급여액(천 원) [비과세 및 학자금 제외]		공제대상 가족 수				
이상	미만	1	2	3	4	5
2,500	2,520	38,960	29,280	16,940	13,570	10,190
2,520	2,540	40,670	29,960	17,360	13,990	10,610
2,540	2,560	42,380	30,640	17,790	14,410	11,040
2,560	2,580	44,090	31,330	18,210	14,840	11,460
2,580	2,600	45,800	32,680	18,640	15,260	11,890
2,600	2,620	47,520	34,390	19,240	15,680	12,310
2,620	2,640	49,230	36,100	19,900	16,110	12,730
2,640	2,660	50,940	37,810	20,560	16,530	13,160
2,660	2,680	52,650	39,530	21,220	16,960	13,580
2,680	2,700	54,360	41,240	21,880	17,380	14,010
2,700	2,720	56,070	42,950	22,540	17,800	14,430
2,720	2,740	57,780	44,660	23,200	18,230	14,850
2,740	2,760	59,500	46,370	23,860	18,650	15,280

※ 갑근세는 제시되어 있는 간이 세액표에 따름
※ 주민세＝갑근세의 10%
※ 국민연금＝급여액의 4.50%
※ 고용보험＝국민연금의 10%
※ 건강보험＝급여액의 2.90%
※ 교육지원금＝분기별 100,000원(매 분기별 첫 달에 지급)

박○○ 사원의 5월 급여내역이 다음과 같고 전월과 동일하게 근무하였으나, 특별수당은 없고 차량지원금으로 100,000원을 받게 된다면, 6월에 받게 되는 급여는 얼마인가? (단, 원 단위 절삭)

(주) 서원플랜테크 5월 급여내역			
성명	박○○	지급일	5월 12일
기본급여	2,240,000	갑근세	39,530
직무수당	400,000	주민세	3,950
명절 상여금		고용보험	11,970
특별수당	20,000	국민연금	119,700
차량지원금		건강보험	77,140
교육지원		기타	
급여계	2,660,000	공제합계	252,290
		지급총액	2,407,710

① 2,443,910
② 2,453,910
③ 2,463,910
④ 2,473,910

출제의도

업무상 계산을 수행하거나 결과를 정리하고 업무비용을 측정하는 능력을 평가하기 위한 문제로서, 주어진 자료에서 문제를 해결하는 데에 필요한 부분을 빠르고 정확하게 찾아내는 것이 중요하다.

해 설

기본급여	2,240,000	갑근세	46,370
직무수당	400,000	주민세	4,630
명절 상여금		고용보험	12,330
특별수당		국민연금	123,300
차량지원금	100,000	건강보험	79,460
교육지원		기타	
급여계	2,740,000	공제합계	266,090
		지급총액	2,473,910

답 ④

(3) 수리능력의 중요성

① 수학적 사고를 통한 문제해결

② 직업세계의 변화에의 적응

③ 실용적 가치의 구현

(4) 단위환산표

구분	단위환산
길이	1cm = 10mm, 1m = 100cm, 1km = 1,000m
넓이	1cm² = 100mm², 1m² = 10,000cm², 1km² = 1,000,000m²
부피	1cm³ = 1,000mm³, 1m³ = 1,000,000cm³, 1km³ = 1,000,000,000m³
들이	1mℓ = 1cm³, 1dℓ = 100cm³, 1L = 1,000cm³ = 10dℓ
무게	1kg = 1,000g, 1t = 1,000kg = 1,000,000g
시간	1분 = 60초, 1시간 = 60분 = 3,600초
할푼리	1푼 = 0.1할, 1리 = 0.01할, 1모 = 0.001할

예제 2

둘레의 길이가 4.4km인 정사각형 모양의 공원이 있다. 이 공원의 넓이는 몇 a 인가?

① 12,100a

② 1,210a

③ 121a

④ 12.1a

출제의도

길이, 넓이, 부피, 들이, 무게, 시간, 속도 등 단위에 대한 기본적인 환산 능력을 평가하는 문제로서, 소수점 계산이 필요하며, 자릿수를 읽고 구분할 줄 알아야 한다.

해 설

공원의 한 변의 길이는
$4.4 \div 4 = 1.1(\text{km})$이고
$1\text{km}^2 = 10,000\text{a}$이므로
공원의 넓이는
$1.1\text{km} \times 1.1\text{km} = 1.21\text{km}^2 = 12,100\text{a}$

답 ①

② 수리능력을 구성하는 하위능력

(1) 기초연산능력

① 사칙연산 : 수에 관한 덧셈, 뺄셈, 곱셈, 나눗셈의 네 종류의 계산법으로 업무를 원활하게 수행하기 위해 서는 기본적인 사칙연산뿐만 아니라 다단계의 복잡한 사칙연산까지도 수행할 수 있어야 한다.

② 검산 : 연산의 결과를 확인하는 과정으로 대표적인 검산방법으로 역연산과 구거법이 있다.

    ㉠ 역연산 : 덧셈은 뺄셈으로, 뺄셈은 덧셈으로, 곱셈은 나눗셈으로, 나눗셈은 곱셈으로 확인하는 방법이다.

    ㉡ 구거법 : 원래의 수와 각 자리 수의 합이 9로 나눈 나머지가 같다는 원리를 이용한 것으로 9를 버리고 남은 수로 계산하는 것이다.

예제 3

다음 식을 바르게 계산한 것은?

$$1 + \frac{2}{3} + \frac{1}{2} - \frac{3}{4}$$

① $\frac{13}{12}$ ② $\frac{15}{12}$

③ $\frac{17}{12}$ ④ $\frac{19}{12}$

출제의도

직장생활에서 필요한 기초적인 사칙연산과 계산방법을 이해하고 활용할 수 있는 능력을 평가하는 문제로서, 분수의 계산과 통분에 대한 기본적인 이해가 필요하다.

해 설

$$\frac{12}{12} + \frac{8}{12} + \frac{6}{12} - \frac{9}{12} = \frac{17}{12}$$

답 ③

---

(2) 기초통계능력

① 업무수행과 통계

    ㉠ 통계의 의미 : 통계란 집단현상에 대한 구체적인 양적 기술을 반영하는 숫자이다.

    ㉡ 업무수행에 통계를 활용함으로써 얻을 수 있는 이점

      • 많은 수량적 자료를 처리가능하고 쉽게 이해할 수 있는 형태로 축소

      • 표본을 통해 연구대상 집단의 특성을 유추

      • 의사결정의 보조수단

      • 관찰 가능한 자료를 통해 논리적으로 결론을 추출 · 검증

© 기본적인 통계치

- 빈도와 빈도분포 : 빈도란 어떤 사건이 일어나거나 증상이 나타나는 정도를 의미하며, 빈도분포란 빈도를 표나 그래프로 종합적으로 표시하는 것이다.
- 평균 : 모든 사례의 수치를 합한 후 총 사례 수로 나눈 값이다.
- 백분율 : 전체의 수량을 100으로 하여 생각하는 수량이 그중 몇이 되는가를 퍼센트로 나타낸 것이다.

② 통계기법

㉠ 범위와 평균

- 범위 : 분포의 흩어진 정도를 가장 간단히 알아보는 방법으로 최곳값에서 최젓값을 뺀 값을 의미한다.
- 평균 : 집단의 특성을 요약하기 위해 가장 자주 활용하는 값으로 모든 사례의 수치를 합한 후 총 사례 수로 나눈 값이다.
- 관찰값이 1, 3, 5, 7, 9일 경우 범위는 $9 - 1 = 8$이 되고, 평균은 $\dfrac{1+3+5+7+9}{5} = 5$가 된다.

㉡ 분산과 표준편차

- 분산 : 관찰값의 흩어진 정도로, 각 관찰값과 평균값의 차의 제곱의 평균이다.
- 표준편차 : 평균으로부터 얼마나 떨어져 있는가를 나타내는 개념으로 분산값의 제곱근 값이다.
- 관찰값이 1, 2, 3이고 평균이 2인 집단의 분산은 $\dfrac{(1-2)^2 + (2-2)^2 + (3-2)^2}{3} = \dfrac{2}{3}$이고 표준편차는 분산값의 제곱근 값인 $\sqrt{\dfrac{2}{3}}$이다.

③ 통계자료의 해석

㉠ 다섯숫자요약

- 최솟값 : 원자료 중 값의 크기가 가장 작은 값
- 최댓값 : 원자료 중 값의 크기가 가장 큰 값
- 중앙값 : 최솟값부터 최댓값까지 크기에 의하여 배열했을 때 중앙에 위치하는 사례의 값
- 하위 25%값 · 상위 25%값 : 원자료를 크기 순으로 배열하여 4등분한 값

㉡ 평균값과 중앙값 : 평균값과 중앙값은 그 개념이 다르기 때문에 명확하게 제시해야 한다.

인터넷 쇼핑몰에서 회원가입을 하고 디지털캠코더를 구매하려고 한다. 다음은 구입하고자 하는 모델에 대하여 인터넷 쇼핑몰 세 곳의 가격과 조건을 제시한 표이다. 표에 있는 모든 혜택을 적용하였을 때 디지털캠코더의 배송비를 포함한 실제 구매가격을 바르게 비교한 것은?

구분	A 쇼핑몰	B 쇼핑몰	C 쇼핑몰
정상가격	129,000원	131,000원	130,000원
회원혜택	7,000원 할인	3,500원 할인	7% 할인
할인쿠폰	5% 쿠폰	3% 쿠폰	5,000원
중복할인여부	불가	가능	불가
배송비	2,000원	무료	2,500원

① A<B<C
② B<C<A
③ C<A<B
④ C<B<A

직장생활에서 자주 사용되는 기초적인 통계기법을 활용하여 자료의 특성과 경향성을 파악하는 능력이 요구되는 문제이다.

㉠ A 쇼핑몰
• 회원혜택을 선택한 경우 : $129,000 - 7,000 + 2,000 = 124,000$(원)
• 5% 할인쿠폰을 선택한 경우 : $129,000 \times 0.95 + 2,000 = 124,550$
㉡ B 쇼핑몰 : $131,000 \times 0.97 - 3,500 = 123,570$
㉢ C 쇼핑몰
• 회원혜택을 선택한 경우 : $130,000 \times 0.93 + 2,500 = 123,400$
• 5,000원 할인쿠폰을 선택한 경우 : $130,000 - 5,000 + 2,500 = 127,500$
∴ C<B<A

답 ④

(3) 도표분석능력

① 도표의 종류

㉠ 목적별 : 관리(계획 및 통제), 해설(분석), 보고

㉡ 용도별 : 경과 그래프, 내역 그래프, 비교 그래프, 분포 그래프, 상관 그래프, 계산 그래프

㉢ 형상별 : 선 그래프, 막대 그래프, 원 그래프, 점 그래프, 층별 그래프, 레이더 차트

② 도표의 활용

　㉠ 선 그래프
　　• 주로 시간의 경과에 따라 수량에 의한 변화 상황(시계열 변화)을 절선의 기울기로 나타내는 그래프이다.
　　• 경과, 비교, 분포를 비롯하여 상관관계 등을 나타낼 때 쓰인다.

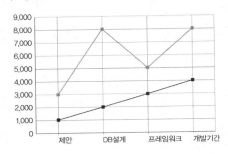

　㉡ 막대 그래프
　　• 비교하고자 하는 수량을 막대 길이로 표시하고 그 길이를 통해 수량 간의 대소관계를 나타내는 그래프이다.
　　• 내역, 비교, 경과, 도수 등을 표시하는 용도로 쓰인다.

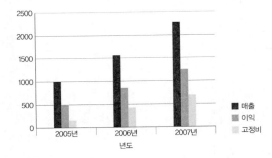

　㉢ 원 그래프
　　• 내역이나 내용의 구성비를 원을 분할하여 나타낸 그래프이다.
　　• 전체에 대해 부분이 차지하는 비율을 표시하는 용도로 쓰인다.

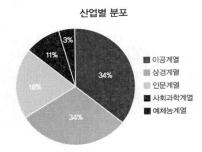

ⓔ 점 그래프
- 종축과 횡축에 2요소를 두고 보고자 하는 것이 어떤 위치에 있는가를 나타내는 그래프이다.
- 지역분포를 비롯하여 도시, 기방, 기업, 상품 등의 평가나 위치·성격을 표시하는데 쓰인다.

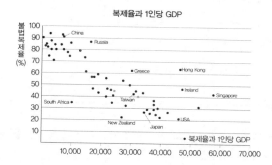

ⓜ 층별 그래프
- 선 그래프의 변형으로 연속내역 봉 그래프라고 할 수 있다. 선과 선 사이의 크기로 데이터 변화를 나타낸다.
- 합계와 부분의 크기를 백분율로 나타내고 시간적 변화를 보고자 할 때나 합계와 각 부분의 크기를 실수로 나타내고 시간적 변화를 보고자 할 때 쓰인다.

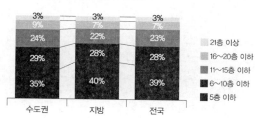

ⓗ 레이더 차트(거미줄 그래프)
- 원 그래프의 일종으로 비교하는 수량을 직경, 또는 반경으로 나누어 원의 중심에서의 거리에 따라 각 수량의 관계를 나타내는 그래프이다.
- 비교하거나 경과를 나타내는 용도로 쓰인다.

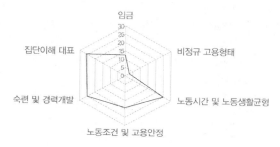

③ 도표 해석상의 유의사항

  ㉠ 요구되는 지식의 수준을 넓힌다.

  ㉡ 도표에 제시된 자료의 의미를 정확히 숙지한다.

  ㉢ 도표로부터 알 수 있는 것과 없는 것을 구별한다.

  ㉣ 총량의 증가와 비율의 증가를 구분한다.

  ㉤ 백분위수와 사분위수를 정확히 이해하고 있어야 한다.

예제 5

다음 표는 2023 ~ 2024년 지역별 직장인들의 자기개발에 관해 조사한 내용을 정리한 것이다. 이에 대한 분석으로 옳은 것은?

(단위 : %)

연도 구분 지역	2023				2024			
	자기 개발 하고 있음	자기개발 비용 부담 주체			자기 개발 하고 있음	자기개발 비용 부담 주체		
		직장 100%	본인 100%	직장50% + 본인50%		직장 100%	본인 100%	직장50% + 본인50%
충청도	36.8	8.5	88.5	3.1	45.9	9.0	65.5	24.5
제주도	57.4	8.3	89.1	2.9	68.5	7.9	68.3	23.8
경기도	58.2	12	86.3	2.6	71.0	7.5	74.0	18.5
서울시	60.6	13.4	84.2	2.4	72.7	11.0	73.7	15.3
경상도	40.5	10.7	86.1	3.2	51.0	13.6	74.9	11.6

① 2023년과 2024년 모두 자기개발 비용을 본인이 100% 부담하는 사람의 수는 응답자의 절반 이상이다.

② 자기개발을 하고 있다고 응답한 사람의 수는 2023년과 2024년 모두 서울시가 가장 많다.

③ 자기개발 비용을 직장과 본인이 각각 절반씩 부담하는 사람의 비율은 2023년과 2024년 모두 서울시가 가장 높다.

④ 2023년과 2024년 모두 자기개발을 하고 있다고 응답한 비율이 가장 높은 지역에서 자기개발비용을 직장이 100% 부담한다고 응답한 사람의 비율이 가장 높다.

출제의도

그래프, 그림, 도표 등 주어진 자료를 이해하고 의미를 파악하여 필요한 정보를 해석하는 능력을 평가하는 문제이다.

해 설

② 지역별 인원수가 제시되어 있지 않으므로, 각 지역별 응답자 수는 알 수 없다.

③ 2023년에는 경상도에서, 2024년에는 충청도에서 가장 높은 비율을 보인다.

④ 2023년과 2024년 모두 '자기 개발을 하고 있다'고 응답한 비율이 가장 높은 지역은 서울시이며, 2024년의 경우 자기개발 비용을 직장이 100% 부담한다고 응답한 사람의 비율이 가장 높은 지역은 경상도이다.

답 ①

(4) 도표작성능력

① 도표작성 절차

  ㉠ 어떠한 도표로 작성할 것인지를 결정

  ㉡ 가로축과 세로축에 나타낼 것을 결정

  ㉢ 한 눈금의 크기를 결정

  ㉣ 자료의 내용을 가로축과 세로축이 만나는 곳에 표현

  ㉤ 표현한 점들을 선분으로 연결

  ㉥ 도표의 제목을 표기

② 도표작성 시 유의사항

  ㉠ 선 그래프 작성 시 유의점

  • 세로축에 수량, 가로축에 명칭구분을 제시한다.

  • 선의 높이에 따라 수치를 파악하는 경우가 많으므로 세로축의 눈금을 가로축보다 크게 하는 것이 효과적이다.

  • 선이 두 종류 이상일 경우 반드시 그 명칭을 기입한다.

  ㉡ 막대 그래프 작성 시 유의점

  • 막대 수가 많을 경우에는 눈금선을 기입하는 것이 알아보기 쉽다.

  • 막대의 폭은 모두 같게 하여야 한다.

  ㉢ 원 그래프 작성 시 유의점

  • 정각 12시의 선을 기점으로 오른쪽으로 그리는 것이 보통이다.

  • 분할선은 구성비율이 큰 순서로 그린다.

  ㉣ 층별 그래프 작성 시 유의점

  • 눈금은 선 그래프나 막대 그래프보다 적게 하고 눈금선은 넣지 않는다.

  • 층별로 색이나 모양이 완전히 다른 것이어야 한다.

  • 같은 항목은 옆에 있는 층과 선으로 연결하여 보기 쉽도록 한다.

1 문제와 문제해결

(1) 문제의 정의와 분류

① 정의 : 업무를 수행함에 있어서 답을 요구하는 질문이나 의논하여 해결해야 되는 사항이다.

② 문제의 분류

구분	창의적 문제	분석적 문제
문제제시 방법	현재 문제가 없더라도 보다 나은 방법을 찾기 위한 문제 탐구 → 문제 자체가 명확하지 않음	현재의 문제점이나 미래의 문제로 예견될 것에 대한 문제 탐구 → 문제 자체가 명확함
해결방법	창의력에 의한 많은 아이디어의 작성을 통해 해결	분석, 논리, 귀납과 같은 논리적 방법을 통해 해결
해답 수	해답의 수가 많으며, 많은 답 가운데 보다 나은 것을 선택	답의 수가 적으며 한정되어 있음
주요특징	주관적, 직관적, 감각적, 정성적, 개별적, 특수성	객관적, 논리적, 정량적, 이성적, 일반적, 공통성

(2) 업무수행과정에서 발생하는 문제 유형

① 발생형 문제(보이는 문제) : 현재 직면하여 해결하기 위해 고민하는 문제이다. 원인이 내재되어 있기 때문에 원인지향적인 문제라고도 한다.

　㉠ 일탈문제 : 어떤 기준을 일탈함으로써 생기는 문제

　㉡ 미달문제 : 어떤 기준에 미달하여 생기는 문제

② 탐색형 문제(찾는 문제) : 현재의 상황을 개선하거나 효율을 높이기 위한 문제이다. 방치할 경우 큰 손실이 따르거나 해결할 수 없는 문제로 나타나게 된다.

　㉠ 잠재문제 : 문제가 잠재되어 있어 인식하지 못하다가 확대되어 해결이 어려운 문제

　㉡ 예측문제 : 현재로는 문제가 없으나 현 상태의 진행 상황을 예측하여 찾아야 앞으로 일어날 수 있는 문제가 보이는 문제

　㉢ 발견문제 : 현재로서는 담당 업무에 문제가 없으나 선진기업의 업무 방법 등 보다 좋은 제도나 기법을 발견하여 개선시킬 수 있는 문제

③ 설정형 문제(미래 문제) : 장래의 경영전략을 생각하는 것으로 앞으로 어떻게 할 것인가 하는 문제이다. 문제해결에 창조적인 노력이 요구되어 창조적 문제라고도 한다.

D회사 신입사원으로 입사한 귀하는 신입사원 교육에서 업무수행과정에서 발생하는 문제 유형 중 설정형 문제를 하나씩 찾아오라는 지시를 받았다. 이에 대해 귀하는 교육받은 내용을 다시 복습하려고 한다. 설정형 문제에 해당하는 것은?

① 현재 직면하여 해결하기 위해 고민하는 문제
② 현재의 상황을 개선하거나 효율을 높이기 위한 문제
③ 앞으로 어떻게 할 것인가 하는 문제
④ 원인이 내재되어 있는 원인지향적인 문제

출제의도

업무수행 중 문제가 발생하였을 때 문제 유형을 구분하는 능력을 측정하는 문항이다.

해 설

업무수행과정에서 발생하는 문제 유형으로는 발생형 문제, 탐색형 문제, 설정형 문제가 있으며 ①④는 발생형 문제이며 ②는 탐색형 문제, ③이 설정형 문제이다.

답 ③

(3) 문제해결

① 정의 : 목표와 현상을 분석하고 이 결과를 토대로 과제를 도출하여 최적의 해결책을 찾아 실행·평가해 가는 활동이다.

② 문제해결에 필요한 기본적 사고

　㉠ 전략적 사고 : 문제와 해결방안이 상위 시스템과 어떻게 연결되어 있는지를 생각한다.

　㉡ 분석적 사고 : 전체를 각각의 요소로 나누어 그 의미를 도출하고 우선순위를 부여하여 구체적인 문제해결방법을 실행한다.

　㉢ 발상의 전환 : 인식의 틀을 전환하여 새로운 관점으로 바라보는 사고를 지향한다.

　㉣ 내·외부자원의 활용 : 기술, 재료, 사람 등 필요한 자원을 효과적으로 활용한다.

③ 문제해결의 장애요소

　㉠ 문제를 철저하게 분석하지 않는 경우

　㉡ 고정관념에 얽매이는 경우

　㉢ 쉽게 떠오르는 단순한 정보에 의지하는 경우

　㉣ 너무 많은 자료를 수집하려고 노력하는 경우

④ 문제해결방법

　㉠ 소프트 어프로치 : 문제해결을 위해서 직접적인 표현보다는 무언가를 시사하거나 암시를 통하여 의사를 전달하여 문제해결을 도모하고자 한다.

　㉡ 하드 어프로치 : 상이한 문화적 토양을 가지고 있는 구성원을 가정하고, 서로의 생각을 직설적으로 주장하고 논쟁이나 협상을 통해 서로의 의견을 조정해 가는 방법이다.

ⓒ 퍼실리테이션(facilitation) : 촉진을 의미하며 어떤 그룹이나 집단이 의사결정을 잘 하도록 도와주는 일을 의미한다.

② 문제해결능력을 구성하는 하위능력

(1) 사고력

① 창의적 사고 : 개인이 가지고 있는 경험과 지식을 통해 새로운 가치 있는 아이디어를 산출하는 사고능력이다.

　㉠ 창의적 사고의 특징
　　• 정보와 정보의 조합
　　• 사회나 개인에게 새로운 가치 창출
　　• 창조적인 가능성

예제 2

M사 홍보팀에서 근무하고 있는 귀하는 입사 5년차로 창의적인 기획안을 제출하기로 유명하다. S부장은 이번 신입사원 교육 때 귀하에게 창의적인 사고란 무엇인지 교육을 맡아달라고 부탁하였다. 창의적인 사고에 대한 귀하의 설명으로 옳지 않은 것은?

① 창의적인 사고는 새롭고 유용한 아이디어를 생산해 내는 정신적인 과정이다.
② 창의적인 사고는 특별한 사람들만이 할 수 있는 대단한 능력이다.
③ 창의적인 사고는 기존의 정보들을 특정한 요구조건에 맞거나 유용하도록 새롭게 조합시킨 것이다.
④ 창의적인 사고는 통상적인 것이 아니라 기발하거나, 신기하며 독창적인 것이다.

출제의도

창의적 사고에 대한 개념을 정확히 파악하고 있는지를 묻는 문항이다.

해 설

흔히 사람들은 창의적인 사고에 대해 특별한 사람들만이 할 수 있는 대단한 능력이라고 생각하지만 그리 대단한 능력이 아니며 이미 알고 있는 경험과 지식을 해체하여 다시 새로운 정보로 결합하여 가치 있는 아이디어를 산출하는 사고라고 할 수 있다.

답 ②

　㉡ 발산적 사고 : 창의적 사고를 위해 필요한 것으로 자유연상법, 강제연상법, 비교발상법 등을 통해 개발할 수 있다.

구분	내용
자유연상법	생각나는 대로 자유롭게 발상 ex) 브레인스토밍
강제연상법	각종 힌트에 강제적으로 연결 지어 발상 ex) 체크리스트
비교발상법	주제의 본질과 닮은 것을 힌트로 발상 ex) NM법, Synectics

POINT 브레인스토밍

    ㉠ 진행방법
- 주제를 구체적이고 명확하게 정한다.
- 구성원의 얼굴을 볼 수 있는 좌석 배치와 큰 용지를 준비한다.
- 구성원들의 다양한 의견을 도출할 수 있는 사람을 리더로 선출한다.
- 구성원은 다양한 분야의 사람들로 5~8명 정도로 구성한다.
- 발언은 누구나 자유롭게 할 수 있도록 하며, 모든 발언 내용을 기록한다.
- 아이디어에 대한 평가는 비판해서는 안 된다.

    ㉡ 4대 원칙
- 비판엄금(Support) : 평가 단계 이전에 결코 비판이나 판단을 해서는 안 되며 평가는 나중까지 유보한다.
- 자유분방(Silly) : 무엇이든 자유롭게 말하고 이런 바보 같은 소리를 해서는 안 된다는 등의 생각은 하지 않아야 한다.
- 질보다 양(Speed) : 질에는 관계없이 가능한 많은 아이디어들을 생성해내도록 격려한다.
- 결합과 개선(Synergy) : 다른 사람의 아이디어에 자극되어 보다 좋은 생각이 떠오르고, 서로 조합하면 재미있는 아이디어가 될 것 같은 생각이 들면 즉시 조합시킨다.

② 논리적 사고 : 사고의 전개에 있어 전후의 관계가 일치하고 있는가를 살피고 아이디어를 평가하는 사고능력이다.

    ㉠ 논리적 사고를 위한 5가지 요소 : 생각하는 습관, 상대 논리의 구조화, 구체적인 생각, 타인에 대한 이해, 설득

    ㉡ 논리적 사고 개발 방법
- 피라미드 구조 : 하위의 사실이나 현상부터 사고하여 상위의 주장을 만들어가는 방법
- so what기법 : '그래서 무엇이지?'하고 자문자답하여 주어진 정보로부터 가치 있는 정보를 이끌어 내는 사고 기법

③ 비판적 사고 : 어떤 주제나 주장에 대해서 적극적으로 분석하고 종합하며 평가하는 능동적인 사고이다.

    ㉠ 비판적 사고 개발 태도 : 비판적 사고를 개발하기 위해서는 지적 호기심, 객관성, 개방성, 융통성, 지적 회의성, 지적 정직성, 체계성, 지속성, 결단성, 다른 관점에 대한 존중과 같은 태도가 요구된다.

    ㉡ 비판적 사고를 위한 태도
- 문제의식 : 비판적인 사고를 위해서 가장 먼저 필요한 것은 바로 문제의식이다. 자신이 지니고 있는 문제와 목적을 확실하고 정확하게 파악하는 것이 비판적인 사고의 시작이다.
- 고정관념 타파 : 지각의 폭을 넓히는 일은 정보에 대한 개방성을 가지고 편견을 갖지 않는 것으로 고정관념을 타파하는 일이 중요하다.

(2) 문제처리능력과 문제해결절차

① 문제처리능력 : 목표와 현상을 분석하고 이를 토대로 문제를 도출하여 최적의 해결책을 찾아 실행·평가하는 능력이다.

② 문제해결절차 : 문제 인식 → 문제 도출 → 원인 분석 → 해결안 개발 → 실행 및 평가

　　㉠ 문제 인식 : 문제해결과정 중 'what'을 결정하는 단계로 환경 분석 → 주요 과제 도출 → 과제 선정의 절차를 통해 수행된다.

　　　• 3C 분석 : 환경 분석 방법의 하나로 사업환경을 구성하고 있는 요소인 자사(Company), 경쟁사(Competitor), 고객(Customer)을 분석하는 것이다.

예제 3

L사에서 주력 상품으로 밀고 있는 TV의 판매 이익이 감소하고 있는 상황에서 귀하는 B부장으로부터 3C분석을 통해 해결방안을 강구해 오라는 지시를 받았다. 다음 중 3C에 해당하지 않는 것은?

① Customer　　　　　　　　② Company
③ Competitor　　　　　　　④ Content

출제의도

3C의 개념과 구성요소를 정확히 숙지하고 있는지를 측정하는 문항이다.

해 설

3C 분석에서 사업 환경을 구성하고 있는 요소인 자사(Company), 경쟁사(Competitor), 고객을 3C(Customer)라고 한다. 3C 분석에서 고객 분석에서는 '고객은 자사의 상품·서비스에 만족하고 있는지'를, 자사 분석에서는 '자사가 세운 달성목표와 현상 간에 차이가 없는지'를 경쟁사 분석에서는 '경쟁 기업의 우수한 점과 자사의 현상과 차이가 없는지'에 대한 질문을 통해서 환경을 분석하게 된다.

답 ④

　• SWOT 분석 : 기업내부의 강점과 약점, 외부환경의 기회와 위협요인을 분석·평가하여 문제해결 방안을 개발하는 방법이다.

		내부환경요인	
		강점(Strengths)	약점(Weaknesses)
외부환경요인	기회(Opportunities)	SO 내부강점과 외부기회 요인을 극대화	WO 외부기회를 이용하여 내부약점을 강점으로 전환
	위협(Threat)	ST 외부위협을 최소화하기 위해 내부강점을 극대화	WT 내부약점과 외부위협을 최소화

ⓛ 문제 도출 : 선정된 문제를 분석하여 해결해야 할 것이 무엇인지를 명확히 하는 단계로, 문제 구조 파악 → 핵심 문제 선정 단계를 거쳐 수행된다.

- Logic Tree : 문제의 원인을 파고들거나 해결책을 구체화할 때 제한된 시간 안에서 넓이와 깊이를 추구하는데 도움이 되는 기술로 주요 과제를 나무모양으로 분해·정리하는 기술이다.

ⓒ 원인 분석 : 문제 도출 후 파악된 핵심 문제에 대한 분석을 통해 근본 원인을 찾는 단계로 Issue 분석 → Data 분석 → 원인 파악의 절차로 진행된다.

ⓔ 해결안 개발 : 원인이 밝혀지면 이를 효과적으로 해결할 수 있는 다양한 해결안을 개발하고 최선의 해결안을 선택하는 것이 필요하다.

ⓜ 실행 및 평가 : 해결안 개발을 통해 만들어진 실행계획을 실제 상황에 적용하는 활동으로 실행계획 수립 → 실행 → Follow-up의 절차로 진행된다.

예제 4

C사는 최근 국내 매출이 지속적으로 하락하고 있어 사내 분위기가 심상치 않다. 이에 대해 Y부장은 이 문제를 극복하고자 문제처리 팀을 구성하여 해결방안을 모색하도록 지시하였다. 문제처리 팀의 문제해결 절차를 올바른 순서로 나열한 것은?

① 문제 인식 → 원인 분석 → 해결안 개발 → 문제 도출 → 실행 및 평가
② 문제 도출 → 문제 인식 → 해결안 개발 → 원인 분석 → 실행 및 평가
③ 문제 인식 → 원인 분석 → 문제 도출 → 해결안 개발 → 실행 및 평가
④ 문제 인식 → 문제 도출 → 원인 분석 → 해결안 개발 → 실행 및 평가

출제의도

실제 업무 상황에서 문제가 일어났을 때 해결 절차를 알고 있는지를 측정하는 문항이다.

해 설

일반적인 문제해결절차는 '문제 인식 → 문제 도출 → 원인 분석 → 해결안 개발 → 실행 및 평가로 이루어진다.

답 ④

① 자원과 자원관리

(1) 자원

① 자원의 종류 : 시간, 돈, 물적자원, 인적자원

② 자원의 낭비요인 : 비계획적 행동, 편리성 추구, 자원에 대한 인식 부재, 노하우 부족

(2) 자원관리 기본 과정

① 필요한 자원의 종류와 양 확인

② 이용 가능한 자원 수집하기

③ 자원 활용 계획 세우기

④ 계획대로 수행하기

예제 1

당신은 A출판사 교육훈련 담당자이다. 조직의 효율성을 높이기 위해 전사적인 시간관리에 대한 교육을 실시하기로 하였지만 바쁜 일정 상 직원들을 집합교육에 동원할 수 있는 시간은 제한적이다. 다음 중 귀하가 최우선의 교육 대상으로 삼아야 하는 것은 어느 부분인가?

구분	긴급한 일	긴급하지 않은 일
중요한 일	제1사분면	제2사분면
중요하지 않은 일	제3사분면	제4사분면

출제의도

주어진 일들을 중요도와 긴급도에 따른 시간관리 매트릭스에서 우선순위를 구분할 수 있는가를 측정하는 문항이다.

① 중요하고 긴급한 일로 위기사항이나 급박한 문제, 기간이 정해진 프로젝트 등이 해당되는 제1사분면

② 긴급하지는 않지만 중요한 일로 인간관계구축이나 새로운 기회의 발굴, 중장기 계획 등이 포함되는 제2사분면

③ 긴급하지만 중요하지 않은 일로 잠깐의 급한 질문, 일부 보고서, 눈 앞의 급박한 사항이 해당되는 제3사분면

④ 중요하지 않고 긴급하지 않은 일로 하찮은 일이나 시간낭비거리, 즐거운 활동 등이 포함되는 제4사분면

2 자원관리능력을 구성하는 하위능력

(1) 시간관리능력

① 시간의 특성

ㄱ 시간은 매일 주어지는 기적이다.

ㄴ 시간은 똑같은 속도로 흐른다.

ㄷ 시간의 흐름은 멈추게 할 수 없다.

ㄹ 시간은 꾸거나 저축할 수 없다.

ㅁ 시간은 사용하기에 따라 가치가 달라진다.

② 시간관리의 효과

ㄱ 생산성 향상

ㄴ 가격 인상

ㄷ 위험 감소

ㄹ 시장 점유율 증가

③ 시간계획

    ⊙ 개념 : 시간 자원을 최대한 활용하기 위하여 가장 많이 반복되는 일에 가장 많은 시간을 분배하고, 최단시간에 최선의 목표를 달성하는 것을 의미한다.

    ⓒ 60 : 40의 Rule

계획된 행동 (60%)	계획 외의 행동 (20%)	자발적 행동 (20%)
총 시간		

예제 2

유아용품 홍보팀의 사원 은이씨는 일산 킨텍스에서 열리는 유아용품박람회에 참여하고자 한다. 당일 회의 후 출발해야 하며 회의 종료 시간은 오후 3시이다.

장소	일시
일산 킨텍스 제2전시장	2025. 1. 24(금) PM 15:00~19:00 * 입장가능시간은 종료 2시간 전 까지

오시는 길
지하철 : 4호선 대화역(도보 30분 거리)
버스 : 8109번, 8407번(도보 5분 거리)

• 회사에서 버스정류장 및 지하철역까지 소요시간

출발지	도착지		소요시간
회사	×× 정류장	도보	15분
		택시	5분
	지하철역	도보	30분
		택시	10분

• 일산 킨텍스 가는 길

교통편	출발지	도착지	소요시간
지하철	강남역	대화역	1시간 25분
버스	×× 정류장	일산 킨텍스 정류장	1시간 45분

위의 제시 상황을 보고 은이씨가 선택할 교통편으로 가장 적절한 것은?

① 도보 – 지하철   ② 도보 – 버스
③ 택시 – 지하철   ④ 택시 – 버스

출제의도

주어진 여러 시간정보를 수집하여 실제 업무 상황에서 시간자원을 어떻게 활용할 것인지 계획하고 할당하는 능력을 측정하는 문항이다.

해 설

④ 택시로 버스정류장까지 이동해서 버스를 타고 가게 되면 택시(5분), 버스(1시간 45분), 도보(5분)으로 1시간 55분이 걸린다.
① 도보–지하철 : 도보(30분), 지하철(1시간 25분), 도보(30분)이므로 총 2시간 25분이 걸린다.
② 도보–버스 : 도보(15분), 버스(1시간 45분), 도보(5분)이므로 총 2시간 5분이 걸린다.
③ 택시–지하철 : 택시(10분), 지하철(1시간 25분), 도보(30분)이므로 총 2시간 5분이 걸린다.

답 ④

(2) 예산관리능력

① 예산과 예산관리

　　㉠ 예산 : 필요한 비용을 미리 헤아려 계산하는 것이나 그 비용을 말한다.

　　㉡ 예산관리 : 활동이나 사업에 소요되는 비용을 산정하고, 예산을 편성하는 것뿐만 아니라 예산을 통제하는 것 모두를 포함한다.

② 예산의 구성요소

비용	직접비용	재료비, 원료와 장비, 시설비, 여행(출장) 및 잡비, 인건비 등
	간접비용	보험료, 건물관리비, 광고비, 통신비, 사무비품비, 각종 공과금 등

③ 예산수립 과정 : 필요한 과업 및 활동 구명 → 우선순위 결정 → 예산 배정

예제 3

당신은 가을 체육대회에서 총무를 맡으라는 지시를 받았다. 다음과 같은 계획에 따라 예산을 진행하였으나 확보된 예산이 생각보다 적게 되어 불가피하게 비용항목을 줄여야 한다. 다음 중 귀하가 비용 항목을 없애기에 가장 적절한 것은 무엇인가?

〈○○산업공단 춘계 1차 워크숍〉

1. 해당부서 : 인사관리팀, 영업팀, 재무팀
2. 일　　정 : 2025년 2월 21일~23일(2박 3일)
3. 장　　소 : 강원도 속초 ○○연수원
4. 행사내용 : 바다열차탑승, 체육대회, 친교의 밤 행사, 기타

① 숙박비　　　　　　　　② 식비
③ 교통비　　　　　　　　④ 기념품비

출제의도

업무에 소요되는 예산 중 꼭 필요한 것과 예산을 감축해야할 때 삭제 또는 감축이 가능한 것을 구분해내는 능력을 묻는 문항이다.

해 설

한정된 예산을 가지고 과업을 수행할 때에는 중요도를 기준으로 예산을 사용한다. 위와 같이 불가피하게 비용항목을 줄여야 한다면 기본적인 항목인 숙박비, 식비, 교통비는 유지되어야 하기에 항목을 없애기 가장 적절한 정답은 ④번이 된다.

 답 ④

(3) 물적관리능력

① 물적자원의 종류

　　㉠ 자연자원 : 자연상태 그대로의 자원 ex) 석탄, 석유 등

　　㉡ 인공자원 : 인위적으로 가공한 자원 ex) 시설, 장비 등

② 물적자원관리 : 물적자원을 효과적으로 관리할 경우 경쟁력 향상이 향상되어 과제 및 사업의 성공으로 이어지며, 관리가 부족할 경우 경제적 손실로 인해 과제 및 사업의 실패 가능성이 커진다.

③ 물적자원 활용의 방해요인

　　㉠ 보관 장소의 파악 문제

　　㉡ 훼손

　　㉢ 분실

④ 물적자원관리 과정

과정	내용
사용 물품과 보관 물품의 구분	• 반복 작업 방지 • 물품활용의 편리성
동일 및 유사 물품으로의 분류	• 동일성의 원칙 • 유사성의 원칙
물품 특성에 맞는 보관 장소 선정	• 물품의 형상 • 물품의 소재

예제 4

S호텔의 외식사업부 소속인 K씨는 예약일정 관리를 담당하고 있다. 아래의 예약일정과 정보를 보고 K씨의 판단으로 옳지 않은 것은?

〈S호텔 일식 뷔페 1월 ROOM 예약 일정〉

* 예약 : ROOM 이름(시작시간)

SUN	MON	TUE	WED	THU	FRI	SAT
					1	2
					백합(16)	장미(11) 백합(15)
3	4	5	6	7	8	9
라일락(15)		백향목(10) 백합(15)	장미(10) 백향목(17)	백합(11) 라일락(18)	백향목(15)	장미(10) 라일락(15)

ROOM 구분	수용가능인원	최소투입인력	연회장 이용시간
백합	20	3	2시간
장미	30	5	3시간
라일락	25	4	2시간
백향목	40	8	3시간

- 오후 9시에 모든 업무를 종료함
- 한 타임 끝난 후 1시간씩 세팅 및 정리
- 동 시간 대 서빙 투입인력은 총 10명을 넘을 수 없음

안녕하세요. 1월 첫째 주 또는 둘째 주에 신년회 행사를 위해 ROOM을 예약하려고 하는데요. 저희 동호회의 총 인원은 27명이고 오후 8시쯤 마무리하려고 합니다. 신정과 주말, 월요일은 피하고 싶습니다. 예약이 가능할까요?

① 인원을 고려했을 때 장미ROOM과 백향목ROOM이 적합하겠군
② 만약 2명이 안 온다면 예약 가능한 ROOM이 늘어나겠구나
③ 조건을 고려했을 때 예약 가능한 ROOM은 5일 장미ROOM뿐이겠구나
④ 오후 5시부터 8시까지 가능한 ROOM을 찾아야해

출제의도

주어진 정보와 일정표를 토대로 이용 가능한 물적자원을 확보하여 이를 정확하게 안내할 수 있는 능력을 측정하는 문항이다. 고객이 제공한 정보를 정확하게 파악하고 그 조건 안에서 가능한 자원을 제공할 수 있어야 한다.

해 설

③ 조건을 고려했을 때 5일 장미 ROOM과 7일 장미ROOM이 예약 가능하다.
① 참석 인원이 27명이므로 30명 수용 가능한 장미ROOM과 40명 수용 가능한 백향목ROOM 두 곳이 적합하다.
② 만약 2명이 안 온다면 총 참석인원 25명이므로 라일락ROOM, 장미 ROOM, 백향목ROOM이 예약 가능하다.
④ 오후 8시에 마무리하려고 계획하고 있으므로 적절하다.

답 ③

(4) 인적자원관리능력

① 인맥 : 가족, 친구, 직장동료 등 자신과 직접적인 관계에 있는 사람들인 핵심인맥과 핵심인맥들로부터 알게 된 파생인맥이 존재한다.

② 인적자원의 특성 : 능동성, 개발가능성, 전략적 자원

③ 인력배치의 원칙

   ㉠ 적재적소주의 : 팀의 효율성을 높이기 위해 팀원의 능력이나 성격 등과 가장 적합한 위치에 배치하여 팀원 개개인의 능력을 최대로 발휘해 줄 것을 기대하는 것

   ㉡ 능력주의 : 개인에게 능력을 발휘할 수 있는 기회와 장소를 부여하고 그 성과를 바르게 평가하며 평가된 능력과 실적에 대해 그에 상응하는 보상을 주는 원칙

   ㉢ 균형주의 : 모든 팀원에 대한 적재적소를 고려

④ 인력배치의 유형

   ㉠ 양적 배치 : 부문의 작업량과 조업도, 여유 또는 부족 인원을 감안하여 소요인원을 결정하여 배치하는 것

   ㉡ 질적 배치 : 적재적소의 배치

   ㉢ 적성 배치 : 팀원의 적성 및 흥미에 따라 배치하는 것

예제 5

최근 조직개편 및 연봉협상 과정에서 직원들의 불만이 높아지고 있다. 온갖 루머가 난무한 가운데 인사팀원인 당신에게 사내 게시판의 직원 불만사항에 대한 진위여부를 파악하고 대안을 세우라는 팀장의 지시를 받았다. 다음 중 당신이 조치를 취해야 하는 직원은 누구인가?

① 사원 A는 팀장으로부터 업무 성과가 탁월하다는 평가를 받았는데도 조직개편으로 인한 부서 통합으로 인해 승진을 못한 것이 불만이다.
② 사원 B는 회사가 예년에 비해 높은 영업 이익을 얻었는데도 불구하고 연봉 인상에 인색한 것이 불만이다.
③ 사원 C는 회사가 급여 정책을 변경해서 고정급 비율을 낮추고 기본급과 인센티브를 지급하는 제도로 바꾼 것이 불만이다.
④ 사원 D는 입사 동기인 동료가 자신보다 업무 실적이 좋지 않고 불성실한 근무태도를 가지고 있는데, 팀장과의 친분으로 인해 자신보다 높은 평가를 받은 것이 불만이다.

출제의도

주어진 직원들의 정보를 통해 시급하게 진위여부를 가리고 조치하여 인력배치를 해야 하는 사항을 확인하는 문제이다.

해 설

사원 A, B, C는 각각 조직 정책에 대한 불만이기에 논의를 통해 조직적으로 대처하는 것이 옳지만, 사원 D는 팀장의 독단적인 전횡에 대한 불만이기 때문에 조사하여 시급히 조치할 필요가 있다. 따라서 가장 적절한 답은 ④번이 된다.

답 ④

① 조직과 개인

(1) 조직

① 조직과 기업

    ㉠ 조직 : 두 사람 이상이 공동의 목표를 달성하기 위해 의식적으로 구성된 상호작용과 조정을 행하는 행동의 집합체

    ㉡ 기업 : 노동, 자본, 물자, 기술 등을 투입하여 제품이나 서비스를 산출하는 기관

② 조직의 유형

기준	구분	예
공식성	공식조직	조직의 규모, 기능, 규정이 조직화된 조직
	비공식조직	인간관계에 따라 형성된 자발적 조직
영리성	영리조직	사기업
	비영리조직	정부조직, 병원, 대학, 시민단체
조직규모	소규모 조직	가족 소유의 상점
	대규모 조직	대기업

(2) 경영

① 경영의 의미 : 조직의 목적을 달성하기 위한 전략, 관리, 운영활동이다.

② 경영의 구성요소

    ㉠ 경영목적 : 조직의 목적을 달성하기 위한 방법이나 과정

    ㉡ 인적자원 : 조직의 구성원 · 인적자원의 배치와 활용

    ㉢ 자금 : 경영활동에 요구되는 돈 · 경영의 방향과 범위 한정

    ㉣ 경영전략 : 변화하는 환경에 적응하기 위한 경영활동 체계화

③ 경영자의 역할

대인적 역할	정보적 역할	의사결정적 역할
• 조직의 대표자 • 조직의 리더 • 상징자, 지도자	• 외부환경 모니터 • 변화전달 • 정보전달자	• 문제 조정 • 대외적 협상 주도 • 분쟁조정자, 자원배분자, 협상가

(3) 조직체제 구성요소

① 조직목표 : 전체 조직의 성과, 자원, 시장, 인력개발, 혁신과 변화, 생산성에 대한 목표

② 조직구조 : 조직 내의 부문 사이에 형성된 관계

③ 조직문화 : 조직구성원들 간에 공유하는 생활양식이나 가치

④ 규칙 및 규정 : 조직의 목표나 전략에 따라 수립되어 조직구성원들이 활동범위를 제약하고 일관성을 부여하는 기능

예제 1

주어진 글의 빈칸에 들어갈 말로 가장 적절한 것은?

> 조직이 지속되게 되면 조직구성원들 간 생활양식이나 가치를 공유하게 되는데 이를 조직의 (㉠)라고 한다. 이는 조직구성원들의 사고와 행동에 영향을 미치며 일체감과 정체성을 부여하고 조직이 (㉡)으로 유지되게 한다. 최근 이에 대한 중요성이 부각되면서 긍정적인 방향으로 조성하기 위한 경영층의 노력이 이루어지고 있다.

① ㉠ : 목표, ㉡ : 혁신적   ② ㉠ : 구조, ㉡ : 단계적
③ ㉠ : 문화, ㉡ : 안정적   ④ ㉠ : 규칙, ㉡ : 체계적

출제의도

본 문항은 조직체계의 구성요소들의 개념을 묻는 문제이다.

해 설

조직문화란 조직구성원들 간에 공유하게 되는 생활양식이나 가치를 말한다. 이는 조직구성원들의 사고와 행동에 영향을 미치며 일체감과 정체성을 부여하고 조직이 안정적으로 유지되게 한다.

답 ③

---

(4) 조직변화의 과정

환경변화 인지 → 조직변화 방향 수립 → 조직변화 실행 → 변화결과 평가

(5) 조직과 개인

	지식, 기술, 경험 →	
개인		조직
	← 연봉, 성과급, 인정, 칭찬, 만족감	

❷ 조직이해능력을 구성하는 하위능력

(1) 경영이해능력

① 경영 : 조직의 목적을 달성하기 위한 전략, 관리, 운영활동이다.

　㉠ 경영의 구성요소 : 경영목적, 인적자원, 자금, 전략

　㉡ 경영의 과정

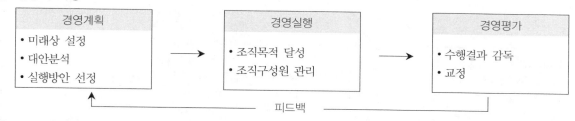

　㉢ 경영활동 유형

　　• 외부경영활동 : 조직외부에서 조직의 효과성을 높이기 위해 이루어지는 활동이다.

　　• 내부경영활동 : 조직내부에서 인적, 물적 자원 및 생산기술을 관리하는 것이다.

② 의사결정과정

　㉠ 의사결정의 과정

　　• 확인 단계 : 의사결정이 필요한 문제를 인식한다.

　　• 개발 단계 : 확인된 문제에 대하여 해결방안을 모색하는 단계이다.

　　• 선택 단계 : 해결방안을 마련하며 실행가능한 해결안을 선택한다.

　㉡ 집단의사결정의 특징

　　• 지식과 정보가 더 많아 효과적인 결정을 할 수 있다.

　　• 다양한 견해를 가지고 접근할 수 있다.

　　• 결정된 사항에 대하여 의사결정에 참여한 사람들이 해결책을 수월하게 수용하고, 의사소통의 기회도 향상된다.

- 의견이 불일치하는 경우 의사결정을 내리는데 시간이 많이 소요된다.
- 특정 구성원에 의해 의사결정이 독점될 가능성이 있다.

③ 경영전략

㉠ 경영전략 추진과정

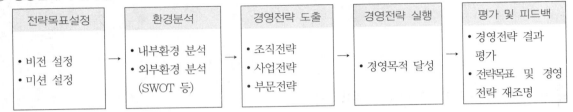

㉡ 마이클 포터의 본원적 경쟁전략

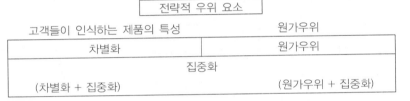

예제 2
다음은 경영전략을 세우는 방법 중 하나인 SWOT에 따른 어느 기업의 분석결과이다. 다음 중 주어진 기업 분석 결과에 대응하는 전략은?

강점(Strength)	• 차별화된 맛과 메뉴 • 폭넓은 네트워크
약점(Weakness)	• 매출의 계절적 변동폭이 큼 • 딱딱한 기업 이미지
기회(Opportunity)	• 소비자의 수요 트랜드 변화 • 가계의 외식 횟수 증가 • 경기회복 가능성
위협(Threat)	• 새로운 경쟁자의 진입 가능성 • 과도한 가계부채

내부환경 외부환경	강점(Strength)	약점(Weakness)
기회 (Opportunity)	① 계절 메뉴 개발을 통한 분기 매출 확보	② 고객의 소비패턴을 반영한 광고를 통한 이미지 쇄신
위협 (Threat)	③ 소비 트렌드 변화를 반영한 시장 세분화 정책	④ 고급화 전략을 통한 매출 확대

출제의도
본 문항은 조직이해능력의 하위능력인 경영관리능력을 측정하는 문제이다. 기업에서 경영전략을 세우는데 많이 사용되는 SWOT분석에 대해 이해하고 주어진 분석표를 통해 가장 적절한 경영전략을 도출할 수 있는지를 확인할 수 있다.

해 설
② 딱딱한 이미지를 현재 소비자의 수요 트렌드라는 환경 변화에 대응하여 바꿀 수 있다.

답 ②

④ 경영참가제도

　　㉠ 목적

　　　• 경영의 민주성을 제고할 수 있다.

　　　• 공동으로 문제를 해결하고 노사 간의 세력 균형을 이룰 수 있다.

　　　• 경영의 효율성을 제고할 수 있다.

　　　• 노사 간 상호 신뢰를 증진시킬 수 있다.

　　㉡ 유형

　　　• 경영참가 : 경영자의 권한인 의사결정과정에 근로자 또는 노동조합이 참여하는 것

　　　• 이윤참가 : 조직의 경영성과에 대하여 근로자에게 배분하는 것

　　　• 자본참가 : 근로자가 조직 재산의 소유에 참여하는 것

예제 3

다음은 중국의 H사에서 시행하는 경영참가제도에 대한 기사이다. 밑줄 친 이 제도는 무엇인가?

> H사는 '사람' 중심의 수평적 기업문화가 발달했다. H사는 <u>이 제도</u>의 시행을 통해 직원들이 경영에 간접적으로 참여할 수 있게 하였는데 이에 따라 자연스레 기업에 대한 직원들의 책임 의식도 강화됐다. 참여주주는 8만2471명이다. 모두 H사의 임직원이며, 이 중 창립자인 CEO R은 개인 주주로 총 주식의 1.18%의 지분과 퇴직연금으로 주식총액의 0.21%만을 보유하고 있다.

① 노사협의회제도　　　　　　　② 이윤분배제도
③ 종업원지주제도　　　　　　　④ 노동주제도

(2) 체제이해능력

① 조직목표 : 조직이 달성하려는 장래의 상태

  ㉠ 조직목표의 기능
  - 조직이 존재하는 정당성과 합법성 제공
  - 조직이 나아갈 방향 제시
  - 조직구성원 의사결정의 기준
  - 조직구성원 행동수행의 동기유발
  - 수행평가 기준
  - 조직설계의 기준

  ㉡ 조직목표의 특징
  - 공식적 목표와 실제적 목표가 다를 수 있음
  - 다수의 조직목표 추구 가능
  - 조직목표 간 위계적 상호관계가 있음
  - 가변적 속성
  - 조직의 구성요소와 상호관계를 가짐

② 조직구조

  ㉠ 조직구조의 결정요인 : 전략, 규모, 기술, 환경
  ㉡ 조직구조의 유형과 특징

유형	특징
기계적 조직	• 구성원들의 업무가 분명하게 규정 • 엄격한 상하 간 위계질서 • 다수의 규칙과 규정 존재
유기적 조직	• 비공식적인 상호의사소통 • 급변하는 환경에 적합한 조직

③ 조직문화

  ㉠ 조직문화 기능
  - 조직구성원들에게 일체감, 정체성 부여
  - 조직몰입 향상
  - 조직구성원들의 행동지침 : 사회화 및 일탈행동 통제
  - 조직의 안정성 유지

  ㉡ 조직문화 구성요소(7S) : 공유가치(Shared Value), 리더십 스타일(Style), 구성원(Staff), 제도·절차 (System), 구조(Structure), 전략(Strategy), 스킬(Skill)

④ 조직 내 집단
　　㉠ 공식적 집단 : 조직에서 의식적으로 만든 집단으로 집단의 목표, 임무가 명확하게 규정되어 있다.
　　　　예 임시위원회, 작업팀 등
　　㉡ 비공식적 집단 : 조직구성원들의 요구에 따라 자발적으로 형성된 집단이다.
　　　　예 스터디모임, 봉사활동 동아리, 각종 친목회 등

(3) 업무이해능력

① 업무 : 상품이나 서비스를 창출하기 위한 생산적인 활동이다.
　　㉠ 업무의 종류

부서	업무(예)
총무부	주주총회 및 이사회개최 관련 업무, 의전 및 비서업무, 집기비품 및 소모품의 구입과 관리, 사무실 임차 및 관리, 차량 및 통신시설의 운영, 국내외 출장 업무 협조, 복리후생 업무, 법률자문과 소송관리, 사내외 홍보 광고업무 등
인사부	조직기구의 개편 및 조정, 업무분장 및 조정, 인력수급계획 및 관리, 직무 및 정원의 조정 종합, 노사관리, 평가관리, 상벌관리, 인사발령, 교육체계 수립 및 관리, 임금제도, 복리후생제도 및 지원업무, 복무관리, 퇴직관리 등
기획부	경영계획 및 전략 수립, 전사기획업무 종합 및 조정, 중장기 사업계획의 종합 및 조정, 경영정보 조사 및 기획보고, 경영진단업무, 종합예산수립 및 실적관리, 단기사업계획 종합 및 조정, 사업계획, 손익추정, 실적관리 및 분석 등
회계부	회계제도의 유지 및 관리, 재무상태 및 경영실적 보고, 결산 관련 업무, 재무제표분석 및 보고, 법인세, 부가가치세, 국세 지방세 업무자문 및 지원, 보험가입 및 보상업무, 고정자산 관련 업무 등
영업부	판매 계획, 판매예산의 편성, 시장조사, 광고 선전, 견적 및 계약, 제조지시서의 발행, 외상매출금의 청구 및 회수, 제품의 재고 조절, 거래처로부터의 불만처리, 제품의 애프터서비스, 판매원가 및 판매가격의 조사 검토 등

예제 4

다음은 I기업의 조직도와 팀장님의 지시사항이다. H씨가 팀장님의 심부름을 수행하기 위해 연락해야 할 부서로 옳은 것은?

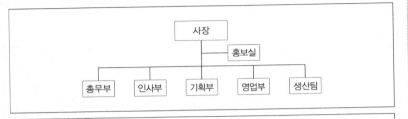

H씨! 내가 지금 너무 바빠서 그러는데 부탁 좀 들어줄래요? 다음 주 중에 사장님 모시고 클라이언트와 만나야 할 일이 있으니까 사장님 일정을 확인해주시구요. 이번 달에 신입사원 교육·훈련계획이 있었던 것 같은데 정확한 시간이랑 날짜를 확인해주세요.

① 총무부, 인사부   ② 총무부, 홍보실
③ 기획부, 총무부   ④ 영업부, 기획부

ⓛ 업무의 특성

- 공통된 조직의 목적 지향
- 요구되는 지식, 기술, 도구의 다양성
- 다른 업무와의 관계, 독립성
- 업무수행의 자율성, 재량권

② 업무수행 계획

ㄱ 업무지침 확인 : 조직의 업무지침과 나의 업무지침을 확인한다.

ㄴ 활용 자원 확인 : 시간, 예산, 기술, 인간관계

ㄷ 업무수행 시트 작성

- 간트 차트 : 단계별로 업무의 시작과 끝 시간을 바 형식으로 표현
- 워크 플로 시트 : 일의 흐름을 동적으로 보여줌
- 체크리스트 : 수행수준 달성을 자가점검

POINT 간트 차트와 플로 차트

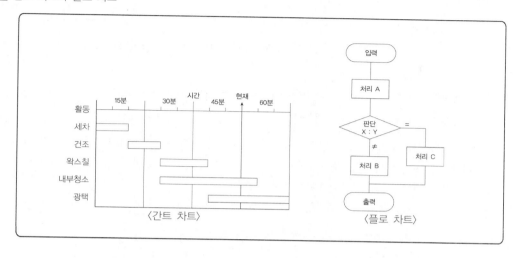

〈간트 차트〉 〈플로 차트〉

예제 5

다음 중 업무수행 시 단계별로 업무를 시작해서 끝나는 데까지 걸리는 시간을 바 형식으로 표시하여 전체 일정 및 단계별로 소요되는 시간과 각 업무활동 사이의 관계를 볼 수 있는 업무수행 시트는?

① 간트 차트
② 워크 플로 차트
③ 체크리스트
④ 퍼트 차트

출제의도

업무수행 계획을 수립할 때 간트 차트, 워크 플로 시트, 체크리스트 등의 수단을 이용하면 효과적으로 계획하고 마지막에 급하게 일을 처리하지 않고 주어진 시간 내에 끝마칠 수 있다. 본 문항은 그러한 수단이 되는 차트들의 이해도를 묻는 문항이다.

해 설

② 일의 절차 처리의 흐름을 표현하기 위해 기호를 써서 도식화한 것
③ 업무를 세부적으로 나누고 각 활동별로 수행수준을 달성했는지를 확인하는 데 효과적
④ 하나의 사업을 수행하는 데 필요한 다수의 세부사업을 단계와 활동으로 세분하여 관련된 계획 공정으로 묶고, 각 활동의 소요시간을 낙관시간, 최가능시간, 비관시간 등 세 가지로 추정하고 이를 평균하여 기대시간을 추정

답 ①

③ 업무 방해요소

   ㉠ 다른 사람의 방문, 인터넷, 전화, 메신저 등

   ㉡ 갈등관리

   ㉢ 스트레스

(4) 국제감각

① 세계화와 국제경영

    ㉠ 세계화 : 3Bs(국경 ; Border, 경계 ; Boundary, 장벽 ; Barrier)가 완화되면서 활동범위가 세계로 확대 되는 현상이다.

    ㉡ 국제경영 : 다국적 내지 초국적 기업이 등장하여 범지구적 시스템과 네트워크 안에서 기업 활동이 이루어지는 것이다.

② 이문화 커뮤니케이션 : 서로 상이한 문화 간 커뮤니케이션으로 직업인이 자신의 일을 수행하는 가운데 문화배경을 달리하는 사람과 커뮤니케이션을 하는 것이 이에 해당한다. 이문화 커뮤니케이션은 언어적 커뮤니케이션과 비언어적 커뮤니케이션으로 구분된다.

③ 국제 동향 파악 방법

    ㉠ 관련 분야 해외사이트를 방문해 최신 이슈를 확인한다.

    ㉡ 매일 신문의 국제면을 읽는다.

    ㉢ 업무와 관련된 국제잡지를 정기구독 한다.

    ㉣ 고용노동부, 한국산업인력공단, 산업통상자원부, 중소벤처기업부, 대한상공회의소, 산업별인적자원개발협의체 등의 사이트를 방문해 국제동향을 확인한다.

    ㉤ 국제학술대회에 참석한다.

    ㉥ 업무와 관련된 주요 용어의 외국어를 알아둔다.

    ㉦ 해외서점 사이트를 방문해 최신 서적 목록과 주요 내용을 파악한다.

    ㉧ 외국인 친구를 사귀고 대화를 자주 나눈다.

④ 대표적인 국제매너

    ㉠ 미국인과 인사할 때에는 눈이나 얼굴을 보는 것이 좋으며 오른손으로 상대방의 오른손을 힘주어 잡았다가 놓아야 한다.

    ㉡ 러시아와 라틴아메리카 사람들은 인사할 때에 포옹을 하는 경우가 있는데 이는 친밀함의 표현이므로 자연스럽게 받아주는 것이 좋다.

    ㉢ 명함은 받으면 꾸기거나 계속 만지지 않고 한 번 보고나서 탁자 위에 보이는 채로 대화하거나 명함집에 넣는다.

    ㉣ 미국인들은 시간 엄수를 중요하게 생각하므로 약속시간에 늦지 않도록 주의한다.

    ㉤ 스프를 먹을 때에는 몸쪽에서 바깥쪽으로 숟가락을 사용한다.

    ㉥ 생선요리는 뒤집어 먹지 않는다.

    ㉦ 빵은 스프를 먹고 난 후부터 디저트를 먹을 때까지 먹는다.

PART ① 의사소통능력

정답 및 해설 P.342

의사소통능력 대표유형

의사소통은 직장생활에서 조직과 팀의 효율성과 효과성을 성취할 목적으로 이루어지는 구성원 간의 정보와 지식 전달 과정으로, 의사소통능력은 업무능력의 기본이 된다. 크게 어휘, 어법, 독해 유형으로 구분되며 공문, 보도자료, 상품설명서, 약관 등의 실용문과 함께 정치·경제·사회·과학·문화·예술 등 다양한 분야의 지문이 출제된다.

1

다음의 밑줄 친 단어의 의미와 동일하게 쓰인 것은?

기획재정부는 26일 OO센터에서 '2024년 지방재정협의회'를 열고 내년도 예산안 편성 방향과 지역 현안 사업을 논의했다. 이 자리에는 17개 광역자치단체 부단체장과 기재부 예산실장 등 500여 명이 참석해 2025년 예산안 편성 방향과 약 530건의 지역 현안 사업에 대한 협의를 진행했다.

기재부 예산실장은 "내년에 정부는 일자리 창출, 4차 산업 혁명 대응, 저출산 극복, 양극화 완화 등 4대 핵심 분야에 예산을 집중적으로 투자할 계획이라며 이를 위해 신규 사업 관리 강화 등 10대 재정 운용 전략을 활용, 재정 투자의 효율성을 높여갈 것"이라고 밝혔다. 이어 각 지방자치단체에서도 정부의 예산 편성 방향에 부합하도록 사업을 신청해 달라고 요청했다.

기재부는 이날 논의한 지역 현안 사업이 각 부처의 검토를 <u>거쳐</u> 다음달 26일까지 기재부에 신청되면, 관계 기관의 협의를 거쳐 내년도 예산안에 반영한다.

① 학생들은 초등학교부터 중학교, 고등학교를 <u>거쳐</u> 대학에 입학하게 된다.

② 가장 어려운 문제를 해결했으니 이제 특별히 <u>거칠</u> 문제는 없다.

③ 이번 출장 때는 독일 베를린을 <u>거쳐</u> 오스트리아 빈을 다녀올 예정이다.

④ 오랜만에 뒷산에 올라 보니, 무성하게 자란 칡덩굴이 발에 <u>거친다</u>.

2

다음 단락을 논리적 흐름에 맞게 바르게 배열한 것은?

> (가) 자본주의 사회에서 상대적으로 부유한 집단, 지역, 국가는 환경적 피해를 약자에게 전가하거나 기술적으로 회피할 수 있는 가능성을 가진다.
>
> (나) 오늘날 환경문제는 특정한 개별 지역이나 국가의 문제에서 나아가 전 지구적 문제로 확대되었지만, 이로 인한 피해는 사회·공간적으로 취약한 특정 계층이나 지역에 집중적으로 나타나는 환경적 불평등을 야기하고 있다.
>
> (다) 인간사회와 자연환경 간의 긴장관계 속에서 발생하고 있는 오늘날 환경위기의 해결 가능성은 논리적으로 뿐만 아니라 역사적으로 과학기술과 생산조직의 발전을 규정하는 사회적 생산관계의 전환을 통해서만 실현될 수 있다.
>
> (라) 부유한 국가나 지역은 마치 환경문제를 스스로 해결한 것처럼 보이기도 하며, 나아가 자본주의 경제체제 자체가 환경문제를 해결(또는 최소한 지연)할 수 있는 능력을 갖춘 것처럼 홍보되기도 한다.

① (가) – (나) – (라) – (다)

② (나) – (가) – (다) – (라)

③ (나) – (가) – (라) – (다)

④ (나) – (라) – (가) – (다)

3

다음 글에서 언급한 스마트 팩토리의 특징으로 옳지 않은 것은?

최근 스포츠 브랜드인 아디다스에서 소비자가 원하는 디자인, 깔창, 굽 모양 등의 옵션을 적용하여 다품종 소량생산 할 수 있는 스피드 팩토리를 선보였고, 그밖에도 제조업을 비롯해 다양한 산업에서 스마트 팩토리를 도입하면서 미래형 제조 시스템인 스마트 팩토리에 대한 관심이 커지고 있다. 과연 스마트 팩토리 무엇이며 어떤 기술로 구현되고 이점은 무엇일까?

스마트 팩토리란 ICT기술을 기반으로 제품의 기획, 설계, 생산, 유통, 판매의 전 과정을 자동화, 지능화하여 최소 비용과 최소 시간으로 다품종 대량생산이 가능한 미래형 공장을 의미한다. 스마트 팩토리가 구현되기 위해서는 다양한 기술이 적용되는데, 먼저 클라우드 기술은 인터넷에 연결되어 축적된 데이터를 저장하고 IoT 기술은 각종 사물에 컴퓨터 칩과 통신 기능을 내장해 인터넷에 연결한다. 또한 데이터를 분석하는 빅데이터 기술, AI를 기반으로 스스로 학습하고 의사결정을 할 수 있는 차세대 로봇기술과 기계가 자가 학습하는 인공지능 기술을 비롯해 수많은 첨단 기술을 필요로 한다.

스마트 팩토리의 핵심 구현 요소는 디지털화, 연결화, 스마트화이다. 디지털화는 공장 내 사물들 간에 소통이 가능하도록 물리적 아날로그 신호를 디지털 신호로 변환하는 것으로 디지털화를 하면 무한대로 데이터를 복사할 수 있어 데이터 편집이 쉬워지고 데이터 통신이 자유롭게 이루어진다. 연결화는 사람을 포함한 모든 사물, 즉 공장 안에 존재하는 부품, 완제품, 설비, 공장, 건물, 기기를 연결하는 것으로, 이더넷이나 유무선 통신으로 설비를 연결해 생산 현황과 이상 유무를 관리한다. 작업자가 제조 라인에 서면 공정은 작업자의 역량, 경험 같은 것을 참고하여 합당한 공정을 수행하도록 지도해 주는 것이 연결화의 예라고 할 수 있다. 스마트화는 사물이 사람과 같이 스스로 판단하고 행동하는 것을 말하는 것으로 지능화, 자율화와 같은 의미이다. 수집된 데이터를 분석하여 스스로 판단하는 스마트화는 스마트 팩토리의 필수 전제조건이다.

스마트 팩토리의 이점은 제조 단계별로 구분해 볼 수 있다. 먼저 기획·설계 단계에서는 제품 성능 시뮬레이션을 통해 제작기간을 단축시키고, 맞춤형 제품을 개발할 수 있다는 이점이 있다. 다음으로 생산 단계에서는 설비 – 자재 – 시스템 간 통신으로 다품종 대량생산, 에너지와 설비 효율 제고의 효과가 있다. 그리고 유통·판매 단계에서는 모 기업과 협력사 간 실시간 연동을 통해 재고 비용을 감소시키고 품질, 물류 등 많은 분야를 협력할 수 있다.

① 스마트 팩토리는 최소 비용과 최소 시간으로 다품종 대량생산을 추구한다.

② 스마트 팩토리가 구현되기 위해서는 클라우드 기술, IoT기술, 인공지능 기술 등이 요구된다.

③ 디지털화는 공장 내 사물들 간에 소통이 가능하도록 디지털 신호를 물리적 아날로그 신호로 변환하는 것이다.

④ 스마트화는 사물이 사람과 같이 스스로 판단하고 행동하는 것으로 스마트 팩토리의 필수 전제조건이다.

4

다음은 N사의 단독주택용지 수의계약 공고문 중 일부이다. 공고문의 내용을 바르게 이해한 것은?

[○○ 블록형 단독주택용지(1필지) 수의계약 공고]

1. 공급대상토지

면적 (㎡)	세대수 (호)	평균규모 (㎡)	용적률 (%)	공급가격 (천원)	계약보증금 (원)	사용가능 시기
25,479	63	400	100% 이하	36,944,550	3,694,455,000	즉시

2. 공급일정 및 장소

일정	2025년 1월 11일 오전 10시부터 선착순 수의계약 (토·일요일 및 공휴일, 업무시간 외는 제외)
장소	N사 ○○지역본부 1층

3. 신청자격

아래 두 조건을 모두 충족한 자
 – 실수요자: 공고일 현재 주택법에 의한 주택건설사업자로 등록한 자
 – 3년 분할납부(무이자) 조건의 토지매입 신청자
  ※ 납부 조건: 계약체결 시 계약금 10%, 중도금 및 잔금 90%(6개월 단위 6회 납부)

4. 계약체결 시 구비서류
 – 법인등기부등본 및 사업자등록증 사본 각 1부
 – 법인인감증명서 1부 및 법인인감도장(사용인감계 및 사용인감)
 – 대표자 신분증 사본 1부(위임 시 위임장 1부 및 대리인 신분증 제출)
 – 주택건설사업자등록증 1부
 – 계약금 납입영수증

① 계약이 체결되면 즉시 해당 토지에 단독주택을 건설할 수 있다.

② 계약체결 후 첫 번째 내야 할 중도금은 5,250,095,000원이다.

③ 규모 400㎡의 단독주택용지를 일반 수요자에게 분양하는 공고이다.

④ 계약에 대한 보증금이 공급가격보다 더 높아 실수요자에게 부담을 줄 우려가 있다.

5

다음 회의록의 내용을 보고 올바른 판단을 내리지 못한 것을 고르면?

인사팀 4월 회의록				
회의일시	2025년 2월 28일 14:00~15:30		회의장소	대회의실(예약)
참석자	팀장, 남 과장, 허 대리, 김 대리, 이 사원, 명 사원			
회의안건	• 직원 교육훈련 시스템 점검 및 성과 평가 • 차기 교육 프로그램 운영 방향 논의			
진행결과 및 협조 요청	〈총평〉 • 1사분기에는 지난해보다 학습목표시간을 상향조정(직급별 10~20시간)하였음에도 평균 학습시간을 초과하여 달성하는 등 상시학습문화가 정착됨 　－1인당 평균 학습시간: 지난해 4사분기 22시간 → 올해 1사분기 35시간 • 다만, 고직급자와 계약직은 학습 실적이 목표에 미달하였는바, 앞으로 학습 진도에 대하여 사전 통보하는 등 학습목표 달성을 적극 지원할 필요가 있음 　－고직급자 : 목표 30시간, 실적 25시간, 계약직 : 목표 40시간, 실적 34시간 〈운영방향〉 • 전 직원 일체감 형성을 위한 비전공유와 '매출 증대, 비용 절감' 구현을 위한 핵심과제 등 주요사업 시책교육 추진 • 직원이 가치창출의 원천이라는 인식하에 생애주기에 맞는 직급별 직무역량교육 의무화를 통해 인적자본 육성 강화 • 자기주도적 상시학습문화 정착에 기여한 학습관리시스템을 현실에 맞게 개선하고, 조직 간 인사교류를 확대			

① 올 1사분기에는 지난해보다 1인당 평균 학습시간이 50% 이상 증가하였다.

② 전체적으로 1사분기의 교육시간 이수 등의 성과는 우수하였다.

③ 2사분기에는 일부 직원들에 대한 교육시간이 1사분기보다 더 증가할 전망이다.

④ 2사분기에는 각 직급에 보다 적합한 교육이 시행될 것이다.

수리능력 대표유형

수리능력은 직장생활에서 요구되는 기본적인 사칙연산과 기초적인 통계를 이해하고 도표의 의미를 파악하거나 도표를 이용해서 결과를 효과적으로 제시하는 능력을 말한다. 따라서 기본적은 계산능력을 파악하는 유형과 함께 자료해석, 도표분석 능력 등을 요구하는 유형의 문제가 주로 출제된다.

1

A와 B가 다음과 같은 규칙으로 게임을 하였다. 규칙을 참고할 때, 두 사람 중 점수가 낮은 사람은 몇 점인가?

- 이긴 사람은 4점, 진 사람은 2점의 점수를 얻는다.
- 두 사람의 게임은 모두 20회 진행되었다.
- 20회의 게임 후 두 사람의 점수 차이는 12점이었다.

① 50점   ② 52점

③ 54점   ④ 56점

2

다음은 국민연금 보험료를 산정하기 위한 소득월액 산정 방법에 대한 설명이다. 다음 설명을 참고할 때, 김갑동 씨의 신고 소득월액은 얼마인가?

소득월액은 입사(복직) 시점에 따른 근로자간 신고 소득월액 차등이 발생하지 않도록 입사(복직) 당시 약정되어 있는 급여 항목에 대한 1년치 소득총액에 대하여 30일로 환산하여 결정하며, 다음과 같은 계산 방식을 적용한다.

소득월액 = 입사(복직) 당시 지급이 약정된 각 급여 항목에 대한 1년간 소득총액 ÷ 365 × 30

〈김갑동 씨의 급여 내역〉

- 기본급 : 1,000,000원
- 교통비 : 월 100,000원
- 고정 시간외 수당 : 월 200,000원
- 분기별 상여금(1, 4, 7, 10월 지급) : 기본급의 100%
- 하계휴가비(매년 7월 지급) : 500,000원

① 1,645,660원

② 1,652,055원

③ 1,668,900원

④ 1,727,050원

3

다음은 2023년 한국인 사망 원인 '5대 암과 관련된 자료이다. 2023년 총 인구를 5,100만 명이라고 할 때, 치명률을 구하는 공식으로 옳은 것을 고르면?

종류	환자수	완치자수	후유장애자수	사망자수	치명률
폐암	101,600명	3,270명	4,408명	2,190명	2.16%
간암	120,860명	1,196명	3,802명	1,845명	1.53%
대장암	157,200명	3,180명	2,417명	1,624명	1.03%
위암	184,520명	2,492명	3,557명	1,950명	1.06%
췌장암	162,050명	3,178명	2,549명	2,765명	1.71%

※ 환자수란 현재 해당 암을 앓고 있는 사람 수를 말한다.
※ 완치자수란 과거에 해당 암을 앓았던 사람으로 일상생활에 문제가 되는 장애가 남지 않고 5년 이내 재발이 없는 경우를 말한다.
※ 후유장애자수란 과거에 해당 암을 앓았던 사람으로 암으로 인하여 일상생활에 문제가 되는 영구적인 장애가 남은 경우를 말한다.
※ 사망자수란 해당 암으로 사망한 사람 수를 말한다.

① $치명률 = \dfrac{완치자수}{환자수} \times 100$

② $치명률 = \dfrac{후유장애자수}{환자수} \times 100$

③ $치명률 = \dfrac{사망자수}{환자수} \times 100$

④ $치명률 = \dfrac{사망자수 + 후유장애자수}{인구수} \times 100$

4

제시된 자료를 참조하여, 2021년부터 2023년의 건강수명 비교에 대한 설명으로 옳은 것은?

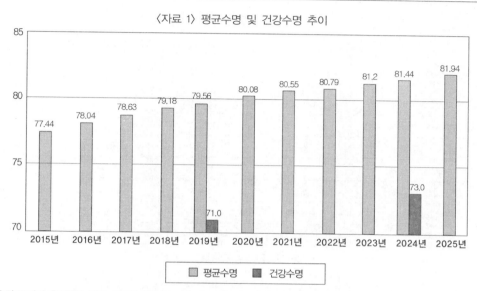

〈자료 1〉 평균수명 및 건강수명 추이

연도	평균수명
2015년	77.44
2016년	78.04
2017년	78.63
2018년	79.18
2019년	79.56 (건강수명 71.0)
2020년	80.08
2021년	80.55
2022년	80.79
2023년	81.2
2024년	81.44 (건강수명 73.0)
2025년	81.94

■ 평균수명 ■ 건강수명

※ 평균수명 : 0세의 출생자가 향후 생존할 것으로 기대되는 평균생존연수 '0세의 기대여명' 을 나타냄

※ 건강수명 : 평균수명에서 질병이나 부상으로 인하여 활동하지 못한 기간을 뺀 기간을 나타냄

※ 2025년은 예상 수치임

〈자료 2〉 건강수명 예상치 추정 정보

• 건강수명 예상치의 범위는 평균수명의 90%에서 ±1% 수준이다.
• 건강수명 예상치는 환경 개선 정도에 영향을 받는다고 가정한다.

연도	2020년	2021년	2022년	2023년
환경 개선	보통	양호	불량	불량

- 해당 연도 환경 개선 정도가 '양호'이면 최대치(+1%)로 계산된다.
- 해당 연도 환경 개선 정도가 '보통'이면 중간치(±0%)로 계산된다.
- 해당 연도 환경 개선 정도가 '불량'이면 최소치(-1%)로 계산된다.

① 2021년 건강수명이 2022년 건강수명보다 짧다.
② 2022년 건강수명이 2023년 건강수명보다 짧다.
③ 2021년 건강수명이 2023년 건강수명 보다 짧다.
④ 2022년 환경 개선 정도가 보통일 경우 2021년 건강수명이 2022년 건강수명보다 짧다.

5

다음은 건설업과 관련된 주요 지표이다. 이에 대한 설명으로 옳은 것은?

〈건설업 주요 지표〉

(단위 : 개, 천 명, 조 원, %)

구분	2023년	2024년	전년대비	
			증감	증감률
기업체수	69,508	72,376	2,868	4.1
종사자수	1,573	1,670	97	6.1
건설공사 매출액	356.6	392.0	35.4	9.9
국내 매출액	313.1	354.0	40.9	13.1
해외 매출액	43.5	38.0	−5.5	−12.6
건설비용	343.2	374.3	31.1	9.1
건설 부가가치	13.4	17.7	4.3	32.1

〈연도별 건설업체수 및 매출 증감률〉

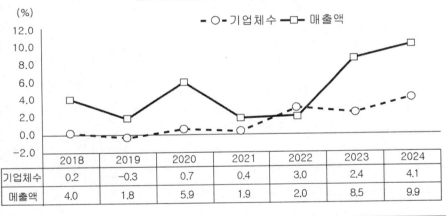

	2018	2019	2020	2021	2022	2023	2024
기업체수	0.2	-0.3	0.7	0.4	3.0	2.4	4.1
매출액	4.0	1.8	5.9	1.9	2.0	8.5	9.9

① 2019년의 기업체 수는 65,000개 이하이다.

② 건설공사 매출액 중 국내 매출액의 비중은 2024년보다 2023년이 더 크다.

③ 해외 매출액의 증감은 건설 부가가치의 증감에 영향을 미친다.

④ 건설업 주요 지표별 증감 추이는 모든 항목이 동일하다.

문제해결능력 대표유형

문제란 업무를 수행함에 있어 답을 요구하는 질문이나 의논하여 해결해야 하는 사항으로, 문제해결을 위해서는 전략적이고 분석적인 사고는 물론 발상의 전환과 효율적인 자원활용 등 다양한 능력이 요구된다. 따라서 명제나 추론 같은 일반적인 논리추론 유형과 함께 수리, 자원관리 등이 융합된 문제해결 유형이나 실무이해를 바탕으로 하는 유형의 문제도 다수 출제된다.

1

다음 조건을 바탕으로 할 때 정 대리가 이번 달 중국 출장 출발일로 정하기에 가장 적절한 날은 언제인가? (전체 일정은 모두 이번 달 안에 속해 있다.)

- 이번 달은 1일이 월요일인 달이다.
- 3박 4일 일정이며 출발일과 도착일이 모두 휴일이 아니어야 한다.
- 현지에서 복귀하는 비행편은 매주 화, 목요일에만 있다.
- 이번 달 셋째 주 화요일에 있을 부서의 중요한 회의에 반드시 참석해야 하며, 회의 후에 출장을 가려 한다.

① 12일　　　　　　　　　　　　② 15일
③ 17일　　　　　　　　　　　　④ 22일

2

다음은 유진이가 학교에 가는 요일에 대한 설명이다. 이들 명제가 모두 참이라고 가정할 때, 유진이가 학교에 가는 요일은?

- ㉠ 목요일에 학교에 가지 않으면 월요일에 학교에 간다.
- ㉡ 금요일에 학교에 가지 않으면 수요일에 학교에 가지 않는다.
- ㉢ 수요일에 학교에 가지 않으면 화요일에 학교에 간다.
- ㉣ 월요일에 학교에 가면 금요일에 학교에 가지 않는다.
- ㉤ 유진이는 화요일에 학교에 가지 않는다.

① 월, 수　　　　　　　　　　　② 월, 수, 금
③ 수, 목, 금　　　　　　　　　　④ 수, 금

3

다음은 L공사의 국민임대주택 예비입주자 통합 정례모집 관련 신청자격에 대한 사전 안내이다. 甲~戊 중 국민임대주택 예비입주자로 신청할 수 있는 사람은? (단, 함께 살고 있는 사람은 모두 세대별 주민등록표 상에 함께 등재되어 있고, 제시되지 않은 사항은 모두 조건을 충족한다고 가정한다)

□ 2025년 2월 정례모집 개요

구분	모집공고일	대상지역
2025년 2월	2025. 2. 5(수)	수도권
	2024. 2. 13(목)	수도권 제외한 나머지 지역

□ 신청자격
입주자모집공고일 현재 무주택세대구성원으로서 아래의 소득 및 자산보유 기준을 충족하는 자

※ 무주택세대구성원이란?
다음의 세대구성원에 해당하는 사람 전원이 주택(분양권 등 포함)을 소유하고 있지 않은 세대의 구성원을 말합니다.

세대구성원(자격검증대상)	비고
• 신청자	
• 신청자의 배우자	신청자와 세대 분리되어 있는 배우자도 세대구성원에 포함
• 신청자의 직계존속 • 신청자의 배우자의 직계존속	신청자 또는 신청자의 배우자와 세대별 주민등록표상에 함께 등재되어 있는 사람에 한함
• 신청자의 직계비속 • 신청자의 직계비속의 배우자	
• 신청자의 배우자의 직계비속	신청자와 세대별 주민등록표상에 함께 등재되어 있는 사람에 한함

※ 소득 및 자산보유 기준

구분	소득 및 자산보유 기준		
	가구원수	월평균소득기준	참고사항
소득	3인 이하 가구	3,781,270원 이하	• 가구원수는 세대구성원 전원을 말함(외국인 배우자와 임신 중인 경우 태아 포함)
	4인 가구	4,315,641원 이하	
	5인 가구	4,689,906원 이하	• 월평균소득액은 세전금액으로서 세대구성원 전원의 월평균소득액을 모두 합산한 금액임
	6인 가구	5,144,224원 이하	
	7인 가구	5,598,542원 이하	
	8인 가구	6,052,860원 이하	
자산	• 총자산가액 : 세대구성원 전원이 보유하고 있는 총자산가액 합산기준 28,000만 원 이하		
	• 자동차 : 세대구성원 전원이 보유하고 있는 전체 자동차가액 2,499만 원 이하		

① 甲의 아내는 주택을 소유하고 있지만, 甲과 세대 분리가 되어 있다.

② 아내의 부모님을 모시고 살고 있는 乙 가족의 월평균소득은 500만 원이 넘는다.

③ 丙은 재혼으로 만난 아내의 아들과 함께 살고 있는데, 아들은 전 남편으로부터 물려받은 아파트 분양권을 소유하고 있다.

④ 어머니를 모시고 사는 丁은 아내가 셋째 아이를 출산하면서 丁 가족의 월평균소득으로는 1인당 80만 원도 돌아가지 않게 되었다.

4

서원 그룹의 K부서에서는 자기 부서의 정책을 홍보하기 위해 책자를 제작해 배포하는 프로젝트를 진행하였다. 프로젝트 진행 과정이 다음과 같을 때, 프로젝트 결과에 대한 평가로 항상 옳은 것을 모두 고르면?

이번에 K부서에서는 자기 부서의 정책을 홍보하기 위해 책자를 제작해 배포하였다. 이 홍보 사업에 참여한 K부서의 팀은 A와 B 두 팀이다. 두 팀은 각각 500권의 정책홍보 책자를 제작하였다. 그러나 책자를 어떤 방식으로 배포할 것인지에 대해 두 팀 간에 차이가 있었다. A팀은 자신들이 제작한 K부서의 모든 정책홍보책자를 서울이나 부산에 배포한다는 지침에 따라 배포하였다. 한편, B팀은 자신들이 제작한 K부서 정책홍보책자를 서울에 모두 배포하거나 부산에 모두 배포한다는 지침에 따라 배포하였다. 사업이 진행된 이후 배포된 결과를 살펴보기 위해서 서울과 부산을 조사하였다. 조사를 담당한 한 직원은 A팀이 제작 · 배포한 K부서 정책홍보책자 중 일부를 서울에서 발견하였다.

한편, 또 다른 직원은 B팀이 제작 · 배포한 K부서 정책홍보책자 중 일부를 부산에서 발견하였다. 그리고 배포 과정을 검토해 본 결과, 이번에 A팀과 B팀이 제작한 K부서 정책 홍보책자는 모두 배포되었다는 것과, 책자가 배포된 곳과 발견된 곳이 일치한다는 것이 확인되었다.

㉠ 부산에는 500권이 넘는 K부서 정책홍보책자가 배포되었다.
㉡ 서울에 배포된 K부서 정책홍보책자의 수는 부산에 배포된 K부서 정책홍보책자의 수보다 적다.
㉢ A팀이 제작한 K부서 정책홍보책자가 부산에서 발견되었다면, 부산에 배포된 K부서 정책홍보책자의 수가 서울에 배포된 수보다 많다.

① ㉠

② ㉢

③ ㉠, ㉡

④ ㉡, ㉢

5

다음은 ○○항공사의 항공이용에 관한 조사 설계의 일부분이다. 본 설문조사의 목적으로 가장 적합하지 않은 것은?

---

1. 조사 목적

2. 과업 범위
- 조사 대상 : 서울과 수도권에 거주하고 있으며 최근 3년 이내 여행 및 출장 목적의 해외방문 경험이 있고 향후 1년 이내 해외로 여행 및 출장 의향이 있는 만 20~60세 이상의 성인 남녀
- 조사 방법 : 구조화된 질문지를 이용한 온라인 설문조사
- 표본 규모 : 총 1,000명

3. 조사 내용
- 시장 환경 파악 : 여행 출장 시장 동향 (출국 목적, 체류기간 등)
- 과거 해외 근거리 당일 왕복항공 이용 실적 파악 : 이용 빈도, 출국 목적, 목적지 등
- 향후 해외 근거리 당일 왕복항공 잠재 수요 파악 : 이용의향 빈도, 출국 목적 등
- 해외 근거리 당일 왕복항공 이용을 위한 개선 사항 파악 : 해외 근거리 당일 왕복항공을 위한 개선사항 적용 시 해외 당일 여행 계획 또는 의향
- 배경정보 파악 : 인구사회학적 특성 (성별, 연령, 거주 지역 등)

4. 결론 및 기대효과

---

① 단기 해외 여행의 수요 증가 현황과 관련 항공 시장 파악
② 해외 당일치기 여객의 수요에 부응할 수 있는 노선 구축 근거 마련
③ 해외 근거리 당일 왕복항공을 이용한 실적 및 행태 파악
④ 근거리 국가로 여행 또는 출장을 위해 당일 왕복항공을 이용할 의향과 수용도 파악

자원관리능력 대표유형

자원에는 시간, 돈, 물적자원, 인적자원 등이 포함된다. 자원관리란 이러한 자원을 적재적소에 활용하는 것으로 필요한 자원의 종류와 양을 확인하고 이용 가능한 자원을 수집하며, 수집한 자원을 계획적으로 활용하는 전 과정을 말한다. 따라서 자원관리능력에서는 업무 수행을 위한 시간 및 예산관리, 물적·인적자원의 배분 및 활용에 관한 상황을 전제로 한 문제가 주로 출제된다.

1

제시된 자료는 ○○기관 직원의 교육비 지원에 대한 내용이다. 다음 중 A~D 직원 4명의 총 교육비 지원 금액은 얼마인가?

교육비 지원 기준
• 임직원 본인의 대학 및 대학원 학비 : 100% 지원
• 임직원 가족의 대학 및 대학원 학비
– 임직원의 직계 존·비속 : 90% 지원
– 임직원의 형제 및 자매 : 80% 지원(단, 직계 존·비속 지원이 우선되며, 해당 신청이 없을 경우에 한하여 지급함)
– 교육비 지원 신청은 본인을 포함 최대 3인에 한한다.

교육비 신청 내역	
A 직원	본인 대학원 학비 3백만 원, 동생 대학 학비 2백만 원
B 직원	딸 대학 학비 2백만 원
C 직원	본인 대학 학비 3백만 원, 아들 대학 학비 4백만 원
D 직원	본인 대학 학비 2백만 원, 딸 대학 학비 2백만 원, 아들 대학원 학비 2백만 원

① 15,200,000원

② 17,000,000원

③ 18,600,000원

④ 26,200,000원

2

다음은 K공사의 신입사원 채용에 관한 안내문의 일부 내용이다. 다음 내용을 근거로 할 때, K공사가 안내문의 내용에 부합되게 취할 수 있는 행동이라고 볼 수 없는 것은?

□ 기타 유의사항

• 모든 응시자는 1인 1개 분야만 지원할 수 있습니다.

• 응시 희망자는 지역제한 등 응시자격을 미리 확인하고 응시원서를 접수하여야 하며, 응시원서의 기재사항 누락, 공인어학능력시험 점수 및 자격증 · 장애인 · 취업지원대상자 가산점수 · 가산비율 기재 착오, 연락불능 등으로 발생되는 불이익은 일체 응시자의 책임으로 합니다.

• 입사지원서 작성내용은 추후 증빙서류 제출 및 관계기관에 조회할 예정이며 내용을 허위로 입력한 경우에는 합격이 취소됩니다.

• 응시자는 시험장소 공고문, 답안지 등에서 안내하는 응시자 주의사항에 유의하여야 하며, 이를 준수하지 않을 경우에 본인에게 불이익이 될 수 있습니다.

• 원서접수결과 지원자가 채용예정인원 수와 같거나 미달하더라도 적격자가 없는 경우 선발하지 않을 수 있습니다.

• 시험일정은 사정에 의하여 변경될 수 있으며 변경내용은 7일 전까지 공사 채용홈페이지를 통해 공고할 계획입니다.

• 제출된 서류는 본 채용목적 이외에는 사용하지 않으며, 채용절차의 공정화에 관한 법령에 따라 최종합격자 발표일 이후 180일 이내에 반환청구를 할 수 있습니다.

• 최종합격자 중에서 신규임용후보자 등록을 하지 않거나 관계법령에 의한 신체검사에 불합격한 자 또는 공사 인사규정 제21조에 의한 응시자격 미달자는 신규임용후보자 자격을 상실하고 차순위자를 추가합격자로 선발할 수 있습니다.

• 임용은 교육성적을 포함한 채용시험 성적순으로 순차적으로 임용하되, 장애인 또는 경력자의 경우 성적순위에도 불구하고 우선 임용될 수 있습니다.

※ 공사 인사규정 제22조 제2항에 의거 신규임용후보자의 자격은 임용후보자 등록일로부터 1년으로 하며, 필요에 따라 1년의 범위 안에서 연장될 수 있습니다.

---

① 동일한 응시자가 사무직과 운영직에 중복 응시한 사실이 발견되어 임의로 운영직 응시 관련 사항 일체를 무효처리하였다.

② 대학 졸업예정자로 채용된 A씨는 마지막 학기 학점이 부족하여 졸업이 미뤄지는 바람에 채용이 취소되었다.

③ 50명 선발이 계획되어 있었고, 45명이 지원을 하였으나 42명만 선발하였다.

④ 최종합격자 중 신규임용후보자 자격을 상실한 자가 있어 불합격자 중 임의의 인원을 추가 선발하였다.

3

전기안전관리 대행업체의 인사팀 직원 K는 다음의 기준에 의거하여 직원들의 자격증 취득 전후 경력을 산정하려고 한다. 다음 중 K가 산정한 경력 중 옳은 것을 모두 고르면?

<전기안전관리자 경력 조건 인정 범위>

조건	인정 범위
1. 자격 취득 후 경력 기간 100% 인정	• 전력시설물의 설계 · 공사 · 감리 · 유지보수 · 관리 · 진단 · 점검 · 검사에 관한 기술업무 • 전력기술 관련 단체 · 업체 등에서 근무한 자의 전력기술에 관한 업무
2. 자격 취득 후 경력 기간 80% 인정	• 「전기용품안전관리법」에 따른 전기용품의 설계 · 제조 · 검사 등의 기술업무 • 「산업안전보건법」에 따른 전기분야 산업안전 기술업무 • 건설관련법에 의한 전기 관련 기술업무 • 전자 · 통신관계법에 의한 전기 · 전자통신기술에 관한 업무
3. 자격 취득 전 경력 기간 50% 인정	1.의 각목 규정에 의한 경력
사원 甲	• 2001.1.1~2005.12.31 전기 안전기술 업무 • 2015.10.31 전기산업기사 자격 취득
사원 乙	• 2010.1.1~2012.6.30 전기부품제조 업무 • 2009.10.31 전기기사 자격 취득
사원 丙	• 2011.5.1~2012.7.31 전자통신기술 업무 • 2011.3.31 전기기능장 자격 취득
사원 丁	• 2013.1.1~2014.12.31 전기검사 업무 • 2015.7.31 전기기사 자격 취득

㉠ 甲 : 전기산업기사로서 경력 5년	㉡ 乙 : 전기기사로서 경력 1년
㉢ 丙 : 전기기능장으로서 경력 1년	㉣ 丁 : 전기기사로서 경력 1년

① ㉠, ㉡   ② ㉠, ㉢

③ ㉡, ㉣   ④ ㉢, ㉣

4

다음은 차량 A, B, C의 연료 및 경제속도 연비, 연료별 리터당 가격에 대한 자료이다. 제시된 〈조건〉을 적용하였을 때, 두 번째로 높은 연료비가 소요되는 차량과 해당 차량의 연료비를 바르게 나열한 것은?

〈A, B, C 차량의 연료 및 경제속도 연비〉

차량 〖구분〗	연료	경제속도 연비(km/L)
A	LPG	10
B	휘발유	16
C	경유	20

※ 차량 경제속도는 60km/h 이상 90km/h 미만임

〈연료별 리터당 가격〉

연료	LPG	휘발유	경유
리터당 가격(원/L)	1,000	2,000	1,600

〈조건〉

1. A, B, C 차량은 모두 아래와 같이 각 구간을 한 번씩 주행하고, 각 구간별 주행속도 범위 내에서만 주행한다.

구간	1구간	2구간	3구간
주행거리(km)	100	40	60
주행속도(km/h)	30 이상 60 미만	60 이상 90 미만	90 이상 120 미만

2. A, B, C 차량의 주행속도별 연비적용률은 다음과 같다.

차량	주행속도(km/h)	연비적용률(%)
A	30 이상 60 미만	50.0
	60 이상 90 미만	100.0
	90 이상 120 미만	80.0
B	30 이상 60 미만	62.5
	60 이상 90 미만	100.0
	90 이상 120 미만	75.0
C	30 이상 60 미만	50.0
	60 이상 90 미만	100.0
	90 이상 120 미만	75.0

※ 연비적용률이란 경제속도 연비 대비 주행속도 연비를 백분율로 나타낸 것임

① A. 31,500원

② B. 24,500원

③ B. 35,000원

④ C. 25,600원

5

K공사는 사내 냉방 효율을 위하여 층별 에어컨 수와 종류를 조정하려고 한다. 사내 냉방 효율 조정 방안을 충족하되 버리는 구형 에어컨과 구입하는 신형 에어컨을 최소화하고자 할 때, K공사는 신형 에어컨을 몇 대 구입해야 하는가?

사내 냉방 효율 조정 방안		
적용순서	조건	미충족 시 조정 방안
1	층별 월 전기료 60만 원 이하	구형 에어컨을 버려 조건 충족
2	구형 에어컨 대비 신형 에어컨 비율 1/2 이상 유지	신형 에어컨을 구입해 조건 충족

※ 구형 에어컨 1대의 월 전기료는 4만 원이고, 신형 에어컨 1대의 월 전기료는 3만 원이다.

사내 냉방시설 현황						
	1층	2층	3층	4층	5층	6층
구형	9	15	12	8	13	10
신형	5	7	6	3	4	5

① 1대

② 2대

③ 3대

④ 4대

조직이해능력 대표유형

조직은 공동의 목표를 달성하기 위해 구성된 집합체이다. 조직이해능력은 조직경영, 조직구조, 조직업무 등 조직과 관련된 전 분야에 걸쳐 작용한다. 대표유형으로는 조직구조(조직도)의 이해, 경영전략, 조직문화 등 거시적 관점의 문제와 결재규정, 사내복지제도, 업무처리 등 미시적 관점의 문제가 고루 출제된다.

1

다음과 같은 팀장의 지시 사항을 수행하기 위하여 업무협조를 구해야 할 조직의 명칭이 순서대로 바르게 나열된 것은?

> 다들 사장님 보고 자료 때문에 정신이 없는 모양인데 이건 자네가 좀 처리해줘야겠군. 다음 주에 있을 기자단 간담회 자료가 필요한데 옆 부서 박 부장한테 말해 두었으니 오전 중에 좀 가져다주게나. 그리고 내일 사장님께서 보고 직전에 외부에서 오신다던데 어디서 오시는 건지 일정 좀 확인해서 알려주고, 이틀 전 퇴사한 엄 차장 퇴직금 처리가 언제 마무리 될 지도 알아봐 주게나. 아, 그리고 말이야, 자네는 아직 사원증이 발급되지 않았나? 확인해 보고 얼른 요청해서 걸고 다니게.

① 기획실, 경영관리실, 총무부, 비서실

② 영업2팀, 홍보실, 회계팀, 물류팀

③ 총무부, 구매부, 비서실, 인사부

④ 홍보실, 비서실, 인사부, 총무부

2

다음 조직도 (A), (B)와 같은 형태를 지닌 조직의 특징을 바르게 비교하지 못한 것은?

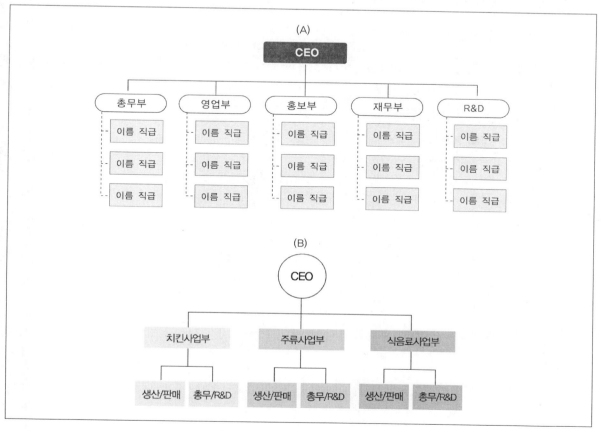

① (A)는 업무 구분이 명확하고, 엄격한 위계질서가 있다.

② (B)와 같은 조직은 대체적으로 의사결정 권한이 집중화되는 경향을 보인다.

③ (A)는 신속한 의사결정을 위해 더 적절한 조직구조이다.

④ (B)는 중간관리자에게 많은 역할이 주어지게 된다.

3

다음 〈보기〉에 제시되고 있는 활동들은 기업 경영에 필요한 전략을 설명하고 있다. 설명된 전략들에 해당하는 것은?

〈보기〉
- 모든 고객을 만족시킬 수는 없다는 것과 회사가 모든 역량을 가질 수는 없다는 것을 전제로 선택할 수 있는 전략이다.
- 기업이 고유의 독특한 내부 역량을 보유하고 있는 경우에 더욱 효과적인 전략이다.
- 사업 목표와 타당한 틈새시장을 찾아야 한다.
- 다양한 분류의 방법을 동원하여 고객을 세분화한다.

① 차별화 전략

② 집중화 전략

③ 비교우위 전략

④ 원가우위 전략

4

'SWOT 분석'에 대한 〈보기〉 설명을 읽고 휴대폰 제조업체가 실시한 아래 환경분석 결과에 대응하는 전략을 적절하게 분석한 것은?

〈보기〉

SWOT이란, 강점(Strength), 약점(Weakness), 기회(Opportunity), 위험(Threat)의 머리말을 모아 만든 단어로 경영전략을 수립하기 위한 분석도구이다. SWOT분석을 통해 도출된 조직의 외부/내부 환경을 분석 결과를 통해 각각에 대응하는 도출하게 된다.

SO 전략이란 기회를 활용하면서 강점을 더욱 강화하는 공격적인 전략이고, WO 전략이란 외부환경의 기회를 활용하면서 자신의 약점을 보완하는 전략으로 이를 통해 기업이 처한 국면의 전환을 가능하게 할 수 있다. ST전략은 외부환경의 위험요소를 회피하면서 강점을 활용하는 전략이며, WT 전략이란 외부환경의 위협요인을 회피하고 자사의 약점을 보완하는 전략으로 방어적 성격을 갖는다.

내/외부환경 구분	강점(Strength)	약점(Weakness)
기회(Opportunity)	① SO 전략(강점/기회전략)	② WO 전략(약점/기회전략)
위협(Threat)	③ ST 전략(강점/위협전략)	④ WT 전략(약점/위협전략)

〈휴대폰 제조업체의 환경분석 결과〉

강점(Strength)	• 다양한 부가기능 탑재를 통한 성능 우위 • 기타 디지털기기 기능의 흡수를 통한 영역확대
약점(Weakness)	• 제품의 수익성 악화 • 제품 간 성능, 디자인의 평준화 • 국산 제품의 가격경쟁력 약화
기회(Opportunity)	• 신흥시장의 잠재적 수요 • 개인 휴대용기기의 대중화
위협(Threat)	• 전자제품의 사용기간 단축 • MP3폰 등 기타 디지털기기와의 경쟁 심화

내/외부환경 구분	강점(Strength)	약점(Weakness)
기회(Opportunity)	① 기능의 다양화로 잠재 시장의 수요 창출	② 휴대기기의 대중화에 힘입어 MP3폰의 성능 강화
위협(Threat)	③ 다양한 기능을 추가한 판매 신장으로 이익 확대	④ 휴대용 기기 보급 확대에 따라 디지털기기와 차별화된 제품 개발

5

다음의 위임전결규정을 보고 잘못 이해한 것은?

[위임전결규정]

- 결재를 받으려는 업무에 대해서는 최고결재권자(대표이사)를 포함한 이하 직책자의 결재를 받아야 한다.
- '전결'이라 함은 회사의 경영활동이나 관리활동을 수행함에 있어 의사 결정이나 판단을 요하는 일에 대하여 최고결재권자의 결재를 생략하고, 자신의 책임 하에 최종적으로 의사 결정이나 판단을 하는 행위를 말한다.
- 전결사항에 대해서도 위임 받은 자를 포함한 이하 직책자의 결재를 받아야 한다.
- 표시내용 : 결재를 올리는 자는 최고결재권자로부터 전결 사항을 위임 받은 자가 있는 경우 결재란에 전결이라고 표시하고 최종 결재권자란에 위임 받은 자를 표시한다. 다만, 결재가 불필요한 직책자의 결재란은 상향대각선으로 표시한다.
- 최고결재권자의 결재사항 및 최고결재권자로부터 위임된 전결사항은 아래의 표에 따른다.
- 본 규정에서 정한 전결권자가 유고 또는 공석 시 그 직급의 직무 권한은 직상급직책자가 수행함을 원칙으로 하며, 각 직급은 긴급을 요하는 업무처리에 있어서 상위 전결권자의 결재를 득할 수 없을 경우 차상위자의 전결로 처리하며, 사후 결재권자의 결재를 득해야 한다.

업무내용		결재권자			
		사장	부사장	본부장	팀장
주간업무보고					○
팀장급 인수인계			○		
일반 예산 집행	잔업수당	○			
	회식비			○	
	업무활동비			○	
	교육비		○		
	해외연수비	○			
	시내교통비			○	
	출장비	○			
	도서인쇄비				○
	법인카드사용		○		
	소모품비				○
	접대비(식대)			○	
	접대비(기타)				○
이사회 위원 위촉		○			
임직원 해외 출장		○(임원)		○(직원)	
임직원 휴가		○(임원)		○(직원)	
노조관련 협의사항			○		

> ※ 100만 원 이상의 일반예산 집행과 관련한 내역은 사전 사장 품의를 득해야 하며, 품의서에 경비 집행 내역을 포함하여 준비한다. 출장계획서는 품의서를 대체한다.
>
> ※ 위의 업무내용에 필요한 결재서류는 다음과 같다.
> - 품의서, 주간업무보고서, 인수인계서, 예산집행내역서, 위촉장, 출장보고서(계획서), 휴가신청서, 노조협의사항 보고서

① 전결권자 공석 시의 최종결재자는 차상위자가 된다.

② 전결권자 업무 복귀 시, 부재 중 결재 사항에 대하여 반드시 사후 결재를 받아두어야 한다.

③ 팀장이 새로 부임하면 부사장 전결의 인수인계서를 작성하게 된다.

④ 전결권자가 해외 출장으로 자리를 비웠을 경우에는 차상위자가 직무 권한을 위임받는다.

PART

III

NCS 예상문제

1 다음 글을 통해 확인 할 수 있는 사실이 아닌 것은?

출산 초기 모유에 많이 들어 있는 모유올리고당은 아기의 장 안에 박테리아(유익균)가 제대로 자리 잡게 도와주기 위한 것이다. 신생아의 장에는 박테리아가 없으므로 먼저 깃발을 꽂는 놈이 임자인데, 만일 유해균이 선점하면 평생 장건강이 안 좋을 수 있기 때문이다. 2020년대 초중반 행해진 연구에 따르면 보통 모유에는 모유올리고당이 100여 가지나 존재하고, 유익균의 대명사인 비피도박테리아(Bifidobacterum infantis)가 모유올리고당을 잘 먹는다는 사실이 밝혀졌다. 비피도박테리아는 설사를 일으키는 유해균이 장에 자리잡는 걸 방해하는 우군이다. 모유올리고당은 반대로 박테리아성 설사의 주범인 캄파일로박터(Campylobacter jejuni)가 장점막에 달라붙는 걸 막는다는 사실도 밝혀졌다.

캐나다 맥길대 마이클 크래머 교수팀을 비롯한 공동연구팀이 벨라루스의 아이 13,889명을 대상으로 모유와 분유의 차이를 조사한 프로젝트인 'PROBIT'을 진행했는데, 모유 예찬론자들에게는 다소 실망스런 결과를 냈다. 생후 1년까지는 모유를 먹는 게 여러 면에서 더 좋은 걸로 나왔지만, 6살 때 조사하자 모유를 먹었던 아이나 분유를 먹었던 아이나 별 차이가 없었던 것이다. 그런데 유일한 예외가 바로 지능이었다. 즉 아이가 똑똑해진다는 게 모유의 가장 확실한 효과인 셈이다.

모유의 장점이 과장됐다는 '이단적인' 연구결과가 2023년 3월 학술지 『사회과학과 의학』에 실렸다. 신시아 콜렌 교수는 모유가 아이의 건강과 지능에 장기적으로 긍정적인 영향을 미친다는 기존의 연구결과들은 '선택 편향(selection bias)'의 결과라고 주장했다. 즉 모유를 먹은 아이들이 분유를 먹은 아이들보다 더 건강하고 똑똑한 건 사실이지만, 모유가 원인은 아니라는 말이다. 대체적으로 모유를 먹일 수 있는 여성은 경제적으로 시간적으로 여유가 있는 경우가 많아 육아와 교육, 식품, 주거환경 등 여러 측면에서 더 나은 조건을 제공할 수 있다는 말이다. 연구자들은 이 가설을 입증하기 위해 기존 대규모 조사결과를 다시 분석했다. 즉 모유 수유 여부의 효과를 중장기적으로 조사한, 4세에서 14세 사이의 아동 8,237명을 대상으로 한 데이터로, 이 자체는 모유를 먹은 아이들이 분유를 먹은 아이들보다 더 건강하고 똑똑한 것으로 나온다. 그런데 이 가운데 665가구에서 조사한 1,773명은 형제자매 가운데 모유 수유와 분유 수유가 혼재한 경우였다. 즉, 어떤 사정으로 인해 엄마가 자녀 일부는 모유로 키웠고, 일부는 분유로 키운 것이다. 따라서 수유를 제외한 성장환경이 비슷한 조건이다. 이들 1,773명을 대상으로 비만도, 과잉행동 여부, 어휘력, 수리능력 등 11가지 조사 항목을 다시 분석하자 모유 수유와 분유 수유 사이에 보였던 차이가 사라지거나 크게 줄어들었다. 결국 모유 수유 여부는 중장기적으로 아이의 건강이나 지능에 별 영향이 없다는 것이다.

① 장 건강과 모유 수유의 상관관계
② PROBIT 프로젝트의 연구 대상
③ 모유가 긍정적인 영향을 미친다는 기존 연구의 맹점
④ 비피도박테리아와 캄파일로박터의 상생가능성

2 다음 글의 밑줄 친 ㉠으로 가장 적절한 것은?

> (가) 오늘날 유전 과학자들은 유전자의 발현에 관한 ㉠물음에 관심을 갖고 있다. 맥길 대학의 연구팀은 이 물음에 답하려고 연구를 수행하였다. 어미 쥐가 새끼를 핥아주는 성향에는 편차가 있다. 어떤 어미는 다른 어미보다 더 많이 핥아주었다. 많이 핥아주는 어미가 돌본 새끼들은 인색하게 핥아주는 어미가 돌본 새끼들보다 외부 스트레스에 무디게 반응했다. 게다가 많이 안 핥아주는 친어미에게서 새끼를 떼어내어 많이 핥아주는 양어미에게 두어 핥게 하면, 새끼의 스트레스 반응 정도는 양어미의 새끼 수준과 비슷해졌다.
>
> (나) 연구팀은 어미가 누구든 많이 핥인 새끼는 그렇지 않은 새끼보다 뇌의 특정 부분, 특히 해마에서 글루코코르티코이드 수용체(Glucocorticoid Receptor, 이하 GR)들, 곧 GR들이 더 많이 생겨났다는 것을 발견했다. 이렇게 생긴 GR의 수는 성체가 되어도 크게 바뀌지 않았다. GR의 수는 GR 유전자의 발현에 달려있다. 이 쥐들의 GR 유전자는 차이는 없지만 그 발현 정도에는 차이가 있을 수 있다. 이 발현을 촉진하는 인자 중 하나가 NGF 단백질인데, 많이 핥아진 새끼는 그렇지 못한 새끼에 비해 NGF 수치가 더 높다. 스트레스 반응 정도는 코르티솔 민감성에 따라 결정되는데 GR이 많으면 코르티솔 민감성이 낮아지게 하는 되먹임 회로가 강화된다. 이 때문에 똑같은 스트레스를 받아도 많이 핥아진 새끼는 그렇지 않은 새끼보다 더 무디게 반응한다.

① 코르티솔 유전자는 어떻게 발현되는가?
② 유전자는 어떻게 발현하여 단백질을 만드는가?
③ 핥아주는 성향의 유전자는 어떻게 발현되는가?
④ 후천 요소가 유전자의 발현에 영향을 미칠 수 있는가?

3 귀하는 OO 환경 공단의 대기오염을 주제로 한 보고서를 분석 중이다. 아래의 자료에서 알 수 있는 내용으로 옳은 것은?

> 대기오염 물질의 자연적 배출원은 공간적으로 그리 넓지 않고 밀집된 도시 규모의 오염 지역을 대상으로 할 경우에는 인위적 배출원에 비하여 대기 환경에 미치는 영향이 크지 않다. 하지만 지구 규모 또는 대륙 규모의 오염 지역을 대상으로 할 경우에는 그 영향이 매우 크다.
>
> 자연적 배출원은 생물 배출원과 비생물 배출원으로 구분된다. 생물 배출원에서는 생물의 활동에 의하여 오염 물질의 배출이 일어나는데, 식생의 활동으로 휘발성 유기물질이 배출되거나 토양 미생물의 활동으로 질소산화물이 배출되는 것이 대표적이다. 이렇게 배출된 오염 물질들은 반응성이 크기 때문에 산성비나 스모그와 같은 대기오염 현상을 일으키는 원인이 되기도 한다. 비생물 배출원에서도 많은 대기오염 물질이 배출되는데, 화산 활동으로 미세 먼지나 황산화물이 발생하거나 번개에 의해 질소산화물이 생성된다. 그 외에 사막이나 황토 지대에서 바람에 의해 미세 먼지가 발생하거나 성층권 오존이 대류권으로 유입되는 것도 이 범주에 넣을 수 있다.
>
> 인위적 배출원은 사람들이 생활이나 산업상의 편익을 위하여 만든 시설이나 장치로서, 대기 중으로 오염 물질을 배출하거나 대기 중에서 유해 물질로 바뀌게 될 원인 물질을 배출한다. 대표적인 인위적 배출원들은 연료의 연소를 통하여 이산화탄소, 일산화탄소, 질소산화물, 황산화물 등을 배출하지만 연소 외의 특수한 과정을 통해 발생하는 폐기물을 대기 중으로 내보내는 경우도 있다.
>
> 인위적 배출원은 점 오염원, 면 오염원, 선 오염원으로 구분된다. 인위적 배출원 중 첫 번째로 점 오염원은 발전소, 도시 폐기물 소각로, 대규모 공장과 같이 단독으로 대량의 오염 물질을 배출하는 시설을 지칭한다. 면 오염원은 주거 단지와 같이 일정한 면적 내에 밀집된 다수의 소규모 배출원을 지칭한다. 선 오염원의 대표적인 것은 자동차로서 이는 도로를 따라 선형으로 오염 물질을 배출시켜 주변에 대기 오염 문제를 일으킨다. 높은 굴뚝에서 오염 물질을 배출하는 점 오염원은 그 영향 범위가 넓지만 배출구가 낮은 면 오염원과 선 오염원은 대기 확산이 잘 이루어지지 않아 오염원 근처의 지표면에 영향을 미친다.

① 비생물 배출원에서 배출되는 질소산화물은 연료의 연소 생성물이 대부분이다.

② 자연적 배출원은 인위적 배출원에 비해 큰 규모의 대기 환경에 대한 영향력이 미미하다.

③ 미생물이나 식생의 활동이 대기 중에 떠돌아다니는 반응성이 큰 오염 물질들을 감소시키기도 한다.

④ 인위적 배출원에서 오염 물질을 배출할 경우, 오염원은 배출구가 높을수록 더 멀리까지 영향을 미친다.

4 귀하는 OO 복지 공단에서 아래의 글로 사내 교육을 진행할 예정이다. 빈칸에 들어갈 말을 질문했을 때 가장 적절하게 답한 사람은?

> 기분관리 이론은 사람들의 기분과 선택 행동의 관계에 대해 설명하기 위한 이론이다. 이 이론의 핵심은 사람들이 현재의 기분을 최적 상태로 유지하려고 한다는 것이다. 따라서 기분관리 이론은 흥분 수준이 최적 상태보다 높을 때는 사람들이 이를 낮출 수 있는 수단을 선택한다고 예측한다. 반면에 흥분 수준이 낮을 때는 이를 회복시킬 수 있는 수단을 선택한다고 예측한다. 예를 들어, 음악 선택의 상황에서 전자의 경우에는 차분한 음악을 선택하고 후자의 경우에는 흥겨운 음악을 선택한다는 것이다. 기분조정 이론은 기분관리 이론이 현재 시점에만 초점을 맞추고 있다는 점을 지적하고 이를 보완하고자 한다. 기분조정 이론을 음악 선택의 상황에 적용하면, _____고 예측할 수 있다.
>
> 연구자 A는 음악 선택 상황을 통해 기분조정 이론을 검증하기 위한 실험을 했다. 그는 실험 참가자들을 두 집단으로 나누고 집단 1에게는 한 시간 후 재미있는 놀이를 하게 된다고 말했고, 집단 2에게는 한 시간 후 심각한 과제를 하게 된다고 말했다. 집단 1은 최적 상태 수준에서 즐거워했고, 집단 2는 최적 상태 수준을 벗어날 정도로 기분이 가라앉았다. 이때 연구자 A는 참가자들에게 기다리는 동안 음악을 선택하게 했다. 그랬더니 집단 1은 다소 즐거운 음악을 선택한 반면, 집단 2는 과도하게 흥겨운 음악을 선택했다. 그런데 30분이 지나고 각 집단이 기대하는 일을 하게 될 시간이 다가오자 두 집단 사이에는 뚜렷한 차이가 나타났다. 집단 1의 선택에는 큰 변화가 없었으나, 집단 2는 기분을 가라앉히는 차분한 음악을 선택하는 쪽으로 기분이 변하는 경향을 보인 것이다. 이러한 선택의 변화는 기분조정 이론을 뒷받침하는 것으로 간주되었다.

① A 사원 : 사람들은 현재의 기분을 지속하는 데 도움이 되는 음악을 선택한다.
② B 사원 : 사람들은 다음에 올 상황을 고려해 흥분을 유발할 수 있는 음악을 선택한다.
③ C 사원 : 사람들은 다음에 올 상황에 맞추어 현재의 기분을 조정하는 음악을 선택한다.
④ D 사원 : 사람들은 현재의 기분과는 상관없이 자신이 평소 선호하는 음악을 선택한다.

5 다음의 글을 흐름에 맞게 순서대로 나열한 것은?

(가) 이에 맞서 미국은 항공우주국(NASA)을 설립(1958년 10월)하며 우주개발에 본격적으로 뛰어들었다. 지속되는 경쟁 가운데 소련과 미국의 다음 경쟁목표는 달이었다. 두 나라는 달을 향해 수많은 탐사선 발사를 시도했다. 결과적으로 아폴로 11호에 탑승한 닐 암스트롱이 달에 첫발을 내딛으며 달 착륙 경쟁에서는 미국이 승리했다. 소련과 미국이 우주개발에 치열한 경쟁을 벌이는 사이 여러 나라가 우주개발에 참여해 그 뒤를 추격하기 시작했다.

(나) 제2차 세계대전 이후 미국과 소련은 우주기술, 특히 로켓기술로 눈을 돌리게 됐다. 소련과 미국이 치열하게 우주개발 경쟁을 하는 사이에 1957년 10월, 소련이 먼저 인류 최초의 인공위성 스푸트니크 1호를 발사해 우주궤도에 올리는 데 성공했다. 큰 충격을 받은 미국은 그로부터 20일 후 인공위성 발사를 시도했지만 실패했다. 1958년 1월 미국은 드디어 익스플로러 1호 인공위성을 발사하는 데 성공했다.

(다) 보스토크 1호의 성공은 일차적으로 인간이 무중력 환경과 초고속 비행 환경을 포함한 우주환경에서 견딜 수 있다는 것을 확인시켜 주었다. 또 계속된 유인 우주비행에 필요한 기초자료를 제공하는 역할을 했다. 더 나아가 인류의 시야를 더 넓은 우주로 향하게 했고 세계 각국이 우주개발 경쟁에 참여하게 함으로써 우주산업이 발전하는 계기를 마련해 주었다.

(라) 하지만 미국이 첫 인공위성 발사에 급급한 사이 소련은 1957년 11월 스푸트니크 2호에 '라이카'라는 개를 탑승시켜 동물의 첫 우주비행을 성공시켰다. 생물이 우주비행을 할 수 있다는 것을 확인한 소련은 그 후 1961년 4월 보스토크 1호에 인류 최초로 사람을 태워 우주비행을 성공시켰다. 소련은 최초 인공위성 발사뿐만 아니라 최초 유인 우주비행까지 성공해 미국과의 우주개발 경쟁에서 앞서 나가고 있었다.

(마) 보스토크 1호는 사람이 탑승해 지구로 돌아오는 귀환캡슐과 캡슐을 이동시키는 기계선으로 이뤄졌다. 1961년 4월 소련에서 발사된 보스토크 1호는 태평양을 지나 남아메리카, 아프리카 상공을 통과해 지구를 한 바퀴 돌아 다시 소련에 착륙했다. 지구를 한 바퀴 돈 가가린은 아프리카 상공에서 보스토크 1호의 역추진 로켓을 점화해 우주선 속도를 줄이고 귀환캡슐과 기계선을 분리했다. 귀환캡슐이 지상에 도착할 무렵 우주비행사는 캡슐에서 탈출해 낙하산을 펼쳐 지상에 착륙했다. 실제 보스토크 1호는 캡슐과 기계선을 분리하는 과정에서 처음에 완벽히 분리되지 않아 불안정했지만 얼마 후 다시 완벽하게 분리됐다. 그로 인해 처음 예상했던 지점과는 조금 떨어진 곳이었지만 가가린이 무사히 착륙하며 임무를 성공적으로 마쳤다.

① (가) - (다) - (마) - (나) - (라)

② (가) - (다) - (나) - (마) - (라)

③ (나) - (가) - (라) - (다) - (마)

④ (나) - (라) - (마) - (다) - (가)

6 다음은 '청탁금지법 위반행위 신고'에 대한 안내문이다. 다음을 보고 추론 할 수 없는 내용은?

〈청탁금지법 위반행위 신고안내〉

　누구든지 청탁금지법 위반행위를 알게 됐을 때 공직자 등의 소속기관, 국민권익위원회, 감독기관, 감사원, 수사기관에 신고할 수 있습니다.

(1) 신고분야
　① 부정청탁 신고
　② 금품 등 수수 신고
　③ 외부강의 및 기타 청탁금지법 위반신고

(2) 신고대상
　① 부정청탁금지 … 직접 또는 제3자를 통하여 직무를 수행하는 공직자등에게 법제5조 제1항 각 호에 따른 부정청탁을 하거나, 부정청탁을 받은 공직자등이 법제6조를 위반하여 부정청탁에 따라 직무를 수행하는 행위
　② 금품 등 수수 금지 … 공직자 등 또는 그 공직자 등의 배우자가 법 제8조에 따른 수수 금지 금품 등을 받거나 요구 또는 약속하는 행위, 공직자등 또는 그 공직자등의 배우자에게 수수 금지 금품 등을 제공하거나 제공의 약속 또는 의사표시하는 행위
　③ 외부강의 등 사례금 수수제한 … 공직자 등의 외부강의 시 법 시행령 별표2에서 정하는 금액을 초과하여 사례금을 수수하는 행위
　④ 기타 … 그 밖에 이 법에서 정하고 있는 사항을 위반하는 행위

(3) 종결처리 사유
　① 신고 내용이 명백히 거짓인 경우
　② 신고자가 청탁금지법 시행령 제4조 제2항에 따른 보완요구를 받고도 보완 기한 내에 보완하지 아니한 경우
　③ 신고에 대한 처리결과를 통보받은 사항에 대하여 정당한 사유 없이 다시 신고한 경우로서 새로운 증거가 없는 경우
　④ 신고내용이 언론매체 등을 통하여 공개된 내용에 해당하고 조사 등 중에 있거나 이미 끝난 경우로서 새로운 증거가 없는 경우
　⑤ 그 밖에 법 위반행위를 확인할 수 없는 등 조사 등이 필요하지 아니하다고 인정되어 종결하는 것이 합리적이라고 인정되는 경우

① 청탁금지 위반행위의 신고자는 자격 제한이 없다.
② 청탁금지 위반행위 신고 시 일정한 내용을 갖추어야 접수가 이루어진다.
③ 공직자는 외부강의 시 받을 수 있는 사례금의 상한이 법으로 정해져있다.
④ 신고내용에는 항상 새로운 증거가 포함되어 있어야 한다.

7 다음 글을 읽고 빈칸에 들어갈 말로 가장 적절한 것을 고르시오.

우리가 많이 사용하는 진통제 대부분은 비마약성 진통제로, 통증을 유발하는 물질이 생성되지 않도록 말초신경계에서 차단하여 통증이 뇌로 전달되는 것을 막아주는 역할을 한다. 대표적인 비마약성 진통제에는 아스피린, 아세트아미노펜 등이 있다. 비마약성 진통제를 사용해도 통증이 사라지지 않는 경우에는 중추신경계에 직접적으로 작용하는 마약성 진통제를 사용하기도 한다. 마약성 진통제로 가장 잘 알려진 모르핀은 양귀비에서 추출한 아편유도체(opiate) 계통의 약물로, 암과 같이 일반적인 진통제가 듣지 않는 극심한 통증에 주로 쓰인다. 마약성 진통제는 척수나 뇌간에 작용해 통증 신호가 뇌의 감각피질에 도달하는 것을 차단한다.

1950년에 처음 소개된 뇌심부자극술(DBS; Deep Brain Stimulation) 요법은 뇌의 특정부위에 전극을 삽입한 뒤 자극을 줘서 신경세포의 활동을 억제하여 통증을 감소시키는 기법이다. 아직까지는 약물을 통해 통증을 치료하는 방법이 주로 쓰이고 있지만, 선진국에서는 통제하기 힘든 통증을 줄이기 위해 뇌심부자극술 요법을 꾸준히 연구하고 있다.

크고 작은 통증들은 다양한 통로를 통해 전달되는데, 말초 신경계에서 포착된 통증 신호는 척수와 뇌관 그리고 감각시상(sensory thalamus)을 거쳐 뇌의 감각피질로 전달된다. 감각시상은 후각을 제외한 모든 감각정보를 감각피질로 전달할지 차단할지를 결정하는 감각통제기능을 지닌 것으로 알려져 있다. 예를 들어 우리가 의식이 있을 때는 시상이 모든 감각정보를 감각피질로 전달해 의식 활동이 가능하게 해 주지만, 수면 중에는 대부분의 감각정보를 차단해 우리가 깨지 않고 휴식을 취할 수 있게 해준다. 한편 이미 감지된 통증을 감소시키는 경로도 존재한다. 뇌관의 도수관주변회백질(PAG; Peri Aqueductal Gray)에서 척수로 이어지는 경로는 신경전달물질의 일종인 아편유도체(opiate)를 분비한다. 이는 말초신경을 타고 들어오는 통증신호를 척수에서 차단하는 역할을 하는 것으로 알려져 있다.

최근 연구 결과를 살펴보면 감각시상세포는 두 가지 발화패턴이 있는 것으로 알려져 있다. 첫째, 긴장성 발화(tonic firing)는 한 번에 신경세포를 흥분시키는 활동전위(action potential)가 하나씩 발생하며 이를 통해 감각정보가 감각피질로 전달된다. 또 다른 발화 패턴인 폭발성 발화(burst firing)는 한 번에 2개 이상의 전기신호가 짧은 시간 동안 발생하는데, 이 전기신호의 전후로 신경세포의 발화가 억제된다. 따라서 이론적으로는 _____통증을 효과적으로 감소시킬 수 있을 것으로 예상된다.

① 모르핀과 유사한 활동을 하는 세포의 패턴을 파악하여 입력하면
② 감각시상에 감각시상세포의 긴장성 발화를 유도할 수 있는 자극을 전달하면
③ 감각시상에 감각시상세포의 폭발성 발화를 모방한 전기 자극을 주면
④ 감각시상세포의 발화 패턴을 정확히 파악하기만 하면

8 다음을 읽고 이해한 내용을 기술한 것 중 적절하지 않은 것은?

제00조
① 증인신문은 증인을 신청한 당사자가 먼저 하고, 다음에 다른 당사자가 한다.
② 재판장은 제1항의 신문이 끝난 뒤에 신문할 수 있다.
③ 재판장은 제1항과 제2항의 규정에 불구하고 언제든지 신문할 수 있다.
④ 재판장은 당사자의 의견을 들어 제1항과 제2항의 규정에 따른 신문의 순서를 바꿀 수 있다.
⑤ 당사자의 신문이 중복되거나 쟁점과 관계가 없는 때, 그 밖에 필요한 사정이 있는 때에 재판장은 당사자의 신문을 제한할 수 있다.
⑥ 합의부원은 재판장에게 알리고 신문할 수 있다.

제00조
① 증인은 따로따로 신문하여야 한다.
② 신문하지 않은 증인이 법정 안에 있을 때에는 법정에서 나가도록 명하여야 한다. 다만 필요하다고 인정한 때에는 신문할 증인을 법정 안에 머무르게 할 수 있다.

제00조 재판장은 필요하다고 인정한 때에는 증인 서로의 대질을 명할 수 있다.

제00조 증인은 서류에 의하여 진술하지 못한다. 다만 재판장이 허가하면 그러하지 아니하다.

① 재판장은 당사자의 신문 기회를 통제할 수 있다.
② 신문하지 않은 증인은 절대 법정 안에 들어올 수 없다.
③ 재판장은 개인 권한으로 언제든지 증인을 심문할 수 있다.
④ 증인이 서로 대질하기 위해서는 재판장이 그 필요성을 인지해야 한다.

9 다음은 ◇◇렌트카 회사의 렌트 요금에 대한 안내문이다. 이에 대한 이해로 옳은 것은?

〈렌트카 요금안내〉

대여 전	반납 후
○ 대여요금 • 10분 단위로 설정한 대여시간 만큼 발생합니다. • 반납위치를 대여위치와 다르게 설정하는 '편도' 서비스의 경우, 반납위치에 따라 요금이 추가됩니다.	○ 주행요금 • 대여 중 운행하신 거리에 따라 부과되는 요금입니다. • 렌트카를 반납하시면 자동으로 주행거리를 계산해 등록하신 카드로 결제됩니다.
○ 보험료 • 운전 중 발생하는 사고에 대비해 자동차 종합보험(대인, 대물, 자손)과 차량손해 면책제도를 제공합니다. • 대여시간에 비례해 보험료가 책정됩니다.	○ 하이패스 통행료/주차비 • 통행료가 발생하는 고속도로를 이용하시거나 유료주차장을 차량 내 비치된 하이패스 카드로 이용하신 경우, 사용하신 금액이 청구됩니다.

〈차종별 기본요금〉

○ 요금적용 기준 시간 안내
- 주중 : 대여시작 시간이 일요일 19:00~금요일 18:50 이내인 경우
- 주말 : 대여시작 시간이 금요일 19:00~일요일 18:50 이내인 경우 (공휴일은 주말 요금 적용)
- 심야 : 주중 00:00~06:50 (주말/공휴일 제외)

차종	모델	대여요금 (1시간당)	할인대여요금			주행요금 (1km 당)
			주중	주중심야	주말	
경형	뉴 스파크	7,200원	3,730원~	1,860원~	5,220원~	180원
	모닝	7,200원				190원
소형	엑센트	8,600원	4,590원~	2,290원~	6,670원~	180원
	클리오	10,000원				130원
준중형	아반떼	9,500원	4,840원~	2,420원~	7,140원~	190원
	벨로스터	13,000원				210원
중형	K5	13,000원	5,770원~	2,880원~	8,000원~	160원
	말리부	16,000원				200원
대형	K7	22,000원	6,620원~	3,310원~	8,830원~	200원
	그랜저	24,000원				200원

① 반납 시에는 주행거리와 해당시간의 요금을 직접 계산해서 지불해야 한다.

② 경형의 어느 차종을 선택해도 대여시간과 주행거리가 같다면 지불 금액은 같다.

③ 편도 서비스 이용 시 기본 요금표에 따른 예상 금액을 초과할 수 있다.

④ 요금 적용시간에 평일 07:00시 포함되지 않아 대여 할 수 없다.

10 다음 어느 항공사의 서비스 이용시 주의사항이다. 다음 중 주의사항에 어긋난 행동은?

항공사 서비스 이용시 주의사항

1. 운항지연 및 취소로 인해 출장·여행 등에 차질이 있을 수 있으므로 일정을 여유 있게 조정하시기 바랍니다.
   → 항공권은 다양한 이유로 취소되거나 지연될 수 있음을 고려하여, 예약확인 및 탑승전까지 수시로 출발여부를 확인하여야 합니다.

2. 항공권 발권 즉시 탑승자의 영문철자, 출발 및 도착 일시, 도착지명 등 표시사항을 꼼꼼하게 확인하시기 바랍니다.
   → 항공권과 여권의 탑승자 영문철자가 다른 경우 탑승이 거절되거나, 시차를 고려하지 않아 출발·도착시간을 잘못 파악할 수 있으며, 도시 및 공항명 착오가 발생할 수 있으므로, 구입한 항공권 내용을 정확히 확인하여야 피해를 방지할 수 있습니다.

3. 고가이거나 손상되기 쉬운 물건은 반드시 휴대하시기 바랍니다.
   → 노트북컴퓨터나 카메라 등 고가의 전자제품이나 보석류·귀금속류·현금 등은 손상되거나 분실된 경우 항공사에 따라 보상 불가능한 경우가 많고, 소지가 금지되는 물품도 도착 국가별로 다양하므로 수하물 운송조건에 대한 내용은 사전에 항공사로 문의하거나 홈페이지를 통해 확인하시기 바랍니다.

4. 항공권 취소시 판매자인 여행사나 항공사에 환급을 요청하여야 하며, 환급시 공제된 수수료에 대한 내역을 꼭 확인하시기 바랍니다.
   → 환급시의 공제수수료는 항공권에 따라 다양하므로, 계약시 약정한 취소수수료로 공제되었는지 환급 즉시 확인하도록 합니다.

---

① 甲은 항공권을 발권하여 영문철자, 출발 및 도착 일시 등 표시사항을 꼼꼼히 확인하였다.

② 乙은 카메라를 애지중지하여 옷과 함께 캐리어에 넣어 수하물 위탁 처리하였다.

③ 丙은 운항이 지연될 수 있기 때문에 일정을 여유있게 잡았다.

④ 丁은 항공권을 취소하여 항공사에 환급을 요청하였고 수수료 내역을 꼼꼼히 확인하였다.

11 다음 글을 읽고 추론 할 수 있는 것은?

> 직감이란 쉽게 설명될 수 있는 것이 아니다. 훗날 유전학 분야에서 노벨상을 받은 바버라 매클린턱은 젊은 시절 유전학 연구에서 깨달은 것을 어떻게 설명해야 할지 방법이 떠오르지 않았다. 수십 년 후, 매클린턱은 이렇게 회고했다. "문제를 풀다가 답이라고 할 만한 어떤 것이 갑자기 떠올랐다면, 그것은 말로 설명하기 전에 이미 무의식 속에서 해답을 구한 경우다. 나에겐 그런 일이 자주 일어났는데 그때마다 나는 그것이 정답이라는 것을 이미 알았다. 나의 확신은 절대적이었지만 말로 설명하지 않았다. 그럴 필요가 없었다. 그저 그게 답이라고 확신했을 뿐이었다."
>
> 아인슈타인은 친구에게 보낸 편지에서 "수학이 애먹인다고 걱정하지 말게. 나는 자네보다 훨씬 심각하다네."라고 썼다. 또한 아인슈타인은 "글로 된 것이건 말로 된 것이건 간에 언어는 나의 사고과정 안에서 아무런 역할도 하지 못하는 것으로 보인다. 사고과정에 필수적인 역할을 수행하는 심리적인 실체들은 일종의 증후들이거나 분명한 이미지들로서, 자발적으로 재생산되고 결합되는 것들이다. 내 경우에 그 요소들이란 시각적이고 때로는 근육까지 갖춘 것들이다."라고 언급했다. 모종의 '사고실험(thought experiment)'에서 그는 자신을 빛의 속도로 이동하는 광자(光子)라고 상상했다.
>
> 매클린턱 역시 아인슈타인이 말한 광자 개념에 해당하는 '유기체 느낌'에 대해 말하고 있다. 옥수수의 염색체를 연구하면서 그녀는 밭에 있는 모든 옥수수 개체를 한 줄기 한 줄기 다 알고 있었다. 그래야만 옥수수를 진정으로 '인식'할 수 있었기 때문이다. 그녀는 이렇게 말했다. "옥수수를 연구할 때 나는 그것들의 외부에 있지 않았다. 나는 그 안에서 그 체계의 일부로 존재했다. 나는 염색체 내부도 볼 수 있었다. 실제로 모든 것이 그 안에 있었다. 놀랍게도 그것들은 내 친구처럼 느껴졌다."

① 직감이 떠오르는 사고의 과정에서 언어가 핵심적인 역할을 하지 않는다.
② 과학자가 되기 위해서는 자신의 직관을 언어로 표현할 수 있는 능력을 갖추어야 한다.
③ 과학적 방법으로 일은 한다는 것은 수학적으로 도출된 과정을 설명한다는 것이다.
④ 흔히 우리가 무언가를 인식한다는 것이 결국은 그것을 모두 이해한다는 것을 의미한다.

12 다음 글쓴이의 주장으로 가장 적절한 것은?

흔히들 과학적 이론이나 가설을 표현하는 엄밀한 물리학적 언어만을 과학의 언어라고 생각한다. 그러나 과학적 이론이나 가설을 검사하는 과정에는 이러한 물리학적 언어 외에 우리의 감각적 경험을 표현하는 일상적 언어도 사용될 수밖에 없다. 그런데 우리의 감각적 경험을 표현하는 일상적 언어에는 과학적 이론이나 가설을 표현하는 물리학적 언어와는 달리 매우 불명료하고 엄밀하게 정의될 수 없는 용어들이 포함되어 있다. 어떤 학자는 이러한 용어들을 '발룽엔'이라고 부른다.

이제 과학적 이론이나 가설을 검사하는 과정에 발룽엔이 개입된다고 해보자. 이 경우 우리는 증거와 가설 사이의 논리적 관계가 무엇인지 결정할 수 없게 될 것이다. 즉, 증거가 가설을 논리적으로 뒷받침하고 있는지 아니면 논리적으로 반박하고 있는지에 관해 미결정적일 수밖에 없다는 것이다. 그 이유는 증거를 표현할 때 포함될 수밖에 없는 발룽엔을 어떻게 해석할 것인지에 따라 증거와 가설 사이의 논리적 관계에 대한 다양한 해석이 나오게 될 것이기 때문이다. 발룽엔의 의미는 본질적으로 불명료할 수밖에 없다. 즉, 발룽엔을 아무리 상세하게 정의하더라도 그것의 의미를 정확하고 엄밀하게 규정할 수는 없다는 것이다.

논리실증주의자들이나 포퍼는 증거와 가설 사이의 관계를 논리적으로 정확하게 판단할 수 있고 이를 통해 가설을 정확히 검사할 수 있다고 생각했다. 그러나 증거와 가설이 상충하면 가설이 퇴출된다는 식의 생각은 너무 단순한 것이다. 증거와 가설의 논리적 관계에 대한 판단을 위해서는 증거가 의미하는 것이 무엇인지 파악하는 것이 선행되어야 하기 때문이다. 따라서 우리가 발룽엔의 존재를 염두에 둔다면, '과학적 가설과 증거의 논리적 관계를 정확하게 판단할 수 있다는 생각은 잘못된 것이다.'라고 결론지을 수 있다.

① 모든 과학자들은 발룽엔의 존재를 고려하여 가설을 세워야 한다.
② 과학적 가설에서는 다중적 해설이 가능한 단어는 사용해선 안 된다.
③ 논리적으로 완벽한 과학적 가설을 세우는 것은 불가능하다.
④ 과학적 가설에 발룽엔을 배제할 수 있도록 언어적 연구가 지속되어야 한다.

13 다음 대화를 바탕으로 A의 주장에 대해 분석한 것으로 옳지 않은 것은?

> A : '단단하고 하얀 돌(堅白石)'은 '견(堅)', '백(白)', '석(石)' 세 글자의 결합이 아니라, 두 가지의 결합이지요.
>
> B : 왜 그러한가요?
>
> A : 눈으로 볼 때, '단단한[堅]'은 안 보이고, 곧, 보이는 것은 '하얀[白]'과 '돌[石]' 두 가지뿐입니다. 손으로 만져 보았을 때, '하얀[白]'은 느낄 수 없고, 따라서 만져서 느낄 수 있는 것은 '단단한[堅]'과 '돌[石]' 두 가지뿐인 것이지요.
>
> B : 그러나 '하얀[白]'이 보이므로 '白'이 없다고 할 수 없고, '단단한[堅]'을 느끼므로 '堅'이 없다고 할 수 없습니다. 그러므로 '단단한[堅]', '하얀[白]', '돌[石]' 세 가지라고 해야 하는 것 아닌가요?
>
> A : 아닙니다. 보이지 않고, 느낄 수 없다는 것은 '하얀[白]' 과 '단단한[堅]'이 없다는 것이랍니다.
>
> B : '하얀[白]'이 원래부터 존재하지 않는다면, '돌[石]'이 보일 리가 없고, '단단한[堅]'이 존재하지 않는다면, 그 물체를 '돌[石]'이라 할 수 없겠지요. 세 가지는 불가분의 관계인데도 불구하고 선생은 한 가지를 숨기려 하고 있습니다.
>
> A : 아닙니다. 누군가가 숨기는 게 아니라, 저 스스로 숨는 것입니다. 눈으로 볼 때는 '딱딱한[堅]'이 숨고, 손으로 만질 때는 '하얀[白]'이 숨습니다. '단단한[堅]'과 '하얀[白]'은 분리되어 있습니다.
>
> B : 손으로 만져서 '단단한[堅]'이 아니라면, '하얀 돌[白石]'을 구할 수 없습니다. '단단한[堅]', '하얀[白]', '돌[石]' 세 가지는 절대로 분리할 수 없는 것 아닌가요?
>
> A : 돌[石]은 '돌[石]'이고, 돌[石]의 '단단한[堅]'과 '하얀[白]'은 각기 다른 것이므로 분리되어 모습을 숨기는 것입니다.
>
> B : '단단한[堅]'이 보이지 않고, '하얀[白]'이 만져지지 않는다고 해서 '단단한[堅]'이나 '하얀[白]'이 존재하지 않는다고 할 수 없습니다. 둘 다 돌 가운데 존재하고 있는데 왜 분리하는가요?
>
> A : '단단한[堅]'이나 '하얀[白]'은 돌에만 붙는 것이 아니라, 다른 물체에도 붙어 그 성질을 드러냅니다. 그러나 돌이나 물체에서 독립된 '단단한[堅]', '하얀[白]'은 파악할 수 없습니다. 곧, 이들은 숨어 있는 것이지요. 만일 그런 독립된 '단단한[堅]'이나 '하얀[白]'이 존재하지 않는다면, 돌[石] 외의 물체가 공통적으로 '단단한[堅]', '하얀[白]'될 리가 없습니다. 따라서 '단단한[堅]', '하얀[白]', '돌[石]'은 분리되어 있는 것입니다.

① '堅白石'이 '견석(堅石)'이나 '백석(白石)'이 아니다. 백석(白石)의 집합이 '견백석(堅白石)'의 집합과 다르기 때문이다.

② '단단한[堅]'은 촉각과 관련된 개념어이고 '하얀[白]'은 시각과 관련된 개념어이므로 둘은 명백하게 구분된다.

③ '하얀[白]'과 '단단한[堅]'은 돌의 성질로서 공존하며 이에 대한 개별적인 개념은 존재하나 이를 분리해서 판단할 수는 없다.

④ 인간의 인식은 사물 그 자체가 아니라 그것을 지시하는 개념을 통해서 구상되며 기준에 따라 개념을 엄격히 구분해야 한다.

14 다음 글의 중심 내용으로 가장 적절한 것은?

> 침체된 재래시장이 본래의 역할을 회복하려면 무엇이 필요한가? 현재 시행되고 있는 재래시장 활성화를 위한 대표 방안은 시설 현대화 사업과 상품권 사업이다. 시설 현대화 사업은 시장의 지붕을 만드는 공사가 중심이었으나 단순하고 획일적인 사업으로 효과를 내지 못하고 있다. 상품권 사업도 명절 때마다 재래시장 살리기를 호소하는 차원에서 이루어지기 때문에 아직까지 정착되지 못했다. 그렇다면 재래시장을 활성화할 수 있는 근본 방안은 무엇일까? 기존의 재래시장은 장년층과 노년층이 주 고객이었다. 재래시장이 발전하려면 젊은이들이 찾는 시장이어야 한다. 따라서 젊은이들의 기호를 파악하기 위한 상인들의 노력이 있어야 하고, 경쟁자인 대형 유통 업체와의 차별화도 필요하다. 다시 말해 주변 환경만 탓하거나 관련 기관의 지원만 바라지 말고 스스로 생존할 수 있는 힘을 길러야 한다. 당장 배가 고프다고 해도 물고기를 바라기보다 물고기 잡는 방법을 터득해야 한다. 이런 조건들이 갖추어질 때 대형 유통 업체와 경쟁할 수 있는 힘을 가지게 된다. 여기에 정부나 지방자치단체의 행정적·재정적 지원이 더해진다면 재래시장은 다시 살아날 수 있을 것이다.

① 재래시장 활성화 방안
② 재래시장의 주된 고객층
③ 지방자치단체의 행정적 지원
④ 재래시장의 유통업체 선정 방법

15 〈보기 1〉을 보고 '전력 수급 위기 극복'을 주제로 보고서를 쓰기 위해 〈보기 2〉와 같이 개요를 작성하였다. 개요를 수정한 내용으로 적절하지 않은 것은?

〈보기 1〉

대한민국은 전기 부족 국가로 블랙아웃(Black Out)이 상존한다. 2000년대 들어 두 차례 에너지 세제 개편을 실시한 후 난방유 가격이 오르면서 저렴한 전기로 난방을 하는 가구가 늘어 2020년대 들어서는 겨울철 전기 수요가 여름철을 넘어섰으며 실제 2021년 9월 한국전력은 전기 부족으로 서울 일부 지역을 포함한 지방 중소도시에 순환 정전을 실시했다.

〈보기 2〉

Ⅰ. 블랙아웃 사태 ·· ㉠
Ⅱ. 전력 수급 위기의 원인
   1. 공급측면
      가. 전력의 비효율적 관리
      나. 한국전력의 혁신도시 이전 ······················· ㉡
   2. 수요측면
      가. 블랙아웃의 위험성 인식부족
      나. 전력의 효율적 관리구축 ························· ㉢
Ⅲ. 전력 수급 위기의 극복방안
   1. 공급측면
      가. 전력 과소비문화 확대
      나. 발전 시설의 정비 및 확충
   2. 수요측면
      가. 에너지 사용량 강제 감축 할당량 부과
      나. 송전선로 지중화 사업에 대해 홍보 활동 강화 ······· ㉣
Ⅳ. 전력 수급 안정화를 위한 각계각층의 노력 촉구

---

① ㉠은 〈보기 1〉을 근거로 '블랙아웃의 급증'으로 구체화한다.

② ㉡은 주제와 관련 없는 내용이므로 삭제한다.

③ ㉢은 상위 항목과의 관계를 고려하여 'Ⅲ-1-가'와 위치를 바꾼다.

④ ㉣은 글의 일관성을 고려하여 '혁신도시 이전에 따른 홍보 강화'로 내용을 수정한다.

16 다음은 '화석 연료 사용으로 인한 문제점과 해결 방안'에 관한 기획안을 쓰기 위해 작성한 개요이다. 수정 의견 및 보완 사항으로 적절하지 않은 것은?

> Ⅰ. 서론
> Ⅱ. 본론
>   1. 화석 연료 사용으로 인한 문제점
>   가. 기온 상승으로 인한 지구 온난화
>   나. 환경오염으로 인한 생태계 파괴
>   다. 탄소 배출 증가로 인한 온실 효과
>   2. 화석 연료 문제를 해결하기 위한 방안
>   가. 탄소 배출을 억제하는 산업의 육성
>   나. 생태계 보전을 위한 화석 연료 사용 규제
>   다. 탄소 배출권 확보를 위한 정책 마련
> Ⅲ. 결론 : 탄소 배출 억제를 통한 지구 생태계 보전

① Ⅱ-1의 '가'는 Ⅱ-1의 '다'와 합쳐 '탄소 배출 증가로 인한 지구온난화'로 고친다.

② Ⅱ-1에 '화석 연료 고갈로 인한 에너지 자원 부족'이라는 내용을 추가한다.

③ Ⅲ의 결론을 '환경오염 예방과 생태계 보전을 위한 노력'으로 고친다.

④ Ⅱ-2에 '화석 연료를 대체할 에너지 자원 개발'이라는 내용을 추가한다.

17 다음 중 밑줄 친 단어의 의미가 다른 것은?

① 유리는 손이 <u>곱다</u>는 칭찬을 줄곧 들어왔다.

② 찬바람에 손가락이 <u>곱아</u> 짐은커녕 아이도 들 수 없었다.

③ 고운 사람은 먹 씌워도 <u>곱다</u>.

④ 뒷마당에는 붉은 동백꽃이 <u>곱게</u> 피었다.

18 다음 제시된 문장에서 밑줄친 단어와 문맥상 의미가 가장 유사한 것은?

> 데카르트는 살아있는 동물을 마취도 하지 않은 채 해부 실험을 했던 것으로 악명이 <u>높다</u>.

① 굽이 <u>높은</u> 구두 때문에 걸음걸이가 어색해 보인다.
② 명성이 <u>높은</u> 교수를 초청하기엔 예산이 부족하다.
③ <u>높은</u> 비난의 소리에도 판사의 판결은 변하지 않았다.
④ 그는 안목이 <u>높은</u> 것으로 유명한 사람이었다.

19 제시된 글을 고쳐 쓰기 위한 방안으로 적절하지 않은 것을 고르시오.

> 현대 사회에 들어서면서 종교와 문학은 서로 독자적인 길을 걷기 시작했고 ㉠<u>이로인해</u> 문화는 또 한 번의 위기를 맞게 되었다. 종교는 종교대로, 문학은 문학대로 자신들만의 세계에 빠져 들어감으로 다음과 같은 ㉡<u>패단</u>이 생기게 되었다. ㉢<u>종교는 민중을 구제하는 본래의 기능을 상실한 채 부정과 부패의 온상이 되어 버렸다.</u> 한편 문학 역시 사상적 뒷받침이었던 종교를 외면함으로 상업성과 독단이라는 ㉣<u>수렁</u>에 빠져 버리고 말았다.
> 먼 옛날부터 그래왔듯이 미래에도 종교와 문학은 인간 문화의 큰 축을 이룰 것이다. 종교는 문학을 사상적으로 뒷받침하면서 본성을 잃지 말아야 하고, 문학은 밑바탕에 종교 사상을 깔고 본래의 순수성을 유지하는 것이다. 이렇게 문학과 종교의 관계가 회복된다면 진정한 문화의 발전이 이루어질 수 있을 것이다.

① ㉠은 띄어쓰기 규정에 맞게 '이로 인해'로 고친다.
② ㉡은 표기가 잘못되었으므로 '폐단'으로 고쳐친다.
③ ㉢은 논지 전개상 어색하므로 삭제하고, 논지에 맞는 글을 삽입하는 것이 적절하다.
④ ㉣은 문맥상 어울리지 않으므로 '도탄'으로 바꾸는 것이 바람직하다.

1894년 콜먼이 「정신이 말짱한 사람이 보이는, 감각기관의 국부적 기질성 질환과 관련된 환각」 이라는 논문에서 강조한 바 있지만, 지금도 '환각'이라고 하면 일반인과 의사 모두 정신병이나 뇌의 기질성 질환을 먼저 떠올린다. 1970년대 이전까지 정신이 말짱한 사람에게도 환각이 흔히 일어난다는 사실을 알아차리지 못했던 것은 어쩌면 그러한 환각이 어떻게 일어나는지에 관한 이론이 없었기 때문일 것이다. 그러다 1967년 폴란드의 신경생리학자 예르지 코노르스키가 『뇌의 통합적 활동』에서 '환각의 생리적 기초'를 여러 쪽에 걸쳐 논의했다. 코노르스키는 '환각이 왜 일어나는가?'라는 질문을 뒤집어 '환각은 왜 항상 일어나지 않는가? 환각을 구속하는 것은 무엇인가?' 라는 질문을 제기했다. 그는 '지각과 이미지와 환각을 일으킬 수 있는' 역동적 체계, '환각을 일으키는 기제가 우리 뇌 속에 장착되어 있지만 몇몇 예외적인 경우에만 작동하는' 체계를 상정했다. 그리고 감각기관에서 뇌로 이어지는 구심성(afferent) 연결뿐만 아니라 반대 방향으로 진행되는 역방향(retro) 연결도 존재한다는 것을 보여주는 증거를 수집했다. 그런 역방향 연결은 구심성 연결에 비하면 빈약하고 정상적인 상황에서는 활성화되지 않는다. 하지만 코노르스키는 바로 그 역방향 연결이 환각 유도에 필수적인 해부학적, 생리적 수단이 된다고 보았다.

그렇다면 정상적인 상황에서 이것이 활성화되지 못하도록 방해하는 것은 무엇일까? 결정적인 요인은 눈과 귀 같은 감각기관에서 입력되는 감각 자료라고 코노르스키는 주장했다. 이런 자료가 평소에 피질의 중추 부위에서 말초 부위로 활동이 역류하지 못하게 막는다는 것이다. 그러나 _____. 평상시에는 침묵이나 어둠 속에 있다고 해서 입력되는 자료가 그렇게 줄어들지 않는다. 멸 단위(off units)가 계속적인 활동을 발화하고 생성하기 때문이다.

코노르스키의 이론은 훗날 '구심성 차단(de-afferentation)'과 관련된 '방출(release)' 환각이라 불리게 될 현상을 간단하고도 훌륭하게 설명해준다. 그런 설명은 이제는 당연하게 보이고 거의 동어반복으로 여겨지지만 1960년대만 하더라도 이를 독창적이고 대담하게 입증해야 했다. 뇌 영상 연구를 통해 코노르스키의 주장을 뒷받침해줄 훌륭한 증거들이 나오고 있다. 2000년에 티머시 그리피스는 음악 환청의 신경적 기초를 상세하게 밝혀낸 선구적인 논문을 발표했다. 그는 양전자단층촬영을 통해 음악 환청이 일어나는 순간 평소 실제 음악을 들을 때 활성화되는 것과 똑같은 신경 네트워크가 폭넓게 가동된다는 사실을 보여주었다.

① 지속적인 자료의 부재는 또 다른 형태의 감각 적응기에 접어들게 만들고 이러한 상태의 지속은 역방향 연결을 방해한다.

② 감각기관으로 들어오는 자료가 풍부하다고 해도 우리 그것의 진실성을 판단하는 데에 오랜 시간을 사용하게 되면 역방향 연결의 가능성이 높아진다.

③ 만약 감각기관에 들어오는 자료가 눈에 띄게 부족해지면 역류가 쉽게 일어나 환각과 지각을 생리적, 주관적으로 구별할 수 없게 된다.

④ 우리가 받아들이게 되는 감각 자료의 형태에 따라 반대로 환각을 일으키는 자극제가 될 수도 있다.

21 다음은 '점점 심화되는 교통 체증을 완화할 수 있는 방법'에 관한 회의를 위해 작성한 개요와 추가로 수집한 자료이다. 자료의 활용 방안으로 적절하지 않은 것은?

[개요]

서론 : 빠른 속도로 심화되고 있는 교통 체증의 현황

본론 : 1. 교통 체증으로 인한 문제
　　　　(1) 자원적 측면
　　　　(2) 환경적 측면
　　　2. 교통 체증의 원인
　　　　(1) 수적 측면
　　　　(2) 제도 및 체계적 측면
　　　　(3) 의식적 측면
　　　3. 교통 체증의 완화 방안
　　　　(1) 제도 및 체계적 측면
　　　　(2) 의식적 측면

결론 : 다각적 측면에서 교통 체증 완화를 위한 노력의 필요성 강조

[추가로 수집한 자료]

[A] 국토교통부 공식기록에 의하면 2024년 말 자동차 누적 등록 대수가 26,298천 대를 넘었다. 이는 대략 국민 두 명 중 한 명은 차를 보유한다는 것으로, 전년 말 대비 1.3%(349천대) 증가하였다고 밝혔다. 이에 따라 인구 1.95명당 1대의 자동차를 보유한 것으로 나타났다.

[B] 연구결과 교통 체증이 발생하면 자동차의 주행 속도가 떨어지고 그로 인해 연비가 낮아져 자동차의 연료 소모량이 증가하게 된다.

[C] 직진과 좌회전 신호로 이루어진 현행 신호 체계를 직진 위주로 바꾸면 정체 구간에서 자동차 주행 속도가 빨라지는 효과가 나타난다.

[D] 운행 일수가 적거나 카풀을 시행하는 차량에 대해서 세금과 보험료를 감면해 주어야 한다.

① [A]는 본론 2-(1)에서 자동차 수의 증가로 인하여 교통 체증이 심화되고 있다는 근거 자료로 활용할 수 있다.

② [B]를 활용하여 본론 1-(1)에서 교통 체증이 석유 등 에너지 자원의 낭비를 불러올 수 있음을 지적한다.

③ [C]를 통해 본론 3-(1)에서 현행 신호 체계를 직진 위주로 바꾸자는 방안을 제시할 수 있다.

④ [D]는 본론 3-(2)에서 교통 체증 완화를 위해 운전자의 의식 계도가 필요함을 역설하는 근거가 될 수 있다.

22 다음의 빈칸에 들어갈 내용으로 가장 적절한 것은?

○ 연구주제 : 중·고등학생의 게임 몰입이 주변 사람과의 대화에 미치는 영향
○ 연구가설
  〈가설 1〉 게임을 적게 할수록 부모와의 대화는 많을 것이다.
  〈가설 2〉 _____(가)_____
○ 자료 수집
  -조사방법 : 중·고등학생 1,000명을 무작위 선정하여 설문 조사
  -조사내용 : 게임 시간 정도, 부모와의 대화 정도, 친구와 대화 정도
○ 자료 분석 결과
  -자료 분석 결과 아래 표와 같고, 부모와의 대화 정도 및 친구와의 대화 정도는 게임 시간 정도에 따라 통계적으로 유의미한 차이가 있는 것으로 나타났다.

대화정도 / 게임시간정도		많음	중간	적음
부모와 대화 많음	친구와 대화 많음	78	100	120
	친구와 대화 적음	52	70	80
부모와 대화 적음	친구와 대화 많음	172	100	60
	친구와 대화 적음	48	120	180

---

① 게임을 많이 할수록 친구와 게임에 관련한 내용의 대화를 나눌 것이다.
② 게임을 적게 할수록 부모와의 대화 빈도가 줄어들 것이다.
③ 게임을 적게 할수록 친구와의 대화는 많을 것이다.
④ 게임을 많이 할수록 일상 대화량이 많을 것이다.

23 다음은 건축분쟁전문위원회 사무국의 주요업무에 관한 자료이다. 밑줄 친 단어를 한자로 바꾸어 쓴 것으로 적절하지 않은 것은?

〈건축분쟁전문위원회 사무국의 주요업무〉

○ 위원회
• 건축분쟁전문위원회는 건축법 제88조 제1항에 의거하여 다음과 같은 분쟁의 조정 및 <u>재정</u> 업무를 수행
• <u>건축</u> 관계자와 해당 건축물의 건축 등으로 피해를 입은 인근주민(이하 "인근주민"이라 한다) 간의 분쟁
• 관계전문기술자와 인근주민 간의 분쟁
• 건축 관계자와 관계전문기술자 간의 분쟁
• 건축 관계자 간의 분쟁
• 인근주민 간의 분쟁
• 관계전문기술자 간의 분쟁
• 그 밖에 대통령령으로 정하는 사항
   ※ 단, 건설산업기본법 제69조에 따른 조정의 대상이 되는 분쟁은 제외
○ 사무국
• 건축분쟁 조정·재정 절차에 따른 행정업무
• <u>조정</u> 및 재정위원회 관련 업무
• 종합관리시스템 운영 및 관리
• 건축분쟁민원 업무
• 사무행정 및 일반서무
※ "조정"이란 건축 등과 관련된 민사에 관한 <u>분쟁</u>을 재판에 비해 간단한 절차에 따라 당사자 간에 상호 양해를 통하여 조리를 바탕으로 실정에 맞게 해결하는 것을 말하는 것으로 해당 사건 당사자 중 1명 이상이 신청 가능함.
※ "재정"이란 건축 등과 관련된 분쟁에 대하여 사실을 조사하고, 심문하여 법률적으로 판단으로 해결하는 것을 말하는 것으로 해당 사건 당사자 간 합의로 신청 가능함.

① 재정 – 裁定
② 건축 – 建築
③ 조정 – 朝廷
④ 분쟁 – 忿爭

24 다음 기사문을 참고할 때, 2024년의 과징금 수납액은 얼마인가? (금액은 반올림하여 억 원 단위로 표시함)

공정거래위원회가 지난해 기업에 부과한 과징금을 직권 취소한 금액이 1500억 원을 넘어서며 2년 연속 기업에 대한 환급금액이 3000억 원대를 기록한 것으로 나타났다.

19일 국회예산정책처에 따르면 지난해 공정위가 환급해준 과징금 규모는 3303억 9500만 원으로 2023년에 이어 2년 연속 3000억 원대를 기록했다. 지난해 과징금 예산액의 52.5%에 달하는 규모다. 예산 규모의 절반이 넘는 과징금을 기업들에게 돌려준 것이다. 공정위가 기업에 돌려준 과징금 규모는 2020년에는 130억 원 정도였으나 2021년에는 그 두 배인 302억 원으로 뛰었고, 2022년에는 2518억 원으로 껑충 뛰었다. 2023년에는 3572억 원으로 사상 최대 수준을 기록했다.

공정위는 불공정거래 행위를 저지른 기업들에게 과징금을 부과하지만, 기업들이 소송을 제기해 공정위가 패소할 경우에는 과징금을 이자까지 쳐서 돌려줘야만 한다. 환급해준 3303억 원 중 1775억 원은 패소로 인해 돌려준 환급금이다.

나머지 1528억 원은 직권취소로 인해 돌려준 환급금이다. 직권취소는 법원의 최종 판결이 나오기 전에 공정위가 과징금 부과 결정을 취소하는 것으로, 패소로 인한 소송비용 부담을 줄이기 위한 고육지책이다. 사실상 패소나 마찬가지다.

지난 2018년부터 2023년까지 공정위에 제기된 공정거래법상 과징금 부과 관련 불복소송 제기 현황에 대해 분석한 결과, 불복사건은 총 220건으로 6년간 평균 43%의 불복률이 나타났다. 이는 2013~2017년의 연평균 불복률(26%)의 1.6배에 달한다.

환급액이 늘어날 경우 과징금 예산액 대비 수납률이 낮아지는 부작용이 나타난다. 2024년도에는 과징금 수납률이 59.9%에 그쳤다.

① 3,120억 원
② 3,500억 원
③ 3,440억 원
④ 3,770억 원

25 다음은 OO공단의 노사협력 담당 부서의 보고자료이다. 이 자료를 가장 적절하게 평가한 사람은?

> 홉스테드(G. Hofstede)는 IBM의 72개국 종업원을 대상으로 설문조사를 실시하여 사회 문화는 '권력 거리', '개인주의·집단주의', '남성주의·여성주의', '불확실성 회피'등 총 4개의 차원으로 이루어져 있음을 주장하였다.
>
> -권력 거리(power distance) 차원은 한 문화권의 사람들이 권력의 불공평한 배분을 어느 정도로 수용하는가를 말해주는 차원이다.
>
> -개인주의·집단주의(individualism·collectivism) 차원은 대체로 서구 사회와 아시아를 구분하는 뚜렷한 특징이다.
>
> -남성주의·여성주의(masculinity·feminity) 차원은 한 문화권에서 업적과 성공을 중시하는지, 아니면 인간관계 지향적이고 행복을 추구하는지를 말해준다.
>
> -불확실성 회피(uncertainty avoidance) 차원은 한 문화권이 얼마나 불확실성과 예측불가능성에 대한 내성을 가지고 있느냐를 말해주는 것이다.
>
> 홉스테드는 다양한 사회 문화들에 대한 네 가지 차원의 차이와 유사점을 살펴봄으로써 좀 더 명확하고 체계적으로 문화를 설명하고 이해할 수 있다고 했다.
>
> 홉스테드는 후속 연구를 통해 유교적 역동성(confucian dynamism) 차원을 제안했다. 한 문화권의 유교적 역동성이 높을수록 해당 문화는 일반적으로 위계에 따른 질서에 대한 복종이나 검소, 인내 등 유교에서 중시하는 바를 중요하게 여기는 것으로 해석했다.
>
> 홀(Hall)은 고맥락(high-context) 커뮤니케이션 문화에서는 대부분의 정보가 직접적인 언어를 통해 전달되기보다는 상황의 한 부분이거나 개인적으로 내부화해 있다고 주장했다. 이에 반해 저맥락(low-context) 커뮤니케이션 문화는 정보를 가시적으로 분명하게 표현하는 메시지 형태로 전달한다고 주장했다.
>
> 세계 다수의 국가와 문화를 대상으로 조직규범과 관행, 리더십을 연구한 GLOBE(Global Leadership and Organizational Effectiveness) 연구프로그램은 과거 홉스테드의 연구보다 진일보한 대규모 프로젝트다. GLOBE 프로젝트가 분류한 9가지 측면은 권력 거리(power distance), 불확실성 회피(uncertainty avoidance), 제도적 집단주의(institutional collectivism), 소속집단주의(in-group collectivism), 양성평등주의(gender egalitarianism), 자기주장성(assertiveness), 미래지향성(furture orientation), 성과지향성(performance orientation), 인간지향성(humane orientation)으로 분류하고 연구가 진행되었고 현재도 지속되고 있다.

① 최 주임 : 여성발전기본법은 정치·경제·사회·문화의 모든 영역에서 양성평등 이념을 실현하기 위해 제정되었으며 양성평등기본법으로 개정되었다.

② 한 대리 : 조직구성원의 행동을 지배하는 비공식적 분위기가 있음을 이해하고, 직원들의 행동을 결정하는 집단적 가치관이나 규범을 정립해야 한다.

③ 이 팀장 : 리더십 대체이론은 부하특성, 과업특성, 조직특성들이 리더십 행동에 영향을 미치고 있고 리더의 행동을 대체할 수 있다는 이론이다.

④ 박 주임 : 델파이법은 전문가 집단을 대상으로 미래의 인력수요를 예측하게 하는 기법으로 통계적 기법보다 정확하나 시간과 비용이 많이 소요된다.

26 제시된 글을 고쳐 쓰기 위한 방안으로 적절하지 않은 것을 고르시오.

건강과 스트레스
㉠스트레스를 많이 받을 수 있는 성격 유형과 행동 특성

외부의 자극에 대하여 사람이 느끼는 신체적, 심리적 긴장 상태를 '스트레스'라고 한다. 스트레스를 경험 하면 사람은 생리적으로 원래 상태로 되돌아가기 위하여 스트레스와 정면으로 대립하거나 (㉡) 도피하려는 경향을 갖는다. 그런 점에서 스트레스는 그 요인에 대하여 평온한 상태를 유지하기 위한 생리적 반응 과정이라고 할 수 있다.

㉢스트레스는 고통스러울 때만 일어나는 것이 아니라 즐거울 때에도 일어난다. 어떤 사람들은 스트레스로 인해 질병을 얻지만, 어떤 사람들은 스트레스를 극복하여 기쁨을 얻는다. 예를 들어 산악인이나 항해사들은 거친 자연 조건에서의 산행이나 항해를 통해 자신의 목표를 이룸으로써 성취감과 희열을 느낄 수 있다.

이들이 스트레스를 극복하고 목표를 이룬 것처럼, 우리도 스트레스를 이겨내고 더 나은 사람으로 성장할 수 있다면 그 자체가 보람 있는 일일 것이다. 스트레스 없는 삶을 살아갈 수는 없지만 어떤 마음가짐으로 스트레스에 순응하느냐에 따라 우리의 삶이 달라질 수 있다. ㉣그러나 중요한 것은 스트레스 자체가 아니라 스트레스에 대처하는 우리의 자세이다.

---

① ㉠은 내용과 어울리지 않으므로 '스트레스에 대처하는 바람직한 자세'로 바꾼다.

② ㉡에는 문장의 호응을 고려하여 '스트레스로부터'라는 단어를 추가한다.

③ ㉢은 문단의 통일성을 해치므로 삭제한다.

④ ㉣은 문장을 자연스럽게 연결하기 위해 '그런데'로 고친다.

27 다음은 정보공개제도에 대하여 설명하고 있는 글이다. 이 글의 내용을 제대로 이해하지 못한 것은 어느 것인가?

○ 정보공개란?

「정보공개제도」란 공공기관이 직무상 작성 또는 취득하여 관리하고 있는 정보를 수요자인 국민의 청구에 의하여 열람·사본·복제 등의 형태로 청구인에게 공개하거나 공공기관이 자발적으로 또는 법령 등의 규정에 의하여 의무적으로 보유하고 있는 정보를 배포 또는 공표 등의 형태로 제공하는 제도를 말합니다. 전자를 「청구공개」라 한다면, 후자는 「정보제공」이라 할 수 있습니다.

○ 정보공개 청구권자

대한민국 모든 국민, 외국인 (법인, 단체 포함)

– 국내에 일정한 주소를 두고 거주하는 자, 국내에 사무소를 두고 있는 법인 또는 단체

– 학술/연구를 위하여 일시적으로 체류하는 자

○ 공개 대상 정보

공공기관이 직무상 또는 취득하여 관리하고 있는 문서(전자문서를 포함), 도면, 사진, 필름, 테이프, 슬라이드 및 그 밖에 이에 준하는 매체 등에 기록된 사항

○ 공개 대상 정보에 해당되지 않는 예(행정안전부 유권해석)

– 업무 참고자료로 활용하기 위해 비공식적으로 수집한 통계자료

– 결재 또는 공람절차 완료 등 공식적 형식요건 결여한 정보

– 관보, 신문, 잡지 등 불특정 다수인에게 판매 및 홍보를 목적으로 발간된 정보

– 합법적으로 폐기된 정보

– 보유·관리하는 정보만이 대상이므로 공공기관은 정보를 새로 작성(생성)하거나 취득하여 공개할 의무는 없음

○ 비공개 정보(공공기관의 정보공개에 관한 법률 제9조)

– 법령에 의해 비밀·비공개로 규정된 정보

– 국가안보·국방·통일·외교관계 등에 관한 사항으로 공개될 경우 국가의 중대한 이익을 해할 우려가 있다고 인정되는 정보

– 공개될 경우 국민의 생명·신체 및 재산의 보호에 현저한 지장을 초래할 우려가 있다고 인정되는 정보

– 진행 중인 재판에 관련된 정보와 범죄의 예방, 수사, 공소의 제기 등에 관한 사항으로서 공개될 경우 그 직무수행을 현저히 곤란하게 하거나 피고인의 공정한 재판을 받을 권리를 침해한다고 인정되는 정보

– 감사·감독·검사·시험·규제·입찰계약·기술개발·인사관리·의사결정과정 또는 내부검토 과정에 있는 사항 등으로서 공개될 경우 업무의 공정한 수행이나 연구·개발에 현저한 지장을 초래한다고 인정되는 정보

- 당해 정보에 포함되어 있는 이름·주민등록번호 등 개인에 관한 사항으로서 공개될 경우 개인의 사생활의 비밀·자유를 침해할 수 있는 정보
- 법인·단체 또는 개인의 경영·영업상 비밀에 관한 사항으로서 공개될 경우 법인 등의 정당한 이익을 현저히 해할 우려가 있다고 인정되는 정보
- 공개될 경우 부동산 투기·매점매석 등으로 특정인에게 이익 또는 불이익을 줄 우려가 있다고 인정되는 정보

① 공공기관은 국민이 원하는 정보를 요청자의 요구에 맞추어 작성, 배포해 주어야 한다.
② 공공기관의 정보는 반드시 국민의 요구가 있어야만 공개하는 것은 아니다.
③ 공식 요건을 갖추지 않은 미완의 정보는 공개하지 않을 수 있다.
④ 업무 참고자료로 활용하기 위해 비공식적으로 수집한 통계자료는 공개 대상이 아니다.

28 다음 글을 읽고 추론할 수 있는 것으로 옳은 것은?

우리나라에서 모두 6차례에 걸쳐 유행한 AI는 2003년부터 4차례에 걸쳐 유행한 H5N1형, 2014년 H5N8형, 그리고 올해 유행중인 H5N6형이다. 이들 모두는 H5 계열의 고병원성 AI다. AI든 사람을 감염시키는 독감바이러스든 이들 인플루엔자 바이러스는 모두 A, B, C형으로 나뉜다. B형은 사람, 물개, 족제비를 감염시키고, C형은 사람, 개, 돼지를 감염시킨다. B형, C형은 유행이 흔하지 않고 유행을 하더라도 심각하지 않다. 지난 6차례에 걸쳐 유행했던 모든 AI가 A형이고 사람에게서도 신종플루 등 심각한 문제를 일으켰던 것 역시 A형이다.

H5N6 등 이름에 붙여지는 H는 헤마글루티닌의 첫 글자인데 모두 18가지 유형이 있다. N은 뉴라미니다제의 첫 글자를 의미하는 것으로서 11가지 유형이 존재한다. H와 N은 바이러스 표면에 존재하는 단백질인데 이들의 조합에 따라 바이러스 종류가 결정되고 병원성도 달라진다. 간단한 조합만으로도 존재할 수 있는 바이러스 종류가 198종이나 되지만, 특히 H5 계열은 가능한 조합에서도 병원성에 있어서는 단연 으뜸이다.

2003년도에 처음으로 확인된 H5N1은 매우 심각한 병원성을 보이는 유형으로 유명하다. 사람 감염에서 60%의 치사율을 보인 이 AI는 사실 인류를 멸종시킬 최대 위협요인 중 하나로 간주된 적도 있다. 지금 유행하고 있는 H5N6도 중국에서는 2014년부터 지금까지 17명을 감염시켜 10명을 사망시킨 바 있다. 하지만 다행스럽게도 우리나라에서는 2003년 이후 지금까지 6차례의 AI 유행에서도 이들 AI에 사람이 감염된 사례는 없었다.

이들 H5 계열 AI는 모두 감염된 조류에게서 병증을 유발한다. 중국에서의 사람 감염 사례에서도 사망을 포함해 심각한 병증을 보인다. 그런데 지난 2013년 초 중국에서 처음으로 발병한 H7N9형 AI는 조류에게서는 전혀 병원성이 없는데 사람을 감염시키면 비로소 극심한 병증을 일으킨다. 그러니 병증만 놓고 보면 H7N9는 조류에서는 스텔스 기능이 있다고 볼 수 있다. 이런 유형은 H5형보다 사람에게 훨씬 더 위험할 수 있다. 병증이 나타나지 않으니 감염된 조류가 먼 거리를 이동하는 데 전혀 문제가 없고, 모르고 접촉해 사람이 감염되기도 쉽다. 더 심각한 것은 예방적 조치가 어렵다는 점이다. 사람 관점에서만 보자면 현존하는 AI 중에서 가장 위험한 것이 H7N9 형이라고 볼 수 있다. 실제 H7N9형은 사람 감염에서 치사율이 30%에 이른다. 때문에 H7N9형은 WHO를 포함한 국제기구의 적극적인 모니터링 대상이 되고 있다.

① 헤마글루티닌과 뉴라미니다제의 조합은 총 28개이다.
② 사람이 AI에 감염되었다면, A, B, C형을 모두 의심할 수 있다.
③ 조류에게 가장 위험한 유형은 H7계열로 높은 치사율을 보인다.
④ 향후 AI로 인한 사망자는 나오지 않을 것이다.

최근 환경부와 학계의 연구 결과에 의하면 우리나라 초미세먼지의 고농도 발생 시의 주된 성분은 질산암모늄인 것으로 알려졌다. 질산암모늄은 일반적으로 화석연료의 연소로부터 발생되는 질산화물(NO_X)의 영향과 농업, 축산, 공업 등으로부터 배출되는 암모니아(NH_3)의 주된 영향을 받는다고 할 수 있다. 황산화물(SO_X)이 주로 중국의 기원을 가리키는 지표물질이며, 질산암모늄과 같은 질소계열의 미세먼지는 국내영향을 의미하기 때문에 고농도 시에는 국내 배출의 영향을 받는다는 것을 알 수 있으며, 이 때문에 평소의 국내 질소계열의 오염물질 감소에 정책 우선순위를 두어야 한다.

우리나라 전국 배출 사업장(공장)의 수는 약 5만 8천 개에 이르고 있으나 자동 굴뚝측정망으로 실시간 감시가 되는 대형 사업장의 수는 전체 사업장의 10% 이하이다. 대다수를 차지하고 있는 중소 사업장의 배출량은 대형 사업장에 미치지 못하나 문제는 날로 늘어가고 있는 중소 사업장의 숫자이다. 이는 배출물질과 배출량의 파악을 갈수록 어렵게 하여 배출원 관리 문제와 미세먼지 증가를 유발할 수 있다는 점에서 이에 대한 철저한 관리 감독이 가능하도록 국가적 역량을 집중할 필요가 있다.

2000년대 이후 국내 경유 차량의 수가 크게 증가한 것도 미세먼지 관리가 어려운 이유 중 하나이다. 특히 육상 차량 중 초미세먼지 배출의 약 70%를 차지하고 있는 경유 화물차는 2009~2018년 사이 약 17%가 증가하여 현재 약 330만 대를 상회하고 있다. 이 중 약 1/4를 차지하고 있는 경유차가 'Euro3' 수준의 초미세먼지를 배출하고 있는데, 이러한 미세먼지와 질산화물을 과다배출하고 있는 노후 경유차에 대한 조기 폐차 유도, 친환경차 전환 지원, 저감장치 보급과 관리감독이 여전히 시급한 상황이다.

암모니아(NH_3)는 현재 국내 가장 중요한 국내 미세먼지 발생 원인으로 받아들여지고 있다. 암모니아의 가장 주요한 배출원은 농업과 축산분야인데 주로 비료사용과 가축 분뇨 등에 의해 대기 중에 배출되는 특성을 보이고 있으며, 비료사용이 시작되는 이른 봄과 따뜻한 온도의 영향을 주로 받는다.

우리나라는 2000년 이후 암모니아의 농도가 정체 혹은 소폭 증가하고 있는 경향을 보이고 있다. 또한 2010년 이후 암모니아 배출에 영향을 주고 있는 가축분뇨 발생량과 농약 및 화학비료 사용량도 줄지 않고 있는 정체 현상을 보이고 있다. 암모니아 배출량은 바람과 온습도, 강우 등 기상조건의 영향을 받는데 국내의 암모니아 배출량 산정은 이러한 물리적 조건을 반영하지 않고 있어 매우 불확실하다. 따라서 비료 및 가축분뇨 등이 미세먼지의 주요 원료인 만큼 환경부뿐 아니라 농림수산식품부 차원의 적극적인 관리 정책도 시급하다고 할 수 있다.

① 가축의 분뇨 배출량 증가는 고농도 초미세먼지 발생을 유발할 수 있다.
② 현재 약 80만 대 이상의 경유 화물차가 'Euro3' 수준의 초미세먼지를 배출하고 있다.
③ 유해 물질을 배출하는 전국의 사업장 중 실시간 감시가 가능한 사업장의 수는 계속 감소하고 있다.
④ 초미세먼지 관리에는 원인 물질 배출량뿐 아니라 기상조건의 변화에도 주의를 기울여야 한다.

30 다음은 OO 공사의 식수 오염을 주제로 한 보고서의 내용이다. A~D 사원 중 보고서를 바르게 이해한 사람은?

(가) 식수 오염의 방지를 위해서 빠른 시간 내 식수의 분변 오염 여부를 밝히고 오염의 정도를 확인하기 위한 목적으로 지표 생물의 개념을 도입하였다. 병원성 세균, 바이러스, 원생동물, 기생체 소낭 등과 같은 병원체를 직접 검출하는 것은 비싸고 시간이 많이 걸릴 뿐만 아니라 숙달된 기술을 요구하지만, 지표 생물을 이용하면 이러한 문제를 많이 해결할 수 있다.

(나) 식수가 분변으로 오염되어 있다면 분변에 있는 병원체 수와 비례하여 존재하는 비병원성 세균을 지표 생물로 이용한다. 이에 대표적인 것은 대장균이다. 대장균은 그 기원이 전부 동물의 배설물에 의한 것이므로, 시료에서 대장균의 균체 수가 일정 기준보다 많이 검출되면 그 시료에는 인체에 유해할 만큼의 병원체도 존재한다고 추정할 수 있다. 그러나 온혈 동물에게서 배설되는 비슷한 종류의 다른 세균들을 배제하고 대장균만을 측정하기는 어렵다. 그렇기 때문에 대장균이 속해 있는 비슷한 세균군을 모두 검사하여 분변 오염 여부를 판단하고, 이 세균군을 총대장균군이라고 한다.

(다) 총대장균군에 포함된 세균이 모두 온혈동물의 분변에서 기원한 것은 아니지만, 온혈동물의 배설물을 통해서도 많은 수가 방출되고 그 수는 병원체의 수에 비례한다. 염소 소독과 같은 수질 정화 과정에서도 병원체와 유사한 저항성을 가지므로 식수, 오락 및 휴양 용수의 수질 결정에 좋은 지표이다. 지표 생물로 사용하는 또 다른 것은 분변성 연쇄상구균군이다. 이는 대장균을 포함하지는 않지만 사람과 온혈동물의 장에 흔히 서식하므로 물의 분변 오염 여부를 판정하는 데 이용된다. 이들은 잔류성이 높고 장 밖에서는 증식하지 않기 때문에 시료에서도 그 수가 일정하게 유지되어 좋은 상수 소독 처리지표로 활용된다.

① A 사원 : 온혈동물의 분변에서 기원되는 균은 모두 지표 생물이 될 수 있다.

② B 사원 : 수질 정화 과정에서 총대장균군은 병원체보다 높은 생존율을 보인다.

③ C 사원 : 채취된 시료 속의 총대장균군의 세균 수와 병원체 수는 비례하여 존재한다.

④ D 사원 : 지표 생물을 검출하는 것은 병원체를 직접 검출하는 것보다 숙달된 기술을 필요로 한다.

31 다음 글에서 A의 추리가 전제하고 있는 것을 〈보기〉에서 모두 고른 것은?

> 낭포성 섬유증은 치명적 유전 질병으로 현대 의학이 발달하기 전에는 이 질병을 가진 사람은 어린 나이에 죽었다. 지금도 낭포성 섬유증을 가진 사람은 대개 청년기에 이르기 전에 사망한다. 낭포성 섬유증은 백인에게서 3000명에 1명 정도의 비율로 나타나며 인구의 약 5% 정도가 이 유전자를 가지고 있다. 진화생물학 이론에 의하면 유전자는 자신이 속하는 종에 어떤 이점을 줄 때에만 남아 있다. 만일 어떤 유전자가 치명적 질병과 같이 생물에 약점으로 작용한다면 이 유전자를 가지고 있는 생물은 그렇지 않은 생물보다 생식할 수 있는 기회가 줄어들기 때문에, 이 유전자는 궁극적으로 유전자 풀(pool)에서 사라질 것이다. 낭포성 섬유증 유전자는 이 이론으로 설명할 수 없는 것으로 보인다.
>
> 1994년 미국의 과학자 A는 흥미로운 실험 결과를 발표하였다. 정상 유전자를 가진 쥐에게 콜레라 독소를 주입하자 쥐는 심한 설사로 죽었다. 그러나 낭포성 섬유증 유전자를 1개 가지고 있는 쥐는 독소를 주입한 다음 설사 증상을 보였지만 그 정도는 낭포성 섬유증 유전자가 없는 쥐에 비해 반 정도였다. 낭포성 섬유증 유전자를 2개 가진 쥐는 독소를 주입한 후에도 전혀 증상을 보이지 않았다. 낭포성 섬유증 증세를 보이는 사람은 장과 폐로부터 염소이온을 밖으로 퍼내는 작용을 정상적으로 하지 못한다. 반면 콜레라 독소는 장으로부터 염소이온을 비롯한 염분을 과다하게 분비하게 하고 이로 인해 물을 과다하게 배출시켜 설사를 일으킨다. 이 결과로부터 A는 낭포성 섬유증 유전자의 작용이 콜레라 독소가 과도한 설사를 일으키는 메커니즘을 막기 때문에, 낭포성 섬유증 유전자를 가진 사람이 콜레라로부터 보호될 수 있을 것이라고 추측하였다. 그러므로 1800년대에 유럽을 강타했던 콜레라 대유행에서 낭포성 섬유증 유전자를 가진 사람이 살아남기에 유리했다고 주장하였다.

〈보기〉
㉠ 쥐에서 나타나는 질병 양상은 사람에게도 유사하게 적용된다.
㉡ 낭포성 섬유증은 백인 외의 인종에서는 드문 유전 질병이다.
㉢ 콜레라 독소는 콜레라균에 감염되었을 때와 같은 증상을 유발한다.
㉣ 낭포성 섬유증 유전자를 가진 모든 사람이 낭포성 섬유증으로 인하여 청년기 전에 사망하는 것은 아니다.

① ㉠, ㉡　　　　　　　　　　　② ㉡, ㉣
③ ㉠, ㉢, ㉣　　　　　　　　　④ ㉡, ㉢, ㉣

패스트트랙

- Fast Track을 이용하려면 교통약자(보행장애인, 7세 미만 유소아, 80세 이상 고령자, 임산부, 동반여객 2인 포함)는 본인이 이용하는 항공사의 체크인카운터에서 이용대상자임을 확인 받고 'Fast Track Pass'를 받아 Fast Track 전용출국장인 출국장 1번, 6번 출국장입구에서 여권과 함께 제시하면 됩니다.
- 인천공항 동편 전용출국통로(Fast Track, 1번 출국장), 오전7시 ~ 오후7시까지 운영 중이며, 운영상의 미비점을 보완하여 정식운영(동·서편, 전 시간 개장)을 개시할 예정에 있습니다.

휠체어 및 유모차 대여

공항 내 모든 안내데스크에서 휠체어 및 유모차를 필요로 하는 분께 무료로 대여해 드리고 있습니다.

장애인 전용 화장실

- 여객터미널 내 화장실마다 최소 1실의 장애인 전용화장실이 있습니다.
- 장애인분들의 이용 편의를 위하여 넓은 출입구와 내부공간, 버튼식자동문, 비상벨, 센서작동 물내림 시설을 설치하였으며 항상 깨끗하게 관리하여 편안한 공간이 될 수 있도록 하고 있습니다.

주차대행 서비스

- 공항에서 허가된 주차대행 서비스(유료)를 이용하시면 보다 편리하고 안전하게 차량을 주차하실 수 있습니다.
- 경차, 장애인, 국가유공자의 경우 할인된 금액으로 서비스를 이용하실 수 있습니다.

장애인 주차 요금 할인

주차장 출구의 유인부스를 이용하는 장애인 차량은 장애인증을 확인 후 일반주차요금의 50%를 할인하여 드리고 있습니다.

휠체어 리프트 서비스

- 장기주차장에서 여객터미널까지의 이동이 불편한 장애인, 노약자 등 교통약자의 이용 편의 증진을 위해 무료 이동 서비스를 제공하여 드리고 있습니다.
- 여객터미널↔장기주차장, 여객터미널↔화물터미널행의 모든 셔틀버스에 휠체어 탑승리프트를 설치, 편안하고 안전하게 모시고 있습니다.

32 다음 교통약자를 위한 서비스 중 무료로 이용할 수 있는 서비스만으로 묶인 것은?

① 주차대행 서비스, 장애인 전용 화장실 이용

② 장애인 차량 주차, 휠체어 및 유모차 대여

③ 휠체어 및 유모차 대여, 휠체어 리프트 서비스

④ 주차대행 서비스, 장애인 차량 주차

33 Fast Track 이용 가능한 교통약자가 아닌 사람은?

① 3세 유아 동반여객 2인

② 임산부

③ 보행장애인

④ 8세 아동

34 다음은 甲이 수업 시간에 한 발표이다. 甲의 발표 방식에 대한 설명으로 옳지 않은 것은?

> 오늘은 조선의 궁중 음식 중 수라상에 대해 말씀드리겠습니다. 발표는 수라상의 상차림, 왕의 식사 횟수와 식사 장면, 그리고 수라상의 음식을 포함한 조선의 궁중 음식이 지닌 의의 순으로 진행하겠습니다.
>
> 우선 '수라'는요, 고려 때 몽골의 영향으로 생긴 말로 왕에게 올리는 밥을 높여 이르던 말입니다. 지금 보시는 화면이 수라상의 사진인데요, 세 개의 상과 화로를 한눈에 볼 수 있습니다. (사진을 가리키며) 왼쪽에 보이는 큰 상인 대원반에는 흰밥과 탕, 반찬들이, 오른쪽에 보이는 소원반에는 팥밥과 탕, 접시가 놓여 있습니다. 왕이 고를 수 있게 밥과 탕을 두 가지씩 준비한 겁니다. 소원반 옆에 놓인 화로는 전골 요리에 썼다고 해요. 『조선 왕조 궁중 음식』이라는 책에 따르면 왕은 이러한 수라상을 아침과 저녁에 받았다고 합니다.
>
> 왕이 하루에 식사를 두 번만 한 것은 아니었어요. 두 번째 화면을 볼게요. 이것은 수라상 외에 왕이 받은 초조반상, 낮것상, 야참의 사진입니다. 초조반상과 낮것상은 주로 죽으로, 야참은 면, 식혜 등으로 간단히 차린 걸 볼 수 있죠. 야참을 식사로 본다면 왕은 하루에 몇 번이나 식사를 했을까요? (청중의 대답을 듣고) 예, 다섯 번이죠. 아침, 저녁의 수라상까지 합해 왕은 하루에 다섯 번 식사를 한 셈입니다. 다음 화면에서 보실 것은 왕의 식사 장면을 재현한 동영상입니다. (동영상을 보여 준 후) 어떤 상궁은 왕보다 먼저 음식을 먹어 보아 독의 유무를 확인하고, 다른 상궁은 왕에게 생선을 발라 드리는 모습을 보셨습니다. 이렇게 왕은 상궁들의 시중을 받으며 식사를 했어요.
>
> 수라상의 음식을 포함한 조선의 궁중 음식은 우리 전통 음식을 대표한다고 할 수 있는데요, 이는 궁중과 민간의 교류를 통해 조선의 궁중 음식이 민간의 음식뿐만 아니라 민간의 뛰어난 조리 기술까지 받아들여 우리 음식 전반을 아울렀기 때문이지요. 이러한 의의가 인정되어 조선의 궁중 음식은 무형 문화재로 지정되었어요. 수라상에 대해 제가 참고한 기록은 대한 제국 시기 상궁들의 구술을 토대로 한 것입니다. 수라상에 대해 이해가 되셨기를 바라며 발표를 마치겠습니다.

① 발표를 시작하면서 발표의 주제와 대략적인 순서를 먼저 제시하고 있다.
② 다양한 사진과 영상자료를 활용하여 청중의 이해를 돕고 있다.
③ 전문가의 의견을 인용하여 주장을 뒷받침하고 있다.
④ 발표 중 청중에게 질문을 던져 집중도를 높이고 있다.

35 다음 글의 내용을 참고할 때, 빈칸에 들어갈 가장 적절한 말은 어느 것인가?

사람을 비롯한 포유류에서 모든 피를 만드는 줄기세포는 뼈에 존재한다. 그러나 물고기의 조혈 줄기세포(조혈모세포)는 신장에 있다. 신체의 특정 위치 즉 '조혈 줄기세포 자리(blood stem cell niche)'에서 피가 만들어진다는 사실을 처음 알게 된 1970년대 이래, 생물학자들은 생물들이 왜 서로 다른 부위에서 이 기능을 수행하도록 진화돼 왔는지 궁금하게 여겨왔다. 그 40년 뒤, 중요한 단서가 발견됐다. 조혈 줄기세포가 위치한 장소는 (   ) 진화돼 왔다는 사실이다.

이번에 발견된 '조혈 줄기세포 자리' 퍼즐 조각은 조혈모세포 이식의 안전성을 증진시키는데 도움이 될 것으로 기대된다. 연구팀은 실험에 널리 쓰이는 동물모델인 제브라 피쉬를 관찰하다 영감을 얻게 됐다.

프리드리히 카프(Friedrich Kapp) 박사는 "현미경으로 제브라 피쉬의 조혈 줄기세포를 관찰하려고 했으나 신장 위에 있는 멜라닌세포 층이 시야를 가로막았다"고 말했다. 멜라닌세포는 인체 피부 색깔을 나타내는 멜라닌 색소를 생성하는 세포다.

카프 박사는 "신장 위에 있는 멜라닌세포의 모양이 마치 파라솔을 연상시켜 이 세포들이 조혈줄기세포를 자외선으로부터 보호해 주는 것이 아닐까 하는 생각을 하게 됐다"고 전했다. 이런 생각이 들자 카프 박사는 정상적인 제브라 피쉬와 멜라닌세포가 결여된 변이 제브라 피쉬를 각각 자외선에 노출시켰다. 그랬더니 변이 제브라 피쉬의 조혈 줄기세포가 줄어드는 현상이 나타났다. 이와 함께 정상적인 제브라 피쉬를 거꾸로 뒤집어 자외선을 쬐자 마찬가지로 줄기세포가 손실됐다.

이 실험들은 멜라닌세포 우산이 물리적으로 위에서 내리쬐는 자외선으로부터 신장을 보호하고 있다는 사실을 확인시켜 주었다.

① 햇빛의 유해한 자외선(UV)으로부터 이 줄기세포를 보호하도록
② 줄기세포에 일정한 양의 햇빛이 지속적으로 공급될 수 있도록
③ 멜라닌 색소가 생성되기에 최적의 공간이 형성될 수 있도록
④ 멜라닌세포 층과 햇빛의 반응이 최소화될 수 있도록

36 밑줄 친 부분이 바르게 표기된 한자어를 고르면?

<u>부 고</u>

　(주) 건웅의 민수현 사장님의 부친이신 민○○께서 병환으로 2025년 2월 19일 오전 7시 30분에 별세하였기에 이를 고합니다. 생전의 후의에 깊이 감사드리며, 다음과 같이 영결식을 거행하게 되었음을 알려 드립니다. 대단히 송구하오나 조화와 부의는 간곡히 사양하오니 협조 있으시기 바랍니다.

다 음

1. <u>발인</u>일시 : 2025년 2월 21일 (금) 오전 8시
2. 장　　소 : OO 세브란스 병원 영안실 특2호
3. 장　　지 : 경상북도 합천군
4. 연 락 처 : <u>빈소</u> (02) 2457-5352
　　　　　　　회사 (02) 6541-2300

첨부 영결식 장소 (OO 세브란스 병원) 약도 1부.
　　　장 남　　　민 수 현
　　　차 남　　　민 지 현
　　　장례위원장 홍 승 민

* 조화 및 부의 <u>사절</u>

① 부고 - 附高
② 발인 - 發靷
③ 빈소 - 貧所
④ 사절 - 使節

37 다음은 사내홍보물에 사용하기 위한 인터뷰 내용이다. ㉠~㉣에 대한 설명으로 적절하지 않은 것을 고르면?

甲 : 안녕하세요. 저번에 인사드렸던 홍보팀 대리 甲입니다. 바쁘신 데도 이렇게 인터뷰에 응해 주셔서 감사합니다. ㉠<u>이번 호 사내 홍보물 기사에 참고하려고 하는데 혹시 녹음을 해도 괜찮을까요?</u>

乙 : 네, 그렇게 하세요.

甲 : 그럼 ㉡<u>우선 사랑의 도시락 배달이란 무엇이고 어떤 목적을 갖고 있는지 간단히 말씀해 주시겠어요?</u>

乙 : 사랑의 도시락 배달은 끼니를 챙겨 드시기 어려운 독거노인분들을 찾아가 사랑의 도시락을 전달하는 일이에요. 이 활동은 회사 이미지를 홍보하는 데 기여할 뿐만 아니라 개인적으로는 마음 따뜻해지는 보람을 느끼게 된답니다.

甲 : 그렇군요. ㉢<u>한 번 봉사를 할 때에는 하루에 몇 십 가구를 방문하신다고 들었는데요, 어떻게 그렇게 많은 가구들을 다 방문할 수가 있나요?</u>

乙 : 아, 비결이 있다면 역할을 분담한다는 거예요.

甲 : 어떻게 역할을 나누나요?

乙 : 도시락을 포장하는 일, 배달하는 일, 말동무 해드리는 일 등을 팀별로 분담해서 맡으니 효율적으로 운영할 수 있어요.

甲 : ㉣<u>(고개를 끄덕이며)</u> 그런 방법이 있었군요. 마지막으로 이런 봉사활동에 관심 있는 사원들에게 한 마디 해주세요.

乙 : 주중 내내 일을 하고 주말에 또 봉사활동을 가려고 하면 몸은 굉장히 피곤합니다. 하지만 거기에서 오는 보람은 잠깐의 휴식과 비교할 수 없으니 꼭 한번 참석해 보시라고 말씀드리고 싶네요.

甲 : 네, 그렇군요. 오늘 귀중한 시간을 내어 주셔서 감사합니다.

① ㉠ : 기록을 위한 보조기구를 사용하기 위해서 사전에 허락을 구하고 있다.
② ㉡ : 면담의 목적을 분명히 밝히면서 동의를 구하고 있다.
③ ㉢ : 미리 알고 있던 정보를 바탕으로 질문을 하고 있다.
④ ㉣ : 적절한 비언어적 표현을 사용하며 상대방의 말에 반응하고 있다.

김 팀장 : 네, 그렇군요. 수돗물 정책에 대한 이 과장님의 의견은 잘 들었습니다. 그런데 이 과장님 의견에 대해 박 부장님께서 반대 의견이 있다고 하셨는데, 박 부장님 어떤 내용이신가요?

박 부장 : 네, 사실 굉장히 답답합니다. 공단 폐수 방류 사건 이후에 17년간 네 번에 걸친 종합 대책이 마련됐고, 상당히 많은 예산이 투입된 것으로 알고 있습니다. 그런데도 상수도 사업을 민영화하겠다는 것은 결국 수돗물 정책이 실패했다는 걸 스스로 인정하는 게 아닌가 싶습니다. 그리고 민영화만 되면 모든 문제가 해결되는 것처럼 말씀하시는데요, 현실을 너무 안이하게 보고 계신다는 생각이 듭니다.

김 팀장 : 말씀 중에 죄송합니다만, 제 생각에도 수돗물 사업이 민영화되면 좀 더 효율적이고 전문적으로 운영될 것 같은데요.

박 부장 : 그렇지 않습니다. 전 우리 정부가 수돗물 사업과 관련하여 충분히 전문성을 갖추고 있다고 봅니다. 현장에서 근무하시는 분들의 기술 수준도 세계적이고요. 그리고 효율성 문제는요, 저희가 알아본 바에 의하면 시설 가동률이 50% 정도에 그치고 있고, 누수율도 15%나 된다는데, 이런 것들은 시설 보수나 철저한 관리를 통해 충분히 해결할 수 있다고 봅니다. 게다가 현재 상태로 민영화가 된다면 또 다른 문제가 생길 수 있습니다. 무엇보다 수돗물 가격의 인상을 피할 수 없다고 보는데요. 물 산업 강국이라는 프랑스도 민영화 이후에 물 값이 150%나 인상되었습니다. 우리에게도 같은 일이 일어나지 않으리라는 보장이 있습니까?

김 팀장 : 이 과장님, 박 부장님의 의견에 대해 어떻게 생각하십니까?

이 과장 : 민영화할 경우 아무래도 어느 정도 가격 인상 요인이 있겠습니다만 정부와 잘 협조하면 인상 폭을 최소화할 수 있으리라고 봅니다. 무엇보다도 수돗물 사업을 민간 기업이 운영하게 된다면 수질도 개선될 것이고, 여러 가지 면에서 더욱 질 좋은 서비스를 받을 수 있을 겁니다.

38 김 팀장과 박 부장의 발언으로 볼 때, 이 과장이 이전에 말했을 내용으로 가장 적절한 것은?

① 민영화를 통해 수돗물의 가격을 안정시킬 수 있다.
② 효율성을 높이기 위해 수돗물 사업을 민영화해야 한다.
③ 수돗물 사업의 전문성을 위해 기술 교육을 강화할 필요가 있다.
④ 민영화를 하면 더 많은 예산투자와 기술개발이 가능하다. .

39 박 부장의 의사소통능력에 대한 평가로 적절한 것은?

① 전문가의 말을 인용하여 자신의 견해를 뒷받침한다.

② 사회적 통념을 근거로 자기 의견의 타당성을 주장한다.

③ 구체적인 정보를 활용하여 상대방의 주장을 비판하고 있다.

④ 이해가 되지 않는 부분에 대해 근거 자료를 요구하고 있다.

40 주어진 회의에 대한 분석으로 적절하지 않은 것은?

① 김 팀장은 박 부장과 이 과장 사이에서 중립적인 자세를 취하고 있다.

② 박 부장은 이 과장의 의견에 반대하고 있다.

③ 이 과장은 수돗물 사업을 민영화하면 가격 인상이 될 수도 있다고 보고 있다.

④ 이 과장은 수돗물 사업 민영화로 받을 수 있는 질 좋은 서비스에 대해 구체적으로 제시하고 있지 않다.

41 다음 중 공문서에 대한 설명으로 옳지 않은 것은?

① 정부기관이 일반회사, 또는 단체로부터 접수하는 문서 및 일반회사에서 정부기관을 상대로 사업을 진행하려고 할 때 작성하는 문서도 포함된다.

② 엄격한 규격과 양식에 따라 정당한 권리를 가지 사람이 작성해야 한다.

③ 문서번호, 시행일자, 수신인, 참조인, 담당자 등의 내용이 포함된다.

④ 최종 결재권자의 결재가 없어도 문서로서의 기능이 성립된다.

42 다음은 서울교통공사 정관 및 사규 중 9호선 운영부문 업무용 교통카드 관리예규에 대한 내용을 일부 발췌한 것이다. 이를 읽고 아래의 내용을 가장 잘 이해하고 있는 사람을 고르면?

제2장 발급 및 관리

제4조(지급대상 및 용도)

1. 부문은 업무상 필요하다고 판단되는 경우 부서 또는 직원 1인당 업무용 교통카드 1매를 지급한다.
2. 부문은 업무상 필요하다고 판단되는 경우 용역직에게도 업무용 교통카드를 지급할 수 있다.
3. 업무용 교통카드는 9호선 전체 구간에서 업무용으로 사용한다.

제5조(일반관리책임)

1. 기술처는 업무용 교통카드의 (재)발급신청, 지급, 분실접수(별첨 3) 등 운영 및 관리에 대한 제반 사항을 관리한다.
2. 기술처는 업무용 교통카드에 대한 사용정지 및 해제를 관리한다.
3. 기술처는 업무용 교통카드의 보유 및 관리실태, 부정사용 여부 등에 대해 분기별 정기적으로 점검하고 기술처장에게 보고한다.
4. 기술처는 부정사용 여부가 확인 될 경우 "제10조 (위반행위에 대한 벌칙)"을 적용하여 운영처장에게 적용을 요구하며 운영처장은 적용 결과에 대해 기술처장에게 통보한다.
5. 기술처는 직원의 실수로 인한 오사용 보고 시 기록 및 관리하여 불이익이 발생하지 않도록 한다.

제6조(직원관리책임)

1. 업무용 교통카드를 지급받은 직원은 업무용 교통카드 분실, 파손되지 않도록 주의하여 관리하여야 한다.
2. 용역직에게 지급한 업무용 교통카드는 감독부서 부서장이 해당 업무용 교통카드의 분실, 파손 및 부정사용에 대한 관리책임을 부담한다.
3. 업무용 교통카드가 정상적으로 기능하지 않거나 분실, 파손 등의 사유로 사용할 수 없는 경우에는 직원 및 감독부서 부서장은 이를 기술처에 신고하여 정상적인 업무용 교통카드로 교체, 발급받아야 한다.
4. 업무용 교통카드의 오사용 발생 시 기술처에 즉시 보고한다.

제7조(직원 의무사항)

1. 직원은 업무용 교통카드를 업무 용도로만 사용하여야 하고, 출·퇴근 등 업무 외적인 목적으로 사용하여서는 아니 된다.
2. 직원은 업무용 교통카드를 타인에게 양도하거나 대여해서는 아니 된다.
3. 직원은 업무시간 중 항시 업무용 교통카드를 소지하여 게이트 출입 시 이를 사용해서 통과하여야 하며, 게이트를 임의로 통과하여서는 아니 된다.

---

① 甲 : 업무 상 필요할 때는 부서나 직원에게 인당 업무용 교통카드를 2개 이상 지급해야 해야 한다고 하는군

② 乙 : 용역직은 정직원이 아니니까 업무 상이라 하더라도 업무용 교통카드를 지급할 수 없어

③ 丙 : 업무용 교통카드가 제 기능을 못하고 분실될 경우 총무팀에 신고해서 정상적인 것으로 교체 및 발급받아야 해

④ 丁 : 직원이라 하더라도 업무용 교통카드는 업무 외적인 일로 사용하면 안 돼

43 다음 중 언어적인 의사소통과 비교한 문서적 측면으로서 의사소통의 특징이 아닌 것은?

① 권위감이 있다.

② 정확성을 기하기 쉽다.

③ 보존성이 크다.

④ 상대방의 반응이나 감정을 살필 수 있다.

44 다음의 괄호에 알맞은 한자성어는?

> 일을 하다 보면 균형과 절제가 필요하다는 것을 알게 된다. 일의 수행 과정에서 부분적 잘못을 바로 잡으려다 정작 일 자체를 뒤엎어 버리는 경우가 왕왕 발생하기 때문이다. 흔히 속담에 "빈대 잡으려다 초가삼간 태운다."라는 말은 여기에 해당할 것이다. 따라서 부분적 결점을 바로 잡으려다 본질을 해치는 (   )의 어리석음을 저질러서는 안 된다.

① 개과불린(改過不吝)

② 경거망동(輕擧妄動)

③ 교각살우(矯角殺牛)

④ 부화뇌동(附和雷同)

｜45~46｜ 다음은 건강보험공단에서 2018년 새롭게 시행한 '의료급여수급권자 영유아 건강검진'의 사업 내용이다. 다음을 읽고 이어지는 물음에 답하시오.

---

1) 건강검진비용 예탁(시·군·구 보건소→공단)
- 국고보조금 교부 시 전액 공단 지정계좌로 예탁(수검률과 관계없이)

2) 건강검진 대상자 안내
- 공단은 영유아 건강검진 대상자에게 건강검진 대상임을 확인할 수 있는「영유아 건강 검진표」를 개인별 주소지로 발송(각 월령별 검진시작일 전월 25일까지)
- 영유아 건강검진 사전알람(SMS) 및 전자우편(E-mail) 서비스 등 병행 실시
- 건강검진표 분실 등의 사유로 인한 '검진확인서'는 공단 지사에서 수시발급
- 공단은 매월 시·군·구별 검진대상자 및 수검현황과 건강검진결과 내역을 지역보건의료 정보시스템으로 전송

3) 건강검진 실시 및 지급
- (검진대상자) 건강검진표와 보호자 신분증을 지참하고 검진기관을 방문하여 검진실시
- (검진기관) 공단에서 수검대상자에게 배부한 건강검진표 또는 공단홈페이지, 공단에 전화 등으로 대상자 여부를 확인 후 검진주기에 해당되는 건강검진을 실시
- 건강검진 결과를 수검자(보호자)에게 직접 교부하고 건강검진비용은 공단의 전산시스템(검진기관포탈)에 검진결과내역을 등록한 후 청구
  ※ 건강검진을 완료한 날로부터 30일 이내 청구
- 건강검진비용 지급내역은 공단 전산시스템(검진기관포탈)에서만 확인 가능
- (공단) 검진비용 심사 및 지급
- 지사는 검진기관으로부터 접수된 청구내역의 오류·비대상·성적확인 건 등 심사
- 본부는 청구서 접수일로부터 15일 이내(예탁금 범위 내)에 검진비용을 지급
- 검진비용 환수는 청구되는 검사비용에서 전산상계. 다만, 휴·폐업 및 6개월간 장기 미청구 건 등 전산상계가 불가한 건은 지역보건의료정보시스템 과 문서를 통해 해당 시·군·구 보건소로 통보하여 사후 관리하도록 조치
  ※ 의료급여법 제23조(부당이득의 징수), 제34조(끝수 및 소액의 처리)에 따라 사후관리
- (보건소) 지역보건의료정보시스템 을 통해 예탁금 정산 현황 및 미환수 내역 확인·조치

4) 홍보 및 수검률 관리
- 현수막, 지역 언론 등을 이용하여 보건소에서 직접 수행
- 관내 영유아 보육시설, 보호시설 등을 통해 사업홍보 및 수검독려 안내
- 수검률 향상을 위한 대상자별 유선 검진안내 등 수검관리 지속 실시
- 영유아 검진 접근성 향상을 위해 관내 영유아 검진기관수 확대(공공의료기관 또는 보건기관 검진 참여) 및 공휴일 검진 독려

---

5) 사후관리

- 영유아 검진결과 유소견자 및 추가 교육 희망자는 각종 모자보건 사업으로 연계하거나 지역사회서비스투자사업(영유아 발달지원서비스 및 아동인지능력 향상서비스 등) 담당인 관내 읍·면·동 사무소로 안내
- 영유아 검진결과 발달장애 의심 소견이 있는 경우는 '발달장애 정밀검사비 지원사업'으로 연계하고, 발달장애 영유아로 확인된 경우는 특수교육지원센터로 안내

45 다음 중 위의 사업 내용을 올바르게 이해하지 못한 것은 어느 것인가?

① 공단에서는 건강검진 대상자에게 대상자임을 알릴 수 있는 다양한 방법을 통하여 사전 고지하는 서비스를 실시한다.
② 검진기관은 검진비용을 시·군·구 보건소에 청구하여 예탁금 범위 내에서 지급받게 된다.
③ 검진 수검률을 높이기 위해 공휴일에도 검진을 실시한다.
④ 건강검진 결과는 수검자에게 직접 통보되나, 비용 지급내역은 수검자에게 직접 개별 통보되지 않는다.

46 다음은 위와 같은 사업 진행에 따라 필요한 문서 중 하나에 포함되는 양식의 일부이다. 다음 문서의 이름으로 가장 적절한 것은 어느 것인가?

(				)
검사대상자	성명		주민등록번호	
	주소		연락처	
구분	검사항목	검사결과		
	인지검사			
	언어검사			
	작업검사			
검사의견 소견 (재활치료 필요 여부)	* 검사항목, 검사결과, 장애정도를 구체적으로 기재			
검사결과	□ 정상 □ 비정상(병명 :) * 뇌병변, 지적, 자폐성, 언어 등 예견되는 장애유형 기재			
검사일		담당의사	면허번호	
			의사명	(서명)

① 발달장애 정밀검사 결과통보서
② 발달장애 정밀검사 대상자 확인서
③ 발달장애 정밀검사 의뢰서
④ 발달장애 정밀평가 안내서

47 다음 글과 같은 주장을 이끌어낼 수 있는 근거가 되는 자료로 보기에 가장 거리가 먼 것은 어느 것인가?

우리사회는 급격한 고령화를 경험하였고, 향후 초저출산 현상이 지속될 것이라는 우려 때문에 사회의 지속가능성에 대한 사회적 관심이 높아서 노인에게는 의존적인 존재로 보호받아야 하는 존재가 아니라 스스로 자신을 돌볼 수 있는 독립적인 존재가 되는 것이 노인의 기본적인 역할이라는 인식이 공유되고 있다. 그러나 압축적인 사회경제적 발전으로 인하여 현세대 노인들의 교육수준과 소득수준이 낮기 때문에 이러한 기대에 부응하기가 용이하지 않은 상황이다. 한편, 전통적으로 가족 내에서 노인에게 기대되었던 역할에는 변화가 발생하고 있고, 우리사회가 갖고 있는 연령분리적 특성으로 인하여 연령차별적 인식이 강한 편이다. 또한 우리사회는 사회구성원의 시민사회참여의 경험이 많지 않았기 때문에 현재 노인들의 시민참여율도 낮을 뿐만 아니라 활동내용도 제한적이다. 아직 한국사회에서 노인의 역할은 자신과 가족 및 이웃과 같이 협소한 영역에 초점이 두어지고 있으며, 자발성에 기초하여 예산을 확보하고 활동내용을 개발해가지는 못하고 있는 상황이다.

① 노인의 경제활동 유형 및 소득규모
② 여성 노동 인구의 경제활동 참여율 변화
③ 가구별 세대원 구성 내역 변화 추이
④ 노인인구 중 독거노인, 독거노인부부의 비중 변화

48 다음은 국민연금 가입 대상 사업장의 사업장가입 자격취득 신고와 관련된 안내 사항의 일부이다. 다음 안내 사항의 빈 칸 (가)~(라) 중 어느 곳에도 들어갈 수 없는 말은 어느 것인가?

㈎ (   )

－18세 이상 60세 미만인 사용자 및 근로자

 ※ 단, 18세 미만 근로자는 2015. 7. 29.부터 사업장가입자로 당연적용하나, 본인의 신청에 의해 적용제외 가능

－단시간 근로자로 1개월 이상, 월 60시간(주 15시간) 이상 일하는 사람

－일용근로자로 사업장에 고용된 날부터 1개월 이상 근로하고, 근로일수가 8일 이상 또는 근로시간이 월 60시간 이상인 사람

 ※ 단, 건설일용근로자는 공사현장을 사업장 단위로 적용하며, 1개월간 근로일수가 20일 이상인 경우 사업장 가입자로 적용

－조기노령연금 수급권자로서 소득 있는 업무에 종사하거나, 본인이 희망하여 연금지급이 정지된 사람

－월 60시간 미만인 단시간근로자 중 생업목적으로 3개월 이상 근로를 제공하기로 한 대학 시간강사 또는 사용자 동의를 받아 근로자 적용 희망하는 사람

㈏ (   )

－근로자 : 직업의 종류에 관계없이 사업장에서 노무를 제공하고 그 대가로 임금을 받아 생활하는 자(법인의 이사, 기타 임원 포함)

－근로자에서 제외되는 자

 • 일용근로자나 1개월 미만의 기한을 정하여 사용되는 근로자

 • 법인의 이사 중 「소득세법」에 따른 근로소득이 발생하지 않는 사람

 • 1개월 동안의 소정근로시간이 60시간 미만인 단시간근로자.

 • 둘 이상 사업장에 근로를 제공하면서 각 사업장의 1개월 소정근로시간의 합이 60시간 이상인 사람으로서 1개월 소정근로시간이 60시간 미만인 사업장에서 근로자로 적용되기를 희망하는 사람

㈐ (   )

－사업장이 1인 이상의 근로자를 사용하게 된 때

－국민연금 적용사업장에 근로자 또는 사용자로 종사하게 된 때

－임시 · 일용 · 단시간근로자가 당연적용 사업장에 사용된 때 또는 근로자로 된 때

－국민연금 가입사업장의 월 60시간 미만 단시간근로자 중 생업을 목적으로 3개월 이상 근로를 제공하는 사람(대학시간강사 제외)의 가입신청이 수리된 때

－둘 이상의 사업장에서 1개월 소정근로시간의 합이 60시간 이상이 되는 단시간근로자의 가입신청이 수리된 때

⒭ (   )
　-사업장가입자 자격취득신고서 1부
　-특수직종근로자의 자격취득 신고 시에는 증빙서류 제출이 필요함

① 자격취득시기
② 납부예외 조건
③ 제출서류
④ 근로자의 개념

1988년에 도입된 국민연금은 10인 이상 사업장부터 적용되기 시작하였고, 도입된 지 10여년 만에 전 국민을 대상으로 하는 우리나라의 대표적인 공적연금으로서의 위상을 갖추게 되었다. 그 결과 2023년 국민연금 가입 및 급여 관련 통계 분석 결과, 2023년 말 기준 18~59세 가입 대상 인구 중 73.9%가 국민연금에 가입하고 있으며, 65세 이상 어르신 중 51.2%가 국민연금을 받고 계신 것으로 나타났다. 국민연금 가입자는 총 2,238만 명으로 집계되었다. 18~59세 국민연금 가입 대상 인구 대비 가입률은 2022년 73.3% 대비 0.65%p 늘어났으며, 2005년 54.6%를 기록한 이래로 지속해서 상승하고 있다. 반면 경제적 어려움 등으로 국민연금 보험료 납부가 중단된 납부예외자 및 보험료 장기체납자 등 '가입 사각지대'는 지난해 372만 명으로 2022년 395만 명 대비 23만 명 감소했다. 국민연금은 기본적으로 소득활동을 하는 사람을 가입대상으로 하기 때문에 전업주부나 18~27세 미만의 청년과 같이 소득활동을 하지 않을 것으로 추정되는 일부 집단들을 적용제외자로 분류하여 국민연금 의무가입 대상에서 제외하고 있다. 또한 국민연금의 당연 적용대상이지만 소득이 없는 경우 보험료 납부의무를 지지 않도록 하는 납부예외 규정을 두고 있다. 하지만 실제로는 소득이 있음에도 고의로 소득신고를 기피하는 경우가 많으며, 지역가입자의 경우 소득이 있더라도 보험료를 납부하지 않는 체납자도 많다. 이러한 요인들로 인해 광범위한 국민연금 사각지대가 발생하고 있다.

대부분의 사회보험 방식 연금제도들은 노동시장에서의 소득활동을 전제로 기여가 이루어지고, 제도에 내재된 보험의 원리에 따라 개인의 기여에 비례하는 급여를 제공한다. 국민연금제도 역시 근로 및 사업소득 발생 여부를 중심으로 당연가입자를 결정하고, 개인의 소득수준에 비례하여 보험료 부과 및 급여지급이 이루어지고 있다. 이러한 (㉠) 속성을 지닌 국민연금제도의 특성을 고려했을 때, 노동시장 취약계층에 대한 제도적 배려 없이 기여와 급여를 단선적으로 연결시켜 공식적인 유급노동에서의 소득·기여를 기준으로 연금을 지급한다면, 이들 취약계층 중 상당수는 국민연금 사각지대로 편입될 가능성이 높아지게 된다. 실제로 많은 연구들이 고용불안정성이 국민연금과 같은 사회보험으로부터의 배제와 노후소득의 불안정성으로 이어짐을 밝히고 있다.

49 윗글의 빈 칸 ㉠에 들어갈 가장 적절한 단어는 다음 중 어느 것인가?

① 자의적

② 일방적

③ 대중적

④ 계리적

50 다음 중 윗글의 설명을 통하여 알 수 있는 내용이 아닌 것은 어느 것인가?

① 국민연금 가입자 비율과 가입자 수에 관한 정보

② 지역가입자의 소득수준과 국민연금 체납률

③ 국민연금 체납자 발생 유형

④ 고용불안정이 국민연금에 미치는 영향

국민연금 가입자는 총 2,238만 명으로 집계되었다

1 회사에서 최근 실시한 1차 폐휴대폰 수거 캠페인에 참여한 1~3년차 직원 중 23%가 1년 차 직원이었다. 2차 캠페인에서는 1차 캠페인에 참여한 직원들이 모두 참여하고 1년차 직원 20명이 새롭게 더 참여하여 1년차 직원들의 비중이 전체 인원의 30%가 되었다. 1차 캠페인에 참여한 1~3년 차 직원 수를 구하면?

① 180명 ② 200명

③ 220명 ④ 240명

2 35명 이상 50명 미만인 직원들이 지방에 연수를 떠났다. 참가비는 1인당 50만 원이고, 단체 입장 시 35명 이상은 1할 2푼을 할인해 주고, 50명 이상은 2할을 할인해 준다고 한다. 몇 명 이상일 때, 50명의 단체로 입장하는 것이 유리한가?

① 37명 ② 45명

③ 46명 ④ 47명

3 김 과장은 이번에 뽑은 신입사원을 대상으로 교육을 실시하려고 한다. 인원 파악을 해야 하는데 몇 명인지는 모르겠지만 긴 의자에 8명씩 앉으면 5명이 남는다는 것을 알았고, 또한 10명씩 앉으면 의자가 1개 남고 마지막 의자에는 7명만 앉게 된다. 의자의 수를 구하면?

① 6 ② 7

③ 8 ④ 9

4 주머니 안에 1, 2, 3, 4의 숫자가 하나씩 적혀 있는 4장의 카드가 있다. 주머니에서 갑이 2장의 카드를 임의로 뽑고 을이 남은 2장의 카드 중에서 1장의 카드를 임의로 뽑을 때, 갑이 뽑은 2장의 카드에 적힌 수의 곱이 을이 뽑은 카드에 적힌 수보다 작을 확률은?

① $\dfrac{1}{12}$　　　　　　　　　　　　　② $\dfrac{1}{6}$

③ $\dfrac{1}{4}$　　　　　　　　　　　　　④ $\dfrac{1}{3}$

5 어느 지역에서 발생한 식중독과 음식 A의 연관성을 알아보기 위해 300명을 조사하여 다음 결과를 얻었다.

(단위 : 명)

	식중독에 걸린 사람	식중독에 걸리지 않은 사람	합계
A를 먹은 사람	22	28	50
A를 먹지 않은 사람	24	226	250
합계	46	254	300

조사 대상 300명 중에서 임의로 선택된 사람이 A를 먹은 사람일 때 이 사람이 식중독에 걸렸을 확률을 p_1, A를 먹지 않은 사람일 때 이 사람이 식중독에 걸렸을 확률을 p_2라고 하자. $\dfrac{p_1}{p_2}$의 값은?

① $\dfrac{11}{3}$　　　　　　　　　　　　② $\dfrac{25}{6}$

③ $\dfrac{55}{12}$　　　　　　　　　　　④ $\dfrac{35}{6}$

6 어느 여객선의 좌석이 A 구역에 2개, B 구역에 1개, C 구역에 1개 남아 있다. 남아 있는 좌석을 남자 승객 2명과 여자 승객 2명에게 임의로 배정할 때, 남자 승객 2명이 모두 A 구역에 배정될 확률을 p라 하자. $120p$의 값은?

① 16

② 18

③ 20

④ 22

7 설탕 15g으로 10%의 설탕물을 만들었다. 이것을 끓였더니 농도가 20%인 설탕물이 되었다. 너무 달아서 물 15g을 더 넣었다. 몇 %의 설탕물이 만들어 졌는가?

① 약 10%

② 약 15%

③ 약 17%

④ 약 19%

8 ○○전기 A지역본부의 작년 한 해 동안의 송전과 배전 설비 수리 건수는 총 238건이다. 설비를 개선하여 올해의 송전과 배전 설비 수리 건수가 작년보다 각각 40%, 10%씩 감소하였다. 올해 수리 건수의 비가 5:3 일 경우, 올해의 송전 설비 수리 건수는 몇 건인가?

① 102건

② 100건

③ 98건

④ 95건

9 다음은 한 통신사의 요금제별 요금 및 할인 혜택에 관한 표이다. 이번 달에 전화통화와 함께 100건 이상의 문자메시지를 사용하였는데, A요금제를 이용했을 경우 청구되는 요금은 14,000원, B요금제를 이용했을 경우 청구되는 요금은 16,250원이다. 이번 달에 사용한 문자메시지는 모두 몇 건인가?

요금제	기본료	통화요금	문자메시지요금	할인 혜택
A	없음	5원/초	10원/건	전체 요금의 20% 할인
B	5,000원/월	3원/초	15원/건	문자메시지 월 100건 무료

① 125건

② 150건

③ 200건

④ 250건

10 경기장을 청소하는데 갑 혼자 8시간이 걸린다. 처음부터 3시간까지는 갑과 을이 같이 청소하고, 그 이후에는 갑 혼자 3시간이 걸려 청소를 마쳤다. 다음 중 을의 작업량이 전체 작업량에서 차지하는 비율은?

① 10%

② 15%

③ 20%

④ 25%

11 직장인 B씨는 재작년에 받은 기본급은 1,800만 원이고, 작년 기본급은 재작년 기본급보다 20%가 많았다. 작년 성과급은 재작년 성과급보다 10%가 적었다. 재작년 성과급이 그 해 기본급의 1/5에 해당할 때, 작년 연봉의 인상률은? (단, 연봉은 기본급과 성과급의 합으로 한다.)

① 5%

② 10%

③ 15%

④ 20%

12 남자 탁구 선수 4명과 여자 탁구 선수 4명이 참가한 탁구 시합에서 임의로 2명씩 4개의 조를 만들 때, 남자 1명과 여자 1명으로 이루어진 조가 2개일 확률은?

① $\dfrac{3}{7}$

② $\dfrac{18}{35}$

③ $\dfrac{3}{5}$

④ $\dfrac{24}{35}$

13 각 면에 1, 1, 1, 2, 2, 3의 숫자가 하나씩 적혀있는 정육면체 모양의 상자를 던져 윗면에 적힌 수를 읽기로 한다. 이 상자를 3번 던질 때, 첫 번째와 두 번째 나온 수의 합이 4이고 세 번째 나온 수가 홀수일 확률은?

① $\dfrac{5}{27}$

② $\dfrac{11}{54}$

③ $\dfrac{2}{9}$

④ $\dfrac{7}{27}$

14 제주도의 가장 더운 8월평균 기온은 25.9℃이다. 이를 화씨(℉)로 변환하면?

① 76.1℉

② 77℉

③ 78.62℉

④ 79.16℉

15 甲 농도가 8%인 소금물 500g을 가지고 있는데 乙이 자신이 가진 물을 甲의 소금물과 섞었더니 농도가 5%인 소금물이 되었다. 乙이 가지고 있던 물은 몇 g인가?

① 220g

② 250g

③ 300g

④ 320g

16 A가 등산을 하는데 같은 등산로로 올라갈 때는 시속 2km 내려올 때는 시속 3km로 걸어서 모두 6시간이 걸렸다. 올라갈 때 걸린 시간은 얼마인가?

① 3시간 12분

② 3시간 24분

③ 3시간 36분

④ 3시간 41분

17 甲의 집에서 회사까지의 거리는 400km이다. 자동차로 집에서 출발하여 시속 60km로 가다가 늦을 것 같아 시속 80km로 속력을 내어 회사까지 도착하였더니 총 6시간이 걸렸다. 시속 60km로 간 거리는 얼마인가?

① 210km

② 220km

③ 230km

④ 240km

18 망고를 몇 명의 직원에게 나눠 주었는데 한 직원에게 4개씩 나누어 주면 11개가 남고 5개씩 나누어 주면 7개가 부족하였다. 이때, 직원 수는 몇 명인가?

① 15 명

② 16 명

③ 17 명

④ 18 명

19 연속한 세 정수의 합이 57이라고 할 때 가장 작은 수는 얼마인가?

① 16

② 17

③ 18

④ 19

20 5%의 설탕물과 10%의 설탕물을 섞어서 농도가 8%인 설탕물 300g을 만들려고 한다. 이 때 5%의 설탕물의 양은 몇 g인가?

① 110g

② 115g

③ 120g

④ 125g

21 톱니의 개수가 각각 36, 84인 톱니바퀴 A, B가 서로 맞물려 돌아가고 있다. 두 톱니바퀴가 회전을 시작하여 다시 같은 톱니에서 맞물릴 때까지 A, B가 회전한 바퀴수를 각각 a, b라 할 때, a+b의 값은?

① 10

② 11

③ 12

④ 13

22 집에서 학교까지 거리는 170km이다. 차를 타고 집에서 출발하여 시속 80km로 가다가 속도를 높여 시속 100km로 가서 학교에 도착하였더니 총 2시간이 걸렸다. 시속 80km로 간 거리는?

① 100km

② 110km

③ 120km

④ 130km

23 다음은 어느 통계사항을 나타낸 표이다. ㈎에 들어갈 수로 알맞은 것은?(단, 모든 계산은 소수점 첫째 자리에서 반올림한다)

구분	접수인원	응시인원	합격자수	합격률
1회	1,808	1,404	㈎	43.1
2회	2,013	1,422	483	34.0
3회	1,148	852	540	63.4

① 601

② 605

③ 613

④ 617

24 세 코스 A, B, C를 순서대로 한 번씩 체험하는 수련장이 있다. A 코스에는 30개, B 코스에는 60개, C 코스에는 90개의 봉투가 마련되어 있고, 다음 표는 쿠폰 수에 따른 봉투의 수를 코스별로 나타낸 것이다.

코스＼쿠폰 수	1장	2장	3장	계
A	20	10	0	30
B	30	20	20	60
C	40	30	20	90

각 코스를 마친 학생은 그 코스에 있는 봉투를 임의로 1개 선택하여 봉투 속에 들어있는 쿠폰을 받는다. 첫째 번에 출발한 학생이 세 코스를 모두 체험한 후 받은 쿠폰이 모두 4장이었을 때, B 코스에서 받은 쿠폰이 2장일 확률은?

① $\dfrac{6}{23}$ ② $\dfrac{8}{23}$

③ $\dfrac{10}{23}$ ④ $\dfrac{12}{23}$

25 같은 지점에서 동시에 출발하는 민주는 동쪽으로 매분 300m의 속력으로 소라는 서쪽으로 매분 180m의 속력으로 달려가고 있다. 두 사람이 1.6km 이상 떨어지려면 최소 몇 분이 경과해야 하는가?

① 3분   ② 4분
③ 5분   ④ 6분

26 어떤 일을 정수가 혼자하면 6일, 선희가 혼자하면 12일 걸린다. 정수와 선희가 함께 동시에 일을 시작했지만 정수가 중간에 쉬어서 일을 끝마치는데 8일이 걸렸다고 한다. 이 때 정수가 쉬었던 기간은?

① 3일   ② 4일
② 5일   ④ 6일

27 철수는 2025년 1월 말부터 매달 말에 20만 원씩 적금을 넣기로 하였다. 월이율 2%의 복리로 계산할 때, 2026년 12월 말에 철수가 모은 금액은? (단, $1.02^{12} = 1.3$으로 계산한다)

① 300만 원

② 690만 원

③ 790만 원

④ 850만 원

28 어떤 상품을 40% 이상의 이익이 남게 정가를 정한 후 결국 할인을 30%해서 9,800원으로 판매하였다. 원가는 얼마인가?

① 9,400원

② 9,600원

③ 9,800원

④ 10,000원

29 순아와 석규는 12km 떨어진 지점에서 동시에 마주 보고 걷기 시작하였다. 순아는 시속 5km로, 석규는 시속 3km로 걷다가 도중에 만났다고 할 때 두 사람이 만날 때까지 걸린 시간은?

① 1시간

② 1시간 15분

③ 1시간 30분

④ 2시간

30 다음은 우리나라의 경제활동 참가율 및 실업률에 대한 자료이다. 바르게 해석하지 못한 사람은?

(단위 : %)

연도	전체		여성		남성	
	경제활동 참가율	실업률	경제활동 참가율	실업률	경제활동 참가율	실업률
2014	57.6	4.4	39.3	2.8	77.9	5.3
2015	61.9	2.1	48.4	1.7	76.4	2.3
2016	62.1	2.0	48.9	1.6	76.2	2.4
2017	62.5	2.6	49.8	2.3	76.1	2.8
2018	60.6	7.0	47.1	5.7	75.1	7.8
2019	60.6	6.3	47.6	5.1	74.4	7.2
2020	61.0	4.1	48.6	3.3	74.2	4.7
2021	61.3	3.8	49.2	3.1	74.2	4.3
2022	61.9	3.1	49.7	2.5	74.8	3.5
2023	61.4	3.4	49.9	3.1	74.6	3.6

① 2018년의 남성 실업률은 7.8%로 전년대비 5%p 증가했는데, 이는 기간 중 가장 큰 폭의 변화이다.

② 여성 실업률과 남성 실업률 증감의 추이는 동일하다.

③ 전체 경제활동참가율은 2014년 이후 증감을 거듭하고 있다.

④ 조사기간 동안 여성의 실업률은 남성의 실업률보다 낮다.

31 다음은 2023년 우리나라의 진료비가 가장 큰 상위 5개 질병에 대한 질병단위별 진료비 특성을 나타낸 자료이다. 진료인원 1명당 평균 내원일수와 평균 진료비에 대한 설명으로 올바르지 않은 것은 어느 것인가?

순위	코드	질병명	진료인원 (천 명)	내원일수 (천 일)	진료비 (백만 원)
1	I10	본태성(원발성)고혈압	5,806	44,161	2,921,284
2	E11	2형 당뇨병	2,538	19,340	1,850,898
3	N18	만성신장병	206	8,914	1,812,563
4	F00	알츠하이머병에서의 치매	398	20,701	1,618,097
5	J20	급성기관지염	15,988	55,960	1,516,446

※ 진료인원 1명당 평균 내원일수 $=\dfrac{\text{내원일수}}{\text{진료인원}}$

※ 진료인원 1명당 평균 진료비 $=\dfrac{\text{진료비}}{\text{진료인원}}$

① 진료인원 1명당 평균 내원일수와 평균 진료비는 모두 만성신장병이 가장 크다.

② 급성기관지염은 두 개의 수치가 모두 가장 작다.

③ 10일 이하의 평균 내원일수를 보이는 질병은 3가지이다.

④ 평균 진료비가 1백만 원을 넘는 질병은 2가지이다.

|32~33| 연도별 의료보장 적용인구에 대한 다음 자료를 참고하여 이어지는 물음에 답하시오.

〈건강보험 적용인구〉

(단위 : 천 명)

구분		2017	2018	2019	2020	2021	2022	2023	2024
직장	가입자	12,664	13,397	13,991	14,606	15,141	15,790	16,338	16,830
	피부양자	19,620	19,860	20,115	20,400	20,461	20,465	20,337	20,069
	부양률(명)	1.55	1.48	1.44	1.40	1.35	1.30	1.24	1.19
지역	세대주	7,041	6,945	6,818	6,683	6,655	6,507	6,482	6,541
	세대원	9,482	9,098	8,738	8,304	8,060	7,758	7,607	7,501
	부양률(명)	1.35	1.31	1.28	1.24	1.21	1.19	1.17	1.15

〈유형별 의료보장 적용인구〉

(단위 : 천 명)

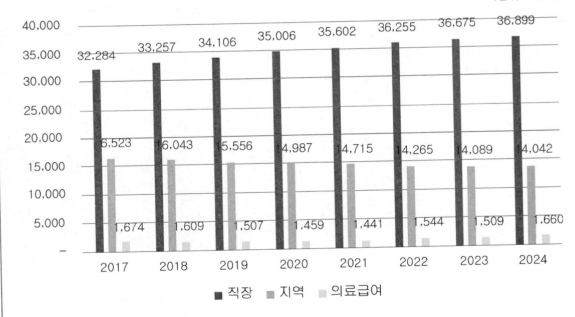

32 다음 중 위의 자료에 대한 올바른 설명이 아닌 것은 어느 것인가?

① 2024년의 건강보험 적용인구 중 직장 가입자 비율은 72.4%이다.

② 직장과 지역 건강보험 가입자를 합한 수는 매년 꾸준히 증가하고 있다.

③ 의료급여 적용인구는 매년 건강보험 적용인구 대비 3% 이상의 비중을 보이고 있다.

④ 직장 가입자가 부양해야 할 피부양자의 비중이 지역 가입자가 부양해야 할 세대원의 비중보다 매년 더 크다.

33 직장과 지역을 합산한 건강보험 적용인구 전체에 대한 2017년 대비 2024년의 부양률 변화를 올바르게 설명한 것은 어느 것인가?

① 약 -20%의 감소율을 보이고 있다.

② 약 20%의 증가율을 보이고 있다.

③ 약 0.5%p의 부양률 차이를 보이고 있다.

④ 약 12%의 증가율을 보이고 있다.

34 다음은 연도별 분만기관별 분만 진료현황을 나타낸 자료이다. 다음 자료에 대한 올바른 설명이 아닌 것은 어느 것인가?

구분		분만기관수 (단위 : 개소)	분만건수 (단위 : 건)			
			계	자연분만	(브이백)	제왕절개
2022년	상급종합병원	42	23,728	10,116	(72)	13,612
	종합병원	89	35,461	17,404	(156)	18,057
	병원	145	197,546	118,337	(724)	79,209
	의원	313	146,742	86,923	(483)	59,819
	조산원	18	1,226	1,226	–	–
2023년	상급종합병원	42	22,240	8,621	(72)	13,619
	종합병원	85	33,937	15,008	(139)	18,929
	병원	148	172,611	98,765	(673)	73,846
	의원	290	128,571	73,640	(341)	54,931
	조산원	16	926	926	–	–

* 브이백(VBAC) : 제왕절개 후 자연분만으로, 자연분만에 포함된다.

① 2023년에는 전년보다 분만기관과 분만건수가 모두 감소하였다.

② 브이백 분만을 실시한 기관 중 분만기관 1개소 당 평균 브이백 분만을 가장 적게 실시한 분만기관은 두 해 모두 상급종합병원이다.

③ 종합병원의 경우 총 분만건수에서 브이백에 의한 분만이 차지하는 비중이 2023년에 전년보다 더 낮아졌다.

④ 제왕절개에 의한 분만 건수는 종합병원 이상의 분만기관에서는 전년보다 더 증가한 반면, 병원 이하의 분만기관에서는 전년보다 더 감소하였다.

35 다음 자료를 통하여 확인할 수 있는 사항은 어느 것인가?

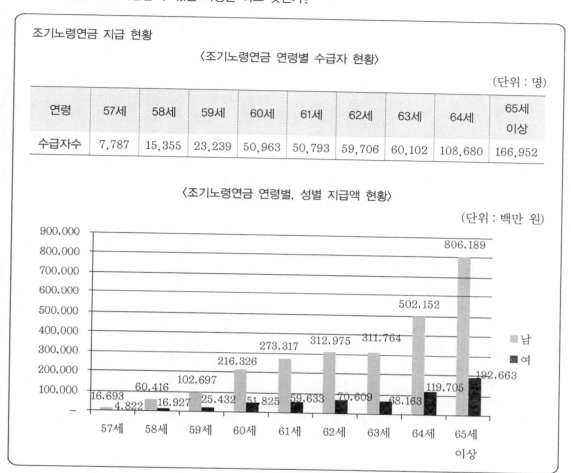

조기노령연금 지급 현황

〈조기노령연금 연령별 수급자 현황〉

(단위 : 명)

연령	57세	58세	59세	60세	61세	62세	63세	64세	65세 이상
수급자수	7,787	15,355	23,239	50,963	50,793	59,706	60,102	108,680	166,952

〈조기노령연금 연령별, 성별 지급액 현황〉

(단위 : 백만 원)

① 연령별 남성 수급자 1인당 평균 수급액
② 연령별 수급자 1인당 평균 수급액의 성별 차이
③ 전체 연령의 성별 평균 수급자 수
④ 연령별 수급자 1인당 평균 수급액

┃36~37┃ 다음은 퇴직연금제도 도입 사업장에 관한 현황을 나타낸 자료이다. 다음 자료를 보고 이어지는 물음에 답하시오.

〈종사자규모별 사업장 도입 현황〉

(단위 : 개소, %)

구분	2023년			2024년		
	전체 도입 사업장	도입 대상 사업장	도입 사업장	전체 도입 사업장	도입 대상 사업장	도입 사업장
합계 (구성비)	334,820 (100.0)	1,203,784 (100.0)	323,864 (100.0)	354,018 (100.0)	1,259,585 (100.0)	343,134 (100.0)
5인 미만	77,678 (23.2)	619,517 (51.5)	68,865 (21.3)	82,936 (23.4)	659,198 (52.3)	74,360 (21.7)
5~9인	93,500 (27.9)	307,047 (25.5)	92,108 (28.4)	102,312 (28.9)	320,042 (25.4)	100,742 (29.4)
10~29인	101,912 (30.4)	195,414 (16.2)	101,327 (31.3)	106,718 (30.1)	198,753 (15.8)	106,132 (30.9)
30~49인	24,178 (7.2)	35,207 (2.9)	24,092 (7.4)	24,456 (6.9)	35,101 (2.8)	24,371 (7.1)
50~99인	20,660 (6.2)	26,822 (2.2)	20,591 (6.4)	20,727 (5.9)	26,712 (2.1)	20,676 (6.0)
100~299인	12,339 (3.7)	14,768 (1.2)	12,330 (3.8)	12,283 (3.5)	14,732 (1.2)	12,270 (3.6)
300인 이상	4,553 (1.4)	5,009 (0.5)	4,551 (1.4)	4,586 (1.3)	5,047 (0.4)	4,583 (1.3)

〈산업별 사업장 도입 현황〉

(단위 : 개소)

구분	2023년			2024년		
	전체 도입 사업장	도입 대상 사업장	도입 사업장	전체 도입 사업장	도입 대상 사업장	도입 사업장
전체	334,820	1,203,784	323,864	354,018	1,259,585	343,134
농림어업	1,080	7,846	1,040	1,135	8,481	1,103
광업	303	734	299	297	746	297
제조업	98,422	258,385	96,678	101,100	265,543	99,479
전기가스업	380	1,270	363	395	1,413	379
수도하수업	2,470	6,164	2,436	2,612	6,363	2,577
건설업	19,524	94,004	18,807	20,485	98,971	19,780
도소매업	57,453	280,106	55,287	60,822	294,876	58,737
운수업	9,372	31,152	8,954	9,489	31,717	9,167
숙박음식업	7,327	102,031	6,567	7,705	108,674	7,030
정보통신업	8,699	30,001	8,511	9,093	32,272	8,911
금융보험업	11,148	17,904	11,102	11,161	18,520	11,124
부동산업	7,455	61,062	7,087	7,849	65,356	7,482
전문과학기술업	21,096	67,700	20,455	22,670	72,963	22,014
사업서비스업	9,370	33,323	8,840	9,495	34,795	9,005
공공행정	880	3,238	874	878	3,469	874
교육서비스업	13,558	38,869	13,333	14,606	40,348	14,409
보건사회복지업	55,121	118,203	52,513	62,253	120,445	59,254
예술스포츠여가업	2,182	11,147	2,064	2,289	11,944	2,195
협회 및 단체 등	8,980	40,645	8,654	9,684	42,689	9,317

* 도입률＝도입 사업장÷도입 대상 사업장×100

36 다음 중 위의 자료에 대한 설명으로 적절하지 않은 것은 어느 것인가?

① 전체 사업장의 퇴직연금제도 도입률은 2023년보다 2024년에 더 높아졌다.

② 산업별 사업장의 경우, 도입 대상 사업장의 개수와 도입률과는 아무런 상관관계가 없다.

③ 산업별 사업장의 경우, 두 해 모두 도입 대상 사업장의 개수 상위 3개 업종은 도입 사업장의 개수 상위 3개 업종에 속한다.

④ 2023년과 2024년에 도입률이 가장 낮은 업종은 각각 부동산업과 숙박음식업이다.

37 다음 중 2024년의 퇴직연금제도 도입률이 가장 높은 사업장 규모와 가장 낮은 사업장 규모가 순서대로 올바르게 나열된 것은 어느 것인가?

① 300인 이상 사업장, 5인 미만 사업장

② 300인 이상 사업장, 5~9인 사업장

③ 100~299인 사업장, 5인 미만 사업장

④ 100~299인 사업장, 5~9인 사업장

38 다음은 우리나라 연도별 성별 월급여액과 국제간 남녀 임금격차 비교표이다. 〈보기〉에서 다음 표에 관해 옳게 해석한 것을 모두 고르면?

〈성별 월급여액〉

(단위 : 천 원)

구분	2016	2017	2018	2019	2020	2021	2022
여성 월급여액	1,015	1,112	1,208	1,286	1,396	1,497	1,582
남성 월급여액	1,559	1,716	1,850	1,958	2,109	2,249	2,381

※ 남성 대비 여성 임금 비율 $= \dfrac{\text{여성 월급여액}}{\text{남성 월급여액}} \times 100$

〈국제간 남성 대비 여성 임금 비율 비교〉

(단위 : %)

연도	프랑스	독일	일본	한국	영국	미국	OECD평균
2011	90	76	63	58	74	76	78
2021	88	77	67	62	79	81	82

〈보기〉

㉠ 2021년 우리나라의 남녀 임금격차는 최고 수준이며, OECD 국가 평균의 2배 이상이다.

㉡ 남성 근로자의 임금 대비 여성 근로자의 임금 수준은 2016년에 비해 2022년 1.3%p 정도로 소폭 상승하였다.

㉢ 국제간 남녀 임금격차가 가장 적은 나라는 프랑스이다.

㉣ OECD 국가들은 남녀 임금격차가 줄어드는 추세이다.

① ㉠

② ㉠, ㉡

③ ㉠, ㉡, ㉢

④ ㉡, ㉢, ㉣

39 다음 표는 A, B, C, D 도시의 인구 및 총 인구에 대한 여성의 비율과 그 여성 중 독신자의 비율을 나타낸 것이다. 올해 A 도시의 여성 독신자의 7%가 결혼을 하였다면 올해 결혼한 독신여성은 모두 몇 명인가?

구분	A 도시	B 도시	C 도시	D 도시
인구(만 명)	25	39	43	52
여성 비율(%)	42	53	47	57
여성 독신자 비율(%)	42	31	28	32

① 3,087명

② 4,210명

③ 5,658명

④ 6,407명

40 다음은 A철도공사의 경영 현황에 대한 자료이다. 이에 대한 설명으로 옳지 않은 것은? (단, 계산 값은 소수 둘째 자리에서 반올림 한다.)

〈A철도공사 경영 현황〉

(단위 : 억 원)

	2019	2020	2021	2022	2023
경영성적 (당기순이익)	−44,672	−4,754	5,776	−2,044	−8,623
총수익	47,506	51,196	61,470	55,587	52,852
영업수익	45,528	48,076	52,207	53,651	50,572
기타수익	1,978	3,120	9,263	1,936	2,280
총비용	92,178	55,950	55,694	57,631	61,475
영업비용	47,460	47,042	51,063	52,112	55,855
기타비용	44,718	8,908	4,631	5,519	5,620

① 총수익이 가장 높은 해에 당기순수익도 가장 높다.

② 영업수익이 가장 낮은 해에 영업비용이 가장 높다.

③ 총수익 대비 영업수익이 가장 높은 해에 기타 수익이 2,000억 원을 넘지 않는다.

④ 기타수익이 가장 낮은 해와 총수익이 가장 낮은 해는 다르다.

41 다음 표에서 a~d의 값을 모두 더한 값은?

	2023년		2024년	전월대비		전년동월대비	
	1월	12월	1월	증감액	증감률(차)	증감액	증감률(차)
총거래액(A)	107,230	126,826	123,906	a	−2.3	c	15.6
모바일 거래액(B)	68,129	83,307	82,730	b	−0.7	d	21.4
비중(B/A)	63.5	65.7	66.8	−	1.1	−	3.3

① 27,780

② 28,542

③ 33,620

④ 34,774

42 다음은 X공기업의 팀별 성과급 지급 기준이다. Y팀의 성과평가 결과가 〈보기〉와 같다면 3/4 분기에 지급되는 성과급은?

- 성과급 지급은 성과평가 결과와 연계함
- 성과평가는 유용성, 안전성, 서비스 만족도의 총합으로 평가함. 단, 유용성, 안전성, 서비스 만족도의 가중치를 각각 0.4, 0.4, 0.2로 부여함
- 성과평가 결과를 활용한 성과급 지급 기준

성과평가 점수	성과평가 등급	분기별 성과급 지급액	비고
9.0 이상	A	100만 원	성과평가 등급이 A이면 직전 분기 차감액의 50%를 가산하여 지급
8.0 이상 9.0 미만	B	90만 원(10만 원 차감)	
7.0 이상 8.0 미만	C	80만 원(20만 원 차감)	
7.0 미만	D	40만 원(60만 원 차감)	

〈보기〉

구분	1/4 분기	2/4 분기	3/4 분기	4/4 분기
유용성	8	8	10	8
안전성	8	6	8	8
서비스 만족도	6	8	10	8

① 130만 원
② 120만 원
③ 110만 원
④ 100만 원

43 다음은 갑국의 최종에너지 소비량에 대한 자료이다. 이에 대한 설명으로 옳은 것들로만 바르게 짝지어진 것은?

〈2022~2024년 유형별 최종에너지 소비량 비중〉

(단위 : %)

연도 \ 유형	석탄		석유제품	도시가스	전력	기타
	무연탄	유연탄				
2022	2.7	11.6	53.3	10.8	18.2	3.4
2023	2.8	10.3	54.0	10.7	18.6	3.6
2024	2.9	11.5	51.9	10.9	19.1	3.7

〈2024년 부문별 유형별 최종에너지 소비량〉

(단위 : 천TOE)

부문 \ 유형	석탄		석유제품	도시가스	전력	기타	합
	무연탄	유연탄					
산업	4,750	15,317	57,451	9,129	23,093	5,415	115,155
가정 · 상업	901	4,636	6,450	11,105	12,489	1,675	37,256
수송	0	0	35,438	188	1,312	0	36,938
기타	0	2,321	1,299	669	152	42	4,483
계	5,651	22,274	100,638	21,091	37,046	7,132	193,832

※ TOE는 석유 환산 톤수를 의미

> ㉠ 2022~2024년 동안 전력소비량은 매년 증가한다.
> ㉡ 2024년에는 산업부문의 최종에너지 소비량이 전체 최종에너지 소비량의 50% 이상을 차지한다.
> ㉢ 2022~2024년 동안 석유제품 소비량 대비 전력 소비량의 비율이 매년 증가한다.
> ㉣ 2024년에는 산업부문과 가정 · 상업부문에서 유연탄 소비량 대비 무연탄 소비량의 비율이 각각 25% 이하이다.

① ㉠, ㉡
② ㉠, ㉣
③ ㉡, ㉢
④ ㉡, ㉣

44 다음은 영화관 2곳의 매출실적에 관한 표이다. 이에 대한 설명으로 옳은 것은?

구분	평균				품목별 총점
	A지점		B지점		
	남사원 20명	여사원 10명	남사원 15명	여사원 15명	
영화관람권	60	65	㉠	60	3,650
스낵바	㉡	55	50	60	3,200
팝콘팩토리	50	50	60	50	3,150

① ㉠은 ㉡보다 크다.

② A지점 남사원의 스낵바 평균 실적은 B지점 남사원의 스낵바 평균 실적보다 낮다.

③ 영화관람권은 B지점 사원 평균이 A지점 사원의 평균보다 높다.

④ 전체 남사원의 팝콘팩토리 매출 실적 평균은 전체 여사원의 팝콘팩토리 매출 실적 평균보다 낮다.

45 다음은 흡연 여부에 따른 폐암 발생 현황을 나타낸 것이다. 옳지 않은 것을 모두 고른 것은?

⟨흡연 여부에 따른 폐암 발생 현황⟩

(단위 : 명)

폐암 발생 여부 흡연 여부	발생	비발생	계
흡연	300	700	1,000
비흡연	300	9,700	10,000
계	600	10,400	11,000

> ㉠ 흡연 시 폐암 발생률은 30%이다.
> ㉡ 비흡연 시 폐암 발생량은 0.3%이다.
> ㉢ 흡연 여부와 상관없이 폐암 발생률은 10%이다.

① ㉠

② ㉠, ㉡

③ ㉡, ㉢

④ 모두 옳다.

46 다음 표는 A, B 두 회사 전체 신입사원의 성별 교육연수 분포에 관한 자료이다. 이에 대해 신입사원 초임결정공식을 적용하였을 때, 교육연수가 14년인 남자 신입사원과 여자 신입사원의 초임 차이는 각각 얼마인가?

〈회사별 성별 전체 신입사원의 교육연수 분포〉

구분		12년 (고졸)	14년 (초대졸)	16년 (대졸)	18년 (대학원졸)
A사	남	30%	20%	40%	10%
	여	40%	20%	30%	10%
B사	남	40%	10%	30%	20%
	여	50%	30%	10%	10%

신입사원 초임결정공식

• A사
−남성:초임(만 원)=1,000만 원+(180만 원×교육연수)
−여성:초임(만 원)=1,840만 원+(120만 원×교육연수)
• B사
−남성:초임(만 원)=750만 원+(220만 원×교육연수)
−여성:초임(만 원)=2,200만 원+(120만 원×교육연수)

	A사	B사
①	0원	40만 원
②	0원	50만 원
③	40만 원	50만 원
④	50만 원	40만 원

47 다음은 갑국에서 실시한 취약 계층의 스마트폰 이용 현황과 주된 비(非)이용 이유에 대한 설문조사 결과이다. 이에 대한 옳은 분석을 〈보기〉에서 고른 것은?

구분	전체 국민 대비 수준*	스마트폰을 이용하지 않는 주된 이유				
		스마트폰으로 무엇을 할 수 있는지 모름	구입비 및 이용비 부담	이용 필요성 부재	사용 방법의 어려움	기타
장애인	10.3	33.1	31.5	14.4	13.4	7.6
장노년층	6.4	40.1	26.3	16.5	12.4	4.7
저소득층	12.2	28.7	47.6	11.0	9.3	3.4
농어민	6.4	39.6	26.3	14.7	13.9	5.5

* 전체 국민 대비 수준 $= \dfrac{\text{취약계층의 스마트폰 이용률}}{\text{전체 국민의 스마트폰 이용률}} \times 100$

〈보기〉
ⓐ 응답자 중 장노년층과 농어민의 스마트폰 이용자 수는 동일하다.
ⓑ 응답자 중 각 취약 계층별 스마트폰 이용률이 상대적으로 가장 높은 취약 계층은 저소득층이다.
ⓒ 전체 취약 계층의 스마트폰 이용 활성화를 위한 대책으로는 경제적 지원이 가장 효과적일 것이다.
ⓓ 스마트폰을 이용하지 않는다고 응답한 장노년층 중 스마트폰으로 무엇을 할 수 있는지 모르거나 사용 방법이 어려워서 이용하지 않는다고 응답한 사람의 합은 과반수이다.

① ㉠, ㉡
② ㉠, ㉢
③ ㉡, ㉢
④ ㉡, ㉣

| 48~49 | 다음 표는 A 자동차 회사의 고객만족도 조사결과이다. 다음 물음에 답하시오.

구분	1~12개월 (출고 시기별)	13~24개월 (출고 시기별)	고객 평균
안전성	41	48	45
A/S의 신속성	19	17	18
정숙성	2	1	1
연비	15	11	13
색상	11	10	10
주행 편의성	11	9	10
차량 옵션	1	4	3
계	100	100	100

48 출고시기에 관계없이 전체 조사 대상 중에서 1,350명이 안전성을 장점으로 선택했다면 이번 설문에 응한 고객은 모두 몇 명인가?

① 2,000명   ② 2,500명

③ 3,000명   ④ 3,500명

49 차를 출고 받은 지 12개월 이하 된 고객 중에서 30명이 연비를 선택했다면 정숙성을 선택한 고객은 몇 명인가?

① 2명   ② 3명

③ 4명   ④ 5명

50 다음은 A~D팀의 팀별 총무용품의 구매 금액과 각 팀별 구매한 총무용품의 항목별 구성비를 나타낸 자료이다. 다음 자료를 참고로 복사용품, 팩스용품, 탕비용품, 기타 총무용품의 구매를 위한 지출 금액이 각각 가장 큰 팀을 순서대로 나열한 것은 어느 것인가?

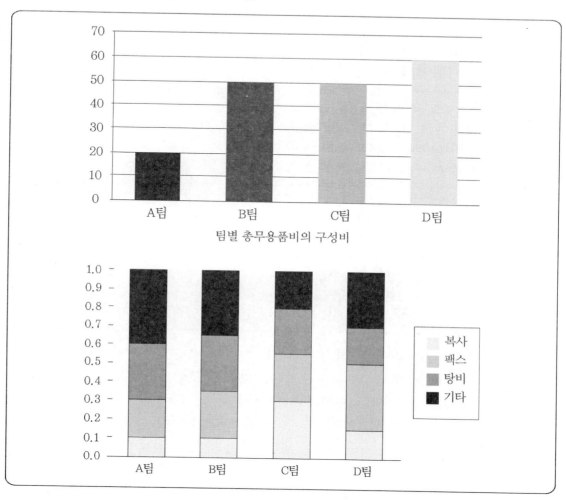

팀별 총무용품비의 구성비

① D팀, C팀, B팀, A팀

② B팀, D팀, C팀, D팀

③ C팀, D팀, B팀, D팀

④ D팀, C팀, B팀, D팀

1 같은 회사를 다니는 甲~丁 네 명의 사람이 네 곳의 사내 동아리에 지원하였다. 다음 〈조건〉이 모두 참이라고 할 때, 甲~丁의 〈진술〉에 대한 설명으로 옳지 않은 것은?

〈조건〉
• 모든 사람은 한 곳 이상의 사내 동아리에 지원하였다.
• 甲~丁의 지원횟수의 총합은 10번이다.
• 甲~丁 중 한 명은 거짓말을 하고 있다.

〈진술〉
甲~丁의 진술은 다음과 같다.
甲 : 나는 세 군데 이상의 동아리에 지원했어.
乙 : 나는 두 군데 이상의 동아리에 지원했어.
丙 : 나는 모두 다 지원했어.
丁 : 나는 두 군데 이상의 동아리에 지원했어.

① 甲의 진술이 거짓이라면, 乙과 丁이 지원한 동아리가 겹치지 않을 수도 있다.
② 乙의 진술이 거짓이라면, 甲과 丁이 지원한 동아리가 반드시 겹친다.
③ 乙의 진술이 거짓이라면, 乙이 지원한 동아리를 알 수 있다.
④ 丙의 진술이 거짓이라면, 甲과 丁은 반드시 중복되는 동아리가 있다.

다음 〈통역경비 산정기준〉과 〈상황〉을 근거로 판단할 때, 다음 중 통역비를 가장 많이 받은 통역사와 가장 적게 받은 통역사가 순서대로 나열된 것은?

〈통역경비 산정기준〉

통역경비는 통역료와 출장비(교통비, 이동보상비)의 합으로 산정한다.

• 통역료(통역사 1인당)

구분	기본요금(3시간까지)	추가요금(3시간 초과시)
영어, 아랍어, 독일어	500,000원	100,000/시간
베트남어, 인도네시아어	600,000원	150,000/시간

• 출장비(통역사 1인당)
- 교통비는 왕복으로 실비 지급
- 이동보상비는 이동 시간당 10,000원 지급

〈상황〉

윤영 : 아랍어 통역사로 교통비는 편도 1시간, 50,000원이고 총 4시간 동안 통역이 진행되었다.

재현 : 베트남어 통역사로 교통비는 왕복 2시간, 100,000원이고 총 4시간 동안 통역이 진행되었다.

범수 : 독일어 통역사로 교통비는 편도 2시간, 80,000원이고 총 6시간 동안 통역이 진행되었다.

진주 : 인도네시아어 통역사로 교통비는 왕복 2시간, 120,000원이고 총 4시간 동안 통역이 진행되었다.

① 진주, 윤영
② 재현, 진주
③ 범수, 윤영
④ 진주, 재현

3 다음 글을 바탕으로 '자유무역이 가져다주는 이득'으로 추론할 수 있는 내용이 아닌 것은?

오늘날 세계경제의 개방화가 진전되면서 국제무역이 계속해서 크게 늘어나고 있다. 국가 간의 무역 규모는 수출과 수입을 합한 금액이 국민총소득(GNI)에서 차지하는 비율로 측정할 수 있다. 우리나라의 2021년 '수출입의 대 GNI 비율'은 84.3%로 우리나라 경제의 무역의존도는 독일에 비해 낮은 반면 미국, 일본에 비해서는 높은 수준이다.

그렇다면 국가 간의 무역은 왜 발생하는 것일까? 가까운 곳에서 먼저 예를 찾아보자. 어떤 사람이 복숭아를 제외한 여러 가지 과일을 재배하고 있다. 만약 이 사람이 복숭아가 먹고 싶을 때 이를 다른 사람에게서 사야만 한다. 이와 같은 맥락에서 나라 간의 무역도 부존자원의 유무와 양적 차이에서 일차적으로 발생할 수 있다. 헌데 이러한 무역을 통해 얻을 수 있는 이득이 크다면 왜 선진국에서조차 완전한 자유무역이 실행되고 있지 않을까? 세계 각국에 자유무역을 확대할 것을 주장하는 미국도 자국의 이익에 따라 관세 부과 등의 방법으로 무역에 개입하고 있는 실정이다. 그렇다면 비교우위에 따른 자유무역이 교역 당사국 모두에게 이익을 가져다준다는 것은 이상에 불과한 것일까?

세계 각국이 보호무역을 취하는 것은 무엇보다 자국 산업을 보호하기 위한 것이다. 비교우위가 없는 산업을 외국기업과의 경쟁으로부터 어느 정도의 경쟁력을 갖출 때까지 일정 기간 보호하려는 데 그 목적이 있는 것이다.

우리나라의 경우 쌀 농업에서 특히 보호주의가 강력히 주장되고 있다. 우리의 주식인 쌀을 생산하는 농업이 비교우위가 없다고 해서 쌀을 모두 외국에서 수입한다면 식량안보 차원에서 문제가 될 수 있으므로 국내 농사를 전면적으로 포기할 수 없다는 논리이다.

교역 당사국 각자는 비교우위가 있는 재화의 생산에 특화해서 자유무역을 통해 서로 교환할 경우 기본적으로 거래의 이득을 보게 된다. 자유무역은 이러한 경제적 잉여의 증가 이외에 다음과 같은 측면에서도 이득을 가져다준다.

① 각국 소비자들에게 다양한 소비 기회를 제공한다.
② 비교우위에 있는 재화의 수출을 통한 규모의 경제를 이루어 생산비를 절감할 수 있다.
③ 비교우위에 의한 자유무역의 이득은 결국 한 나라 내의 모든 경제주체가 누리게 된다.
④ 각국의 기술 개발을 촉진해주는 긍정적인 파급 효과를 발휘하기도 한다.

4 평가대상기관 중 최종순위 1위와 2위를 선별하여 다음 사업계획에 반영하려고 한다. 최종 순위가 1위인 기관과 2위인 기관을 순서대로 나열한 것은?

〈공공시설물 내진보강대책 추진실적 평가기준〉

• 평가요소 및 점수부여

－내진성능평가지수 $= \dfrac{\text{내진성능평가실적건수}}{\text{내진보강대상건수}} \times 100$

－내진보강공사지수 $= \dfrac{\text{내진보강공사실적건수}}{\text{내진보강대상건수}} \times 100$

－산출된 지수 값에 따른 점수는 아래 표와 같이 부여한다.

구분	지수 값 최상위 1개 기관	지수 값 중위 2개 기관	지수 값 최하위 1개 기관
내진성능평가점수	5점	3점	1점
내진보강공사점수	5점	3점	1점

• 최종순위 결정
－내진성능평가점수와 내진보강공사점수의 합이 큰 기관에 높은 순위를 부여한다.
－합산 점수가 동점인 경우에는 내진보강대상건수가 많은 기관을 높은 순위로 한다.

〈평가대상기관의 실적〉

(단위 : 건)

구분	A	B	C	D
내진성능평가실적	82	72	72	83
내진보강공사실적	91	76	81	96
내진보강대상	100	80	90	100

① A, C

② B, A

③ B, D

④ D, B

5 다음은 귀휴 허가를 위한 지침의 일부이다. 다음 중 귀휴를 허가 할 수 없는 수형자는 누구인가?(단, 수형자 甲~丁의 교정성적은 모두 우수하고, 귀휴를 허가할 수 있는 일수는 남아있다)

제00조

① 교도소·구치소 및 그 지소의 장(이하 '소장'이라 한다)은 6개월 이상 복역한 수형자로서 그 형기의 3분의 1(21년 이상의 유기형 또는 무기형의 경우에는 7년)이 지나고 교정성적이 우수한 사람이 다음 각 호의 어느 하나에 해당하면 1년 중 20일 이내의 귀휴를 허가할 수 있다.
   1. 가족 또는 배우자의 직계존속이 위독한 때
   2. 질병이나 사고로 외부의료시설에의 입원이 필요한 때
   3. 천재지변이나 그 밖의 재해로 가족, 배우자의 직계존속 또는 수형자 본인에게 회복할 수 없는 중대한 재산상의 손해가 발생하였거나 발생할 우려가 있는 때
   4. 직계존속, 배우자, 배우자의 직계존속 또는 본인의 회갑일이나 고희일인 때
   5. 본인 또는 형제자매의 혼례가 있는 때
   6. 직계비속이 입대하거나 해외유학을 위하여 출국하게 된 때
   7. 각종 시험에 응시하기 위하여 필요한 때
② 소장은 다음 각 호의 어느 하나에 해당하는 사유가 있는 수형자에 대하여는 제1항에도 불구하고 5일 이내의 귀휴를 특별히 허가할 수 있다.
   1. 가족 또는 배우자의 직계존속이 사망한 때
   2. 직계비속의 혼례가 있는 때

---

① 징역 1년을 받고 5개월 동안 복역 중인 甲의 장인어른이 위독한 경우
② 징역 3년을 받고 1년 3개월 동안 복역 중인 乙의 둘째 아들이 입대하는 경우
③ 징역 15년을 받고 6년 동안 복역 중인 丙의 회갑일인 경우
④ 징역 30년을 받고 8년 동안 복역 중인 丁의 딸이 결혼을 하는 경우

6 양 과장 휴가를 맞아 제주도로 여행을 떠나려고 한다. 가족 여행이라 짐이 많을 것을 예상한 양 과장은 제주도로 운항하는 5개의 항공사별 수하물 규정을 다음과 같이 검토하였다. 다음 규정을 참고할 때, 양 과장이 판단한 것으로 올바르지 않은 것은 어느 것인가?

	화물용	기내 반입용
갑항공사	A+B+C=158cm 이하, 각 23kg, 2개	A+B+C=115cm 이하, 10kg~12kg, 2개
을항공사		A+B+C=115cm 이하, 10kg~12kg, 1개
병항공사	A+B+C=158cm 이하, 20kg, 1개	A+B+C=115cm 이하, 7kg~12kg, 2개
정항공사	A+B+C=158cm 이하, 각 20kg, 2개	A+B+C=115cm 이하, 14kg 이하, 1개
무항공사		A+B+C=120cm 이하, 14kg~16kg, 1개

* A, B, C는 가방의 가로, 세로, 높이의 길이를 의미함.

① 기내 반입용 가방이 최소한 2개는 되어야 하니 일단 갑, 병항공사밖엔 안 되겠군.

② 가방 세 개 중 A+B+C의 합이 2개는 155cm, 1개는 118cm이니 무항공사 예약상황을 알아봐야지.

③ 무게로만 따지면 병항공사보다 을항공사를 이용하면 더 많은 짐을 가져갈 수 있겠군.

④ 가방의 총 무게가 55kg을 넘어갈 테니 반드시 갑항공사밖에 이용할 수 없네.

7 다음은 인터넷 쇼핑몰의 취소 및 반품에 관한 규정이다. 이를 참고한다고 할 때 소비자상담센터에 문의사항에 대한 적절한 대응은?

일반적으로 소비자는 자신이 체결한 전자상거래 계약에 대해 그 계약의 내용을 불문하고 그 청약철회 및 계약해제의 기간(통상 7일) 내에는 청약철회 등을 자유롭게 할 수 있습니다.
※ 소비자에게 불리한 규정(주문 취소나 반품 금지 등)이 포함된 구매계약은 효력이 없다.

하지만, 다음 어느 하나에 해당하는 경우에는 인터넷쇼핑몰 사업자의 의사에 반(反)해서 주문 취소 및 반품을 할 수 없다.
1. 소비자의 잘못으로 물건이 멸실(물건의 기능을 할 수 없을 정도로 전부 파괴된 상태)되거나 훼손된 경우(다만, 내용물을 확인하기 위해 포장을 훼손한 경우에는 취소나 반품이 가능)
2. 소비자가 사용해서 물건의 가치가 뚜렷하게 떨어진 경우
3. 시간이 지나 다시 판매하기 곤란할 정도로 물건의 가치가 뚜렷하게 떨어진 경우
4. 복제가 가능한 물건의 포장을 훼손한 경우
5. 용역 또는 「문화산업진흥 기본법」 제2조제5호의 디지털콘텐츠의 제공이 개시된 경우. 다만, 가분적 용역 또는 가분적 디지털콘텐츠로 구성된 계약의 경우에는 제공이 개시되지 않은 부분은 제외
6. 소비자의 주문에 따라 개별적으로 생산되는 상품 또는 이와 유사한 상품 등의 청약철회 및 계약해제를 인정하는 경우 인터넷쇼핑몰 사업자에게 회복할 수 없는 중대한 피해가 예상되는 경우로서 사전에 주문 취소 및 반품이 되지 않는다는 사실을 별도로 알리고 소비자의 서면(전자문서 포함)에 의한 동의를 받은 경우

인터넷쇼핑몰 사업자는 위 2.부터 5.까지의 사유에 해당하여 청약철회 등이 불가능한 상품에 대해 그 사실을 상품의 포장이나 그 밖에 소비자가 쉽게 알 수 있는 곳에 명확하게 적거나 시험 사용 상품을 제공하는 등의 방법으로 청약철회 등의 권리 행사가 방해받지 않도록 조치해야 합니다. 만약 사업자가 이와 같은 조치를 안했다면, 소비자는 청약철회 등의 제한사유에도 불구하고 청약철회 등을 할 수 있습니다.

다만, 위의 5. 중 디지털콘텐츠에 대하여 소비자가 청약철회 등을 할 수 없는 경우에는 청약철회 등이 불가능하다는 사실의 표시와 함께 다음의 어느 하나의 방법에 따라 시험 사용 상품을 제공하는 등의 방법으로 청약철회 등의 권리 행사가 방해받지 않도록 해야 합니다.
✓ 일부 이용의 허용 : 디지털콘텐츠의 일부를 미리보기, 미리듣기 등으로 제공
✓ 한시적 이용의 허용 : 일정 사용기간을 설정하여 디지털콘텐츠 제공
✓ 체험용 디지털콘텐츠 제공 : 일부 제한된 기능만을 사용할 수 있는 디지털콘텐츠 제공
✓ 위의 방법으로 시험 사용 상품 등을 제공하기 곤란한 경우 : 디지털콘텐츠에 관한 정보 제공

제목 : 환불 가능한가요?

작성일 : 20XX년 6월 5일

　　모직 코트를 구입하였는데 구입하자마자 포장을 뜯고 나니 코트에서 냄새가 심해서 입을 수가 없습니다. 바로 다음날 반품 요청을 했으나 구매처에는 포장을 제거하였으면 재판매 불가 상품이 되어 환불이 불가능하다고 하며 반품을 거절하고 있습니다. 하지만 상품이 포장을 벗기기 전에는 냄새가 나는 지 확인 할 수 없었습니다. 또한 포장을 제거하면 반품이 안 된다는 사실을 한 번도 고지 받지 못했으며 포장에 별도로 쓰여 있지 않았습니다. 이런 경우 환불이 가능한가요?

① 계약해지 기간이 지나고 반품 요청을 하였기 때문에 반품이 불가능합니다.

② 상품의 확인을 위해 포장을 훼손한 경우이므로 취소나 환불이 가능합니다.

③ 제품의 미리듣기를 제공하지 않은 경우 청약철회 가능합니다.

④ 코트의 경우 다시 판매하기 곤란할 정도로 물건의 가치가 뚜렷하게 떨어지게 되므로 사업자의 의사에 반하는 경우 환불이 불가능합니다.

8　다음 〈조건〉이 모두 참이라고 할 때, 논리적으로 항상 참이라고 볼 수 없는 것은?

〈조건〉
- 비가 오면 사무실이 조용하다.
- 사무실이 조용하거나 복도가 깨끗하다.
- 복도가 깨끗한데 비가 오지 않으면, 주차장이 넓고 비가 오지 않는다.
- 사무실이 조용하지 않다.

① 사무실이 조용하지 않으면 복도가 깨끗하다.

② 주차장이 넓지만 눈이 오지 않는다.

③ 복도가 깨끗하지 않다.

④ 비가 오지 않는다.

9 다음 두 사건은 별개의 사건으로 다음이 조건을 따를 때 옳은 것은?

〈사건 1〉

가인 : 저는 물을 훔치지 않았어요.

나은 : 다영이는 절대 물을 훔치지 않았어요.

다영 : 제가 물을 훔쳤습니다.

  그런데 나중에 세 명 중 두 명은 거짓말을 했다고 자백하였고, 물을 훔친 사람은 한 명이라는 것이 밝혀졌다.

〈사건 2〉

라희 : 저는 결코 화병을 깨지 않았습니다.

마준 : 라희의 말이 맞습니다.

바은 : 제가 화병을 깼습니다.

  그런데 나중에 창문을 깬 사람은 한 명이고 그 범인은 거짓말을 했다는 것이 밝혀졌다.

① 가인이의 진술은 참이었다.

② 사건 2에서 참을 말한 사람이 1명 이상이다.

③ 다영이는 창문을 깬 범인일 수 있다.

④ 나은이는 거짓을 말하지 않았다.

10 다음은 T센터 대강당 사용과 관련한 안내문이다. 이를 참고할 때, 다음 주 금요일 신년 행사에서 장소 섭외 담당자인 A 씨가 준비할 사항으로 잘못된 것은?

- 설비 사용료

구분	장비명		수량	개당 가격	비고
음향 장치	일반 마이크	다이나믹	65개	4,500원	7대 무료, 8대 부터 비용
		콘덴서	55개	4,500원	
	고급 마이크		25개	25,000원	건전지 사용자 부담
	써라운드 스피커 시스템		4대	25,000원	1일 1대
촬영 장치	빔 프로젝터		1대	210,000원	1일 1대
	영상 재생 및 녹화 서비스	USB	1개	25,000원	–
		CD	1개	32,000원	–
조명 장치	solo 라이트		2대	6,000원	–
	rail 라이트		10대	55,000원	2개까지 무료

- 주의사항
- 내부 매점 이외에서 구매한 음식물 반입 엄금(음용수 제외)
- 대관일 하루 전날 사전 점검 및 시설물 설치 가능, 행사 종료 즉시 시설물 철거 요망
- 건물 내 전 지역 금연(실외 경비구역 내 지정 흡연 부스 있음)

- 주차장 안내
- 행사장 주최 측에 무료 주차권 100장 공급
- 무료 주차권 없을 경우, 행사 종료 후부터 1시간까지 3,000원/이후 30분당 1,000원
- 경차, 장애인 차량 주차 무료

- 기타사항
- 예약 후, 행사 당일 3일 전 이후 취소 시 기 지급금 20% 수수료 및 향후 대관 불가
- 정치적 목적의 행사, 종교 행사 등과 사회 기피적 모임 및 활동을 위한 대관 불가

① 회사에서 준비해 간 주류와 음료는 이용할 수 없겠군.
② 무료 주차권에 맞춰서 차량 수도 조정하는 게 좋겠어.
③ 다음 주 수요일에 화환이 도착한다고 했으니까 곧장 대강당으로 보내면 되겠군.
④ 건물 내에서는 전부 금연이니 흡연자를 위해 미리 흡연 가능 장소를 안내해야겠군.

11 N사 영업팀은 1박 2일의 워크숍을 다녀올 계획이며, 워크숍 장소로 선정된 S연수원에서는 다음과 같은 시설 이용료와 식사에 대한 견적서를 보내왔다. 다음 내용을 참고할 때, 250만 원의 예산으로 주문할 수 있는 저녁 메뉴가 될 수 없는 것은 어느 것인가?

〈워크숍 일정〉

시간	일정	비고
(당일)14:00	S연수원 도착	
14:00~15:00	방배정 및 정리	전원 2인실 배정
15:00~16:00	오리엔테이션	10분 전까지 회의실 집결
16:00~18:00	체육활동	운동장 집합 ※ 체육활동 일정표 별첨
18:00~19:00	휴식	
19:00~	석식	
(익일)08:00~09:00	조식	
9:30	출발	

〈S연수원 견적서〉

−참석 인원 : 총 35명

−숙박요금 : 2인실 기준 50,000원 / 룸

−회의실 : 250,000원 / 40인 수용

−운동장 : 130,000원 / 3시간 사용

−조식 : 1인당 9,000원

※ 30인 이상 조식 무료 제공

〈1층 식당 석식 메뉴〉

식사류	된장찌개	7,000원	1인분
	갈비탕	8,000원	
	돈가스	6,500원	
안주류	삼겹살	10,000원	1인분
	먹태	9,000원	2인분
	육회	11,000원	3인 기준
	모듬전	12,000원	3인 기준
주류	맥주	4,500원	1병
	소주	3,500원	1병

① 갈비탕 30인분과 된장찌개 5인분, 삼겹살 55인분과 육회 10개, 맥주와 소주 각각 40병
② 식사류 1인분씩과 삼겹살 60인분, 맥주와 소주 각각 30병
③ 삼겹살 60인분과 육회, 모듬전 각각 12개, 맥주와 소주 각각 30병
④ 식사류 1인분씩과 삼겹살 60인분, 먹태 10개와 맥주 50병

12 △△사는 신사업 개발팀 결성을 위해 기존의 A~H팀의 예산을 줄이기로 하였다. △△사는 다음의 조건에
따라 예산을 감축하기로 하였다. 다음 중 옳지 않은 것을 고르면?

〈조건〉
㉠ 만약 금융팀 예산을 감축하면, 총무팀의 예산은 감축되지 않는다.
㉡ 만약 관리팀 예산을 감축하면, 영업팀과 디자인팀의 예산은 감축하지 않는다.
㉢ 만약 인사팀과 디자인팀이 모두 예산을 감축하면, 기획팀의 예산도 감축된다.
㉣ 총무팀, 기획팀, 영업팀 가운데 두 팀만 예산을 감축한다.

① 만약 기획팀과 영업팀의 예산이 감축된다면 총무팀과 관리팀은 예산이 감축되지 않는다.
② 만약 관리팀의 예산이 감축되면 인사팀과 디자인팀의 예산이 감축되지 않는다.
③ 만약 총무팀의 예산이 감축되면 금융팀의 예산은 감축되지 않는다.
④ 만약 관리팀의 예산이 감축되면 총무팀과 기획팀의 예산이 감축된다.

13 다음 주어진 관계에 따라 가돌이가 좋아할 가능성이 있는 사람으로만 묶인 것은?

> '랄라'라는 마을에는 한 사람이 다른 사람을 일방적으로 좋아하는 경우는 없다. 즉 A가 B를 좋아한다는 것은 B도 A를 좋아한다는 것을 뜻한다. 그리고 랄라마을에 사는 사람들은 애매한 관계를 싫어하기 때문에 이들의 관계는 좋아하거나 좋아하지 않는 것 두 가지 뿐이다. 이 마을에는 가돌, 나돌, 다돌, 라돌, 마돌, 바돌만이 살고 있으며 이들의 관계는 다음과 같다.
> ㉠ 가돌이가 마돌이를 좋아하면 라돌이는 가돌이를 좋아하지 않는다.
> ㉡ 나돌이는 가돌이를 좋아하거나 가돌이는 다돌이를 좋아한다.
> ㉢ 바돌이가 가돌이를 좋아하면 라돌이는 다돌이를 좋아하거나 가돌이는 라돌이를 좋아한다.
> ㉣ 마돌이가 가돌이를 좋아하지 않으면 가돌이를 좋아하는 사람은 아무도 없다.
> ㉤ 다돌이는 가돌이를 좋아하지 않는 사람들은 좋아하지 않는다.
> ㉥ 가돌이와 나돌이가 서로 좋아하지 않고 가돌이가 다돌이를 좋아하지 않으면 가돌이는 아무도 좋아하지 않는다.

① 나돌, 라돌
② 나돌, 다돌, 라돌
③ 나돌, 다돌, 마돌
④ 다돌, 마돌, 바돌

14 甲은 자신의 전시회 오픈 파티에 동창인 A, B, C, D, E, F 6명을 초대하였다. 6인의 친구들은 서로가 甲의 전시회에 초대 받은 사실을 알고 있으며 다음과 같은 원칙을 정하여 참석하기로 했다. 참석하게 될 최대 인원은 몇 명인가?

> • A가 파티에 참석하면 C와 F도 참석한다.
> • E는 D가 참석하는 경우에만 파티에 참석하고, C는 B가 참석하는 경우에만 파티에 참석할 예정이다.
> • A와 B는 서로 사이가 좋지 않아 B가 참석하면 A는 파티에 참석하지 않을 예정이다.
> • D나 F가 참석하면 A는 파티에 참석한다.

① 1명
② 2명
③ 3명
④ 4명

┃15~16┃ 다음은 M사의 채용 시험에 응시한 최종 6명의 평가 결과를 나타낸 자료이다. 이를 보고 이어지는 물음에 답하시오.

〈평가 결과표〉

응시자 \ 분야	어학	컴퓨터	실무	NCS	면접	평균
A	( )	14	13	15	( )	( )
B	12	14	( )	10	14	12.0
C	10	12	9	( )	18	11.8
D	14	14	( )	17	( )	( )
E	( )	20	19	17	19	18.6
F	10	( )	16	( )	16	( )
계	80	( )	( )	84	( )	( )
평균	( )	14.5	14.5	( )	( )	( )

* 평균 점수가 높은 2명을 최종 채용자로 결정함

15 다음 중 위의 자료를 통해 분야별 점수와 평균 점수 모두를 알 수 있는 응시자가 아닌 사람은 누구인가?

① A, D

③ D, F

② A, F

④ D, E

16 다음 중 응시자 A와 D의 면접 점수가 동일하며, 6명의 면접 평균 점수가 17.5점일 경우, 최종 채용자 2명 중 어느 한 명이라도 변경될 수 있는 조건으로 올바른 설명은 어느 것인가?

① E의 '컴퓨터' 점수가 5점 낮아질 경우

② A의 '실무' 점수가 최고점, D의 '실무' 점수가 13점일 경우

③ F의 '어학' 점수가 최고점일 경우

④ B의 '실무'와 'NCS' 점수가 모두 최고점일 경우

17 지하철 이용과 관련한 다음 명제들을 통해 추론한 설명으로 올바른 것은 어느 것인가?

> • 1호선을 타 본 사람은 2호선도 타 보았다.
> • 2호선을 타 본 사람은 5호선도 타 보았다.
> • 5호선을 타 본 사람은 3호선을 타 보지 않았다.
> • 3호선을 타 본 사람은 4호선을 타 보지 않았다.
> • 4호선을 타 본 사람은 1호선을 타 보지 않았다.

① 5호선을 타 보지 않은 사람은 1호선을 타 보았다.

② 3호선을 타 본 사람은 1호선을 타 보지 않았다.

③ 4호선을 타 보지 않은 사람은 5호선을 타 보았다.

④ 2호선을 타 본 사람은 4호선을 타 보았다.

18 다음 글의 내용이 참일 때, 반드시 참인 진술은?

> ㉮ 김 대리, 박 대리, 이 과장, 최 과장, 정 부장은 A 회사의 직원들이다.
> ㉯ A 회사의 모든 직원은 내근과 외근 중 한 가지만 한다.
> ㉰ A 회사의 직원 중 내근을 하면서 미혼인 사람에는 직책이 과장 이상인 사람은 없다.
> ㉱ A 회사의 직원 중 외근을 하면서 미혼이 아닌 사람은 모두 그 직책이 과장 이상이다.
> ㉲ A 회사의 직원 중 외근을 하면서 미혼인 사람은 모두 연금 저축에 가입해 있다.
> ㉳ A 회사의 직원 중 미혼이 아닌 사람은 모두 남성이다.

① 갑 : 김 대리가 내근을 한다면, 그는 미혼이다.

② 을 : 박 대리가 미혼이면서 연금 저축에 가입해 있지 않다면, 그는 외근을 한다.

③ 병 : 이 과장이 미혼이 아니라면, 그는 내근을 한다.

④ 정 : 최 과장이 여성이라면, 그는 연금 저축에 가입해 있다.

19 다음에 제시된 명제가 모두 참일 때, 반드시 참이라고 할 수 있는 것은 어느 것인가?

> • 배가 아픈 사람은 식욕이 좋지 않다.
> • 배가 아프지 않은 사람은 홍차를 좋아하지 않는다.
> • 웃음이 많은 사람은 식욕이 좋다.

① 식욕이 좋지 않은 사람은 배가 아프다.
② 배가 아프지 않은 사람은 웃음이 많다.
③ 배가 아픈 사람은 홍차를 좋아한다.
④ 홍차를 좋아하는 사람은 웃음이 많지 않다.

20 바둑 애호가인 정 대리, 서 대리, 홍 대리 3명은 각각 상대방과 16판씩 총 32판의 대국을 두었다. 이들의 올해 계절별 바둑 결과가 다음과 같다. 정 대리와 서 대리 상호 간의 결과가 네 시기 모두 우열을 가리지 못하고 동일하였을 경우에 대한 설명으로 올바른 것은 어느 것인가?

〈3명의 바둑 대국 결과〉

시기	정 대리 전적	서 대리 전적	홍 대리 전적
봄	19승 13패	14승 18패	15승 17패
여름	10승 22패	20승 12패	18승 14패
가을	17승 15패	14승 18패	17승 15패
겨울	17승 15패	21승 11패	10승 22패

* 무승부는 한 차례도 없는 것으로 가정한다.

① 정 대리는 봄에 홍 대리에게 10승 이하의 성적을 거두었다.
② 홍 대리에게 우세를 보인 시기는 정 대리가 서 대리보다 더 많다.
③ 홍 대리가 서 대리에게 네 시기에 거둔 승수는 모두 30승이 넘는다.
④ 홍 대리가 한 사람에게 당한 패수가 가장 많은 시기는 봄이다.

21 다음 글은 ○○생명연구원의 연구자료이다. 이를 근거로 판단할 때, 옳은 평가를 내린 사람을 모두 고르면?

특정 물질의 치사량은 주로 동물 연구와 실험을 통해서 결정한다. 치사량의 단위는 주로 LD50을 사용하는데, 'LD'는 'Lethal Dosee'의 약어로 치사량을 의미하고, '50'은 물질 투여 시 실험 대상 동물의 50%가 죽는 것을 의미한다. 이런 이유로 LD50을 반수(半數) 치사량이라고 한다. 일반적으로 치사량이란 '즉시' 생명을 앗아갈 수 있는 양을 의미하고 있으므로 '급성' 반수 치사량이 사실 정확한 표현이다. LD50 값을 표기할 때는 보통 실험 대상 동물이 몸무게 1kg을 기준으로 하는 mg/kg 단위를 사용한다.

독성이 강하다는 보톡스의 LD50 값은 1ng/kg으로 복어 독보다 1만 배 이상 강하다. 일상에서 쉽게 접할 수 있는 카페인의 LD50 값은 200mg/kg이며 니코틴의 LD50 값은 1mg/kg이다. 커피 1잔에는 평균적으로 150mg의 카페인이 들어있으며 담배 한 개비에는 평균적으로 0.1mg의 니코틴이 함유되어 있다.

※ 1ng(나노그램)=10−6mg=10−9g

갑 : 복어 독의 LD50 값은 0.01mg/kg 이상이다.
을 : 일반적으로 독성이 더 강한 물질일수록 LD50 값이 더 작다.
병 : 몸무게가 7kg인 실험 대상 동물의 50%가 즉시 치사하는 카페인 투여량은 1.4g이다.
정 : 몸무게가 60kg인 실험 대상 동물의 50%가 즉시 치사하는 니코틴 투여량은 1개비당 니코틴 함량이 0.1mg인 담배 60개비에 들어 있는 니코틴의 양에 상응한다.

① 갑, 을
② 갑, 병
③ 갑, 을, 병
④ 을, 병, 정

22 다음은 연도별·연령별 산전진찰 초진시기 및 의료기관 방문 횟수에 대한 자료이다. 주어진 〈보기〉의 내용을 바탕으로, 빈 칸 ㉠~㉣에 들어갈 적절한 연령대를 순서대로 올바르게 나열한 것은 어느 것인가?

(단위 : 주, 번)

모(母) 연령	2012년		2015년		2018년		2021년		2024년	
	초진 시기	방문 횟수	초진 시기	방문 횟수	초진 시기	방문 횟수	초진 시기	방문 횟수	초진 시기	방문 횟수
㉠	5.64	12.80	5.13	13.47	5.45	13.62	5.01	13.41	5.23	13.67
㉡	5.86	12.57	5.51	12.87	5.42	14.25	6.24	13.68	5.42	13.27
㉢	6.02	12.70	5.34	13.32	5.40	13.16	5.01	13.22	5.23	13.17
㉣	6.68	12.11	5.92	12.56	6.78	13.28	7.36	13.52	5.97	13.11

〈보기〉

a. 25~29세와 30~34세 연령대 임신부 초진 시기의 연도별 변동 패턴(빨라지거나 늦어짐)은 동일하다.

b. 15~24세 임신부의 임신 기간 중 의료기관 방문 횟수가 연령별로 가장 적었던 해는 5개 비교년도 중 3번이다.

c. 35세 이상 연령대의 임신부와 30~34세 연령대의 임신부와의 2012년 대비 2015년의 의료기관 방문횟수 증감률의 차이는 약 2.5%p이다.

	㉠	㉡	㉢	㉣
①	35세 이상,	25~29세,	30~34세,	15~24세
②	25~29세,	35세 이상,	15~24세,	30~34세
③	25~29세,	35세 이상,	30~34세,	15~24세
④	25~29세,	30~34세,	35세 이상,	15~24세

▮23~24▮ 다음은 조류예보 발령기준과 그에 따른 기관별 조치사항에 관한 자료이다. 다음 자료를 보고 이어지는 물음에 답하시오.

<조류예보 발령기준>

구분	발령기준
조류주의보	• 2회 연속 채취 시 클로로필a 농도 15~25mg/m³ 미만 • 남조류세포 수 500~5,000cells/mL 미만 * 이상의 조건에 모두 해당 시
조류경보	• 2회 연속 채취 시 클로로필a 농도 25mg/m³ 이상 • 남조류세포 수 5,000cells/mL 이상 * 이상의 조건에 모두 해당 시
조류대발생	• 2회 연속 채취 시 클로로필a 농도 100mg/m³ 이상 • 남조류세포 수 100만cells/mL 이상 * 이상의 조건에 모두 해당 시
해제	• 2회 연속 채취 시 클로로필a 농도 15mg/m³ 미만 • 남조류세포 수 500cells/mL 미만 * 이상의 조건에 모두 해당 시

<조류예보 발령에 따른 조치사항>

관계기관 조류예보	물환경연구소, 보건환경연구원	수면관리자, 수도사업자	취·정수장 관리자	유역 환경청장 또는 시·도지사
조류주의보	-주 1회 이상 시료 채취 및 분석 -발령기관에 대한 시험분석 결과의 신속한 통보	-취수구와 조류가 심한 지역에 대한 방어막 설치 등 조류제거 조치 실시	-정수처리 강화(활성탄 처리, 오존 처리)	-조류주의보 발령 -주변 오염원에 대한 철저한 지도, 단속
조류경보	-주 2회 이상 시료 채취 및 분석 (클로로필a, 남조류 세포 수, 취기, 독소) -발령기관에 대한 시험분석 결과의 신속한 통보	-취수구와 조류 가 심한 지역에 대한 방어막 설치 등 조류제거 조치 실시 -황토 등 흡착제 살포, 조류제거선 등을 이용한 조류 제거 조치 실시	-조류증식 수심 이하로 취수 구 이동 -정수처리 강화 (활성탄 처리, 오존처리) -정수의 독소 분석 실시	-조류경보 또는 대발생 발령 및 대중매체를 통한 홍보 -주변 오염원에 대한 단속 강화 -수상스키, 수영, 낚시, 취사 등의 활동 자재 권고 -어패류 어획, 식용 및 가축방목의 자제 권고
조류대발생				

해제	−발령기관에 대한 시험분석 결과의 신속한 통보	−	−	−각종 경보 해제 및 대중매체를 통한 홍보

〈유역별 수질검사 기록부〉

검사자	홍길동 과장
검사일자	1월 5일(1차), 1월 12일(2차)
수온 측정 결과	1차, 2차 모두 적정
검사결과	

(단위 : mg/m^3, 만cells/mL)

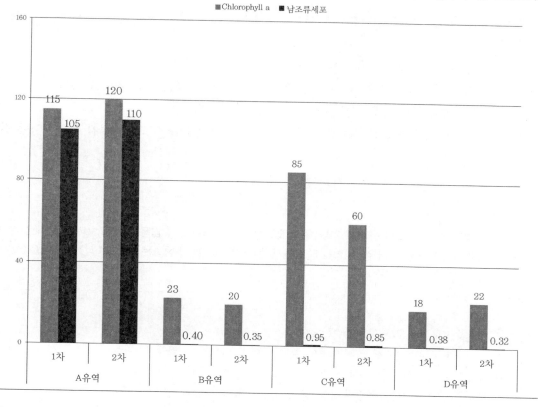

■Chlorophyll a ■남조류세포

23 다음 중 조류예보제에 대하여 올바르게 이해한 설명은 어느 것인가?

① C유역에서 남조류세포 수가 폭발적으로 증가할 경우 즉시 조류대발생 경보가 내려지게 된다.

② 클로로필a의 농도는 1회 채취 결과만으로도 조류예보 발령의 근거가 될 수 있다.

③ 조류대발생 이후 클로로필a와 남조류세포의 수치가 조류주의보 수준으로 감소하면 해제경보를 발령할 수 있다.

④ 조류예보 발령을 위해 필요한 남조류세포 수의 증식량은 조류경보보다 조류대발생의 경우가 더 많다.

24 위의 자료를 참고할 때, 각 유역별 조류 상황과 그에 따른 조치사항이 올바르게 설명되지 않은 것은 어느 것인가?

① D유역에는 조류주의보가 내려져야 한다.

② A유역의 수면관리자는 흡착제 살포를 통하여 조류제거 작업을 실시하여야 한다.

③ 수영이나 낚시 등의 활동이 금지되는 지역은 2곳이다.

④ D유역은 B유역보다 수질이 양호한 상태이므로 더 낮은 단계의 조류예보가 발령되어야 한다.

25 A, B, C 세 나라는 서로 수출과 수입을 하고 있으며, 모든 나라가 수입품에 대해 10%의 관세를 부과하고 있다. 만일, A국과 B국이 자유무역협정(FTA)을 맺는다면, 이 때 발생하는 변화로 적절한 것을 〈보기〉에서 모두 고른 것은 어느 것인가?

> 〈보기〉
> (가) A국과 B국간의 교역규모가 증가한다.
> (나) A국과 B국의 모든 생산자는 관세 철폐로 인해 혜택을 누리게 된다.
> (다) A국과 B국의 모든 소비자는 관세 철폐로 인해 혜택을 누리게 된다.
> (라) C국은 종전과 같은 수준의 관세를 유지하고 있어 수출과 수입에 변화가 없다.

① (가), (나)　　　　　　　　　　② (가), (다)

③ (나), (다)　　　　　　　　　　④ (나), (라)

26 다음 규정을 참고할 때, 반드시 고발되어야 하는 경우라고 볼 수 없는 것은 어느 것인가?

> 제6조(고발 및 고소)
> ① 사장 또는 감사는 범죄의 고발 등 여부를 결정함에 있어 그 도의 경중과 고의 또는 과실여부를 고려하여 판단하되, 다음의 경우에는 반드시 고발하여야 한다.
> 1. 뇌물수수·공금횡령 등 직무와 관련한 부당한 이득 또는 재물취득과 관련된 범죄에 해당되는 경우.
>   가. 100만 원 이상 금품·향응 수수, 공금횡령·유용(공소시효 기간 내 누계금액을 말함)
>   나. 100만 원 미만이라도 공금횡령·유용 금액을 전액 회복하지 않은 경우
>   다. 최근 3년 이내 금품·향응 수수, 공금횡령·유용, 업무상 배임으로 징계를 받은 자가 또다시 수수 등을 한 경우
>   라. 인사, 계약 등 직무수행 과정에서 서류를 위·변조하거나 은폐한 경우
> 2. 부당한 업무행위를 수반한 범죄로 인해 본인 또는 제3자에게 이익을 가져다 준 경우
> 3. 범죄내용이 파급 개연성이 크고 수사 시 비위 규모가 더 밝혀질 수 있는 경우
> 4. 징계처분을 받고 징계기록 말소기간 이내에 다시 범죄에 해당하는 비위를 행한 경우
> 5. 업무특성상 비위 발생빈도가 높거나 높을 우려가 있는 다음 각 분야와 관련한 범죄에 해당하는 경우
>   가. 타인에게 이익을 줄 목적으로 업무상 비밀을 누설하는 경우
>   나. 비리를 은닉할 목적으로 보관해야할 문서 등을 파기, 분실 또는 손괴한 경우
>   다. 공사의 재산을 절취하거나 또는 고의적인 손실을 끼친 경우
>   라. 문서의 위조, 변조, 직인(인감)의 부정사용 또는 공사로 명의를 도용한 경우
> 6. 기타 범죄의 횟수, 수법 등을 고려할 때 죄질이 불량하여 고발 등을 하는 것이 타당하다고 판단되는 경우

① 200만 원의 공금을 횡령하였으나 전액 반납하여 회복 조치된 경우

② 2년 전 서류 위조로 징계 처분을 받고 징계기록이 말소 되었으나 최근 또다시 금품 수수를 한 경우

③ 타인에게는 이익이 되었으나 본인은 전혀 이익을 취할 수 없는 사항에 대한 업무상 비밀을 누설한 경우

④ 2년 전 공금횡령으로 징계를 받은 자가 또다시 횡령을 저지른 경우

27 다음은 지역 간의 시차를 계산하는 방법에 대한 설명이다. 다음을 참고할 때, 동경 135도에 위치한 인천에서 서경 120도에 위치한 로스앤젤레스로 출장을 가야 하는 최 과장이 도착지 공항에 현지 시각 7월 10일 오전 11시까지 도착하기 위해서 탑승해야 할 가장 늦은 항공편은 어느 것인가? (비행시간 이외의 시간은 고려하지 않는다.)

시차 계산 요령은 다음과 같은 3가지의 원칙을 적용할 수 있다.
1. 같은 경도(동경과 동경 혹은 서경과 서경)인 경우는 두 지점을 빼서 15로 나누되, 더 숫자가 큰 쪽이 동쪽에 위치한다는 뜻이므로 시간도 더 빠르다.
2. 또한, 본초자오선과의 시차는 한국이 영국보다 9시간 빠르다는 점을 적용하면 된다.
3. 경도가 다른 경우(동경과 서경)는 두 지점을 더해서 15로 나누면 되고 역시 동경이 서경보다 더 동쪽에 위치하므로 시간도 더 빠르게 된다.

항공편명	출발일	출발 시각	비행시간
KR107	7월 9일	오후 11시	
AE034	7월 9일	오후 2시	
KR202	7월 9일	오후 7시	12시간
AE037	7월 10일	오후 10시	
KR204	7월 10일	오후 4시	

① KR204

② AE034

③ KR202

④ AE037

28 다음 연차수당 지급규정과 연차사용 내역을 참고로 할 때, 현재 지급받을 수 있는 연차수당의 금액이 같은 두 사람은 누구인가? (일 통상임금＝월 급여÷200시간×8시간, 만 원 미만 버림 처리함)

> 제60조(연차 유급휴가)
> ① 사용자는 1년간 80퍼센트 이상 출근한 근로자에게 15일의 유급휴가를 주어야 한다.
> ② 사용자는 계속하여 근로한 기간이 1년 미만인 근로자 또는 1년간 80퍼센트 미만 출근한 근로자에게 1개월 개근 시 1일의 유급휴가를 주어야 한다.
> ③ 사용자는 근로자의 최초 1년간의 근로에 대하여 유급휴가를 주는 경우에는 제2항에 따른 휴가를 포함하여 15일로 하고, 근로자가 제2항에 따른 휴가를 이미 사용한 경우에는 그 사용한 휴가 일수를 15일에서 뺀다.
> ④ 사용자는 3년 이상 계속하여 근로한 근로자에게는 제1항에 따른 휴가에 최초 1년을 초과하는 계속 근로 연수 매 2년에 대하여 1일을 가산한 유급휴가를 주어야 한다. 이 경우 가산휴가를 포함한 총 휴가 일수는 25일을 한도로 한다.
> ⑤ 사용자는 제1항부터 제4항까지의 규정에 따른 휴가를 근로자가 청구한 시기에 주어야 하고, 그 기간에 대하여는 취업규칙 등에서 정하는 통상임금 또는 평균임금을 지급하여야 한다. 다만, 근로자가 청구한 시기에 휴가를 주는 것이 사업 운영에 막대한 지장이 있는 경우에는 그 시기를 변경할 수 있다.
> ⑥ 제1항부터 제3항까지의 규정을 적용하는 경우 다음 각 호의 어느 하나에 해당하는 기간은 출근한 것으로 본다.
>   1. 근로자가 업무상의 부상 또는 질병으로 휴업한 기간
>   2. 임신 중의 여성이 제74조제1항부터 제3항까지의 규정에 따른 휴가로 휴업한 기간
> ⑦ 제1항부터 제4항까지의 규정에 따른 휴가는 1년간 행사하지 아니하면 소멸된다. 다만, 사용자의 귀책사유로 사용하지 못한 경우에는 그러하지 아니하다.

직원	근속년수	월 급여(만 원)	연차사용일수
김 부장	23년	500	19일
정 차장	14년	420	7일
곽 과장	7년	350	14일
남 대리	3년	300	5일
임 사원	2년	270	3일

① 김 부장, 임 사원
② 정 차장, 곽 과장
③ 곽 과장, 남 대리
④ 김 부장, 남 대리

29 다음은 인플레이션을 감안하지 않은 명목이자율과 물가변동을 감안한 실질이자율에 대한 설명이다. 다음 설명을 참고할 때, 〈보기〉의 경우 A씨의 1년 후의 실질이자율은?

> 누군가가 '이자율이 상승하는 경우 저축을 늘리겠는가?'라는 질문을 했다고 해 보자. 얼핏 생각할 때, 그 대답은 '예'일 것 같지만 보다 정확한 답은 '알 수 없다'이다. 질문 자체가 정확하지 않기 때문이다. 즉, 질문에서 얘기하는 이자율이 명목이자율인지 아니면 실질이자율인지가 불분명하기 때문이다.
>
> 만약 질문한 사람이 명목이자율을 염두에 두고 있었다면, 다시 그 사람에게 '물가상승률은 어떻습니까?'라고 되물어야 할 것이다. 명목이자율에서 물가상승률을 뺀 실질이자율이 어느 수준인지가 예금에 대한 의사 결정에 영향을 미치기 때문이다.
>
> 현실에서는 예금을 통해 번 이자 소득에 세금이 부과된다. 우리나라의 경우 이자 소득세율은 15.4%이다. 따라서 명목이자율이 물가상승률보다 커 실질이자율이 양(+)의 값을 갖는다 하더라도, 이자 소득세를 납부한 후의 실질이자율은 음(−)의 값을 가질 수도 있다. 물론 이러한 경우 예금을 하면 구매력 차원에서 따졌을 때 오히려 손해를 보게 된다.

〈보기〉

> 2025년 3월 10일 현재 우리나라 금융기관에서 취급하고 있는 1년 만기 정기예금의 연평균 명목이자율은 2.1%이다. A씨는 1억 원을 1년 동안 예금할 예정이며, 만기 시점인 1년 후의 물가는 1% 상승했다고 가정한다.

① 약 0.56%
② 약 0.77%
③ 약 0.95%
④ 약 2.10%

30 다음 주어진 조건을 모두 고려했을 때 옳은 것은?

〈조건〉

- A, B, C, D, E의 월급은 각각 10만 원, 20만 원, 30만 원, 40만 원, 50만 원 중 하나이다.
- A의 월급은 C의 월급보다 많고, E의 월급보다는 적다.
- D의 월급은 B의 월급보다 많고, A의 월급도 B의 월급보다 많다.
- C의 월급은 B의 월급보다 많고, D의 월급보다는 적다.
- D는 가장 많은 월급을 받지는 않는다.

① 월급이 세 번째로 많은 사람은 A이다.

② E와 C의 월급은 20만 원 차이가 난다.

③ B와 E의 월급의 합은 A와 C의 월급의 합보다 많다.

④ 월급이 제일 많은 사람은 E이다.

31 A종합병원의 내과, 정형외과, 산부인과, 외과는 이 교수, 최 교수, 정 교수, 강 교수가 의사로 근무한다. 다음 조건을 참고할 때, 최 교수는 어느 과 의사인가? (네 명의 교수는 각각 1명씩 네 개 과의 의사이다.)

- 이 교수는 산부인과와 외과 중 한 곳의 의사이다.
- 최 교수는 정형외과 의사가 아니다.
- 정 교수와 강 교수는 내과와 산부인과 의사가 아니다.

① 내과

② 정형외과

③ 외과 또는 산부인과

④ 산부인과

32 기초대사량에 대한 다음 설명을 참고할 때, 제시된 두 남녀의 일일 칼로리 요구량이 순서대로 올바르게 나열된 것은 어느 것인가? (모든 계산은 반올림하여 소수 둘째 자리까지 표시한다.)

기초 대사량은 성별, 나이, 체중, 개인의 신진 대사율이나 근육량 등 신체적인 요소에 따라 차이가 있지만, 일반적으로 남성은 체중 1kg당 1시간에 1kcal를 소모하고, 여성은 0.9kcal를 소모하는 것으로 알려졌다. 기초 대사량은 우리가 하루 소모하는 총 에너지의 60~70%를 차지할 정도로 중요하다. 체중 조절을 위해 무리하게 굶게 되면 우리 몸에서는 에너지가 부족하다는 것을 느끼게 되고 에너지가 고갈되지 않게 하려고 기초 대사량을 줄여나간다. 따라서 에너지 소모가 활발하게 이루어지지 않아, 장기적으로 보면 오히려 다이어트에 역효과를 주게 된다. 굶기보다는 꾸준한 운동을 통해 근육량을 증가시켜 기초 대사량을 높이는 것이 도움이 된다.

기초대사량 산출방법은 남녀 각각 다른데, 남자의 경우 66.47+(13.75×체중)+(5×키)−(6.76×나이)를 계산하면 된다. 여자의 경우 655.1+(9.56×체중)+(1.85×키)−(4.68×나이)를 계산하면 기초대사량이 나온다.

기초대사량을 구한 후에는 칼로리 지수를 곱하여 일일 칼로리 요구량을 계산할 수 있다. 거의 운동을 하지 않는 사람은 기초대사량에 1.2를 곱하면 일일 칼로리 요구량을 얻을 수 있다. 가벼운 운동을 하는 사람은 1.375를 곱해야 하고 적당한 운동을 하는 사람은 1.55를 곱한다. 심한 운동을 하는 사람은 1.725를 곱하고 아주 심한 운동을 하는 사람은 1.9를 곱한다.

• 김길동(남, 48세) : 체중 75kg, 신장 175cm, 운동선수로 매우 심한 운동을 함.
• 이갑순(여, 36세) : 체중 52kg, 신장 165cm, 적당한 운동을 하는 일반인.

① 1,997.93칼로리, 1,648.24칼로리
② 1,648.24칼로리, 1,288.99칼로리
③ 1,288.99칼로리, 1,648.24칼로리
④ 3,131.66칼로리, 1,997.93칼로리

33 다음을 읽고, SWOT분석의 관점에서 H씨에게 해당되는 환경 요인을 올바르게 설명한 것은 어느 것인가?

> 종합병원에서 유명한 의사로 근무하던 H씨는 환자와의 의료분쟁에 휘말려 결국 다니던 종합병원을 그만두고 개인 병원을 차리고자 한다. 치료 잘하기로 소문난 H씨였지만, 그는 모아 둔 재산이 많지 않았던 탓에 개인 병원을 차리기까지 예상보다 큰 자금 압박이 있을 것으로 예상하고 있다. 종합병원 근무 시에 친분이 있던 동료 의사들과 의료기기 장비 업체 사장이 많은 지원과 협조를 해 주어 장비와 인력 확보에는 큰 어려움이 없었으나, 종합병원과 달리 개인 병원에 대한 법적, 제도적 기준을 혼자의 힘으로 맞추기에는 역부족을 느낀다. 그나마 H씨가 개원하고자 하는 지역은 유동인구 대비 병원의 숫자가 매우 적어 수요가 많고, 해당 구청에서 부지 확보에 많은 도움을 주었고, 입주한 건물주인 역시 H씨에게 낮은 임대료와 장기계약을 통해 안정적인 영업을 할 수 있도록 지원을 해 준 덕에 다음 주 정식 개원을 앞두고 있다.

① 과거의 경험을 통한 주변 지인들의 도움은 H씨의 기회요인(O)에 해당된다.

② 개인 병원에 대한 제도적 기준의 어려움은 약점(W)에 해당된다.

③ H씨가 개원하고자 하는 지역의 적은 병원 숫자는 기회요인(O)에 해당된다.

④ 개원에 따르는 부족한 자금은 위협요인(T)에 해당된다.

34 다음은 T사의 휴직과 그에 따른 요건 등을 나타낸 규정이다. 〈보기〉와 같은 T사 직원들의 휴직 예정 내역 중 규정에 맞지 않는 사람을 모두 고른 것은 어느 것인가? (언급되지 않은 사항은 휴직 요건에 해당된다고 가정한다)

구분	청 원 휴 직 (인력상황 등을 고려하여 임용권자가 휴직을 명함)					직 권 휴 직	
	육아휴직	배우자 동반휴직	연수휴직	가사/간병 휴직	자기개발 휴직	질병휴직	군입대휴직
휴직기간	자녀 1명당 3년 내	3년 이내 (2년 연장 가능)	2년 이내	1년 이내 (재직 중 3년 내)	1년 (10년 재직 후 재휴직 가능)	1년 이내 (부득이한 경우 1년 연장 가능)	복무기간
요건	만 8세 이하 또는 초등학교 2학년 이하의 자녀 양육자	외국에서 근무, 유학 또는 연수하는 배우자 동반	기관장 지정 연구·교육 기관 등에서 연수	장기간 요양을 요하는 부모·배우자·자녀, 배우자의 부모 간호	연구과제 수행, 교육기관 등 교육과정 수행, 개인주도 학습 등	신체, 정신상의 장애로 장기요양을 요할 때	병역복무를 필하기 위해 징, 소집 되었을 때
증빙서류	주민등록등본, 임신진단서	배우자 출국 사실 확인서, 출입국 증명서	–	가족관계 증명서, 간병 대상자 병원진단서	별도 서류	병원 진단서	입영통지서, 군복무 확인서

〈보기〉
- A씨 : 초등학교 1학년인 아들의 육아를 위해 1년간의 휴직을 준비하고 있다.
- B씨 : 남편의 해외 주재원 근무 발령에 따라 본사 복귀 시까지의 기간을 고려, 다른 휴직을 사용한 경험이 없으므로 4년의 휴직을 한 번에 사용할 계획이다.
- C씨 : 신체상의 문제로 인해 1년 6개월 전부터 질병휴직을 사용하고 있으며, 추가 1년의 요양이 필요하다는 병원 진단서가 있음에도 6개월 후 우선 복직을 하여 다른 방법을 알아보려 한다.
- D씨 : 과거 노부모 간병을 위해 간헐적으로 2년 6개월간의 간병 휴직을 사용한 적이 있으며, 지난 주 갑작스런 사고를 당한 배우자를 위해 병원진단서를 첨부하여 추가 1년의 간병 휴직을 계획하고 있다.

① B씨, D씨
② A씨, B씨, D씨
③ C씨, D씨
④ B씨, C씨, D씨

35 다음 자료를 읽고 2024년 '갑'국의 경제 상황을 2023년과 적절하게 비교한 설명을 〈보기〉에서 모두 고른 것은 어느 것인가?

> '갑'국에서는 은퇴 생활자들이 이자 소득만으로 소비 생활을 영위하고 있다. '갑'국 경제의 2023년 이자율은 6%였고, 물가 상승률은 3%였다. 2024년에 이자율은 7%로, 물가 상승률은 3.5%로 상승하였다.

〈보기〉

㈎ 기업들의 투자는 증가하였을 것이다.
㈏ 기업들의 투자는 감소하였을 것이다.
㈐ 은퇴 생활자의 이자 소득은 명목 가치로도 증가하였고, 실질 가치로도 증가하였을 것이다.
㈑ 은퇴 생활자의 이자 소득은 명목 가치로는 증가하였지만, 실질 가치로는 감소하였을 것이다.
㈒ 은퇴 생활자의 이자 소득은 명목 가치로는 증가하였지만, 실질 가치로는 변화가 없었을 것이다.

① ㈎, ㈐
② ㈎, ㈑
③ ㈏, ㈐
④ ㈏, ㈑

▌36~37▐ 다음은 W병원 신경외과의 진료 현황에 대한 안내이다. 다음 안내를 보고 이어지는 물음에 답하시오.

<이번 달 담당의사별 진료 시간 안내>

구분	신경외과							
	A과장		B과장		C과장		D과장	
	오전	오후	오전	오후	오전	오후	오전	오후
월요일	진료	수술	진료	수술	수술	진료	진료	수술
화요일	수술	진료	진료	수술	진료	수술	진료	수술
수요일	진료	수술	수술	진료	진료	수술	진료	수술
목요일	수술	진료	진료	수술	수술	진료	진료	수술
금요일	진료	수술	수술	진료	진료	수술	진료	수술
토요일	진료 또는 수술		진료		진료 또는 수술		수술	
토요일 휴무	넷째 주		둘째 주		첫째 주		셋째 주	

* 토요일 진료시간 : 09:00~13:00
* 평일 진료시간 : 09:00~12:30 / 14:00~18:00
* 접수마감 시간 : 오전 12:00, 오후 17:30

<기타 안내사항>

- 이번 달 15일(수)~18일(토)은 병원 내부 공사로 인해 외래진료 및 수술, 신규 환자 접수는 불가합니다.
- MRI 및 CT 촬영은 최소 3일 전 예약을 하셔야 합니다.
- 외래진료 시 MRI 등 영상 자료가 있어야 합니다(필요한 경우에 한함).
- 초진의 경우, 건강보험증을 지참하시고 원무과에서 접수를 하시기 바랍니다. 접수 후 진료실에서 진료를 마친 환자분께서는 다시 원무과로 오셔서 진료비를 수납 후 P창구에서 처방전을 받아 약을 받아 가시기 바랍니다. 예약 또는 재진하시는 환자분은 곧바로 진료실로 가셔서 진료 후 원무과에 수술 또는 영상 촬영 여부를 알려주시고 수술이신 경우 H창구에서 입원 수속을 하시고, 영상 촬영이 필요하신 분은 영상센터로 가시어 안내를 받으시기 바랍니다.

36 다음 중 위의 안내문에 대한 올바른 설명이 아닌 것은 어느 것인가?

① 일주일 전 예약을 하고 찾아 온 환자는 원무과를 거치지 않고 곧장 진료를 받으면 된다.

② 이번 달 W병원 신경외과의 진료 일정은 둘째 주 토요일이, 수술 일정은 셋째 주 토요일이 가장 빠듯할 것이다.

③ 처음 내원한 환자는 '원무과 → 진료실 → 원무과 → P창구 → 약국'의 동선으로 이동하게 된다.

④ 평일의 경우, D과장을 제외한 나머지 세 명은 모두 진료와 수술 일정이 오전과 오후에 고르게 분배되어 있다.

37 K씨는 평소 앓고 있던 허리 디스크를 고치기 위하여 '이번 달'에 수술을 하기로 결정하였다. W병원 신경외과의 A과장이나 C과장에게 꼭 수술을 받고자 하며, 가급적 오전에 수술하기를 원하는 K씨의 상황에 대한 다음 설명 중 올바른 것은 어느 것인가?

① 20일에 MRI 촬영 예약을 하여 23일에 MRI 촬영 및 진료 후 다음 날인 24일에 수술을 하면 된다.

② 25일에 A과장에게 수술을 받을 수 있다.

③ 평일 중 원하는 시간에 수술을 받을 수 있는 요일은 월요일과 목요일뿐이다.

④ 수요일과 금요일에는 K씨가 원하는 시간에 수술을 받을 수 없다.

38 사회보장급여 실시를 위한 자산 조사 제출서류 목록이 다음과 같다. 다음 목록을 보고 판단한 내용 중 적절하지 않은 것은 어느 것인가?

제출 목적	제출 서류	비고
가구원 및 부양의무자 확인	−실종 등의 신고접수서 등	−행방불명자는 보장가구에서 제외 ※ 전산 확인이 가능한 군복무확인서, 재소증명서, 출입국사실증명서, 외국인 등록사실 증명서는 제외
소득확인	−고용 · 임금확인서 −월급명세서	−근로소득 파악
	−건강보험자격득실확인서 −퇴직증명서	−취업 · 퇴직사실 확인
	−소득금액증명원 −휴 · 폐업 확인서	−사업자 소득 파악 ※ 사업자등록증 전산 확인 가능
	−어종별 출하량 및 수입 자료	−어업소득 파악
	−임산물 유통기관 판매기록	−임업소득 파악
	−임대차 계약서	−임대소득 파악(건물 · 상가, 본인 거주 외 주택 등이 조회 된 경우)
	−무료임대확인서	−사적이전소득 파악 −주거급여 대상 확인
	−진단서 · 의료비 영수증 −입학금 · 수업료 납입고지서 등	−소득평가액 산정 시 가구특성 지출비용으로 실제소득에서 차감처리
	−지출실태조사표 −근로활동 및 소득신고서	−소득파악 곤란자에 대한 소득파악
	−일용근로소득 사실 확인서	−국세청 일용근로소득 지급명세서(분기별 신고 자료)가 사실과 다름을 주장하는 경우, 확인조사 지침에 따라 적용
재산확인	−임대차 계약서(전 · 월세 계약서) ※ 전세권설정등기 또는 확정일자를 받은 계약서	−임차보증금 파악
부채	−법원 판결문, 화해 · 조정조서	−개인 간 사채 확인
	−임대차계약서	−임대보증금
근로능력 판정	−근로능력 평가용 진단서 −진료기록부 사본(최근 2개월분)	−근로능력 판정
급여계좌 확인	−통장사본	−지급계좌 등록 및 실명 확인

① "재소증명서가 있는 수감자의 경우는 실종 등으로 인한 행방불명자와 다른 지위를 갖게 되는군."

② "취업이나 퇴직을 확인하기 위한 서류는 취업·퇴직증명서만 있는 게 아니로군."

③ "임대차계약서는 임대소득을 확인하기 위한 서류니까 무주택 월세 거주자인 경우엔 임대차계약서를 제출하지 않아도 되겠구나."

④ "일용직은 근로소득 증빙이 매월 신고 되지 않아 소득확인이 한두 달 지연될 수도 있겠네."

39 연금급여실 최 과장은 국민연금 가입률을 조사하기 위해 A, B 두 지역의 가구 수를 다음과 같이 조사하였다. 조사 자료를 보고 판단한 최 과장의 올바른 설명을 〈보기〉에서 모두 고른 것은 어느 것인가?

〈지역별 가구 형태 분포〉

(단위 : 가구)

구분	총 가구 수	1인 가구 수	1세대 가구 수	2세대 가구 수	3세대 이상 가구 수
A지역	10,000	3,000	4,000	2,500	500
B지역	8,000	3,500	4,000	400	100

〈보기〉

㈎ A지역이 B지역보다 핵가족 수가 적다.

㈏ A지역이 B지역보다 총 인구수가 적다.

㈐ 1인 가구 총 인구수는 A지역이 B지역보다 적다.

㈑ 1세대 가구의 비율은 A지역보다 B지역이 더 높다.

① ㈐, ㈑

② ㈎, ㈐

③ ㈏, ㈑

④ ㈎, ㈏

▎40~41 ▎ 다음은 국민연금관리공단에서 시행하고 있는 두루누리 사회보험료 지원사업에 관한 내용이다. 다음을 읽고 이어지는 물음에 답하시오.

두루누리 지원사업이란 소규모 사업을 운영하는 사업주와 소속 근로자의 사회보험료(고용보험 · 국민연금)의 일부를 국가에서 지원함으로써 사회보험 가입에 따른 부담을 덜어주고, 사회보험 사각지대를 해소하기 위한 사업입니다.

지원대상
-근로자 수가 10명 미만인 사업장에 고용된 근로자 중 월평균보수가 210만 원 미만인 근로자와 그 사업주에게 사회보험료(고용보험 · 국민연금)를 최대 90%까지 각각 지원해 드립니다.('210만 원 미만'이란 근로소득에서 비과세 근로소득을 제외하고 산정한 월평균보수가 210만 원이 되지 않는 경우를 말합니다.)
-2018년 1월 1일부터 신규지원자 및 기지원자 지원을 합산하여 3년(36개월)만 지원합니다.
-기지원자의 경우 2020년까지 지원됩니다.(2021년부터 지원 중단)

지원 제외대상
지원 대상에 해당하는 근로자가 아래의 어느 하나라도 해당되는 경우에는 지원 제외됩니다.
-지원신청일이 속한 보험연도의 전년도 재산의 과세표준액 합계가 6억 원 이상인 자
-지원신청일이 속한 보험연도의 전년도 근로소득이 연 2,772만 원 이상인 자
-지원신청일이 속한 보험연도의 전년도 근로소득을 제외한 종합소득이 연 2,520만 원 이상인 자

지원수준
-신규지원자: 지원신청일 직전 1년간 피보험자격 취득이력이 없는 근로자와 그 사업주
  * 5명 미만 사업 90% 지원 / 5명 이상 10명 미만 사업 80% 지원
-기지원자: 신규지원자에 해당하지 않는 근로자와 사업주
  * 10명 미만 사업 40% 지원

40 다음 중 두루누리 지원사업을 올바르게 이해하지 못한 의견은 어느 것인가?

① 기지원자와 신규지원자 모두 2021년부터는 두루누리 지원사업이 중단된다.

② 지원신청일이 속한 월의 과세 대상 근로소득이 210만 원을 초과하나, 전년도 과세표준과 근로소득이 지원 제외대상에 포함되지 않는 근로자는 지원 대상이 된다.

③ 기지원자는 근무하는 사업장의 근로자 수가 4명인 경우와 7명인 경우에 지원비가 동일하다.

④ 두루누리 지원사업은 소규모 사업장의 근로자 뿐 아니라 그 사업주의 사회보험 부담금도 줄여준다.

41 위의 사업 내역을 참고할 때, 다음 두 가지 경우에 근로자에게 지원되는 지원금액은 각각 얼마인가? (두 경우 모두 신규지원자이며 지원 제외대상은 아니라고 가정함.)

> A. 근로자 수 4명인 사업장에 고용된 근로자의 월평균보수가 190만 원
>   근로자의 월 고용보험료 총액: 34,200원
>   근로자의 월 국민연금보험료 총액: 171,000원
> B. 근로자 수 8명인 사업장에 고용된 근로자의 월평균보수가 190만 원
>   근로자의 월 고용보험료 총액: 24,700원
>   근로자의 월 국민연금보험료 총액: 163,000원

① 17,100원, 12,350원

② 85,500원, 81,500원

③ 92,340원, 75,080원

④ 102,600원, 93,850원

42 사고조사반원인 K는 2024년 12월 25일 발생한 총 6건의 사고에 대하여 보고서를 작성하고 있다. 사고 발생 순서에 대한 타임라인이 다음과 같을 때, 세 번째로 발생한 사고는? (단, 동시에 발생한 사고는 없다)

⊙ 사고 C는 네 번째로 발생하였다.
ⓛ 사고 A는 사고 E보다 먼저 발생하였다.
ⓒ 사고 B는 사고 A보다 먼저 발생하였다.
ⓔ 사고 E는 가장 나중에 발생하지 않았다.
ⓜ 사고 F는 사고 B보다 나중에 발생하지 않았다.
ⓗ 사고 C는 사고 E보다 나중에 발생하지 않았다.
ⓢ 사고 C는 사고 D보다 먼저 발생하였으나, 사고 B보다는 나중에 발생하였다

① A   ② B
③ D   ④ E

43 최근 수입차의 가격 할인 프로모션 등으로 인하여 국내 자동차 시장이 5년 만에 마이너스 성장한 것으로 나타남에 따라 乙자동차회사에 근무하는 A대리는 신차 개발에 앞서 자동차 시장에 대한 환경 분석과 관련된 보고서를 제출하라는 업무를 받았다. 다음은 A대리가 작성한 자동차 시장에 대한 SWOT분석이다. 기회요인에 작성한 내용 중 잘못된 것은?

강점	약점
• 자동차그룹으로서의 시너지 효과 • 그룹 내 위상 · 역할 강화 • G 시리즈의 성공적인 개발 경험 • 하이브리드 자동차 기술 개발 성공	• 노조의 잦은 파업 • 과도한 신차 개발 • 신차의 짧은 수명 • 경쟁사의 공격적인 마케팅 대응 부족 • 핵심 부품의 절대적 수입 비중
기회	위협
① 노후 경유차의 조기폐차 보조금 지원 ② 하이브리드 자동차에 대한 관심 증대 ③ 국제유가 하락세의 장기화 ④ 난공불락의 甲자동차 회사	• 대대적인 수입차 가격 할인 프로모션 • 취업난으로 인한 젊은 층의 소득감소 • CEO의 부정적인 이미지 이슈화 • 미국의 한국산 자동차 관세 부과 시사

44 다음은 T전자회사가 기획하고 있는 '전자제품 브랜드 인지도에 관한 설문조사'를 위하여 작성한 설문지의 표지 글이다. 다음 표지 글을 참고할 때, 설문조사의 항목에 포함되기에 가장 적절하지 않은 것은?

[전자제품 브랜드 인지도에 관한 설문조사]

안녕하세요? T전자회사 홍보팀입니다.

저희 T전자에서는 고객들에게 보다 나은 제품을 제공하기 위하여 전자제품 브랜드 인지도에 대한 고객 분들의 의견을 청취하고자 합니다. 전자제품 브랜드에 대한 여러분의 의견을 수렴하여 더 좋은 제품과 서비스를 공급하고자 하는 것이 이 설문조사의 목적입니다. 바쁘시더라도 잠시 시간을 내어 본 설문조사에 응해주시면 감사하겠습니다. 응답해 주신 사항에 대한 철저한 비밀 보장을 약속드립니다. 감사합니다.

T전자회사 홍보팀 담당자 홍길동

전화번호 : 1588-0000

① 귀하는 T전자회사의 브랜드인 'Think-U'를 알고 계십니까?

ㄱ 예   ㄴ 아니오

② 귀하가 주로 이용하는 전자제품은 어느 회사 제품입니까?

ㄱ T전자회사   ㄴ R전자회사   ㄷ M전자회사   ㄹ 기타 (   )

③ 귀하에게 전자제품 브랜드 선택에 가장 큰 영향을 미치는 요인은 무엇입니까?

ㄱ 광고   ㄴ 지인 추천   ㄷ 기존 사용 제품   ㄹ 기타 (   )

④ 귀하가 일상생활에 가장 필수적이라고 생각하시는 전자제품은 무엇입니까?

ㄱ TV   ㄴ 통신기기   ㄷ 청소용품   ㄹ 주방용품

45 다음은 3C 분석을 위한 도표이다. 빈칸에 들어갈 질문으로 옳지 않은 것은?

구분	내용
고객/시장(Customer)	• 우리의 현재와 미래의 고객은 누구인가? • _____ㄱ_____ • _____ㄴ_____ • 시장의 주 고객들의 속성과 특성은 어떠한가?
경쟁사(Competitor)	• 고객들은 경쟁사에 대해 어떤 이미지를 가지고 있는가? • 현재의 경쟁사들의 강점과 약점은 무엇인가? • _____ㄷ_____
자사(Company)	• 해당 사업이 기업의 목표와 일치하는가? • 기존 사업의 마케팅과 연결되어 시너지효과를 낼 수 있는가? • _____ㄹ_____

① ㄱ : 새로운 경쟁사들이 시장에 진입할 가능성은 없는가?

② ㄴ : 성장 가능성이 있는 사업인가?

③ ㄷ : 경쟁사의 최근 수익률 동향은 어떠한가?

④ ㄹ : 인적 · 물적 · 기술적 자원을 보유하고 있는가?

46 다음은 지역별 출퇴근 시 자가용 이용률에 대한 자료이다. ㉠~㉧까지 명확하지 않은 상황에서 〈보기〉의 내용만으로 추론한다고 할 때, 바르게 나열된 것은?

㉠	㉡	㉢	㉣	㉤	㉥	㉦	평균
68%	47%	46%	37%	28%	27%	25%	39.7%

〈보기〉
- 대전, 서울, 세종은 평균보다 높은 자가용 이용률을 보인다.
- 대구보다 자가용 이용률이 높은 지역과 낮은 지역의 수는 동일하다.
- 자가용 이용률이 가장 높은 지역의 절반에 못 미치는 이용률을 보인 지역은 강릉, 부산, 울산이다.
- 서울과 강릉의 자가용 이용률의 합은 울산과 대전의 자가용 이용률의 합보다 20% 많다.

① 서울, 대전, 세종, 대구, 부산, 강릉, 울산
② 서울, 대전, 세종, 대구, 울산, 부산, 강릉
③ 서울, 세종, 대전, 대구, 부산, 울산, 강릉
④ 서울, 세종, 대전, 대구, 강릉, 부산, 울산

47 甲회사 인사부에 근무하고 있는 H부장은 각 과의 요구를 모두 충족시켜 신규직원을 배치하여야 한다. 각 과의 요구가 다음과 같을 때 홍보과에 배정되는 사람은 누구인가?

〈신규직원 배치에 대한 각 과의 요구〉

• 관리과 : 5급이 1명 배정되어야 한다.
• 홍보과 : 5급이 1명 배정되거나 6급이 2명 배정되어야 한다.
• 재무과 : B가 배정되거나 A와 E가 배정되어야 한다.
• 총무과 : C와 D가 배정되어야 한다.

〈신규직원〉

• 5급 2명(A, B)
• 6급 4명(C, D, E, F)

---

① A
② B
③ C와 D
④ E와 F

|48~49| 다음은 ○○협회에서 주관한 학술세미나 일정에 관한 것으로 다음 세미나를 준비하는 데 필요한 일, 각각의 일에 걸리는 시간, 일의 순서 관계를 나타낸 표이다. 제시된 표를 바탕으로 물음에 답하시오. (단, 모든 작업은 동시에 진행할 수 없다)

세미나 준비 현황

구분	작업	작업시간(일)	먼저 행해져야 할 작업
가	세미나 장소 세팅	1	바
나	현수막 제작	2	다, 마
다	세미나 발표자 선정	1	라
라	세미나 기본계획 수립	2	없음
마	세미나 장소 선정	3	라
바	초청자 확인	2	나

48 현수막 제작을 시작하기 위해서는 최소 며칠이 필요하겠는가?

① 3일 ② 4일
③ 5일 ④ 6일

49 세미나 기본계획 수립에서 세미나 장소 세팅까지 모든 작업을 마치는 데 필요한 시간은?

① 10일 ② 11일
③ 12일 ④ 13일

50 ○○정유회사에 근무하는 N씨는 상사로부터 다음과 같은 지시를 받았다. 다음 중 N씨가 표를 구성할 방식으로 가장 적절한 것은?

> 상사 : 이 자료를 간단하게 표로 작성해 줘. 다른 부분은 필요 없고, 어제 원유의 종류에 따라 전일 대비 각각 얼마씩 오르고 내렸는지 그 내용만 있으면 돼. 우리나라는 전국 단위만 표시하도록 하고. 한눈에 자료의 내용이 들어올 수 있도록, 알겠지?

자료
주요 국제유가는 중국의 경제성장률이 시장 전망치와 큰 차이를 보이지 않으면서 사흘째 올랐다. 우리나라 유가는 하락세를 지속했으나, 다음 주에는 상승세로 전환될 전망이다. 　한국석유공사는 오늘(14일) 석유정보망(http://www.petronet.co.kr/)을 통해 13일 미국 뉴욕상업거래소에서 8월 인도분 서부텍사스산 원유(WTI)는 배럴당 87.10달러로 전날보다 1.02달러 오르면서 장을 마쳤다며 이같이 밝혔다. 또한 영국 런던 ICE선물시장에서 북해산 브렌트유도 배럴당 102.80달러로 전날보다 1.73달러 상승세로 장을 마감했다. 　이는 중국의 지난 2 · 4분기 국내총생산(GDP)이 작년 동기 대비 7.6% 성장, 전분기(8.1%)보다 낮아졌으며 시장 전망을 벗어나지 않으면서 유가 상승세를 이끌었다고 공사측은 분석했다. 이로 인해 중국 정부가 추가 경기 부양에 나설 것이라는 전망도 유가상승에 힘을 보탰다. 　13일 전국 주유소의 리터(ℓ)당 평균 휘발유가격은 1천892.14원, 경유가격은 1천718.72원으로 전날보다 각각 0.20원, 0.28원 떨어졌다. 이를 지역별로 보면 휘발유가격은 현재 전날보다 소폭 오른 경기 · 광주 · 대구를 제외하고 서울(1천970.78원, 0.02원↓) 등 나머지 지역에서는 인하됐다. 　한편, 공사는 내주(15일~21일) 전국 평균 휘발유가격을 1천897원, 경유가격을 1천724원으로 예고, 이번 주 평균가격보다 각각 3원, 5원 오를 전망이다.

①

원유 종류	13일 가격	전일 대비
WTI	87.10 (달러/배럴)	▲ 1.02
북해산 브렌트유	102.80 (달러/배럴)	▲ 1.73
전국 휘발유	1892.14 (원/리터)	▼ 0.20
전국 경유	1718.72 (원/리터)	▼ 0.28

②

원유 종류	13일 가격	자료출처
WTI	87.10 (달러/배럴)	
북해산 브렌트유	102.80 (달러/배럴)	석유정보망 (http://www.petronet.co.kr/)
전국 휘발유	1892.14 (원/리터)	
전국 경유	1718.72 (원/리터)	

③

원유 종류	13일 가격	등락 폭
전국 휘발유	1892.14 (원/리터)	0.20 하락
서울 휘발유	1970.78 (원/리터)	0.02 하락
경기 · 광주 · 대구 휘발유	1718.12 (원/리터)	0.28상승

④

원유 종류	13일 가격	전일 대비
전국 휘발유	1897 (원/리터)	▲ 3.0
전국 경유	1724 (원/리터)	▲ 5.0
서울 휘발유	1970.78 (원/리터)	▼ 0.02
경기 · 광주 · 대구 휘발유	1717.12 (원/리터)	▲ 0.28

1 甲 사무관은 빈곤과 저출산 문제를 해결하기 위한 대안을 분석 중이다. 이에 대해 마련한 대안 중 예산의 규모가 가장 큰 대안은 무엇인가?

> • 전체 1,500가구는 자녀 수에 따라 네 가지 유형으로 구분할 수 있는데, 그 구성은 무자녀 가구 300가구, 한 자녀 가구 600가구, 두 자녀 가구 500가구, 세 자녀 이상 가구 100가구이다.
> • 전체 가구의 월 평균 소득은 200만 원이다.
> • 각 가구 유형의 30%는 맞벌이 가구이다.
> • 각 가구 유형의 20%는 빈곤 가구이다.

① 모든 빈곤 가구에게 전체 가구 월 평균 소득의 25%에 해당하는 금액을 가구당 매월 지급한다.

② 한 자녀 가구에는 10만 원, 두 자녀 가구에는 20만 원, 세 자녀 이상 가구에는 30만 원을 가구당 매월 지급한다.

③ 자녀가 있는 모든 맞벌이 가구에 자녀 1명당 30만 원을 매월 지급한다. 다만, 세 자녀 이상의 맞벌이 가구에는 일률적으로 가구당 100만 원을 매월 지급한다.

④ 자녀가 2명인 맞벌이 가구에는 40만 원을, 세 자녀 이상인 맞벌이 가구에는 80만 원을 매월 지급하며, 빈곤 가구에 가구당 매월 10만 원씩 추가 지급한다.

2 다음은 ○○전시회의 입장료와 할인 사항에 관한 내용이다. 〈보기〉의 사항 중 5인 입장권을 사용하는 것이 유리한 경우를 모두 고르면?

〈전시회 입장료〉

(단위 : 원)

	평일(월~금)	주말(토 · 일 및 법정공휴일)
성인	25,800	28,800
청소년 (만 13세 이상 및 19세 미만)	17,800	18,800
어린이 (만 13세 미만)	13,800	13,800

- 평일에 성인 3명 이상 방문 시 전체 요금의 10% 할인
  (평일은 법정공휴일을 제외한 월~금요일을 의미함)
- 성인, 청소년, 어린이를 구분하지 않는 5인 입장권을 125,000원에 구매 가능(요일 구분 없이 사용 가능하며, 5인 입장권 사용 시 다른 할인 혜택은 적용되지 않음)
- 주말에 한하여 통신사 할인 카드 사용 시 전체 요금의 15% 할인(단, 통신사 할인 카드는 乙과 丙만 가지고 있음)

〈보기〉
㉠ 甲이 3월 1일(법정공휴일)에 자신을 포함한 성인 4명 및 청소년 3명과 전시회 관람
㉡ 乙이 법정공휴일이 아닌 화요일에 자신을 포함한 성인 6인과 청소년 2인과 전시회 관람
㉢ 丙이 토요일에 자신을 포함한 성인 5명과 청소년 2명과 전시회 관람
㉣ 丁이 법정공휴일이 아닌 목요일에 자신을 포함한 성인 5명 및 어린이 1명과 전시회 관람

① ㉠
② ㉡
③ ㉡, ㉢
④ ㉢

┃3~4┃ 다음을 신사업 추진을 위해 도시를 선정하기 위한 기준에 대한 자료이다. 이어지는 물음에 답하시오.

○ 선정기준
- 심사의 평가지표는 '지원평가'와 '실적점수' 두 부문으로 구분된다.
- 지원평가는 7가지 조건(조례안, 중장기 수립계획, 여론호감도, 전담부서, 협의회 운영, 기술지원, 결의문 채택) 중 5개 이상이 충족되어야 하고, 대응투자액으로 1억 원 이상을 확보해야 통과된다.
- 실적점수는 기술력 추진 전략·기획에 대한 평가를 중심으로 하며, 심사위원(ㄱ, ㄴ, ㄷ, ㄹ, ㅁ)별 점수 중 최고점과 최저점을 제외한 나머지 점수의 합계로 산출한다.
- 지원평가를 통과한 도시 중 실적이 높은 순으로 5개의 도시가 선정되나, 실적점수가 같은 도시가 있을 경우 모두 선정하고 권역별 안배를 고려하여 각 권역별 최소 1개 이상의 도시가 선정되어야 한다.

〈지원평가 : 지원도시별 현황〉

(단위 : 천원)

권역	도시	대응 투자액	기반평가 조건 충족 여부						
			조례안	중장기 수립계획	여론 호감도	전담부서 유무	협의회 운영	기술 지원	결의문 채택
I	A	52,383	O	X	X	O	X	O	X
	B	191,300	O	O	O	O	O	X	O
	C	432,423	X	O	X	X	O	O	O
II	D	300,000	O	O	O	O	X	O	O
	E	100,000	O	O	O	O	O	O	O
	F	160,000	O	X	O	X	O	O	X
III	G	150,000	O	O	X	X	O	O	O
	H	100,000	O	O	O	O	X	X	O
IV	I	70,000	O	O	X	O	O	O	X
	J	123,000	X	O	O	O	O	X	O

〈실적점수〉

(단위 : 점)

	ㄱ	ㄴ	ㄷ	ㄹ	ㅁ
A	97	87	90	80	60
B	86	90	87	70	95
C	46	55	61	43	87
D	97	60	55	80	65
E	91	90	57	50	55
F	67	90	77	40	80
G	55	87	65	45	95
H	81	40	67	55	78
I	90	96	60	80	80
J	95	90	56	70	55

3 주어진 자료에 따라 선정된 5개의 도시를 실적점수가 높은 순으로 나열한 것으로 바른 것은?

① B, A, F, J, G

② B, A, J, G, D

③ B, J, G, D, E

④ B, F, J, G, D

4 제시된 조건에서 전 도시에 대응투자액이 3000만 원씩 증액 되었을 때 선정된 5개의 도시를 실적점수가 높은 순으로 나열한 것으로 바른 것은?

① B, A, F, J, G

② B, I, J, G, D

③ B, J, G, D, E

④ B, F, J, G, D

5 다음 중 예산 관리에 대한 설명으로 옳은 것을 모두 고르면?

> ㉠ 예산은 과거의 실적, 사업목표, 미래 사업 방향 등을 고려하여 수립한다.
> ㉡ 예산의 수립은 예산 관리자와 사용자 간의 협상이라고 볼 수 있다.
> ㉢ 예산 관리 능력이란 기업 활동에서 필요한 예산에 관계되는 능력이다.
> ㉣ 직접비용은 서비스 제공, 제품 생산을 위해 직접 소비된 비용으로 광고비, 공과금, 인건비 등이 있다.

① ㉠, ㉡

② ㉠, ㉡, ㉢

③ ㉡, ㉢

④ ㉡, ㉢, ㉣

6 W는 다음 주 회사 워크숍을 위해 버스 대절을 비용을 알아보고 있다. 총 탑승 인원은 25명이며 출발지부터 도착지까지 왕복 4시간이 걸리고 그 중간에 1시간 정도 식사시간과 워크숍 진행 시간이 4시간 정도 된다. 운행비 외의 조건이 모두 같은 ㈎~㈢버스사의 총 비용 순서대로 가장 바르게 나열한 것은?

> **[운행비 산정기준]**
> • 운행 시간은 대기시간을 포함하여 산정하고 운행거리는 출발지부터 도착지까지이다.
> • 기본 운행 시간은 3시간이고 괄호 안의 금액은 시간당 추가 금액이다.
>
> | 구분 | ㈎ 버스 (12,000) | ㈏ 버스 (10,000) | ㈐ 버스 (17,000) | ㈑ 버스 (20,000) | ㈒ 버스 (15,000) |
> |---|---|---|---|---|---|
> | 20인승 | 100,000 | 120,000 | 120,000 | 90,000 | 90,000 |
> | 28인승 | 140,000 | 140,000 | 150,000 | 130,000 | 160,000 |
> | 45인승 | 190,000 | 230,000 | 160,000 | 200,000 | 210,000 |

① ㈎버스 = ㈑버스 < ㈏버스 < ㈒버스 < ㈐버스

② ㈏버스 < ㈎버스 < ㈒버스 = ㈑버스 < ㈐버스

③ ㈐버스 < ㈏버스 < ㈎버스 < ㈑버스 < ㈒버스

④ ㈏버스 < ㈒버스 < ㈑버스 < ㈎버스 < ㈑버스

7 귀하는 OO 공단의 홍보 담당자인 L 사원이다. 아래의 자료를 근거로 판단할 때, L 사원이 선택할 4월의 광고수단은?

-주어진 예산은 월 3천만 원이며, L 사원은 월별 광고효과가 가장 큰 광고수단 하나만을 택한다.
-광고비용이 예산을 초과하면 해당 광고수단은 선택하지 않는다.
-광고효과는 아래와 같이 계산한다.

$$광고효과 = \frac{총\ 광고\ 횟수 \times 회당\ 광고\ 노출자\ 수}{광고비용}$$

-광고수단은 한 달 단위로 선택된다.

광고수단	광고 횟수	회당 광고 노출자 수	월 광고비용(천 원)
TV	월 3회	100만 명	30,000
버스	일 1회	10만 명	20,000
KTX	일 70회	1만 명	35,000
지하철	일 60회	2천 명	25,000
포털사이트	일 50회	5천 명	30,000

① 포털사이트

② 버스

③ KTX

④ 지하철

8 귀하는 OO문화재단 문화시설 운영 담당자이다. 다음 글을 근거로 판단할 때 OO문화재단에서 운영할 프로그램은?

> OO문화재단은 학생들의 창의력을 증진시키기 위해 '창의 테마파크'를 운영하고자 한다. 이를 위해 다음과 같은 프로그램을 후보로 정했다.
>
> | 분야 | 프로그램 명 | 전문가 점수 | 학생 점수 |
> |------|------------|-----------|----------|
> | 미술 | 내 손으로 만드는 동물 | 26 | 32 |
> | 인문 | 세상을 바꾼 생각들 | 31 | 18 |
> | 무용 | 스스로 창작 | 37 | 25 |
> | 인문 | 역사랑 놀자 | 36 | 28 |
> | 음악 | 연주하는 교실 | 34 | 34 |
> | 연극 | 연출노트 | 32 | 30 |
> | 미술 | 창의 예술학교 | 40 | 25 |
> | 진로 | 항공체험 캠프 | 30 | 35 |
>
> • 전문가와 학생은 후보로 선정된 프로그램을 각각 40점 만점제로 우선 평가하였다.
> • 전문가 점수와 학생 점수의 반영 비율을 3 : 2로 적용하여 합산한 후, 하나밖에 없는 분야에 속한 프로그램에는 취득 점수의 30%를 가산으로 부여한다.
> • OO문화재단은 가장 높은 점수를 받은 프로그램을 최종 선정하여 운영한다.

① 연주하는 교실
② 항공체험 캠프
③ 스스로 창작
④ 창의 예술학교

9 S사의 재고 물품 보관 창고에는 효율적인 물품 관리에 대한 기준이 마련되어 있다. 다음 중 이 기준에 포함될 내용으로 가장 적절하지 않은 것은?

① 물품의 입고일을 기준으로 오래된 것은 안쪽에, 새로 입고된 물품은 출입구 쪽에 보관해야 한다.

② 동일한 물품은 한 곳에, 유사한 물품은 인접한 장소에 보관하고 동일성이 떨어지는 물품일수록 보관 장소도 멀리 배치한다.

③ 당장 사용해야 할 물품과 한동안 사용하지 않을 것으로 예상되는 물품을 구분하여 각기 다른 장소에 보관한다.

④ 물품의 재질을 파악하여 동일 재질의 물품을 한 곳에, 다른 재질의 물품을 다른 곳에 각각 보관한다.

10 R사에서는 2024년의 예산 신청 금액과 집행 금액의 차이가 가장 적은 팀부터 2025년의 예산을 많이 분배할 계획이다. 5개 팀의 2024년 예산 관련 내역이 다음과 같을 때, 2025년의 예산을 가장 많이 분배받게 될 팀과 가장 적게 분배받게 될 팀을 순서대로 올바르게 짝지은 것은 어느 것인가?

〈2024년의 예산 신청 내역〉

(단위 : 백만 원)

영업2팀	영업3팀	유통팀	물류팀	조달팀
26	24	32	29	30

〈2024년의 예산 집행률〉

(단위 : %)

영업2팀	영업3팀	유통팀	물류팀	조달팀
115.4	87.5	78.1	87.9	98.3

* 예산 집행률=집행 금액÷신청 금액×100

① 조달팀, 영업3팀

② 유통팀, 조달팀

③ 유통팀, 영업2팀

④ 조달팀, 유통팀

11 S사에서는 일정한 기준과 지점별 특성에 근거하여 다음과 같이 각 지점별 선정자에게 자녀 학자금을 지급한다. 지난달에는 이 중 총 6명에게 모두 최대지급액이 지급되어 총 학자금 지급액이 954만 원이었다. 이 경우 각 지점별 학자금 현황에 대한 올바른 설명이 아닌 것은 어느 것인가? (동일 지점에 2명 이상이 지급받을 수도 있다.)

학자금 지급 대상 지점	최대지급액
제주 A지점	260만 원
제주 B지점	260만 원
전라 C지점	260만 원
경상 D지점	260만 원
강원 E지점	195만 원
충청 F지점	184만 원
충청 G지점	184만 원
인천 H지점	60만 원
경기 전 지점	43만 원

① 모두 네 개의 서로 다른 지점의 직원들에게 학자금이 지급되었다.

② 2명 이상이 학자금을 받은 지점은 2곳이다.

③ 충청 F지점 또는 충청 G지점에 속한 직원이 적어도 1명은 포함되어 있다.

④ 도표의 위에서부터 제주 A지점~경상 D지점에 속하는 직원이 적어도 2명 이상이 포함되어 있다.

12 서 과장은 휴일을 맞아 A지역까지 나들이를 다녀오기 위해 렌터카를 이용하고자 한다. 서 과장이 알아본 렌터카 업체의 조건이 다음과 같을 때, 서 과장이 선택할 수 있는 가장 저렴한 이용 방법을 올바르게 설명한 것은 어느 것인가?

〈차량 렌트 비용〉

차종	업체	비용	연료비
S형	쌩쌩 렌터카	90,000원/1일	연료비 본인 부담
T형	고고 렌터카	50,000원/1일	1km당 300원

* 쌩쌩 렌터카 S형 차량 연비 : 10km/1L, 연료비 : 1,500원/1L
* A지역까지의 거리 : 편도 300km (차량은 A지역까지의 왕복 이동에만 사용한다)

① 총 33만 원의 비용으로 생쌩 렌터카를 이용한다.
② 총 18만 원의 비용으로 쌩쌩 렌터카를 이용한다.
③ 총 18만 원의 비용으로 고고 렌터카를 이용한다.
④ 총 23먼 원의 비용으로 쌩쌩 렌터카를 이용한다.

13 '갑'시에 위치한 B공사 권 대리는 다음과 같은 일정으로 출장을 계획하고 있다. 출장비 지급 내역에 따라 권 대리가 받을 수 있는 출장비의 총액은 얼마인가?

〈지역별 출장비 지급 내역〉

출장 지역	일비	식비
'갑'시	15,000원	15,000원
'갑'시 외 지역	23,000원	17,000원

* 거래처 차량으로 이동할 경우, 일비 5,000원 차감
* 오후 일정 시작일 경우, 식비 7,000원 차감

〈출장 일정〉

출장 일자	지역	출장 시간	이동계획
화요일	'갑'시	09:00~18:00	거래처 배차
수요일	'갑'시 외 지역	10:30~16:00	대중교통
금요일	'갑'시	14:00~19:00	거래처 배차

① 75,000원
② 78,000원
③ 83,000원
④ 85,000원

14 다음은 甲대학의 학사규정이다. 甲대학의 학생이 재적할 수 있는 최장기간과 甲대학에 특별입학 학생이 해외 어학연수 없이 재적할 수 있는 최장기간으로 알맞은 것은?

〈甲 대학 학사규정〉

제1조(목적) 이 규정은 졸업을 위한 재적기간 및 수료연한을 정하는 것을 목적으로 한다.

제2조(재적기간과 수료연한)

① 재적기간은 입학 시부터 졸업 시까지의 기간으로 휴학기간을 포함한다.

② 졸업을 위한 수료연한은 4년으로 한다. 다만 다음 각 호의 경우에는 수료연한을 달리할 수 있다.

    1. 외국인 유학생은 어학습득을 위하여 수료연한을 1년 연장하여 5년으로 할 수 있다.

    2. 특별입학으로 입학한 학생은 2년차에 편입되며 수료연한은 3년으로 한다. 다만 특별입학은 내국인에 한한다.

③ 수료와 동시에 졸업한다.

제3조(휴학)

① 휴학은 일반휴학과 해외 어학연수를 위한 휴학으로 구분한다.

② 일반휴학은 해당 학생의 수료연한의 2분의 1을 초과할 수 없으며, 6개월 단위로만 신청할 수 있다.

③ 해외 어학연수를 위한 휴학은 해당 학생의 수료연한의 2분의 1을 초과할 수 없으며, 1년 단위로만 신청할 수 있다.

① 9년, 4년

② 9년 6개월, 4년

③ 9년 6개월, 4년 6개월

④ 10년, 4년 6개월

4명으로 구성된 A팀은 해외출장을 계획하고 있다. A팀은 출장지에서의 이동수단 한 가지를 결정하려 한다. 이 때 A팀은 경제성, 용이성, 안전성의 총 3가지 요소를 고려하여 최종점수가 가장 높은 이동수단을 선택한다.

• 각 고려요소의 평가결과 '상' 등급을 받으면 3점을, '중' 등급을 받으면 2점을, '하' 등급을 받으면 1점을 부여한다. 단, 안전성을 중시하여 안전성 점수는 2배로 계산한다.

(예) 안전성 '하' 등급 2점)

• 경제성은 각 이동수단별 최소비용이 적은 것부터 상, 중, 하로 평가한다.

• 각 고려요소의 평가점수를 합하여 최종점수를 구한다.

〈이동수단별 평가표〉

이동수단	경제성	용이성	안전성
렌터카	?	상	하
택시	?	중	중
대중교통	?	하	중

〈이동수단별 비용계산식〉

이동수단	비용계산식
렌터카	(렌트비＋유류비)×이용 일수 －렌트비＝$50/1일(4인승 차량) －유류비＝$10/1일(4인승 차량)
택시	거리 당 가격($1/1마일)×이동거리(마일) －최대 4명까지 탑승가능
대중교통	대중교통패스 3일권($40/1인)×인원수

〈해외출장 일정〉

출장일정	이동거리(마일)
11월 1일	100
11월 2일	50
11월 3일	50

15 이동수단의 경제성이 높은 순서대로 나열한 것은?

① 대중교통 > 렌터카 = 택시
② 대중교통 > 렌터카 > 택시
③ 렌터카 > 대중교통 > 택시
④ 렌터카 > 택시 > 대중교통

16 A팀이 최종적으로 선택하게 될 최적의 이동수단의 종류와 그 비용으로 옳게 짝지은 것은?

① 렌터카, $180
② 렌터카, $160
③ 택시, $200
④ 대중교통, $160

17 다음 글을 근거로 판단할 때, ○○백화점이 한 해 캐롤 음원이용료로 지불해야 하는 최대 금액은?

> ○○백화점에서는 매년 크리스마스 트리 점등식(11월 네 번째 목요일) 이후 돌아오는 첫 월요일부터 크리스마스 (12월 25일)까지 백화점 내에서 캐롤을 틀어 놓는다(단, 휴점일 제외). 이 기간 동안 캐롤을 틀기 위해서는 하루에 2만 원의 음원이용료를 지불해야 한다. ○○백화점 휴점일은 매월 네 번째 수요일이지만, 크리스마스와 겹칠 경우에는 정상영업을 한다.

① 48만 원
② 52만 원
③ 58만 원
④ 60만 원

18 다음은 N사 판매관리비의 2분기 집행 내역과 3분기 배정 내역이다. 자료를 참고하여 판매관리비 집행과 배정 내역을 올바르게 파악하지 못한 것은 어느 것인가?

〈판매관리비 집행 및 배정 내역〉

(단위 : 원)

항목	2분기	3분기
판매비와 관리비	236,820,000	226,370,000
직원급여	200,850,000	195,000,000
상여금	6,700,000	5,700,000
보험료	1,850,000	1,850,000
세금과 공과금	1,500,000	1,350,000
수도광열비	750,000	800,000
잡비	1,000,000	1,250,000
사무용품비	230,000	180,000
여비교통비	7,650,000	5,350,000
퇴직급여충당금	15,300,000	13,500,000
통신비	460,000	620,000
광고선전비	530,000	770,000

① 직접비와 간접비를 합산한 3분기의 예산 배정액은 전 분기보다 10% 이내로 감소하였다.

② 간접비는 전 분기의 5%에 조금 못 미치는 금액이 증가하였다.

③ 3분기에는 인건비 감소로 인하여 직접비 배정액이 감소하였다.

④ 3분기에는 직접비와 간접비가 모두 2분기 집행 내역보다 더 많이 배정되었다.

19 다음은 H사의 품목별 4~5월 창고 재고현황을 나타낸 표이다. 다음 중 재고현황에 대한 올바른 설명이 아닌 것은 어느 것인가?

(단위 : 장, 천 원)

Brand	재고	품목	SS			FW		
			수량	평균 단가	금액	수량	평균 단가	금액
Sky peak	4월 재고	Apparel	1,350	33	44,550	850	39.5	33,575
		Footwear	650	25	16,250	420	28	11,760
		Equipment	1,800	14.5	26,100	330	27.3	9,009
		소계	3,800		86,900	1,600		54,344
	5월 입고	Apparel	290	32	9,280	380	39.5	15,010
		Footwear	110	22	2,420	195	28	5,460
		Equipment	95	16.5	1,567.5	210	27.3	5,733
		소계	495		13,267.5	785		26,203
		Apparel	1,640	32.8	53,792	1,230	79	97,170
		Footwear	760	24.5	18,620	615	56	34,440
		Equipment	1,895	14.7	27,856.5	540	54.6	29,484
		총계	4,295		100,268.5	2,385		161,094

① 5월에는 모든 품목의 FW 수량이 SS 수량보다 더 많이 입고되었다.

② 6월 초 창고에는 SS 품목의 수량과 재고 금액이 FW보다 더 많다.

③ 품목별 평균 단가가 높은 순서는 SS와 FW가 동일하다.

④ 입고 수량의 많고 적음이 재고 수량의 많고 적음에 따라 결정된 것은 아니다.

20 '국외부문 통화와 국제수지'에 대한 다음 설명을 참고할 때, 〈보기〉와 같은 네 개의 대외거래가 발생하였을 경우에 대한 설명으로 올바른 것은 어느 것인가?

> 모든 대외거래를 복식부기의 원리에 따라 체계적으로 기록한 국제수지표상의 경상수지 및 자본수지는 거래의 형태에 따라 직·간접적으로 국외부문 통화에 영향을 미치게 된다. 수출입 등의 경상적인 무역수지 및 서비스 수지 등의 거래는 외국환은행과의 외화 교환과정에서 국외부문 통화에 영향을 미치게 된다. 경상 및 자본수지 상의 민간, 정부의 수지가 흑자일 경우에는 민간 및 정부부문의 외화 총수입액이 총지급액을 초과한다는 것을 의미하므로 민간 및 정부부문은 이 초과 수입분을 외국환은행에 원화를 대가로 매각한다. 이 과정에서 외국환은행은 외화자산을 늘리면서 이에 상응한 원화를 공급한다. 즉 외국환은행은 국외순자산을 늘리고 이에 상응한 원화를 비은행 부문으로 공급하게 된다. 반대로 적자일 경우 외국환은행은 외화자산을 줄이면서 원화를 환수하게 된다.

〈보기〉

- 상품 A를 100달러에 수출
- 상품 B를 50달러에 수입
- C 기업이 외화단기차입금 20달러를 상환
- D 외국환은행이 뱅크 론으로 50달러를 도입

---

① 경상수지는 120달러 흑자, 자본수지가 100달러 흑자로 나타나 총 대외수지는 220달러 흑자가 된다.

② 경상수지는 50달러 흑자, 자본수지가 70달러 적자로 나타나 총 대외수지는 20달러 적자가 된다.

③ 경상수지는 70달러 흑자, 자본수지가 150달러 적자로 나타나 총 대외수지는 80달러 적자가 된다.

④ 경상수지는 50달러 흑자, 자본수지가 30달러 흑자로 나타나 총 대외수지는 80달러 흑자가 된다.

21 사무실 2개를 임대하여 사용하던 M씨는 2개의 사무실을 모두 이전하고자 한다. 다음과 같은 조건을 참고할 때, M씨가 주인과 주고받아야 할 금액에 대한 올바른 설명은 어느 것인가? (모든 계산은 소수점 이하 절사하여 원 단위로 계산함)

> 큰 사무실 임대료 : 54만 원
> 작은 사무실 임대료 : 35만 원
> 오늘까지의 이번 달 사무실 사용일 : 10일
> • 임대료는 부가세와 함께 입주 전 선불 계산한다.
> • 임대료는 월 단위이며 항상 30일로 계산한다.
> • 부가세 별도
> • 보증금은 부가세 포함하지 않은 1개월 치 임대료이다.

① 사무실 주인으로부터 979,000원을 돌려받는다.
② 사무실 주인에게 326,333원을 지불한다.
③ 사무실 주인에게 652,667원을 지불한다.
④ 사무실 주인으로부터 1,542,667원을 돌려받는다.

22 업무상 발생하는 비용은 크게 직접비와 간접비로 구분하게 되는데, 그 구분 기준이 명확하지 않은 경우도 있고 간혹 기준에 따라 직접비로도 간접비로도 볼 수 있는 경우가 있다. 다음에 제시되는 글을 토대로 할 때, 직접비와 간접비를 구분하는 가장 핵심적인 기준은 어느 것인가?

> • 인건비 : 해당 프로젝트에 투입된 총 인원수 및 지급 총액을 정확히 알 수 있으므로 직접비이다.
> • 출장비 : 출장에 투입된 금액을 해당 오더 건별로 구분할 수 있으므로 직접비이다.
> • 보험료 : 자사의 모든 수출 물품에 대한 해상보험을 연 단위 일괄적으로 가입했으므로 간접비이다.
> • 재료비 : 매 건별로 소요 자재를 산출하여 그에 맞는 양을 구입하였으므로 직접비이다.
> • 광고료 : 경영상 결과물과 자사 이미지 제고 등 전반적인 경영활동을 위한 것이므로 간접비이다.
> • 건물관리비 : 건물을 사용하는 모든 직원과 눈에 보이지 않는 회사 업무 자체를 위한 비용이므로 간접비이다.

① 생산물의 생산 과정에 기여한 몫으로 추정이 가능한 것이냐의 여부
② 생산물의 생산 완료 전 또는 후에 투입되었는지의 여부
③ 생산물의 가치에 차지하는 비중이 일정 기준을 넘느냐의 여부
④ 생산물의 생산에 필수적인 비용이냐의 여부

| 23~24 | 甲과 乙은 산양우유를 생산하여 판매하는 ○○목장에서 일한다. 다음을 바탕으로 물음에 답하시오.

- ○○목장은 A~D의 4개 구역으로 이루어져 있으며 산양들은 자유롭게 다른 구역을 넘나들 수 있지만 목장을 벗어나지 않는다.
- 甲과 乙은 산양을 잘 관리하기 위해 구역별 산양의 수를 파악하고 있어야 하는데, 산양들이 계속 구역을 넘나들기 때문에 산양의 수를 정확히 헤아리는 데 어려움을 겪고 있다.
- 고민 끝에 甲과 乙은 시간별로 산양의 수를 기록하되, 甲은 특정 시간 특정 구역의 산양의 수만을 기록하고, 乙은 산양이 구역을 넘나들 때마다 그 시간과 그때 이동한 산양의 수를 기록하기로 하였다.
- 甲과 乙이 같은 날 오전 9시부터 오전 10시 15분까지 작성한 기록표는 다음과 같으며, ㉠~㉣을 제외한 모든 기록은 정확하다.

甲의 기록표			乙의 기록표		
시간	구역	산양 수	시간	구역 이동	산양 수
09:10	A	17마리	09:08	B → A	3마리
09:22	D	21마리	09:15	B → D	2마리
09:30	B	8마리	09:18	C → A	5마리
09:45	C	11마리	09:32	D → C	1마리
09:58	D	㉠21마리	09:48	A → C	4마리
10:04	A	㉡18마리	09:50	D → B	1마리
10:10	B	㉢12마리	09:52	C → D	3마리
10:15	C	㉣10마리	10:05	C → B	2마리

- 구역 이동 외의 산양의 수 변화는 고려하지 않는다.

23 ㉠~㉣ 중 옳게 기록된 것만을 고른 것은?

① ㉠, ㉡

② ㉠, ㉢

③ ㉡, ㉢

④ ㉡, ㉣

24 ○○목장에서 키우는 산양의 총 마리 수는?

① 59마리

② 60마리

③ 61마리

④ 62마리

25 재화와 서비스는 일반적으로 '경합성'과 '배제성'을 갖는다. 경합성은 한 사람이 더 많이 소비하면 다른 사람의 소비가 줄어드는 특성을 말하며, 배제성은 대가를 지불하지 않은 사람을 사용에서 제외할 수 있는 속성을 말한다. 이를 참고할 때, 다음 도표의 A~D재화에 대한 <u>올바르지 못한</u> 설명을 〈보기〉에서 모두 고른 것은 어느 것인가?

구분		배제성	
		유	무
경합성	유	A재	B재
	무	C재	D재

〈보기〉

㈎ A재는 시장에서 거래되기가 어렵다.

㈏ B재는 필요 이상으로 과다하게 소비될 가능성이 크다.

㈐ C재의 소비 과정에서는 무임 승차자의 문제가 발생하기 쉽다.

㈑ D재는 사회적으로 필요한 수준보다 과다 생산되는 경향이 있다.

① ㈎, ㈏

② ㈏, ㈐

③ ㈎, ㈐, ㈑

④ ㈏, ㈐, ㈑

26 다음 〈보기〉에서 물적자원(자연자원과 인공자원을 포함) 관리의 중요성을 적절하게 인식한 설명을 모두 고른 것은 어느 것인가?

> 〈보기〉
>
> (개) 사용하고 남은 전선류 및 기자재들을 함부로 버리는 일이 없도록 폐자재 처리 매뉴얼을 준수하고 있는 지 자재 창고 담당자에게 문의하여 확인해 둔다.
>
> (내) 전력 수요가 많지 않은 시기에도 언제 닥칠지 모르는 재난 상황에 대비해 항상 예비 전력 보관을 잘 하고 있는 지 챙겨 본다.
>
> (대) 장기 보관 시 소장 가치 상승이 예상되어 자원으로 활용하기보다 가급적 가치 제고를 통한 자산 증가를 유도한다.
>
> (래) 확보 즉시 소모해야 하는 자재가 아니라면, 항상 최소 재고분을 보유하여 비상 상황과 고객의 요구에 대응할 수 있도록 준비해 둔다.

① (내), (대)

② (개), (대), (래)

③ (내), (래)

④ (개), (내), (래)

27 다음은 A대리가 인터넷 쇼핑을 하던 중, 가격 비교 사이트에서 얻은 정보이다. 다음 정보를 참고할 때, 빈 칸 (가), (나)에 들어갈 쇼핑몰이 순서대로 알맞게 나열된 것은 어느 것인가?

> 고객님께서 문의하신 상품의 가격은 인터넷 쇼핑몰 A, B, C, D 모두에서 개당 3만 원이며, 배송료도 1만 원(구입 개수에 관계없음)으로 동일합니다. 단, 쇼핑몰별로 할인 정책들이 다음과 같이 실시되고 있습니다.
>
> | 쇼핑몰 | 할인정책 |
> |---|---|
> | A | 배송료만큼 할인 |
> | B | 3개 구입할 때마다 1만 원 할인 |
> | C | 6개 이상 구입 시 1개 추가 증정 |
> | D | 상품 가격의 10% 할인 |
>
> 이상의 정보를 감안할 때, 4개가 필요하신 경우, 쇼핑몰 (가)를 선택하시는 것이 합리적입니다. 만약 7개가 필요하시면 쇼핑몰 (나)를 선택하시는 것이 더 유리합니다.

① A, C

② B, A

③ B, B

④ D, C

28 A기업은 총 3개의 광구에서 원유를 생산하여 공급하며, 광구별 배럴당 생산 비용과 1일 최대 생산량은 다음과 같다. 이 경우, A기업의 원유 공급에 대한 추론으로 올바른 것은 어느 것인가?

구분	배럴당 생산 비용	1일 최대 생산량
1광구	40달러	50만 배럴
2광구	50달러	20만 배럴
3광구	60달러	30만 배럴

① 시장 가격이 배럴당 35달러면 1광구에서만 생산이 이루어진다.

② 시장 가격이 배럴당 55달러면 A기업 원유의 1일 총 공급량은 20만 배럴이다.

③ 시장 가격이 배럴당 55달러에서 65달러로 상승하면 A기업 원유의 1일 총 공급량은 30만 배럴 증가한다.

④ A기업 원유의 1일 총 공급량이 70만 배럴일 때의 시장 가격은 50달러 미만이다.

▎29~30▎ 다음은 H사가 내부적으로 정해 놓은 입찰 관련 평가 자료이다. 다음 자료를 보고 이어지는 물음에 답하시오.

〈물품 공급 입찰 관련 평가 기준〉

–입찰 예정액 : 1,000만 원(모든 비용 포함)
–다음 각 평가 항목의 점수가 가장 높은 업체를 우선협상 대상자로 선정

1. 평가항목(항목 당 점수를 비율에 맞는 환산 점수로 바꾸어 적용)

   서류 검토 40% – 공급 수행 능력 평가, 사실여부 판단
   입찰 가격 40% – 원/부자재 등의 표준 고시 가격 대비 적용 비율
   경력 검토 20% – 연간 수주실적 및 이행 경험 확인

2. 가격

가격(만 원)	550 미만	550~649	650~749	750~849	850~999	1,000이상
점수	100	95	90	85	80	75

3. 경력(실적 건수)

실적(건)	15건 이상	13~14	12~10	7~9	5~6	5건 미만
점수	100	95	90	85	80	75

29 입찰에 참여한 다음의 4개 업체 평가 결과가 다음과 같다. 우선협상 대상자로 선정될 업체는 어느 업체인가?

	서류 검토	가격(만 원)	실적(건)
A실업	90	730	13
B물산	87	630	10
C기획	89	745	12
D산업	86	545	8

① A실업

② B물산

③ C기획

④ D산업

30 위의 4개 참여 업체 중, 최하위를 기록한 업체가 우선협상 대상자가 되기 위하여 좀 더 분발했어야 하는 다음의 조건 중 적절한 것은 어느 것인가? (언급되지 않은 다른 조건은 모두 동일하다고 가정)

① 서류 검토 점수에서 3점을 더 얻었다면 우선협상 대상자가 될 수 있었다.

② 입찰 가격을 50만 원 낮추고 실적 건수가 1건만 더 있었으면 우선협상 대상자가 될 수 있었다.

③ 실적 건수가 1건만 더 있고 서류 검토 점수가 1점만 높았어도 우선협상 대상자가 될 수 있었다.

④ 입찰 가격을 100만 원만 낮추었어도 우선협상 대상자가 될 수 있었다.

▌31~32▌ S사 홍보팀에서는 사내 행사를 위해 다음과 같이 3개 공급업체로부터 경품1과 경품2에 대한 견적서를 받아보았다. 행사 참석자가 모두 400명이고 1인당 경품1과 경품2를 각각 1개씩 나누어 주어야 한다. 다음 자료를 보고 질문에 답하시오.

공급처	물품	세트 당 포함 수량(개)	세트 가격
A업체	경품1	100	85만 원
	경품2	60	27만 원
B업체	경품1	110	90만 원
	경품2	80	35만 원
C업체	경품1	90	80만 원
	경품2	130	60만 원

-A 업체 : 경품2 170만 원 이상 구입 시, 두 물품 함께 구매하면 총 구매가의 5% 할인

-B 업체 : 경품1 350만 원 이상 구입 시, 두 물품 함께 구매하면 총 구매가의 5% 할인

-C 업체 : 경품1 350만 원 이상 구입 시, 두 물품 함께 구매하면 총 구매가의 20% 할인

* 모든 공급처는 세트 수량으로만 판매한다.

31 홍보팀에서 가장 저렴한 가격으로 인원수에 모자라지 않는 수량의 물품을 구매할 수 있는 공급처와 공급가격은 어느 것인가?

① A업체 / 5,000,500원

② A업체 / 5,025,500원

③ B업체 / 5,082,500원

④ B업체 / 5,095,000원

32 다음 중 C업체가 S사의 공급처가 되기 위한 조건으로 적절한 것은 어느 것인가?

① 경품1의 세트 당 포함 수량을 100개로 늘린다.

② 경품2의 세트 당 가격을 2만 원 인하한다.

③ 경품1의 세트 당 수량을 85개로 줄인다.

④ 경품1의 세트 당 가격을 5만 원 인하한다.

33 길동이는 크리스마스를 맞아 그동안 카드 사용 실적에 따라 적립해 온 마일리지를 이용해 국내 여행(편도)을 가려고 한다. 길동이의 카드 사용 실적과 마일리지 관련 내역이 다음과 같을 때의 상황에 대한 올바른 설명은 어느 것인가?

〈카드 적립 혜택〉

-연간 결제금액이 300만 원 이하 : 10,000원당 30마일리지
-연간 결제금액이 600만 원 이하 : 10,000원당 40마일리지
-연간 결제금액이 800만 원 이하 : 10,000원당 50마일리지
-연간 결제금액이 1,000만 원 이하 : 10,000원당 70마일리지

* 마일리지 사용 시점으로부터 3년 전까지의 카드 실적을 기준으로 함.

〈길동이의 카드 사용 내역〉

-재작년 결제 금액 : 월 평균 45만 원
-작년 결제 금액 : 월 평균 65만 원

〈마일리지 이용 가능 구간〉

목적지	일반석	프레스티지석	일등석
울산	70,000	90,000	95,000
광주	80,000	100,000	120,000
부산	85,000	110,000	125,000
제주	90,000	115,000	130,000

---

① 올해 카드 결제 금액이 월 평균 80만 원이라면, 일등석을 이용하여 제주로 갈 수 있다.

② 올해 카드 결제 금액이 월 평균 60만 원이라면, 일등석을 이용하여 광주로 갈 수 없다.

③ 올해에 카드 결제 금액이 전무해도 일반석을 이용하여 울산으로 갈 수 있다.

④ 올해 카드 결제 금액이 월 평균 30만 원이라면, 프레스티지석을 이용하여 울산으로 갈 수 있다.

34 외국계 은행 서울지사에 근무하는 甲은 런던지사 乙, 시애틀지사 丙과 같은 프로젝트를 진행하면서 다음과 같이 영상업무회의를 진행하였다. 회의 시각은 런던을 기준으로 11월 1일 오전 9시라고 할 때, ㉠에 들어갈 일시는?(단, 런던은 GMT+0, 서울은 GMT+9, 시애틀은 GMT−7을 표준시로 사용한다)

> 甲 : 제가 프로젝트에서 맡은 업무는 오늘 오후 10시면 마칠 수 있습니다. 런던에서 받아서 1차 수정을 부탁드립니다.
>
> 乙 : 네, 저는 甲님께서 제시간에 끝내 주시면 다음날 오후 3시면 마칠 수 있습니다. 시애틀에서 받아서 마지막 수정을 부탁드립니다.
>
> 丙 : 알겠습니다. 저는 앞선 두 분이 제시간에 끝내 주신다면 서울을 기준으로 모레 오전 10시면 마칠 수 있습니다. 제가 업무를 마치면 프로젝트가 최종 마무리 되겠군요.
>
> 甲 : 잠깐, 다들 말씀하신 시각의 기준이 다른 것 같은데요? 저는 처음부터 런던을 기준으로 이해하고 말씀드렸습니다.
>
> 乙 : 저는 처음부터 시애틀을 기준으로 이해하고 말씀드렸는데요?
>
> 丙 : 저는 처음부터 서울을 기준으로 이해하고 말씀드렸습니다. 그렇다면 계획대로 진행될 때 서울을 기준으로 (㉠)에 프로젝트를 최종 마무리할 수 있겠네요.
>
> 甲, 乙 : 네, 맞습니다.

① 11월 2일 오후 3시
② 11월 2일 오후 11시
③ 11월 3일 오전 10시
④ 11월 3일 오후 7시

35 다음 글에서 암시하고 있는 '자원과 자원관리의 특성'을 가장 적절하게 설명한 것은 다음 보기 중 어느 것인가?

더 많은 토지를 사용하고 모든 농장의 수확량을 최고의 농민들이 얻은 수확량으로 올리는 방법으로 식량 공급을 늘릴 수 있다. 그러나 우리의 주요 식량 작물은 높은 수확량을 달성하기 위해 좋은 토양과 물 공급이 필요하며 생산 단계에 있지 않은 토지는 거의 없다. 실제로 도시의 스프롤 현상, 사막화, 염화 및 관개용으로 사용된 대수층의 고갈은 미래에 더 적은 토지가 농업에 제공될 수 있음을 암시한다. 농작물은 오늘날 사용되는 것보다 더 척박한 땅에서 자랄 수 있고, 수확량이 낮고 환경 및 생물 다양성이 저하될 환경일지도 모른다. 농작물의 수확량은 농장과 국가에 따라 크게 다르다. 예를 들어, 2022년 미국의 옥수수 평균 수확량은 10.0t/ha, 짐바브웨가 0.9t/ha였는데, 두 국가 모두 작물 재배를 위한 기후 조건은 비슷했다(2024년 유엔 식량 농업기구). 미국의 수확률이 다른 모든 나라의 목표겠지만 각국의 정책, 전문가의 조언, 종자 및 비료에 접근하는 데 크게 의존할 수밖에 없다. 그리고 그 중 어느 것도 새로운 농지에서 확실한 수확률을 보장하지는 않는다. 따라서 좋은 시기에는 수확 잠재력이 개선된 종자가 필요하지 않을 수도 있지만, 아무것도 준비하지 않는 건 위험하다. 실험실에서 혁신적인 방법을 개발하는 것과 그걸 바탕으로 농민에게 종자를 제공하는 것 사이에 20년에서 30년의 격차가 있다는 걸 감안할 때, 분자 공학과 실제 작물 육종 간의 격차를 줄이고 더 높은 수율을 달성하는 일은 시급하다.

① 누구나 동일한 자원을 가지고 있으며 그 가치와 밀도도 모두 동일하다.
② 특정 자원이 없음으로 해서 다른 자원을 확보하는 데 문제가 발생할 수 있다.
③ 자원은 유한하며 따라서 어떻게 활용하느냐 하는 일이 무엇보다 중요하다.
④ 무엇이 자원이며 자원을 관리하는 방법이 무엇인지를 모르는 것이 자원관리의 문제점이다.

36 J회사 관리부에서 근무하는 L씨는 소모품 구매를 담당하고 있다. 2024년 5월 중에 다음 조건하에서 A4용지와 토너를 살 때, 총 비용이 가장 적게 드는 경우는? (단, 2024년 5월 1일에는 A4용지와 토너는 남아 있다고 가정하며, 다 썼다는 말이 없으면 그 소모품들은 남아있다고 가정한다)

- A4용지 100장 한 묶음의 정가는 1만 원, 토너는 2만 원이다. (A4용지는 100장 단위로 구매함)
- J회사와 거래하는 ◇◇오피스는 매달 15일에 전 품목 20% 할인 행사를 한다.
- ◇◇오피스에서는 5월 5일에 A사 카드를 사용하면 정가의 10%를 할인해 준다.
- 총 비용이란 소모품 구매가격과 체감비용(소모품을 다 써서 느끼는 불편)을 합한 것이다.
- 체감비용은 A4용지와 토너 모두 하루에 500원이다.
- 체감비용을 계산할 때, 소모품을 다 쓴 당일은 포함하고 구매한 날은 포함하지 않는다.
- 소모품을 다 쓴 당일에 구매하면 체감비용은 없으며, 소모품이 남은 상태에서 새 제품을 구입할 때도 체감비용은 없다.

① 3일에 A4용지만 다 써서, 5일에 A사 카드로 A4용지와 토너를 살 경우

② 13일에 토너만 다 써서 당일 토너를 사고, 15일에 A4용지를 살 경우

③ 10일에 A4용지와 토너를 다 써서 15일에 A4용지와 토너를 같이 살 경우

④ 3일에 A4용지만 다 써서 당일 A4용지를 사고, 13일에 토너를 다 써서 15일에 토너만 살 경우

37 인사팀에 신입사원 민기씨는 회사에서 NCS채용 도입을 위한 정보를 얻기 위해 NCS기반 능력중심채용 설명회를 다녀오려고 한다. 민기씨는 오늘 오후 1시까지 김대리님께 보고서를 작성해서 드리고 30분 동안 피드백을 받기로 했다. 오전 중에 정리를 마치려면 시간이 빠듯할 것 같다. 다음에 제시된 설명회 자료와 교통편을 보고 민기씨가 생각한 것으로 틀린 것은?

최근 이슈가 되고 있는 공공기관의 NCS 기반 능력중심 채용에 관한 기업들의 궁금증 해소를 위하여 붙임과 같이 설명회를 개최하오니 많은 관심 부탁드립니다.
감사합니다.

-붙임-

설명회 장소	일시	비고
서울고용노동청(5층) 컨벤션홀	2024. 11. 15(금) PM 15:00~17:00	설명회의 원활한 진행을 위해 설명회시작 15분 뒤부터는 입장을 제한합니다.

오시는 길
지하철 : 2호선 을지로입구역 4번 출구(도보 10분 거리)
버스 : 149, 152번 ○○센터(도보 5분 거리)

• 회사에서 버스정류장 및 지하철역까지 소요시간

출발지	도착지	소요시간	
회사	×× 정류장	도보	30분
		택시	10분
	지하철역	도보	20분
		택시	5분

• 서울고용노동청 가는 길

교통편	출발지	도착지	소요시간
지하철	잠실역	을지로입구역	1시간(환승포함)
버스	×× 정류장	○○센터 정류장	50분(정체 시 1시간 10분)

① 택시를 타지 않아도 버스를 타고 가면 늦지 않게 설명회에 갈 수 있다.
② 어떤 방법으로 이동하더라도 설명회에 입장은 가능하다.
③ 정체가 되지 않는다면 버스를 타고 가는 것이 지하철보다 빠르게 갈 수 있다.
④ 택시를 이용할 경우 늦지 않게 설명회에 갈 수 있다.

38 아래의 내용을 읽고 이 같은 자원관리 활용과 관련성이 높은 항목을 고르면?

> 지난 2월초 소주 업계에서는 두산주류 BG의 '처음처럼'과 진로의 '참이슬'에서 20도 소주를 출시하면서 두 회사 간 치열한 경쟁이 벌어지고 있다. 특히 이 두 소주 회사들은 화장품을 증정하는 프로모션을 함께 벌이면서 고객 끌어들이기에 안간힘을 쓰고 있다. 처음처럼은 지난 4월부터 5월까지 서울 경기 강원 지역 중에 대학가와 20대가 많이 모이는 유흥상권에서 화장품을 이용한 판촉행사를 진행하고 있다. 처음처럼을 마시는 고객에게 게임을 통해 마스크 팩과 핸드크림을 나눠주고 있다. 또한 참이슬에서도 서울 경기 지역에서 폼 클렌징을 증정하고 있다. 두 소주 회사들의 주요 목표 층은 20대와 30대 남성들로 멋 내기에도 관심 있는 계층이어서 화장품에 대한 만족도도 매우 높은 것으로 알려지고 있다. 처음처럼 판촉팀 관계자는 수십 개 판촉팀을 나눠 진행하는데 마스크 팩이나 핸드크림을 증정 받은 남성들의 반응이 좋아 앞으로 화장품 프로모션은 계속 될 것이라고 말했다. 이 관계자는 또 "화장품이 소주의 판촉물로 선호되는 것은 무엇보다도 화장품이라는 아이템이 깨끗하고, 순수한 느낌을 주고 있어 가장 적합한 제품"이라고 덧붙였다. 특히 폼 클렌징을 증정 받아 사용해본 고객들은 사용 후 폼 클렌징을 직접 구매하고 있어 판매로 이어지면서 화장품 업계에서도 적극 권유하고 있다. 업계 관계자는 "화장품과 식품음료업체 간의 이러한 마케팅은 상대적으로 적은 비용으로 브랜드 인지도와 매출을 동시에 높일 수 있는 효과를 거둘 수 있다."라며 "비슷한 소비층을 목표로 한 업종 간의 마케팅이 더욱 활발하게 전개될 것"이라고 전망했다.

① 동일한 유통 경로 수준에 있는 기업들이 자본, 생산, 마케팅 기능 등을 결합해 필요로 하는 최소한의 자원을 동원하여 각 기업의 경쟁 우위를 공유하려는 마케팅 활동이다.

② 제품의 수요 또는 공급을 선택적으로 조절해 장기적인 측면에서 자사의 이미지 제고와 수익의 극대화를 꾀하는 마케팅 활동이다.

③ 시장의 경쟁체제는 치열해지고 이러한 레드 오션 안에서 틈새를 찾아 수익을 창출하는 마케팅 활동이다.

④ 이메일이나 또는 다른 전파 가능한 매체를 통해서 자발적으로 어떤 기업이나 기업의 제품을 홍보할 수 있도록 제작하여 널리 퍼지게 하는 마케팅 활동이다.

39 철수와 영희는 서로 간 운송업을 동업의 형식으로 하고 있다. 그런데 이들 기업은 2.5톤 트럭으로 운송하고 있다. 누적실제차량수가 400대, 누적실제가동차량수가 340대, 누적주행거리가 40,000km, 누적실제주행거리가 30,000km, 표준연간차량의 적하일수는 233일, 표준연간일수는 365일, 2.5톤 트럭의 기준용적은 10㎡, 1회 운행당 평균용적은 8㎡이다. 위와 같은 조건이 제시된 상황에서 적재율, 실제가동률, 실차율을 각각 구하면?

① 적재율 80%, 실제가동률 85%, 실차율 75%
② 적재율 85%, 실제가동률 65%, 실차율 80%
③ 적재율 80%, 실제가동률 85%, 실차율 65%
④ 적재율 85%, 실제가동률 80%, 실차율 70%

❚40~42❚ 다음 주어진 자료들은 H회사의 집화터미널에서 갑~무 지역 영업점까지의 이동경로와 영업용 자동차의 종류와 연비, 분기별 연료공급가격이다. 자료를 보고 물음에 답하시오.

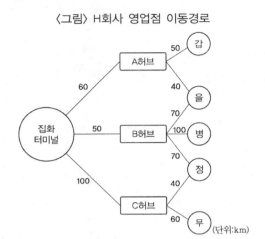

〈그림〉 H회사 영업점 이동경로

※ 물류 오배송 시 같은 허브에 연결된 지역이면 허브만 거쳐서 이동하고, 같은 허브에 연결된 지역이 아니라면 집화터미널로 다시 돌아가 확인 후 이동한다.

〈표1〉 H회사 영업용 자동차의 종류와 연비

(단위 : km/L)

차종	연비
X(휘발유)	15
Y(경유)	20

※ 집화터미널-허브 간 이동은 X차량, 허브-지역 간 이동은 Y차량으로 이동한다.

〈표2〉 분기별 연료공급가격

(단위 : 천 원/L)

	휘발유	경유
1분기	1.5	1.2
2분기	2.1	1.8
3분기	1.8	1.5
4분기	1.5	1.3

40 1분기에 물류 이동 계획은 갑 지역 5번, 정 지역 5번이다. 1분기의 연료비는 총 얼마인가? (단, 모든 이동은 연료비가 가장 적게 드는 방향으로 이동한다)

① 82,000원

② 91,000원

③ 107,000원

④ 116,000원

41 2분기에 정 지역에 가야할 물류가 무 지역으로 오배송되었다. 연료비 손해는 얼마인가? (단, 모든 이동은 연료비가 가장 적게 드는 방향으로 이동한다)

① 9,000원

② 10,800원

③ 15,100원

④ 17,500원

42 연료비 10만 원 예산으로 3분기에 을 지역으로 물류 이동을 하려고 한다. 총 몇 회의 왕복이 가능한가?

① 3회

② 4회

③ 5회

④ 6회

43 다음은 공무원에게 적용되는 '병가' 규정의 일부이다. 다음을 참고할 때, 규정에 맞게 병가를 사용한 것으로 볼 수 없는 사람은 누구인가?

> **병가(복무규정 제18조)**
> ▲ 병가사유
> – 질병 또는 부상으로 인하여 직무를 수행할 수 없을 때
> – 감염병의 이환으로 인하여 그 공무원의 출근이 다른 공무원의 건강에 영향을 미칠 우려가 있을 때
> ▲ 병가기간
> – 일반적 질병 또는 부상 : 연 60일의 범위 내
> – 공무상 질병 또는 부상 : 연 180일의 범위 내
> ▲ 진단서를 제출하지 않더라도 연간 누계 6일까지는 병가를 사용할 수 있으나, 연간 누계 7일째 되는 시점부터는 진단서를 제출하여야 함.
> ▲ 질병 또는 부상으로 인한 지각 · 조퇴 · 외출의 누계 8시간은 병가 1일로 계산, 8시간 미만은 계산하지 않음
> ▲ 결근 · 정직 · 직위해제일수는 공무상 질병 또는 부상으로 인한 병가일수에서 공제함.

① 진단서 없이 6일간의 병가 사용 후 지각 · 조퇴 · 외출 시간이 각각 2시간씩인 J씨
② 일반적 질병으로 인하여 직무 수행이 어려울 것 같아 50일 병가를 사용한 S씨
③ 정직 30일의 징계와 30일의 공무상 병가를 사용한 후 지각 시간 누계가 7시간인 L씨
④ 일반적 질병으로 60일 병가 사용 후 일반적 부상으로 인한 지각 · 조퇴 · 외출 시간이 각각 3시간씩인 H씨

44 다음은 특정년도 강수일과 강수량에 대한 자료이다. 다음 자료를 참고로 판단한 〈보기〉의 의견 중 자료의 내용에 부합하는 것을 모두 고른 것은 어느 것인가?

〈장마 시작일과 종료일 및 기간〉

	2025년			평년(1991~2020년)		
	시작	종료	기간(일)	시작	종료	기간(일)
중부지방	6.25	7.29	35	6.24~25	7.24~25	32
남부지방	6.24	7.29	36	6.23	7.23~24	32
제주도	6.24	7.23	30	6.19~20	7.20~21	32

〈장마기간 강수일수 및 강수량〉

	2025년		평년(1991~2020년)	
	강수일수(일)	강수량(mm)	강수일수(일)	강수량(mm)
중부지방	18.5	220.9	17.2	366.4
남부지방	16.7	254.1	17.1	348.6
제주도	13.5	518.8	18.3	398.6
전국	17.5	240.1	17.1	356.1

〈보기〉

㈎ 중부지방과 남부지방은 평년 대비 2025년에 장마 기간과 강수일수가 모두 늘어났지만 강수량은 감소하였다.

㈏ 2025년의 장마 기간 1일 당 평균 강수량은 제주도-중부지방-남부지방 순으로 많다.

㈐ 중부지방, 남부지방, 제주도의 2025년 장마 기간 대비 강수일수 비율의 크고 작은 순서는 강수일수의 많고 적은 순서와 동일하다.

㈑ 강수일수 및 강수량의 지역적인 수치상의 특징은, 평년에는 강수일수가 많을수록 강수량도 증가하였으나, 2025년에는 강수일수가 많을수록 강수량은 오히려 감소하였다는 것이다.

① ㈎, ㈏
② ㈏, ㈐
③ ㈐, ㈑
④ ㈎, ㈏, ㈑

▌45~46▐ 다음은 A병동 11월 근무 일정표 초안이다. A병동은 1~4조로 구성되어있으며 3교대로 돌아간다. 주어진 정보를 보고 물음에 답하시오.

	일	월	화	수	목	금	토
	1	2	3	4	5	6	7
오전	1조	1조	1조	1조	1조	2조	2조
오후	2조	2조	2조	3조	3조	3조	3조
야간	3조	4조	4조	4조	4조	4조	1조
	8	9	10	11	12	13	14
오전	2조	2조	2조	3조	3조	3조	3조
오후	3조	4조	4조	4조	4조	4조	1조
야간	1조	1조	1조	1조	2조	2조	2조
	15	16	17	18	19	20	21
오전	3조	4조	4조	4조	4조	4조	1조
오후	1조	1조	1조	1조	2조	2조	2조
야간	2조	2조	3조	3조	3조	3조	3조
	22	23	24	25	26	27	28
오전	1조	1조	1조	1조	2조	2조	2조
오후	2조	2조	3조	3조	3조	3조	3조
야간	4조	4조	4조	4조	4조	1조	1조

	29	30	
오전	2조	2조	• 1조 : 나경원(조장), 임채민, 조은혜, 이가희, 김가은
오후	4조	4조	• 2조 : 김태희(조장), 이샘물, 이가야, 정민지, 김민경
야간	1조	1조	• 3조 : 우채원(조장), 황보경, 최희경, 김희원, 노혜은
			• 4조 : 전혜민(조장), 고명원, 박수진, 김경민, 탁정은

※ 한 조의 일원이 개인 사유로 근무가 어려울 경우 당일 오프인 조의 일원(조장 제외) 중 1인이 대체 근무를 한다.
※ 대체근무의 경우 오전근무 직후 오후근무 또는 오후근무 직후 야간근무는 가능하나 야간근무 직후 오전근무는 불가능하다.
※ 대체근무가 어려운 경우 휴무자가 포함된 조의 조장이 휴무자의 업무를 대행한다.

45 다음은 직원들의 휴무 일정이다. 배정된 대체근무자로 적절하지 못한 사람은?

휴무일자	휴무 예정자	대체 근무 예정자
11월 3일	임채민	① 노혜은
11월 12일	황보경	② 이가희
11월 17일	우채원	③ 이샘물
11월 24일	김가은	④ 이가야

46 다음은 직원들의 휴무 일정이다. 배정된 대체근무자로 적절하지 못한 사람은?

휴무일자	휴무 예정자	대체 근무 예정자
11월 7일	노혜은	① 탁정은
11월 10일	이샘물	② 최희경
11월 20일	김희원	③ 임채민
11월 29일	탁정은	④ 김희원

∎ 47~48 ∎ 다음 A렌터카 업체의 이용 안내문을 읽고 이어지는 물음에 답하시오.

<대여 및 반납 절차>

● 대여절차
01. 예약하신 대여지점에서 A렌터카 직원 안내에 따라 예약번호, 예약자명 확인하기
02. 예약자 확인을 위해 면허증 제시 후, 차량 임대차 계약서 작성하기
03. 예약하셨던 차종 및 대여기간에 따라 차량 대여료 결제
04. 준비되어 있는 차량 외관, 작동상태 확인하고 차량 인수인계서 서명하기
05. 차량 계약서, 인수인계서 사본과 대여하신 차량 KEY 수령

● 반납절차
01. 예약 시 지정한 반납지점에서 차량 주차 후, 차량 KEY와 소지품 챙기기
02. A렌터카 직원에게 차량 KEY 반납하기
03. A렌터카 직원과 함께 차량의 내/외관 및 Full Tank (일부지점 예외) 확인하기
04. 반납시간 초과, 차량의 손실, 유류 잔량 및 범칙금 확인하여 추가 비용 정산하기

<대여 자격기준>

01. 승용차, 9인승 승합차 : 2종 보통면허 이상
02. 11인승 이상 승합차 : 1종 보통면허 이상
03. 외국인의 경우에는 국제 운전 면허증과 로컬 면허증(해당 국가에서 발급된 면허증) 동시 소지자에 한함
04. 운전자 등록 : 실 운전자 포함 제2운전자까지 등록 가능

<요금 안내>

차종	일 요금(원)			초과시간당 요금(원)		
	1일 요금	3~6일	7일+	+6시간	+9시간	+12시간
M(4인승)	190,000	171,000	152,000	114,000	140,600	166,800
N(6인승)	219,000	197,000	175,000	131,400	162,100	192,300
V9(9인승) V11(11인승)	270,000	243,000	216,000	162,000	199,800	237,100
T9(9인승) T11(11인승)	317,000	285,000	254,000	190,200	234,600	278,300
리무진	384,000	346,000	307,000	230,400	284,200	337,200

※ 사전 예약 없이 12시간 이상 초과할 경우 추가 1일 요금이 더해짐

47 다음 중 A렌터카를 대여하려는 일행이 알아야 할 사항으로 적절하지 않은 것은?

① 차량 대여를 위해서 서명해야 할 서류는 두 가지이다.

② 2종 보통 면허로 A렌터카 업체의 모든 차량을 이용할 수 있다.

③ 대여지점과 반납지점은 미리 예약한 곳으로 지정이 가능하다.

④ 유류비는 대여 시와 동일한 정도의 연료가 남았으면 별도로 지불하지 않는다.

48 A렌터카 업체의 요금 현황을 살펴본 일행의 반응으로 적절하지 않은 것은?

① "우리 일행이 11명이니 하루만 쓸 거면 V11이 가장 적당하겠다."

② "2시간이 초과되는 것과 6시간이 초과되는 것은 어차피 똑같은 요금이구나."

③ "T9을 대여해서 12시간을 초과하면 초과시간요금이 V11 하루 요금보다 비싸네."

④ "여보, 길이 막혀 초과시간이 12시간보다 한두 시간 넘으면 6시간 초과 요금을 더 내야하니 염두에 두세요."

┃49~50┃ 甲기업 재무팀에서는 2025년도 예산을 편성하기 위해 2024년에 시행되었던 A~F 프로젝트에 대한 평가를 실시하여, 아래와 같은 결과를 얻었다. 물음에 답하시오.

〈프로젝트 평가 결과〉

(단위 : 점)

프로젝트	계획의 충실성	계획 대비 실적	성과지표 달성도
A	96	95	76
B	93	83	81
C	94	96	82
D	98	82	75
E	95	92	79
F	95	90	85

• 프로젝트 평가 영역과 각 영역별 기준 점수는 다음과 같다.
– 계획의 충실성 : 기준 점수 90점
– 계획 대비 실적 : 기준 점수 85점
– 성과지표 달성도 : 기준 점수 80점
• 평가 점수가 해당 영역의 기준 점수 이상인 경우 '통과'로 판단하고 기준 점수 미만인 경우 '미통과'로 판단한다.
• 모든 영역이 통과로 판단된 프로젝트에는 전년과 동일한 금액을 편성하며, 2개 영역이 통과로 판단된 프로젝트에는 전년 대비 10% 감액, 1개 영역만 통과로 판단된 프로젝트에는 15% 감액하여 편성한다. 다만 '계획 대비 실적' 영역이 미통과인 경우 위 기준과 상관없이 15% 감액하여 편성한다.
• 2024년도 甲기업의 A~F 프로젝트 예산은 각각 20억 원으로 총 120억 원이었다.

49 전년과 동일한 금액의 예산을 편성해야 하는 프로젝트는 총 몇 개인가?

① 1개

② 2개

③ 3개

④ 3개

50 甲기업의 2025년도 A~F 프로젝트 예산 총액은 전년 대비 얼마나 감소하는가?

① 10억 원

② 9억 원

③ 8억 원

④ 7억 원

1   조직문화는 흔히 관계지향 문화, 혁신지향 문화, 위계지향 문화, 과업지향 문화의 네 가지로 분류된다. 다음 글에서 제시된 (가)~(라)와 같은 특징 중 과업지향 문화에 해당하는 것은 어느 것인가?

> (가) A팀은 무엇보다 엄격한 통제를 통한 결속과 안정성을 추구하는 분위기이다. 분명한 명령계통으로 조직의 통합을 이루는 일을 제일의 가치로 삼는다.
> (나) B팀은 업무 수행의 효율성을 강조하며 목표 달성과 생산성 향상을 위해 전 조직원이 산출물 극대화를 위해 노력하는 문화가 조성되어 있다.
> (다) C팀은 자율성과 개인의 책임을 강조한다. 고유 업무 뿐 아니라 근태, 잔업, 퇴근 후 시간활용 등에 있어서도 정해진 흐름을 배제하고 개인의 자율과 그에 따른 책임을 강조한다.
> (라) D팀은 직원들 간의 응집력과 사기 진작을 위한 방안을 모색 중이다. 인적자원의 가치를 개발하기 위해 직원들 간의 관계에 초점을 둔 조직문화가 D팀의 특징이다.

① (가)
② (나)
③ (다)
④ (라)

2 다음의 조직도를 올바르게 이해한 것은?

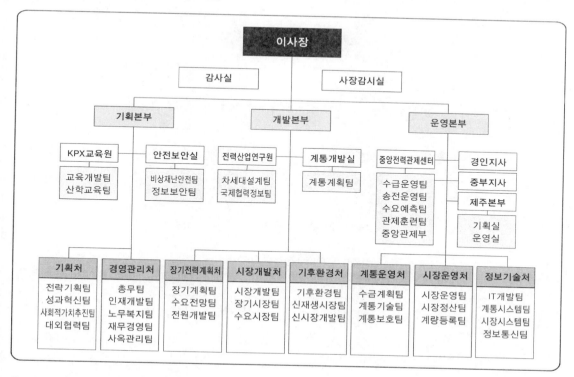

① 이사장 직속 부서는 총 5개이다.

② 인재개발, 장기계획, 협력업체 등에 관한 사항은 기획본부장이 총괄한다.

③ IT개발, 시장 시스템 관리 등은 정보기술처에서 담당하고 운영본부장이 총괄한다.

④ 시장 개발 및 운영, 정산에 관한 사항은 시장개발처에서 담당한다.

▮3~4▮ 다음 한국 주식회사의 조직도 및 전결규정을 보고 이어지는 물음에 답하시오.

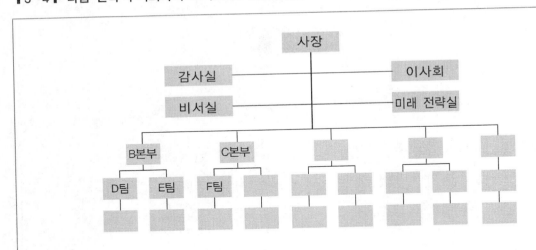

〈전결규정〉

업무내용	결재권자			
	사장	부사장	본부장	팀장
주간업무보고				○
팀장급 인수인계		○		
백만 불 이상 예산집행	○			
백만 불 이하 예산집행		○		
이사회 위원 위촉	○			
임직원 해외 출장	○(임원)		○(직원)	
임직원 휴가	○(임원)		○(직원)	
노조관련 협의사항		○		

※ 결재권자가 출장, 휴가 등 사유로 부재중일 경우에는 결재권자의 차상급 직위자의 전결사항으로 하되, 반드시 결재권자의 업무 복귀 후 후결로 보완한다.

3 한국 주식회사의 업무 조직도로 보아 사장에게 직접 보고를 할 수 있는 조직원은 모두 몇 명인가?

① 3명

② 4명

③ 5명

④ 6명

4 한국 주식회사 임직원들의 다음과 같은 업무 처리 내용 중 사내 규정에 비추어 적절한 행위로 볼 수 있는 것은 어느 것인가?

① C본부장은 해외 출장을 위해 사장 부재 시 비서실장에게 최종 결재를 득하였다.

② B본부장과 E팀 직원의 동반 출장 시 각각의 출장신청서에 대해 사장에게 결재를 득하였다.

③ D팀에서는 50만 불 예산이 소요되는 프로젝트의 최종 결재를 위해 부사장 부재 시 본부장의 결재를 득하였고, 중요한 결재 서류인 만큼 결재 후 곧바로 문서보관함에 보관하였다.

④ F팀에서는 그간 심혈을 기울여 온 300만 불의 예산이 투입되는 해외 프로젝트의 최종 계약 체결을 위해 사장에게 동반 출장을 요청하기로 하였다.

5 다음 위임전결규정을 잘못 설명한 것은 어느 것인가?

위임전결규정

- 결재를 받으려는 업무에 대해서는 최고결재권자(대표이사)를 포함한 이하 직책자의 결재를 받아야 한다.
- '전결'이라 함은 회사의 경영활동이나 관리활동을 수행함에 있어 의사 결정이나 판단을 요하는 일에 대하여 최고결재권자의 결재를 생략하고, 자신의 책임 하에 최종적으로 의사 결정이나 판단을 하는 행위를 말한다.
- 전결사항에 대해서도 위임 받은 자를 포함한 이하 직책자의 결재를 받아야 한다.
- 표시내용 : 결재를 올리는 자는 최고결재권자로부터 전결 사항을 위임 받은 자가 있는 경우 결재란에 전결이라고 표시하고 최종 결재권자란에 위임 받은 자를 표시한다. 다만, 결재가 불필요한 직책자의 결재란은 상향대각선으로 표시한다.
- 최고결재권자의 결재사항 및 최고결재권자로부터 위임된 전결사항은 아래의 표에 따른다.
- 본 규정에서 정한 전결권자가 유고 또는 공석 시 그 직급의 직무 권한은 직상급직책자가 수행함을 원칙으로 하며, 각 직급은 긴급을 요하는 업무처리에 있어서 상위 전결권자의 결재를 득할 수 없을 경우 차상위자의 전결로 처리하며, 사후 결재권자의 결재를 득해야 한다.

업무내용		결재권자			
		사장	부사장	본부장	팀장
주간업무보고					○
팀장급 인수인계			○		
일반예산 집행	잔업수당	○			
	회식비			○	
	업무활동비			○	
	교육비		○		
	해외연수비	○			
	시내교통비			○	
	출장비	○			
	도서인쇄비				○
	법인카드사용		○		
	소모품비				○
	접대비(식대)			○	
	접대비(기타)				○
이사회 위원 위촉		○			
임직원 해외 출장		○(임원)		○(직원)	
임직원 휴가		○(임원)		○(직원)	
노조관련 협의사항			○		

* 100만 원 이상의 일반예산 집행과 관련한 내역은 사전 사장 품의를 득해야 하며, 품의서에 경비 집행 내역을 포함하여 준비한다. 출장계획서는 품의서를 대체한다.
* 위의 업무내용에 필요한 결재서류는 다음과 같다.
  품의서, 주간업무보고서, 인수인계서, 예산집행내역서, 위촉장, 출장보고서(계획서), 휴가신청서, 노조협의사항 보고서

① 전결권자 공석 시의 최종결재자는 차상위자가 되며 사후 결재권자의 결재가 필요하다.
② 전결권자 업무 복귀 시, 부재 중 결재 사항에 대하여 반드시 사후 결재를 받아두어야 한다.
③ 팀장이 새로 부임하면 부사장 전결의 인수인계서를 작성하게 된다.
④ 전결권자가 해외 출장으로 자리를 비웠을 경우에는 차상위자가 직무 권한을 위임 받는다.

6 다음은 A시의 '공무원 승급의 제한'과 관련한 규정의 일부이다. 다음 중 규정을 올바르게 이해한 설명은?

〈승급이 제한되어 승급시킬 수 없는 기간 〉

• 징계처분기간 · 직위해제기간 · 휴직기간(군 입대 휴직 포함) 중인 기간

　* 공무상 질병 또는 부상으로 인한 휴직은 승급제한 대상이 아니므로, 공무상 질병 또는 부상 휴직자는 재직자와 같이 정기 승급일에 승급할 수 있다.

• 징계처분의 집행이 종료된 날로부터 다음의 '승급제한기간'이 경과할 때까지

　－강등 · 정직(18월), 감봉(12월), 견책(6월)

　* 단, 「지방공무원법」 제69조의2 제1항 각 호의 어느 하나에 해당하는 경우 또는 성폭력, 성희롱 및 성매매로 인한 징계처분의 경우에는 각 처분별 승급제한기간에 6월을 가산한다.

• 법령의 규정에 의한 근무성적 평정점이 최하등급에 해당하는 자(근무성적 평정에 관한 규정의 적용을 받지 아니하는 자는 상급감독자가 근무성적이 불량하다고 인정하는 자) : 최초 정기승급예정일로부터 6월이 경과할 때까지

징계에 의한 승급제한기간		호봉 재획정 시기
징계처분기간+승급제한기간 • 강등, 정직 : 징계처분기간+18월 • 감봉 : 징계처분기간+12월 • 견책 : 6월	⇒	징계처분+승급제한기간의 집행이 종료된 날로부터 다음의 기간이 경과한 날이 속하는 달의 다음달 1일에 호봉 재획정 • 강등 : 9년 • 정직 : 7년 • 감봉 : 5년 • 견책 : 3년

---

① 공무상 질병으로 휴직 중인 자가 휴직 기간 중 견책 처분을 받게 되면, 견책 기간은 승급제한기간에 산입되지 않는다.

② 감봉 12월 처분을 받은 자는 감봉 처분 개시일로부터 2년 간 승급할 수 없으며, 호봉 재획정은 감봉 처분 개시일로부터 7년 후 이루어진다.

③ 징계 처분을 받지 않는다면 승급 시 근무성적 평정에 따른 제한은 없다.

④ 성희롱으로 인한 정직 12월을 받은 경우 호봉 재획정은 정직 개시일로부터 9년 6개월 후에 이루어진다.

7 아래 제시된 두 개의 조직도에 해당하는 조직의 특성을 올바르게 설명하지 못한 것은 어느 것인가?

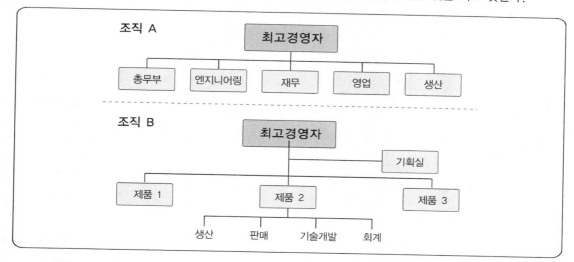

① 조직의 내부 효율성을 중요시하는 작은 규모 조직에서는 조직 A와 같은 조직도가 적합하다.

② 조직 A와 같은 조직도를 가진 조직은 결재 라인이 짧아 보다 신속한 의사결정이 가능하다.

③ 주요 프로젝트나 생산 제품 등에 의하여 구분되는 업무가 많은 조직에서는 조직 B와 같은 조직도가 적합하다.

④ 조직 B와 같은 조직도를 가진 조직은 내부 경쟁보다는 유사 조직 간의 협력과 단결된 업무 능력을 발휘하기에 더 적합하다.

┃8~9 ┃ L사의 신입사원 연수를 마치고 부서 배치를 기다리는 직원들의 부서 배치 평가 결과와 인원 요청 현황이 다음과 같다. 이를 보고 이어지는 물음에 답하시오.

〈인원별 평가 점수(평가 당 10점 만점)〉

(단위 : 점)

구분	1차 평가	2차 평가	3차 평가	희망 부서
갑	8	5	7	회계팀
을	6	8	5	생산팀
병	6	6	8	경영기획팀
정	7	4	9	마케팅팀
무	9	5	5	홍보팀
기	8	7	7	생산팀
경	4	9	8	회계팀

〈부서별 인원 요청 현황〉

(단위 : 명)

부서	필요인원 수	부서	필요인원 수
외환팀	1	홍보팀	2
생산팀	1	경영기획팀	2
회계팀	1	마케팅팀	1

8 1~3차 평가 점수의 합계 점수를 기준으로 고득점자의 희망 부서를 우선 배치할 경우, 자신이 희망하는 부서에 배치될 수 있는 인원은 몇 명인가? (상위 득점자가 희망 부서를 바꿔 하위 득점자의 희망 부서에 배치되지 않는다고 가정함)

① 2명

② 3명

③ 4명

④ 5명

9 1차, 2차, 3차 평가 점수에 각각 50%, 30%, 20%씩의 가중치를 적용하여 10점 만점으로 합계 점수를 구해 점수가 높은 순으로 배치 부서를 정할 경우, 1~3차 합계 점수로 계산할 경우와 다른 직원이 배치되는 부서는?

① 생산팀

② 회계팀

③ 홍보팀

④ 경영기획팀

┃10~11┃ 다음은 B사의 경력평정에 관한 규정의 일부이다. 다음 규정을 참고하여 이어지는 물음에 답하시오.

제15조(평정기준) 직원의 경력평정은 회사의 근무경력으로 평정한다.

제16조(경력평정 방법)
① 평정기준일 현재 근무경력이 6개월 이상인 직원에 대하여 별첨 서식에 의거 기본경력과 초과경력으로 구분하여 평정한다.
② 경력평정은 당해 직급에 한하되 기본경력과 초과경력으로 구분하여 평정한다.
③ 기본경력은 3년으로 하고, 초과경력은 기본경력을 초과한 경력으로 한다.
④ 당해 직급에 해당하는 휴직, 직위해제, 정직기간은 경력기간에 산입하지 아니한다.
⑤ 경력은 1개월 단위로 평정하되, 15일 이상은 1개월로 계산하고, 15일 미만은 산입하지 아니한다.

제17조(경력평정 점수) 평가에 의한 경력평정 총점은 30점으로 하며, 다음 각 호의 기준으로 평정한다.
　　1. 기본경력은 월 0.5점씩 가산하여 총 18점을 만점으로 한다.
　　2. 초과경력은 월 0.4점씩 가산하여 총 12점을 만점으로 한다.

제18조(가산점)
① 가산점은 5점을 만점으로 한다.
　　1. 정부포상 및 자체 포상 등(대통령 이상 3점, 총리 2점, 장관 및 시장 1점, 사장 1점, 기타 0.5점)
　　2. 회사가 장려하는 분야에 자격증을 취득한 자(자격증의 범위와 가점은 사장이 정하여 고시한다)
② 가산점은 당해 직급에 적용한다.

10 다음 중 위의 규정을 올바르게 이해하지 못한 설명은 어느 것인가?

① 회사가 장려하는 분야 자격증을 취득한 자는 경력평정 점수가 30점을 넘을 수 있다.

② 휴직과 가산점 등의 요인 없이 해당 직급에서 4년간 근무한 직원은 경력평정 점수 23점이 될 수 없다.

③ 대리 직급으로 2년간 근무한 자가 국무총리상을 수상한 경우, 경력평정 점수는 14점이다.

④ 대리 직급 시 휴직 1개월을 하였으며 사장 포상을 받은 자가 과장 근무 1년을 마친 경우, 경력평정 점수는 6.5점이다.

11 다음 각 직원의 경력평가 내역을 참고할 때, 경력평정 점수가 가장 높은 직원과 가장 낮은 직원의 점수 차이는 몇 점인가? (모두 해당 직급 연차의 말일을 기준으로 한다.)

구분	직급 연차	휴직 등	가산점 여부
조 과장	2	–	자격증 2점, 국무총리 포상
남 대리	4	작년 1개월 휴가	사장 포상
권 부장	5	올해 정직 3개월	–
강 대리	3	사원 시절 4개월 휴가	장관 포상

① 9.6점
② 10.0점
③ 10.2점
④ 10.4점

┃12~13┃ 다음은 T연구원의 연구 실적에 따른 근무성적평정 기준표이다. 다음을 보고 이어지는 물음에 답하시오.

구분		배점	배분 방법
기본 과제		100점	• 책임, 외부, 공동, 위촉연구원 기여율 각각 산정하여 배분 　−위촉연구원 비중은 10% 산정 • 총점에서 연구책임량에 따라 안배
기획 과제		150점	• 기한 미준수 시 감점 　−1개월 미만 : 10% 감점 　−1개월~2개월 : 30% 감점
현안 과제	보고서 작성 (100p 이상)	70점	−2개월 초과 : 50% 감점
	보고서 작성 (100p 미만)	50점	※ 공동연구에 대해서는 연구책임자가 지연사유를 보고할 경우 　　해당 연구자에 대해서만 감점 조치
	시책검토 추가	10점	• 타 기관과 공동수행 시 현안과제로 간주하여 배점
수 탁 과 제 (기한 미준수 감점 동일 적용)			• 배점기준 　−용역비 1천만 원 이상 : 기본과제로 배점 　−용역비 1천만 원 미만 : 현안과제 수준으로 배점 　−기획과제는 내부회의에서 심의·결정된 경우에 적용 • 가점기준 　−용역비 1천만 원 이상 : 1천만 원당 10점 　−용역비 1천만 원 미만 : 100만 원당 1점 　−가점은 100점을 상한점으로 함

12 다음 중 위의 근무성적평정 기준을 올바르게 이해하지 못한 설명은 어느 것인가?

① 용역비 2천만 원의 수탁과제를 수행한 경우 20점이 부여된다.

② 200p 분량의 현안과제 보고서를 20일 늦게 제출한 경우의 평정 점수는 63점이다.

③ 외부 기관과 공동 작업한 150p 분량의 기획과제 보고서를 제출하면 70점의 점수를 얻게 된다.

④ 용역비 4천만 원의 수탁과제를 수행하여 40일 늦게 보고서를 제출한 경우 얻게 될 점수는 100점에 못 미친다.

13 T연구원의 강 책임연구원이 수행한 다음 세 가지 연구과제에 대한 근무성적평정 점수가 각각 순서대로 올바르게 나열된 것은 어느 것인가?

> A. 외부 기관으로부터 우리나라 원자력 발전의 현황과 관련된 연구 보고서를 의뢰받아 진행하였으며, 보고서 용역비로 3,500만 원이 책정되어 230p 분량의 보고서를 완성하였다.
>
> B. 김 외부연구원, 정 위촉연구원과 현안과제를 공동으로 연구하여 85p 분량의 보고서를 완성하였으나, 마감 기한을 25일 넘긴 시점에 제출하였다(지연사유 미보고). 강 책임연구원의 기여율은 70%로 책정되었다.
>
> C. 김 외부연구원, 정 위촉연구원과 함께 기획과제를 수행하면서 180p 분량의 보고서를 작성하였고 마감 기일을 35일 넘겨 제출하였으며, 지연사유 보고 시 강 책임연구원 본인의 귀책사유로 인정되었다. 이 과제의 강 책임연구원 기여율은 50%이다.

	A	B	C
①	120점	30.5점	53.5점
②	130점	31.5점	52.5점
③	130점	30.5점	52.5점
④	120점	30.5점	52.5점

14 다음은 관리조직의 일반적인 업무내용을 나타내는 표이다. 다음 표를 참고할 때, C대리가 〈보기〉와 같은 업무를 처리하기 위하여 연관되어 있는 팀만으로 나열된 것은 어느 것인가?

부서명	업무내용
총무팀	집기비품 및 소모품의 구입과 관리, 사무실 임차 및 관리, 차량 및 통신시설의 운영, 국내외 출장 업무 협조, 사내외 홍보 광고업무, 회의실 및 사무 공간 관리, 사내·외 행사 주관
인사팀	조직기구의 개편 및 조정, 업무분장 및 조정, 인력수급계획 및 관리, 노사관리, 평가관리, 상벌관리, 인사발령, 교육체계 수립 및 관리, 임금제도, 복리후생제도 및 지원업무, 복무관리, 퇴직관리
기획팀	경영계획 및 전략 수립, 전사기획업무 종합 및 조정, 경영정보 조사 및 기획보고, 경영진단업무, 종합예산수립 및 실적관리, 단기사업계획 종합 및 조정, 사업계획, 손익추정, 실적관리 및 분석
외환팀	수출입 외화자금 회수, 외환 자산 관리 및 투자, 수출 물량 해상 보험 업무, 직원 외환업무 관련 교육 프로그램 시행, 영업활동에 따른 환차손익 관리 및 손실 최소화 방안 강구
회계팀	회계제도의 유지 및 관리, 재무상태 및 경영실적 보고, 결산 관련 업무, 재무제표 분석 및 보고, 법인세, 부가가치세, 국세 지방세 업무자문 및 지원, 보험가입 및 보상업무, 고정자산 관련 업무

〈보기〉

C대리는 오늘 매우 바쁜 하루를 보내야 한다. 항공사의 파업으로 비행 일정이 아직 정해지지 않아 이틀 후로 예정된 출장이 확정되지 않고 있다. 일정 확정 통보를 받는 즉시 지사와 연락을 취해 현지 거래처와의 미팅 일정을 논의해야 한다. 또한, 지난 주 퇴직한 선배사원의 퇴직금 정산 내역을 확인하여 이메일로 자료를 전해주기로 하였다. 오후에는 3/4분기 사업계획 관련 전산 입력 담당자 회의에 참석하여야 하며, 이를 위해 회의 전 전년도 실적 관련 자료를 입수해 확인해 두어야 한다.

① 인사팀, 기획팀, 외환팀
② 총무팀, 기획팀, 회계팀
③ 총무팀, 인사팀, 외환팀, 회계팀
④ 총무팀, 인사팀, 기획팀, 회계팀

15 조직 내에서 다음과 같은 순기능과 역기능을 동시에 가지고 조직의 태도와 행동에 영향을 주는 공유된 가치와 규범을 일컫는 말은 어느 것인가?

〈순기능〉
-다른 조직과 구별되는 정체성을 제공한다.
-집단적 몰입을 통해 시너지를 만든다.
-구성원에게 행동지침을 제공하여 조직체계의 안정성을 높인다.
-집단구성원을 사회화시키고 학습의 도구가 된다.

〈역기능〉
-지나칠 경우, 환경변화에 신속한 대응을 저해하고 변화에 대한 저항을 낳을 수 있다.
-외부 집단에 필요 이상의 배타성을 보일 수 있다.
-새로 진입한 구성원의 적응에 장애물이 될 수 있다.
-구성원의 창의적 사고를 막고 다양성의 장애요인이 될 수 있다.

① 조직전략

② 조직규범

③ 조직문화

④ 조직행동

16 경영참가는 경영자의 권한인 의사결정 과정에 근로자 또는 노동조합이 참여하는 것을 말한다. 다음 중 경영참가 제도의 특징으로 보기 어려운 것은 어느 것인가?

① 근로자들의 참여권한이 점차 확대되면 노사 간 서로 의견을 교환하여 토론하며 협의하는 단계를 거친다. 이 단계에서 이루어진 협의결과에 대한 시행은 경영자들에게 달려있다.

② 근로자와 경영자가 공동으로 결정하고 결과에 대하여 공동의 책임을 지는 결정참가 단계에서는 경영자의 일방적인 경영권은 인정되지 않는다.

③ 경영참가는 본래 경영자와 근로자의 공동 권한인 의사결정과정에 근로자 또는 노동조합이 참여하는 것이다.

④ 제대로 운영되지 못할 경우 경영자의 고유한 권리인 경영권을 약화시키고, 오히려 경영참가 제도를 통해 분배문제를 해결함으로써 노동조합의 단체교섭 기능이 약화될 수 있다.

┃17~18┃ 수당과 관련한 다음 글을 보고 이어지는 물음에 답하시오.

〈수당 지급〉

◆ **자녀학비보조수당**
- 지급 대상 : 초등학교 · 중학교 또는 고등학교에 취학하는 자녀가 있는 직원(부부가 함께 근무하는 경우 한 쪽에만 지급)
- 지급범위 및 지급액
  (범위) 수업료와 학교운영지원비(입학금은 제외)
  (지급액) 상한액 범위 내에서 공납금 납입영수증 또는 공납금 납입고지서에 기재된 학비 전액 지급하며 상한액은 자녀 1명당 월 60만 원.

◆ **육아휴직수당**
- 지급 대상 : 만 8세 이하의 자녀를 양육하기 위하여 필요하거나 여직원이 임신 또는 출산하게 된 때로 30일 이상 휴직한 남 · 녀 직원
- 지급액 : 휴직 개시일 현재 호봉 기준 월 봉급액의 40퍼센트
  (휴직 중) 총 지급액에서 15퍼센트에 해당하는 금액을 뺀 나머지 금액
  ※ 월 봉급액의 40퍼센트에 해당하는 금액이 100만 원을 초과하는 경우에는 100만 원을, 50만 원미만일 경우에는 50만 원을 지급
  (복직 후) 총 지급액의 15퍼센트에 해당하는 금액
  ※ 복직하여 6개월 이상 계속하여 근무한 경우 7개월 째 보수지급일에 지급함. 다만, 복직 후 6개월 경과 이전에 퇴직하는 경우에는 지급하지 않음
- 지급기간 : 휴직일로부터 최초 1년 이내

◆ **위험근무수당**
- 지급 대상 : 위험한 직무에 상시 종사하는 직원
- 지급 기준
  1) 직무의 위험성은 각 부문과 등급별에서 정한 내용에 따름
  2) 상시 종사란 공무원이 위험한 직무를 일정기간 또는 계속 수행하는 것을 의미. 따라서 일시적 · 간헐적으로 위험한 직무에 종사하는 경우는 지급대상에 포함될 수 없음
  3) 직접 종사란 해당 부서 내에서도 업무 분장 상에 있는 위험한 작업 환경과 장소에 직접 노출되어 위험한 업무를 직접 수행하는 것을 의미
- 지급방법 : 실제 위험한 직무에 종사한 기간에 대하여 일할 계산하여 지급함

17 다음 중 위의 수당 관련 설명을 잘못 이해한 내용은 어느 것인가?

① 위험한 직무에 3일간 근무한 것은 위험근무수당 지급 대상이 되지 않는다.

② 자녀학비보조수당은 수업료와 입학금 등 정상적인 학업에 관한 일체의 비용이 포함된다.

③ 육아휴직수당은 휴직일로부터 최초 1년이 경과하면 지급받을 수 없다.

④ 부부가 함께 근무해도 자녀학비보조수당은 부부 중 한 쪽에게만 지급된다.

18 월 급여액 200만 원인 C대리가 육아휴직을 받게 되었다. 이에 대한 다음의 설명 중 올바른 것은 어느 것인가?

① 3월 1일부로 복직을 하였다면, 8월에 육아휴직수당 잔여분을 지급받게 된다.

② 육아휴직일수가 한 달이 되지 않는 경우는 일할 계산하여 지급한다.

③ 복직 후 3개월째에 퇴직을 할 경우, 휴가 중 지급받은 육아휴직수당을 회사에 반환해야 한다.

④ 복직 후에 육아휴직수당 총 지급액 중 12만 원을 지급받을 수 있다.

19 조직의 경영전략과 관련된 다음의 신문 기사에서 밑줄 친 '이 제도'가 말하는 것은 무엇인가?

중국 민성증권 보고서에 따르면 이미 올 6월 현재 상장국유기업 39곳이 실시 중인 것으로 나타났다. 이 가운데 종업원의 우리사주 보유 비율이 전체 지분의 2%를 넘는 곳은 14곳이었다. 아직까지는 도입 속도가 느린 편이지만 향후 제도 확대와 기업 참여가 가속화되고 종업원의 지분 보유 비율도 높아질 것으로 예상된다. 분야도 일반 경쟁 산업에서 통신·철도교통·비철금속 등 비경쟁산업으로 확대될 것으로 전망된다.

중국 정부는 종업원이 주식을 보유함으로써 경영 효율을 높이고 기업혁신에 기여할 수 있을 것으로 내다보고 있다. 남수중 공주대 교수는 이와 관련된 리포트에서 "중국에서 이 제도의 시행은 국유기업 개혁의 성공과 밀접하게 관련돼 있다"면서 "국유기업의 지배구조 개선에도 유리한 작용을 할 것으로 기대되며 국유기업 개혁 과정에서 발생할 가능성이 높은 경영층과 노동자들의 대립도 완화할 수 있을 것"이라고 분석했다.

① 스톡옵션제
② 노동주제
③ 노사협의회제
④ 종업원지주제

20 A사는 조직 구조 개편을 위해 관련 분야 전문가인 S사 대표를 초청하여 전 직원을 상대로 다음과 같은 내용의 강의를 진행하였다. S사 대표의 다음 강의 내용을 토대로 한 A사 직원들의 반응으로 가장 합리적인 것은 어느 것인가?

작년 한 해 동안 세계적으로 많은 조직 개편사례가 있었습니다. 특히, 저희가 담당한 조직 개편은 57건이었는데, 실적 개선을 가져온 사례는 아쉽게도 33%에 못 미쳤습니다. 그리고 V그룹의 조사에 따르면 1,000명 이상 대기업 임원 1,600명 중 조직 개편이 성공적이라고 답한 사람은 50%도 안 되었다고 발표했습니다.

이렇게 조직 개편의 성공률이 낮다는 것을 먼저 말씀드리는 것은 조직 개편이 실패하면 기회비용뿐만 아니라 경영수지 악화, 생산성 하락, 직원 만족 저하와 같은 부작용도 발생하기 때문에 조직 개편에 대한 아주 신중한 접근이 필요하기 때문입니다.

하지만 이런 장애 요소가 매우 뚜렷함에도 불구하고, 조직 개편이 많은 기업의 성과 향상에 필수적으로 요구되는 것은 사실입니다. 결국 중요한 것은 어떻게 조직 개편을 해서 성공을 이끌어 낼 것이냐 하는 것이겠죠. 가장 첫 번째로 고려되는 것은 사업의 우선순위입니다. 기업은 새로운 고객 확보, 신제품 출시 고려, 비용 절감 등 다양한 목표를 두고 있습니다. 그렇기 때문에 구체적으로 어떤 사업에 우선성을 둘 것인지가 먼저 검토가 되어야 적절한 전략이나 개편 방향을 설정할 수 있습니다.

그렇게 조직 구조를 어느 정도 설정하면, 조직별로 적절한 인력을 배치해야 합니다. 조직의 사업 전략에 대한 이해와 그에 맞는 역량을 가진 사람을 리더 및 구성원으로 선별해야 원하는 성과를 얻어낼 수 있습니다. 물론 이를 위해서는 직원들의 역량에 대한 분석 및 파악을 바탕으로 한 인재 관리 능력이 요구됩니다.

그리고 협업을 촉진하기 위한 과정이 구축될 필요가 있습니다. 조직 구조 개편의 방향은 일반적으로 조직간 협업 활성화에 초점이 맞춰지는데, 이는 단순히 구조의 개편에 그치지 않고, 구성원들 간의 의식이 바뀌어야 하는 부분도 있습니다. 그렇기 때문에 협업의 촉진을 위해 조직 및 해당 구성원 간의 역할 및 책임에 대한 명확한 인식이 매우 중요하죠.

---

① "조직 개편의 성공률이 저렇게 낮다면, 이번 우리 회사 조직 개편은 무리하게 진행하지 않겠군."

② "기존의 조직 개편이 실패한 이유는 모두 인재 관리 능력이 부족하기 때문이군 그래."

③ "이번에 취임한 새 CEO는 조직 개편을 위해서 가장 먼저 각 부서 간 인력 재배치를 단행하겠군."

④ "이번 강의를 통해 우리 회사에서도 각 부서별 진행 사업 현황 보고와 각 사업 수행의 우선순위를 결정하려 하겠군."

21 F기업에서는 경영혁신을 주제로 세미나가 개최되었고, 참여자들은 다음과 같은 의견을 피력하였다. 다음 중 A교수가 주장하는 제도의 도입 목적으로 적절한 것은 어느 것인가?

A교수는 한국의 기업들도 중장기적인 관점에서 노조의 경영참가를 제도화해야 한다고 주장했다. 특히, K사회학회에서 발간한 '21세기 노동사회의 조화'라는 토픽을 인용하며, 중장기적인 관점에서 한국형 경영참가 제도의 구상과 이를 바탕으로 한 산업별 교섭제도의 정착 및 공고화를 위해 제도 개선이 선행될 필요가 있다고 주장하였다. 뿐만 아니라 단기적으로는 조직화되지 않은 취약 노동자들이 조합을 형성할 수 있도록 돕고, 이에 가입하는 것에 진입장벽이 없도록 하는 조직 문화를 구축할 수 있는 사회적 배경이 필요하다고 주장했다. 이와 함께 과거 TV에서 방영한 노동자들의 현실을 그린 드라마의 일부를 소개하며, 이미 노동자들의 목소리가 이만큼 제시되고 있는 상황에서 이를 간과하는 것 역시 착취의 일환이라고 덧붙였다.

B교수는 한국의 노동권은 경제 성장과 함께 많이 성숙되고 있으나 IMF사태로 인해 20년간 신자유주의의 영향으로 후퇴에 가까운 모습을 보인다고 지적했다. 또한 한국이 선진국으로서 자칭하고 싶다면 노동의 품격을 바로 세우는 노동법제화가 이뤄져야 한다고 주장했다.

C이사장은 양질의 일자리 창출에 대해 실제적으로 청년과 고학력 여성의 고용률이 높아지고, 비정규직의 남용과 차별의 해소를 위한 노력이 정부적 차원뿐만 아니라, 학계와 민간 측면에서도 경제계에 지속적인 제안이 필요하다고 주장하였다.

① 근로자를 경영과정에 참가시킴으로써 공동으로 문제를 해결하고 노사 간의 균형을 이루며 상호 신뢰로 경영의 효율을 향상시킨다.

② 조직 전체에서 근로자들이 자신의 위치를 파악하고, 조직 전체의 목적 달성에 합목적적인 행동을 하도록 한다.

③ 조직구성원들에게 일체감 또는 정체성 부여, 조직몰입 향상, 조직구성원들의 행동지침 제공을 위한 종합적인 개념이다.

④ 주주로서의 권리를 행사토록 하여, 고객에 대한 법적 보호가 확실하다는 점에서 기업의 신뢰를 향상시킬 수 있다.

22 조직문화에 관한 다음 글의 말미에서 언급한 밑줄 친 '몇 가지 기능'에 해당한다고 보기 어려운 것은 어느 것인가?

> 개인의 능력과 가능성을 판단하는데 개인의 성격이나 특성이 중요하듯이 조직의 능력과 가능성을 판단할 때 조직문화는 중요한 요소가 된다. 조직문화는 주어진 외부환경 속에서 오랜 시간 경험을 통해 형성된 기업의 고유한 특성을 말하며, 이러한 기업의 나름대로의 특성을 조직문화란 형태로 표현하고 있다. 조직문화에 대한 연구가 활발하게 전개된 이유 가운데 하나는 '조직문화가 기업경쟁력의 한 원천이며, 조직문화는 조직성과에 영향을 미치는 중요한 요인'이라는 기본 인식에 바탕을 두고 있다.
>
> 조직문화는 한 개인의 독특한 성격이나 한 사회의 문화처럼 조직의 여러 현상들 중에서 분리되어질 수 있는 성질의 것이 아니라, 조직의 역사와 더불어 계속 형성되고 표출되며 어떤 성과를 만들어 나가는 종합적이고 총체적인 현상이다. 또한 조직문화의 수준은 조직문화가 조직 구성원들에게 어떻게 전달되어 지각하는가를 상하부구조로서 설명하는 것이다. 조직문화의 수준은 그것의 체계성으로 인하여 조직문화를 쉽게 이해하는데 도움을 준다.
>
> 한편, 세계적으로 우수성이 입증된 조직들은 그들만의 고유의 조직문화를 조성하고 지속적으로 다듬어 오고 있다. 그들에게 조직문화는 언제나 중요한 경영자원의 하나였으며 일류조직으로 성장할 수 있게 하는 원동력이었던 것이다. 사업의 종류나 사회 및 경영환경, 그리고 경영전략이 다른데도 불구하고 일류조직은 나름의 방식으로 조직문화적인 특성을 공유하고 있는 것으로 확인되었다.
>
> 기업이 조직문화를 형성, 개발, 변화시키려고 노력하는 것은 조직문화가 기업경영에 효율적인 작용과 기능을 하기 때문이다. 즉, 조직문화는 기업을 경영함에 있어 매우 중요한 <u>몇 가지 기능</u>을 수행하고 있다.

① 조직의 영역을 정의하여 구성원에 대한 정체성을 제공한다.

② 이직률을 낮추고 외부 조직원을 흡인할 수 있는 동기를 부여한다.

③ 조직의 성과를 높이고 효율을 제고할 수 있는 역할을 한다.

④ 조직 내의 사회적 시스템의 안정을 도모한다.

23 다음은 K공단의 내부 조직 구조를 나타내는 그림이다. 다음 조직도를 참고할 때, 〈보기〉에 제시된 ㈎, ㈏의 기사문의 내용과 관련된 업무를 담당하는 조직을 산하 부서로 둔 곳의 명칭이 순서대로 올바르게 짝지어진 것은 어느 것인가?

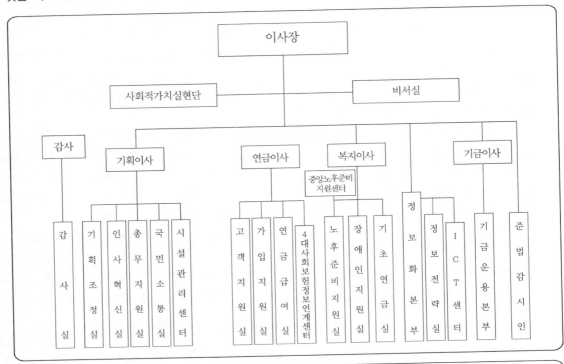

〈보기〉

㈎ K공단은 2월 15일(금)부터 노후준비서비스의 일환으로 노인 일자리 추천서비스를 개시한다고 밝혔다. 이는 K공단과 한국노인인력개발원이 협업하여 노인일자리 및 사회활동 지원 사업 정보를 안내하는 서비스로 대상은 만 65세 이상 기초연금수급자이며 일부 일자리 유형은 60세 이상자도 참여할 수 있다. 일자리를 희망하는 사람은 전국 109개 K공단 지사에서 서비스를 제공 받을 수 있다.

㈏ K공단은 26일(수) 서울남부지역본부(서울 강남구)에서, (사)한국자폐인사랑협회, (사)한국장애인부모회, 한국장애인개발원과 '발달장애인 공공신탁' 시범사업의 성공적 추진을 위해 업무협약을 체결했다. 이번 협약은 발달장애인 재산을 안전하게 보호하여 이들의 삶의 질을 향상시키는 데 각 기관이 보유한 자원을 교류하는 등 상호 협력하기 위해 추진됐다. 향후 4개 기관은 이번 협약에 따라 공공신탁 상담 및 연계 협력, 공공신탁 제도연구 및 교육 지원, 시범사업 홍보 및 사업 활성화 등에 협력하기로 하였다.

① 국민소통실, 연금급여실
② 기초연금실, 장애인지원실
③ 노후준비지원실, 장애인지원실
④ 노후준비지원실, 기초연금실

24 다음 사례에서와 같은 조직 문화의 긍정적인 기능이라고 보기 어려운 것은 어느 것인가?

> 영업3팀은 팀원 모두가 야구광이다. 신 부장은 아들이 고교 야구선수라서 프로 선수를 꿈꾸는 아들을 위해 야구광이 되었다. 남 차장은 큰 딸이 프로야구 D팀의 한 선수를 너무 좋아하여 주말에 딸과 야구장을 가려면 자신부터 야구팬이 되지 않을 수 없다. 이 대리는 고등학교 때까지 야구 선수 생활을 했었고, 요즘 젊은 친구답지 않게 승현 씨는 야구를 게임보다 좋아한다. 영업3팀 직원들의 취향이 이렇다 보니 팀 여기저기엔 야구 관련 장식품들이 쉽게 눈에 띄고, 점심시간과 티타임에 나누는 대화는 온통 야구 이야기이다. 다른 부서에서는 우스갯소리로 야구를 좋아하지 않으면 아예 영업3팀 근처에 얼씬거릴 생각도 말라고 할 정도다.
> 부서 회식이나 단합대회를 야구장에서 하는 것은 물론이고 주말에도 식사 내기, 입장권 내기 등으로 직원들은 거의 매일 야구에 묻혀 산다. 영업3팀은 현재 인사처 자료에 의하면 사내에서 부서 이동률이 가장 낮은 조직이다.

① 구성원들에게 일체감과 정체성을 부여한다.
② 조직이 변해야 할 시기에 일치단결된 모습을 보여준다.
③ 조직의 몰입도를 높여준다.
④ 조직의 안정성을 가져온다.

▌25~26 ▌ 다음 S사의 업무분장표를 보고 이어지는 물음에 답하시오.

팀	주요 업무	필요 자질
영업관리	영업전략 수립, 단위조직 손익관리, 영업인력 관리 및 지원	마케팅/유통/회계지식, 대외 섭외력, 분석력
생산관리	원가/재고/외주 관리, 생산계획 수립	제조공정/회계/통계/제품 지식, 분석력, 계산력
생산기술	공정/시설 관리, 품질 안정화, 생산 검증, 생산력 향상	기계/전기 지식, 창의력, 논리력, 분석력
연구개발	신제품 개발, 제품 개선, 원재료 분석 및 기초 연구	연구 분야 전문지식, 외국어 능력, 기획력, 시장분석력, 창의/집중력
기획	중장기 경영전략 수립, 경영정보 수집 및 분석, 투자사 관리, 손익 분석	재무/회계/경제/경영 지식, 창의력, 분석력, 전략적 사고
영업(국내/해외)	신시장 및 신규고객 발굴, 네트워크 구축, 거래선 관리	제품지식, 협상력, 프리젠테이션 능력, 정보력, 도전정신
마케팅	시장조사, 마케팅 전략수립, 성과 관리, 브랜드 관리	마케팅/제품/통계지식, 분석력, 통찰력, 의사결정력
총무	자산관리, 문서관리, 의전 및 비서, 행사 업무, 환경 등 위생관리	책임감, 협조성, 대외 섭외력, 부동산 및 보험 등 일반지식
인사/교육	채용, 승진, 평가, 보상, 교육, 인재개발	조직구성 및 노사 이해력, 교육학 지식, 객관성, 사회성
홍보/광고	홍보, 광고, 언론/사내 PR, 커뮤니케이션	창의력, 문장력, 기획력, 매체의 이해

25 위의 업무분장표를 참고할 때, 창의력과 분석력을 겸비한 경영학도인 신입사원이 배치되기에 가장 적합한 팀은 다음 중 어느 것인가?

① 연구개발팀

② 홍보/광고팀

③ 마케팅팀

④ 기획팀

26 다음 중 해당 팀 자체의 업무보다 타 팀 및 전사적인 업무 활동에 도움을 주는 업무가 주된 역할인 팀으로 묶인 것은 어느 것인가?

① 총무팀, 마케팅팀

② 홍보/광고팀, 총무팀

③ 홍보/광고팀, 연구개발팀

④ 인사/교육팀, 생산관리팀

▌27~28▐ 다음 위임전결규정을 보고 이어지는 질문에 답하시오.

〈결재규정〉

- 결재를 받으려는 업무에 대해서는 최고결재권자(대표이사)를 포함한 이하 직책자의 결재를 받아야 한다.
- '전결'이라 함은 회사의 경영활동이나 관리활동을 수행함에 있어 의사 결정이나 판단을 요하는 일에 대하여 최고결재권자의 결재를 생략하고, 자신의 책임 하에 최종적으로 의사 결정이나 판단을 하는 행위를 말한다.
- 전결사항에 대해서도 위임 받은 자를 포함한 이하 직책자의 결재를 받아야 한다.
- 표시내용: 결재를 올리는 자는 최고결재권자로부터 전결 사항을 위임 받은 자가 있는 경우 결재란에 전결이라고 표시하고 최종 결재권자란에 위임 받은 자를 표시한다. 다만, 결재가 불필요한 직책자의 결재란은 상향대각선으로 표시한다.
- 최고결재권자의 결재사항 및 최고결재권자로부터 위임된 전결사항은 아래의 표에 따른다.

구분	내용	금액기준	결재서류	팀장	본부장	대표이사
접대비	거래처 식대, 경조사비 등	20만 원 이하	접대비지출품의서 지출결의서	● ■		
		30만 원 이하			● ■	
		30만 원 초과				● ■
교통비	국내 출장비	30만 원 이하	출장계획서 출장비신청서	● ■		
		50만 원 이하		●	■	
		50만 원 초과		●		■
	해외 출장비			●		■
소모품비	사무용품		지출결의서	■		
	문서, 전산소모품					■
	기타 소모품	20만 원 이하		■		
		30만 원 이하			■	
		30만 원 초과				■
교육훈련비	사내외 교육		기안서 지출결의서	●		■
법인카드	법인카드 사용	50만 원 이하	법인카드신청서	■		
		100만 원 이하			■	
		100만 원 초과				■

※ ● : 기안서, 출장계획서, 접대비지출품의서

　　■ : 지출결의서, 세금계산서, 발행요청서, 각종신청서

27 홍 대리는 바이어 일행 내방에 따른 저녁 식사비로 약 120만 원의 지출 비용을 책정하였다. 법인카드를 사용하여 이를 결제할 예정인 홍 대리가 작성해야 할 문서의 결재 양식으로 옳은 것은 어느 것인가?

①

법인카드신청서				
결재	담당	팀장	본부장	대표이사
	홍 대리			

②

접대비지출품의서				
결재	담당	팀장	본부장	대표이사
	홍 대리			

③

법인카드신청서				
결재	담당	팀장	본부장	최종 결재
	홍 대리			

④

접대비지출품의서				
결재	담당	팀장	본부장	대표이사
	홍 대리		전결	

28 권 대리는 광주로 출장을 가기 위하여 출장비 45만 원에 대한 신청서를 작성하려 한다. 권 대리가 작성해야 할 문서의 결재 양식으로 옳은 것은 어느 것인가?

①

출장비신청서				
결재	담당	팀장	본부장	최종 결재
	권 대리		전결	본부장

②

출장계획서				
결재	담당	팀장	본부장	최종 결재
	권 대리			

③

출장계획서				
결재	담당	팀장	본부장	최종 결재
	권 대리		전결	

④

출장비신청서				
결재	담당	팀장	본부장	최종 결재
	권 대리			

29 아래의 2가지 기사를 읽고 각 글에서 다루고 있는 공통적인 회의방식에 관련한 사항으로 적절하지 않은 것을 고르면?

> (가) 2018러시아 월드컵을 앞둔 축구국가대표팀은 11일(한국시간) 오스트리아 레오 강에서 진행된 사전훈련캠프를 모두 마쳤다. 볼리비아~세네갈과 두 차례 A매치를 통해 경기 감각을 끌어올렸고 체력훈련과 세부전술까지 소화하며 조금씩 희망을 키워갔다. 여기에 치열했던 브레인스토밍도 희망요소다. 태극전사들은 틈날 때마다 머리를 맞대고 자체 미팅을 가졌다. 주제도, 방식도 아주 다양했는데 특히 훈련 내용과 실전에서의 효율적인 움직임에 대한 이야기가 많았다는 후문이다. 장소는 가리지 않았다. 선수들이 옹기종기 모여 이미지 트레이닝을 하는 장면은 곳곳에서 포착됐다. 대표 팀이 전용훈련장으로 활용한 슈타인베르크 슈타디온은 물론이고 숙소 식당과 커피숍, 숙소~훈련장(경기장)을 왕복한 버스, 심지어 아침식사 전 머리를 깨우기 위해 갖는 가벼운 산책길에서도 선수들은 수시로 토론을 했다. 경기도 파주 국가대표트레이닝센터를 시작으로 대구~전주를 찍은 국내캠프에서도 그랬지만 최종엔트리 23명 체제로 본격적인 강화훈련을 시작한 레오 강에서 미팅이 눈에 띄게 늘어났다. 주장 기성용의 주도로 전체 미팅을 하고나면 선수들이 패턴을 수시로 바꿔가며 2차 대화를 갖는 형태다.
>
> (나) 코레일 대전지사 전기 팀은 22일 'CSA(Control Self-Assessment)촉진활동'을 통한 개선방안으로 각종 승인신청서류를 통합했다고 밝혔다. 영업승인 신청과는 별도로 각종 필요설비(전력, 통신회선, 급수시설)별로 사용승인 신청하던 제도를 CSA촉진활동을 통해 통합하게 된 것이다. 이에 따라 민원인은 대전지사에 영업승인 신청과 함께 통합서식을 이용, 각종 설비사용 승인을 동시에 신청할 수 있게 됐다. CSA는 선진 예방감사 기법인 '내부통제 자체평가 시스템'으로 팀원 스스로 조직 내 위험요소를 찾아내고 해결방안을 도출해 개선하는 것이다. 김정겸 전기팀장은 "브레인스토밍 회의기법을 통해 팀원들 모두의 의견을 담아내는 과정을 소중하게 생각 한다"며 "앞으로도 CSA촉진활동을 통해 청렴한 코레일 이미지 향상과 경영목표달성 지원을 위해 노력 하겠다"고 밝혔다.

① 위와 같은 회의방식은 1941년에 미국의 광고회사 부사장 알렉스 F. 오즈번의 제창으로 그의 저서 「독창력을 신장하라」로 널리 소개되었다.

② 한 사람보다 다수인 쪽이 제기되는 아이디어가 많다.

③ 아이디어 수가 많을수록 양적으로 우수한 아이디어가 나올 가능성이 많다.

④ 이러한 회의방법에서는 어떠한 내용의 발언이라도 그에 대한 비판을 해서는 안 되며, 오히려 자유분방하고 엉뚱하기까지 한 의견을 출발점으로 하여 구성원들이 아이디어를 전개시켜 나가도록 하고 있는데, 일종의 자유연상법이라고도 할 수 있다.

30 다음과 같은 업무 태도와 행위들 중, 효과적으로 업무를 수행하는 데 방해하는 요인이 내포되어 있다고 볼 수 있는 것은 어느 것인가?

① 메신저나 사적인 전화는 시간을 정하여 그것을 넘기지 않도록 한다.

② 다른 사람들과 무조건적인 대화 단절보다는 선별적으로 시간을 할애하는 것이 바람직하다.

③ 출근 전부터 이미 도착해 수십 통씩 쌓여 있는 이메일에 빠짐없이 답하는 일을 우선 처리한다.

④ 어느 정도의 갈등은 오히려 긍정적인 자극이 될 수 있다고 생각하고, 원인과 해결책을 찾아본다.

31 다음 기사를 읽고 밑줄 친 부분과 관련한 내용으로 가장 거리가 먼 것은?

> 최근 포항·경주 등 경북지역 기업들에 정부의 일학습병행제가 본격 추진되면서 큰 관심을 보이고 있는 가운데, 포스코 외주파트너사인 ㈜세영기업이 지난 17일 직무개발훈련장의 개소식을 열고 첫 발걸음을 내디뎠다. 청년층의 실업난 해소와 고용 창출의 해법으로 정부가 시행하는 일학습병행제는 기업이 청년 취업희망자를 채용해 이론 및 실무교육을 실시한 뒤 정부로부터 보조금을 지원받을 수 있는 제도로, ㈜세영기업은 최근 한국산업인력공단 포항지사와 함께 취업희망자를 선발했고 오는 8월 1일부터 본격적인 실무교육에 나설 전망이다.
>
> ㈜세영기업 대표이사는 "사업 전 신입사원 OJT는 단기간 수료해 현장 배치 및 직무수행을 하면서 직무능력수준 및 조직적응력 저하, 안전사고 발생위험 등 여러 가지 문제가 있었다"며 "이번 사업을 통해 2~3년 소요되던 직무능력을 1년 만에 갖출 수 있어 생산성 향상과 조직만족도가 향상될 것"이라고 밝혔다.

① 전사적인 교육훈련이 아닌 통상적으로 각 부서의 장이 주관하여 업무에 관련된 계획 및 집행의 책임을 지는 일종의 부서 내 교육훈련이다.

② 교육훈련에 대한 내용 및 수준에 있어서의 통일성을 기하기 어렵다.

③ 상사 또는 동료 간 이해 및 협조정신 등을 높일 수 있다.

④ 다수의 종업원을 훈련하는 데에 있어 가장 적절한 훈련기법이다.

▌32~33▐ 다음 결재규정을 보고 주어진 상황에 맞게 작성된 양식을 고르시오.

〈결재규정〉

• 결재를 받으려는 업무에 대해서는 대표이사를 포함한 이하 직책자의 결재를 받아야 한다.
• '전결'은 회사의 경영·관리 활동에 있어서 대표이사의 결재를 생략하고, 자신의 책임 하에 최종적으로 결정하는 행위를 말한다.
• 전결사항에 대해서도 위임 받은 자를 포함한 이하 직책자의 결재를 받아야 한다.
• 표시내용:결재를 올리는 자는 대표이사로부터 전결 사항을 위임 받은 자가 있는 경우 결재란에 전결이라고 표시하고 최종결재란에 위임받은 자를 표시한다. 다만, 결재가 불필요한 직책자의 결재란은 상향대각선으로 표시한다.
• 대표이사의 결재사항 및 대표이사로부터 위임된 전결사항은 아래의 표에 따른다.

구분	내용	금액기준	결재서류	팀장	부장	대표이사
접대비	거래처 식대, 경조사비 등	20만 원 이하	접대비지출품의서, 지출결의서	● ■		
		30만 원 이하			● ■	
		30만 원 초과				● ■
교통비	국내 출장비	30만 원 이하	출장계획서 출장비 신청서	● ■		
		50만 원 이하		●	■	
		50만 원 초과		●		■
	해외 출장비			●		■
교육비	사내·외 교육		기안서 지출결의서	●		■

32 기획팀 사원 乙씨는 같은 팀 사원 丙씨의 부친상 부의금 500,000원을 회사 명의로 지급하기로 했다. 乙씨가 작성한 결재 양식으로 옳은 것은?

①
지출결의서				
결재	담당	팀장	부장	최종결재
	乙	전결		팀장

②
접대비지출품의서				
결재	담당	팀장	부장	최종결재
	乙	전결		팀장

③
접대비지출품의서				
결재	담당	팀장	부장	최종결재
	乙			대표이사

④
지출결의서				
결재	담당	팀장	부장	최종결재
	乙		전결	부장

33 민원실 사원 丁씨는 외부 교육업체로부터 1회에 5만 원씩 총 10회에 걸쳐 진행되는 「전화상담역량교육」을 담당하게 되었다. 丁씨가 작성한 결재 양식으로 옳은 것은?

①
지출결의서				
결재	담당	팀장	부장	최종결재
	丁	전결		팀장

②
지출결의서				
결재	담당	팀장	부장	최종결재
	丁			부장

③
기안서				
결재	담당	팀장	부장	최종결재
	丁			대표이사

④
기안서				
결재	담당	팀장	부장	최종결재
	丁	전결		팀장

업무지시문(업무협조전 사용에 대한 지시)

수신 : 전 부서장님들께
참조 :

제목 : 업무협조전 사용에 대한 지시문
　업무 수행에 노고가 많으십니다.
　부서 간의 원활한 업무진행을 위하여 다음과 같이 업무협조전을 사용하도록 결정하였습니다. 업무 효율화를 도모하고자 업무협조전을 사용하도록 권장하는 것이니 본사의 지시에 따라주시기 바랍니다. 궁금하신 점은 　⑦　 담당자(내선:012)에게 문의해주시기 바랍니다.
-다음-

1. 목적
　(1) 업무협조전 이용의 미비로 인한 부서 간 업무 차질 해소
　(2) 발신부서와 수신부서 간의 명확한 책임소재 규명
　(3) 부서 간의 원활한 의견교환을 통한 업무 효율화 추구
　(4) 부서 간의 업무 절차와 내용에 대한 근거확보
2. 부서 내의 적극적인 사용권장을 통해 업무협조전이 사내에 정착될 수 있도록 부탁드립니다.
3. 첨부된 업무협조전 양식을 사용하시기 바랍니다.
4. 기타:문서관리규정을 회사사규에 등재할 예정이오니 업무에 참고하시기 바랍니다.

2024년 12월 10일
S통상

⑦장 ○○○ 배상

34 다음 중 빈칸 ㉠에 들어갈 부서로 가장 적절한 것은?

① 총무부

② 기획부

③ 인사부

④ 영업부

35 업무협조전에 대한 설명으로 옳지 않은 것은?

① 부서 간의 책임소재가 분명해진다.

② 부서 간의 원활한 의사소통이 가능해진다.

③ 업무 절차와 내용에 대한 근거를 확보할 수 있다.

④ 부서별로 자유로운 양식의 업무협조전을 사용할 수 있다.

| 36~37 | 다음은 어느 회사의 사내 복지 제도와 지원내역에 관한 자료이다. 물음에 답하시오.

〈2025년 사내 복지 제도〉

주택 지원
• 주택구입자금 대출
• 전보자 및 독신자를 위한 합숙소 운영

자녀학자금 지원
• 중고생 전액지원, 대학생 무이자융자

경조사 지원
• 사내근로복지기금을 운영하여 각종 경조금 지원

기타
• 사내 동호회 활동비 지원
• 상병 휴가, 휴직, 4대보험 지원
• 생일 축하금(상품권 지급)

〈2025 1/4분기 지원 내역〉

이름	부서	직위	내역	금액(만 원)
엄영식	총무팀	차장	주택구입자금 대출	–
이수연	전산팀	사원	본인 결혼	10
임효진	인사팀	대리	독신자 합숙소 지원	–
김영태	영업팀	과장	휴직(병가)	–
김원식	편집팀	부장	대학생 학자금 무이자융자	–
심민지	홍보팀	대리	부친상	10
이영호	행정팀	대리	사내 동호회 활동비 지원	10
류민호	자원팀	사원	생일(상품권 지급)	5
백성미	디자인팀	과장	중학생 학자금 전액지원	100
채준민	재무팀	인턴	사내 동호회 활동비 지원	10

36 인사팀에 근무하고 있는 사원 B씨는 2025년 1분기에 지원을 받은 사원들을 정리했다. 다음 중 분류가 잘못된 사원은?

구분	이름
주택 지원	엄영식, 임효진
자녀학자금 지원	김원식, 백성미
경조사 지원	이수연, 심민지, 김영태
기타	이영호, 류민호, 채준민

① 엄영식

② 김원식

③ 심민지

④ 김영태

37 사원 B씨는 위의 복지제도와 지원 내역을 바탕으로 2분기에도 사원들을 지원하려고 한다. 지원한 내용으로 옳지 않은 것은?

① 엄영식 차장이 장모상을 당하셔서 경조금 10만 원을 지원하였다.

② 심민지 대리가 동호회에 참여하게 되어서 활동비 10만 원을 지원하였다.

③ 이수연 사원의 생일이라서 현금 5만 원을 지원하였다.

④ 류민호 사원이 결혼을 해서 10만 원을 지원하였다.

38 민츠버그는 경영자의 역할을 대인적, 정보적, 의사결정적 역할으로 구분하였다. 다음에 주어진 경영자의 역할을 올바르게 묶은 것은?

> ㉠ 조직의 대표자   ㉡ 변화전달
> ㉢ 정보전달자   ㉣ 조직의 리더
> ㉤ 문제 조정   ㉥ 외부환경 모니터
> ㉦ 대외적 협상 주도   ㉧ 상징자, 지도자
> ㉨ 분쟁조정자, 자원배분자   ㉩ 협상가

	대인적 역할	정보적 역할	의사결정적 역할
①	㉠㉢㉥	㉡㉣㉦㉧	㉤㉨㉩
②	㉡㉤㉧	㉠㉢㉨	㉣㉥㉦㉩
③	㉠㉢㉣㉧	㉡㉥㉦	㉤㉨㉩
④	㉠㉣㉧	㉡㉢㉥	㉤㉦㉨㉩

39 다음은 조직의 유형에 대한 설명이다. 옳은 것을 모두 고른 것은?

> ㉠ 조직은 영리성을 기준으로 공식조직과 비공식조직으로 구분할 수 있다.
> ㉡ 조직은 비공식조직으로부터 공식조직으로 발전해왔다.
> ㉢ 정부조직은 비영리조직에 속한다.
> ㉣ 비공식조직 내에서 인간관계를 지향하면서 공식조직이 생성되기도 한다.
> ㉤ 기업과 같이 이윤을 목적으로 하는 조직을 공식조직이라 한다.

① ㉠㉡   ② ㉠㉣
③ ㉡㉢   ④ ㉢㉣

40 다음 표는 A, B회사를 비교한 것이다. 이에 대한 설명으로 옳은 것을 모두 고른 것은?

내용＼회사	A	B
특징	• 태양광 장비 판매 • 국내·외 특허 100건 보유	• 휴대폰 생산 판매 • 미국 특허 10건 보유
경영자	전문 경영자	고용 경영자
생산 방식	주문 생산	계획 생산
노동조합	채용 후 일정 기간 안에 조합에 가입해야 함	채용과 동시에 조합에 가입해야 함

> ㉠ A는 판매 시장의 수요를 고려하여 생산한다.
> ㉡ B는 국내에서 휴대폰을 생산할 때 특허에 대한 권리를 인정받는다.
> ㉢ A는 유니언 숍 방식을, B는 클로즈드 숍 방식을 채택하고 있다.
> ㉣ A의 경영자는 B에 비하여 출자자로부터 독립하여 독자적인 지위와 기업 경영에 대한 실권을 가진다.

① ㉠㉡
② ㉠㉢
③ ㉢㉣
④ ㉡㉢

41 지식정보화 시대에 필요한 학습조직의 특성에 대한 설명으로 옳은 것만 묶은 것은?

> ㉠ 조직의 기본구성 단위는 팀으로, 수직적 조직구조를 강조한다.
> ㉡ 불확실한 환경에 요구되는 조직의 기억과 학습의 가능성에 주목한다.
> ㉢ 리더에게는 구성원들이 공유할 수 있는 미래비전 창조의 역할이 요구된다.
> ㉣ 체계화된 학습이 강조됨에 따라 조직 구성원의 권한은 약화된다.

① ㉠, ㉡

② ㉠, ㉣

③ ㉡, ㉢

④ ㉢, ㉣

42 네트워크 조직구조가 가지는 일반적인 장점에 대한 설명으로 가장 옳지 않은 것은?

① 조직의 유연성과 자율성 강화를 통해 창의력을 발휘할 수 있다.

② 통합과 학습을 통해 경쟁력을 제고할 수 있다.

③ 조직의 네트워크화를 통해 환경 변화에 따른 불확실성을 감소시킬 수 있다.

④ 조직의 정체성과 응집력을 강화시킬 수 있다.

43 전기안전관리 대행업체의 인사팀 직원 K는 다음의 기준에 의거하여 직원들의 자격증 취득 전후 경력을 산정하려고 한다. 다음 중 K가 산정한 경력 중 옳은 것을 모두 고르면?

〈전기안전관리자 경력 조건 인정 범위〉	
조건	인정범위
1. 자격 취득 후 경력 기간 100% 인정	• 전력시설물의 설계 · 공사 · 감리 · 유지보시 · 관리 · 진단 · 점검 · 검사에 과한 기술업무
2. 자격 취득 후 경력 기간 80% 인정	• 「전기용품안전관리법」에 따른 전기용품의 설계 · 제조 · 검사 등의 기술업무 • 「산업 안전보건법」에 따른 전기분야 산업안전 기술업무 • 건설관법에 의한 전기 관련 기술업무 • 전자 · 통계관계법에 의한 전기 · 전자통신기술에 관한 업무
3. 자격 취득 전 경력 기간 50% 인정	1.의 각목 규정에 의한 경력
사원 甲	• 2001.1.1~2005.12.31 전기 안전기술 업무 • 2015.10.31 전기산업기사 자격 취득
사원 乙	• 2010.1.1~2012.6.30 전기부품제조 업무 • 2009.10.31 전기기사 자격 취득
사원 丙	• 2011.5.1~2012.7.31 전자통신기술 업무 • 2011.3.31 전기기능장 자격 취득
사원 丁	• 2013.1.1~2014.12.31 전기검사 업무 • 2015.7.31 전기기사 자격 취득

㉠ 甲 : 전기산업기사로서 경력 5년   ㉡ 乙 : 전기기사로서 경력 1년
㉢ 丙 : 전기기능장으로서 경력 1년   ㉣ 丁 : 전기기사로서 경력 1년

① ㉠, ㉡   ② ㉠, ㉢

③ ㉡, ㉢   ④ ㉢, ㉣

44 다음의 혁신 사례 보고서를 통해 알 수 있는 기업의 활동으로 옳은 것만을 〈보기〉에서 있는 대로 모두 고른 것은?

-K공사 혁신 사례 보고서-

〈인적자원관리부문〉
▸ 주택 자금 저금리 대출, 자녀 학비 보조금 등 지원
▸ 구성원들이 소외감을 갖지 않고 유대감을 높일 수 있도록 사내 동아리 활성화

〈생산관리부문〉
▸ 자재를 필요한 시기에 공급하여 원활한 생산이 가능한 시스템 구축
▸ 품질에 영향을 끼칠 수 있는 모든 활동을 분석하여 기업의 구성원 전체가 품질 관리에 참여

〈보기〉
㉠ 근로자들에게 법정 외 복리 후생을 지원하였다.
㉡ 인사 관리 원칙 중 창의력 계발의 원칙을 적용하였다.
㉢ 적시 생산 시스템(JIT)을 도입하여 재고를 관리하였다.
㉣ 품질을 관리하기 위해 종합적 품질 관리(TQC)시스템을 도입하였다.

① ㉠㉡
② ㉡㉢
③ ㉠㉡㉢
④ ㉠㉢㉣

45 다음 글에 나타난 집단의사결정의 특징으로 올바른 것은?

> 건축설계사인 A와 B는 의견 차이로 이틀째 안방 창 크기를 늘렸다가 줄였다하는 웃지 못할 경우를 반복한다. 공사 중이라도 더 좋은 아이디어가 나오면 약간의 변경은 있을 수 있겠지만, 이런 일이 반복되다 보면 큰 낭비가 된다. 일당 15만 원을 받는 목수 한 명의 일급은 숙식비를 합하면 18만 원 정도이다. 일일 8시간 작업한다고 했을 때 시간당 22,500원인데, 만약 일하는 현장에서 의사결정 지연으로 작업을 중지하고 대기한다면 시간당 112,500원의 손실이 생기는 셈이다. 이런 일은 현장에서 빈번히 발생한다. 만약, 했던 작업이 변경되어 재작업하는 경우라면 시공에 낭비한 시간, 철거하는 시간, 재시공하는 시간이 누적되어 3배의 손실이 발생한다.

① 의견이 불일치하는 경우 의사결정을 내리는데 시간이 많이 소요된다.
② 지식과 정보가 더 많아 효과적인 결정을 할 수 있다.
③ 특정 구성원에 의해 의사결정이 독점될 가능성이 있다.
④ 집단구성원은 참여를 통해 구성원의 만족과 결정에 대한 지지를 확보할 수 있다.

46 다음 글에 나타난 집단에 관한 설명으로 옳지 않은 것은?

> • ○○ 집단은 정서적인 뜻에서의 친밀한 인간관계를 겨누어 사람들의 역할관계가 개인의 특성에 따라 자연적이고 비형식적으로 분화되어 있는 집단을 말한다.
> • ○○ 집단은 호손 실험에 의하여 '제1차 집단의 재발견'으로 평가되었으며, 그 특질은 자연발생적이며 심리집단적이고 결합 자체를 목적으로 하여 감정의 논리에 따라 유동적 · 비제도적으로 행동하는 데 있다.
> • 관료적인 거대조직에 있어서 인간회복의 수단으로 ○○ 집단을 유효하게 이용하여 관료제의 폐단을 완화하려는 발상이 생겨났는데, 이를 인간관계적 어프로치라고 한다.

① 조직에서 오는 소외감을 감소시켜 준다.
② 조직에서 의식적으로 만든 집단으로 집단의 목표, 임무가 명확하게 규정되어 있다.
③ 조직구성원들의 요구에 따라 자발적으로 형성된 집단이다.
④ 조직구성원들의 사기(morale)와 생산력을 높여 준다.

47 다음 글에 나타난 업무 방해요소로 옳은 것은?

> S물류회사에 재직중인 정수는 기존 자료를 종합해 팀장님께 보고하기로 하였다. 그러나 오전부터 밀려오는 고객 불만 전화에 대응하느라 근무 시간을 상당히 할애하였다. 결국 퇴근 시간을 지나서야 보고서를 쓰게 되었고 어쩔 수 없이 야근을 하게 되었다.

① 메신저
② 업무의 스트레스
③ 다른 사람의 방문
④ 고객의 전화

48 다음 글을 읽고 진성이가 소속된 부서로 알맞은 것은?

> 진성이가 소속된 부서는 매주 월요일마다 직원들이 모여 경영계획에 대한 회의를 한다. 이번 안건은 최근 문제가 된 중장기 사업계획으로, 이를 종합하여 조정을 하거나 적절하게 예산수립을 하기 위해 의견을 공유하는 자리가 되었다. 더불어 오후에는 기존의 사업의 손익을 추정하여 관리 및 분석을 통한 결과를 부장님께 보고하기로 하였다.

① 총무부
② 인사부
③ 기획부
④ 회계부

49 다음은 J발전사의 조직 업무 내용 일부를 나열한 자료이다. 다음에 나열된 업무 내용 중 관리 조직의 일반적인 업무 특성 상 인재개발실(팀) 또는 인사부(팀)의 업무라고 보기 어려운 것을 모두 고른 것은 무엇인가?

> ㈎ 해외 전력사 교환근무 관련 업무
> ㈏ 임직원 출장비, 여비관련 업무
> ㈐ 상벌, 대·내외 포상관리 업무
> ㈑ 조경 및 조경시설물 유지보수
> ㈒ 교육원(한전 인재개발원, 발전교육원) 지원 업무

① ㈏, ㈑

② ㈏, ㈐

③ ㈎, ㈏

④ ㈎, ㈐

50 다음 중 경영전략의 추진과정을 순서대로 나열한 것은?

① 경영전략 도출 → 전략목표 설정 → 환경분석 → 경영전략 실행 → 평가 및 피드백

② 환경분석 → 경영전략 도출 → 전략목표 설정 → 경영전략 실행 → 평가 및 피드백

③ 전략목표 설정 → 환경분석 → 경영전략 도출 → 경영전략 실행 → 평가 및 피드백

④ 환경분석 → 전략목표 설정 → 경영전략 도출 → 경영전략 실행 → 평가 및 피드백

PART IV

NCS 인성검사

인성검사의 개요
인성검사의 유형

01 인성검사의 개요

① 인성(성격 및 흥미)검사의 개념과 목적

인성이란 개인을 특징짓는 평범하고 일상적인 사회적 이미지, 즉 지속적이고 일관된 공적 성격(Public – personality)이며, 환경에 대응함으로써 선천적·후천적 요소의 상호작용으로 결정화된 심리적·사회적 특성 및 경향을 의미한다.

인성검사는 직무능력검사를 실시하는 대부분의 기업체에서 병행하여 실시하고 있으며, 인성검사만 독자적으로 실시하는 기업도 있다.

기업체에서는 인성검사를 통하여 각 개인이 어떠한 성격 특성이 발달되어 있고, 어떤 특성이 얼마나 부족한지, 그것이 해당 직무의 특성 및 조직문화와 얼마나 맞는지를 알아보고 이에 적합한 인재를 선발하고자 한다. 또한 개인의 흥미에 적합한 직무 배분과 부족한 부분을 교육을 통해 보완하도록 할 수 있다.

인성검사의 측정요소는 검사방법에 따라 차이가 있다. 또한 각 기업체들이 사용하고 있는 인성검사는 기존에 개발된 인성검사 방법에 각 기업체의 인재상을 적용하여 자신들에게 적합하게 재개발하여 사용하는 경우가 많다. 그러므로 기업체에서 요구하는 인재상을 파악하여 그에 따른 대비책을 준비하는 것이 바람직하다. 본서에서 제시된 인성검사는 크게 '특성'과 '유형'의 측면에서 측정하게 된다.

② 성격의 특성

(1) 정서적 측면

정서적 측면은 평소 마음의 당연시하는 자세나 정신상태가 얼마나 안정되어 있는지 또는 불안정한지를 측정한다.

정서의 상태는 직무수행이나 대인관계와 관련하여 태도나 행동으로 드러난다. 그러므로 정서적 측면을 측정하는 것에 의해, 장래 조직 내의 인간관계에 어느 정도 잘 적응할 수 있을까(또는 적응하지 못할까)를 예측하는 것이 가능하다.

그렇기 때문에, 정서적 측면의 결과는 채용 시에 상당히 중시된다. 아무리 능력이 좋아도 장기적으로 조직 내의 인간관계에 잘 적응할 수 없다고 판단되는 인재는 기본적으로는 채용되지 않는다.

일반적으로 인성검사는 채용과는 관계없다고 생각하나 정서적으로 조직에 적응하지 못하는 인재는 채용단계에서 가려내지는 것을 유의하여야 한다.

① 민감성(신경도) … 꼼꼼함, 섬세함, 성실함 등의 요소를 통해 일반적으로 신경질적인지 또는 자신의 존재를 위협받는다는 불안을 갖기 쉬운지를 측정한다.

질문	전혀 그렇지 않다	그렇지 않다	그렇다	매우 그렇다
• 배려적이라고 생각한다.				
• 어지러진 방에 있으면 불안하다.				
• 실패 후에는 불안하다.				
• 세세한 것까지 신경쓴다.				
• 이유 없이 불안할 때가 있다.				

▶측정결과

㉠ '그렇다'가 많은 경우(상처받기 쉬운 유형) : 사소한 일에 신경 쓰고 다른 사람의 사소한 한마디 말에 상처를 받기 쉽다.
• 면접관의 심리 : '동료들과 잘 지낼 수 있을까?', '실패할 때마다 위축되지 않을까?'
• 면접대책 : 다소 신경질적이라도 능력을 발휘할 수 있다는 평가를 얻도록 한다. 주변과 충분한 의사소통이 가능하고, 결정한 것을 실행할 수 있다는 것을 보여주어야 한다.

㉡ '그렇지 않다'가 많은 경우(정신적으로 안정적인 유형) : 사소한 일에 신경 쓰지 않고 금방 해결하며, 주위 사람의 말에 과민하게 반응하지 않는다.
• 면접관의 심리 : '계약할 때 필요한 유형이고, 사고 발생에도 유연하게 대처할 수 있다.'
• 면접대책 : 일반적으로 '민감성'의 측정치가 낮으면 플러스 평가를 받으므로 더욱 자신감 있는 모습을 보여준다.

② **자책성(과민도)** ··· 자신을 비난하거나 책망하는 정도를 측정한다.

질문	전혀 그렇지 않다	그렇지 않다	그렇다	매우 그렇다
• 후회하는 일이 많다. • 자신이 하찮은 존재라 생각된다. • 문제가 발생하면 자기의 탓이라고 생각한다. • 무슨 일이든지 끙끙대며 진행하는 경향이 있다. • 온순한 편이다.				

▶측정결과

㉠ '그렇다'가 많은 경우(자책하는 유형) : 비관적이고 후회하는 유형이다.
  • 면접관의 심리 : '끙끙대며 괴로워하고, 일을 진행하지 못할 것 같다.'
  • 면접대책 : 기분이 저조해도 항상 의욕을 가지고 생활하는 것과 책임감이 강하다는 것을 보여준다.
㉡ '그렇지 않다'가 많은 경우(낙천적인 유형) : 기분이 항상 밝은 편이다.
  • 면접관의 심리 : '안정된 대인관계를 맺을 수 있고, 외부의 압력에도 흔들리지 않는다.'
  • 면접대책 : 일반적으로 '자책성'의 측정치가 낮아야 좋은 평가를 받는다.

③ **기분성(불안도)** ··· 기분의 굴곡이나 감정적인 면의 미숙함이 어느 정도인지를 측정하는 것이다.

질문	전혀 그렇지 않다	그렇지 않다	그렇다	매우 그렇다
• 다른 사람의 의견에 자신의 결정이 흔들리는 경우가 많다. • 기분이 쉽게 변한다. • 종종 후회한다. • 다른 사람보다 의지가 약한 편이라고 생각한다. • 금방 싫증을 내는 성격이라는 말을 자주 듣는다.				

▶측정결과

㉠ '그렇다'가 많은 경우(감정의 기복이 많은 유형) : 의지력보다 기분에 따라 행동하기 쉽다.
  • 면접관의 심리 : '감정적인 것에 약하며, 상황에 따라 생산성이 떨어지지 않을까?'
  • 면접대책 : 주변 사람들과 항상 협조한다는 것을 강조하고 한결같은 상태로 일할 수 있다는 평가를 받도록 한다.
㉡ '그렇지 않다'가 많은 경우(감정의 기복이 적은 유형) : 감정의 기복이 없고, 안정적이다.
  • 면접관의 심리 : '안정적으로 업무에 임할 수 있다.'
  • 면접대책 : 기분성의 측정치가 낮으면 플러스 평가를 받으므로 자신감을 가지고 면접에 임한다.

④ **독자성(개인도)** … 주변에 대한 견해나 관심, 자신의 견해나 생각에 어느 정도의 속박감을 가지고 있는지를 측정한다.

질문	전혀 그렇지 않다	그렇지 않다	그렇다	매우 그렇다
• 창의적 사고방식을 가지고 있다. • 융통성이 있는 편이다. • 혼자 있는 편이 많은 사람과 있는 것보다 편하다. • 개성적이라는 말을 듣는다. • 교제는 번거로운 것이라고 생각하는 경우가 많다.				

▶측정결과

㉠ '그렇다'가 많은 경우 : 자기의 관점을 중요하게 생각하는 유형으로, 주위의 상황보다 자신의 느낌과 생각을 중시한다.
• 면접관의 심리 : '제멋대로 행동하지 않을까?'
• 면접대책 : 주위 사람과 협조하여 일을 진행할 수 있다는 것과 상식에 얽매이지 않는다는 인상을 심어준다.

㉡ '그렇지 않다'가 많은 경우 : 상식적으로 행동하고 주변 사람의 시선에 신경을 쓴다.
• 면접관의 심리 : '다른 직원들과 협조하여 업무를 진행할 수 있겠다.'
• 면접대책 : 협조성이 요구되는 기업체에서는 플러스 평가를 받을 수 있다.

⑤ **자신감(자존심도)** … 자기 자신에 대해 얼마나 긍정적으로 평가하는지를 측정한다.

질문	전혀 그렇지 않다	그렇지 않다	그렇다	매우 그렇다
• 다른 사람보다 능력이 뛰어나다고 생각한다. • 다소 반대의견이 있어도 나만의 생각으로 행동할 수 있다. • 나는 다른 사람보다 기가 센 편이다. • 동료가 나를 모욕해도 무시할 수 있다. • 대개의 일을 목적한 대로 헤쳐나갈 수 있다고 생각한다.				

▶측정결과

㉠ '그렇다'가 많은 경우 : 자기 능력이나 외모 등에 자신감이 있고, 비판당하는 것을 좋아하지 않는다.
• 면접관의 심리 : '자만하여 지시에 잘 따를 수 있을까?'
• 면접대책 : 다른 사람의 조언을 잘 받아들이고, 겸허하게 반성하는 면이 있다는 것을 보여주고, 동료들과 잘 지내며 리더의 자질이 있다는 것을 강조한다.

㉡ '그렇지 않다'가 많은 경우 : 자신감이 없고 다른 사람의 비판에 약하다.
• 면접관의 심리 : '패기가 부족하지 않을까?', '쉽게 좌절하지 않을까?'
• 면접대책 : 극도의 자신감 부족으로 평가되지는 않는다. 그러나 마음이 약한 면은 있지만 의욕적으로 일을 하겠다는 마음가짐을 보여준다.

⑥ **고양성(분위기에 들뜨는 정도)** … 자유분방함, 명랑함과 같이 감정(기분)의 높고 낮음의 정도를 측정한다.

질문	전혀 그렇지 않다	그렇지 않다	그렇다	매우 그렇다
• 침착하지 못한 편이다. • 다른 사람보다 쉽게 우쭐해진다. • 모든 사람이 아는 유명인사가 되고 싶다. • 모임이나 집단에서 분위기를 이끄는 편이다. • 취미 등이 오랫동안 지속되지 않는 편이다.				

▶측정결과

㉠ '그렇다'가 많은 경우 : 자극이나 변화가 있는 일상을 원하고 기분을 들뜨게 하는 사람과 친밀하게 지내는 경향이 강하다.

• 면접관의 심리 : '일을 진행하는 데 변덕스럽지 않을까?'

• 면접대책 : 밝은 태도는 플러스 평가를 받을 수 있지만, 착실한 업무능력이 요구되는 직종에서는 마이너스 평가가 될 수 있다. 따라서 자기조절이 가능하다는 것을 보여준다.

㉡ '그렇지 않다'가 많은 경우 : 감정이 항상 일정하고, 속을 드러내 보이지 않는다.

• 면접관의 심리 : '안정적인 업무 태도를 기대할 수 있겠다.'

• 면접대책 : '고양성'의 낮음은 대체로 플러스 평가를 받을 수 있다. 그러나 '무엇을 생각하고 있는지 모르겠다' 등의 평을 듣지 않도록 주의한다.

⑦ 허위성(진위성) … 필요 이상으로 자기를 좋게 보이려 하거나 기업체가 원하는 '이상형'에 맞춘 대답을 하고 있는지, 없는지를 측정한다.

질문	전혀 그렇지 않다	그렇지 않다	그렇다	매우 그렇다
• 약속을 깨뜨린 적이 한 번도 없다. • 다른 사람을 부럽다고 생각해 본 적이 없다. • 꾸지람을 들은 적이 없다. • 사람을 미워한 적이 없다. • 화를 낸 적이 한 번도 없다.				

▶측정결과

㉠ '그렇다'가 많은 경우 : 실제의 자기와는 다른, 말하자면 원칙으로 해답할 가능성이 있다.

• 면접관의 심리 : '거짓을 말하고 있다.'

• 면접대책 : 조금이라도 좋게 보이려고 하는 '거짓말쟁이'로 평가될 수 있다. '거짓을 말하고 있다.'는 마음 따위가 전혀 없다 해도 결과적으로는 정직하게 답하지 않는다는 것이 되어 버린다. '허위성'의 측정 질문은 구분되지 않고 다른 질문 중에 섞여 있다. 그러므로 모든 질문에 솔직하게 답하여야 한다. 또한 자기 자신과 너무 동떨어진 이미지로 답하면 좋은 결과를 얻지 못한다. 그리고 면접에서 '허위성'을 기본으로 한 질문을 받게 되므로 당황하거나 또다른 모순된 답변을 하게 된다. 겉치레를 하거나 무리한 욕심을 부리지 말고 '이런 사회인이 되고 싶다.'는 현재의 자신보다, 조금 성장한 자신을 표현하는 정도가 적당하다.

㉡ '그렇지 않다'가 많은 경우 : 냉정하고 정직하며, 외부의 압력과 스트레스에 강한 유형이다. '대쪽 같음'의 이미지가 굳어지지 않도록 주의한다.

(2) 행동적인 측면

행동적 측면은 인격 중에 특히 행동으로 드러나기 쉬운 측면을 측정한다. 사람의 행동 특징 자체에는 선도 악도 없으나, 일반적으로는 일의 내용에 의해 원하는 행동이 있다. 때문에 행동적 측면은 주로 직종과 깊은 관계가 있는데 자신의 행동 특성을 살려 적합한 직종을 선택한다면 플러스가 될 수 있다.

행동 특성에서 보여 지는 특징은 면접장면에서도 드러나기 쉬운데 본서의 모의 TEST의 결과를 참고하여 자신의 태도, 행동이 면접관의 시선에 어떻게 비치는지를 점검하도록 한다.

① **사회적 내향성** … 대인관계에서 나타나는 행동경향으로 '낯가림'을 측정한다.

질문	선택
A : 파티에서는 사람을 소개받은 편이다. B : 파티에서는 사람을 소개하는 편이다.	
A : 처음 보는 사람과는 어색하게 시간을 보내는 편이다. B : 처음 보는 사람과는 즐거운 시간을 보내는 편이다.	
A : 친구가 적은 편이다. B : 친구가 많은 편이다.	
A : 자신의 의견을 말하는 경우가 적다. B : 자신의 의견을 말하는 경우가 많다.	
A : 사교적인 모임에 참석하는 것을 좋아하지 않는다. B : 사교적인 모임에 항상 참석한다.	

▶측정결과

㉠ 'A'가 많은 경우 : 내성적이고 사람들과 접하는 것에 소극적이다. 자신의 의견을 말하지 않고 조심스러운 편이다.
- 면접관의 심리 : '소극적인데 동료와 잘 지낼 수 있을까?'
- 면접대책 : 대인관계를 맺는 것을 싫어하지 않고 의욕적으로 일을 할 수 있다는 것을 보여준다.

㉡ 'B'가 많은 경우 : 사교적이고 자기의 생각을 명확하게 전달할 수 있다.
- 면접관의 심리 : '사교적이고 활동적인 것은 좋지만, 자기주장이 너무 강하지 않을까?'
- 면접대책 : 협조성을 보여주고, 자기주장이 너무 강하다는 인상을 주지 않도록 주의한다.

② 내성성(침착도) … 자신의 행동과 일에 대해 침착하게 생각하는 정도를 측정한다.

질문	선택
A : 시간이 걸려도 침착하게 생각하는 경우가 많다. B : 짧은 시간에 결정을 하는 경우가 많다. A : 실패의 원인을 찾고 반성하는 편이다. B : 실패를 해도 그다지(별로) 개의치 않는다. A : 결론이 도출되어도 몇 번 정도 생각을 바꾼다. B : 결론이 도출되면 신속하게 행동으로 옮긴다. A : 여러 가지 생각하는 것이 능숙하다. B : 여러 가지 일을 재빨리 능숙하게 처리하는 데 익숙하다. A : 여러 가지 측면에서 사물을 검토한다. B : 행동한 후 생각을 한다.	

▶측정결과

㉠ 'A'가 많은 경우 : 행동하기 보다는 생각하는 것을 좋아하고 신중하게 계획을 세워 실행한다.

• 면접관의 심리 : '행동으로 실천하지 못하고, 대응이 늦은 경향이 있지 않을까?'

• 면접대책 : 발로 뛰는 것을 좋아하고, 일을 더디게 한다는 인상을 주지 않도록 한다.

㉡ 'B'가 많은 경우 : 차분하게 생각하는 것보다 우선 행동하는 유형이다.

• 면접관의 심리 : '생각하는 것을 싫어하고 경솔한 행동을 하지 않을까?'

• 면접대책 : 계획을 세우고 행동할 수 있는 것을 보여주고 '사려깊다'라는 인상을 남기도록 한다.

③ **신체활동성** … 몸을 움직이는 것을 좋아하는가를 측정한다.

질문	선택
A : 민첩하게 활동하는 편이다. B : 준비행동이 없는 편이다.	
A : 일을 척척 해치우는 편이다. B : 일을 더디게 처리하는 편이다.	
A : 활발하다는 말을 듣는다. B : 얌전하다는 말을 듣는다.	
A : 몸을 움직이는 것을 좋아한다. B : 가만히 있는 것을 좋아한다.	
A : 스포츠를 하는 것을 즐긴다. B : 스포츠를 보는 것을 좋아한다.	

▶측정결과

㉠ 'A'가 많은 경우 : 활동적이고, 몸을 움직이게 하는 것이 컨디션이 좋다.
  • 면접관의 심리 : '활동적으로 활동력이 좋아 보인다.'
  • 면접대책 : 활동하고 얻은 성과 등과 주어진 상황의 대응능력을 보여준다.
㉡ 'B'가 많은 경우 : 침착한 인상으로, 차분하게 있는 타입이다.
  • 면접관의 심리 : '좀처럼 행동하려 하지 않아 보이고, 일을 빠르게 처리할 수 있을까?'

④ **지속성(노력성)** … 무슨 일이든 포기하지 않고 끈기 있게 하려는 정도를 측정한다.

질문	선택
A : 일단 시작한 일은 시간이 걸려도 끝까지 마무리한다. B : 일을 하다 어려움에 부딪히면 단념한다.	
A : 끈질긴 편이다. B : 바로 단념하는 편이다.	
A : 인내가 강하다는 말을 듣는다. B : 금방 싫증을 낸다는 말을 듣는다.	
A : 집념이 깊은 편이다. B : 담백한 편이다.	
A : 한 가지 일에 구애되는 것이 좋다고 생각한다. B : 간단하게 체념하는 것이 좋다고 생각한다.	

▶측정결과

㉠ 'A'가 많은 경우 : 시작한 것은 어려움이 있어도 포기하지 않고 인내심이 높다.

• 면접관의 심리 : '한 가지의 일에 너무 구애되고, 업무의 진행이 원활할까?'

• 면접대책 : 인내력이 있는 것은 플러스 평가를 받을 수 있지만 집착이 강해 보이기도 한다.

㉡ 'B'가 많은 경우 : 뒤끝이 없고 조그만 실패로 일을 포기하기 쉽다.

• 면접관의 심리 : '질리는 경향이 있고, 일을 정확히 끝낼 수 있을까?'

• 면접대책 : 지속적인 노력으로 성공했던 사례를 준비하도록 한다.

⑤ 신중성(주의성) … 자신이 처한 주변상황을 즉시 파악하고 자신의 행동이 어떤 영향을 미치는지를 측정한다.

질문	선택
A : 여러 가지로 생각하면서 완벽하게 준비하는 편이다. B : 행동할 때부터 임기응변적인 대응을 하는 편이다. A : 신중해서 타이밍을 놓치는 편이다. B : 준비 부족으로 실패하는 편이다. A : 자신은 어떤 일에도 신중히 대응하는 편이다. B : 순간적인 충동으로 활동하는 편이다. A : 시험을 볼 때 끝날 때까지 재검토하는 편이다. B : 시험을 볼 때 한 번에 모든 것을 마치는 편이다. A : 일에 대해 계획표를 만들어 실행한다. B : 일에 대한 계획표 없이 진행한다.	

▶측정결과

㉠ 'A'가 많은 경우 : 주변 상황에 민감하고, 예측하여 계획 있게 일을 진행한다.

• 면접관의 심리 : '너무 신중해서 적절한 판단을 할 수 있을까?', '앞으로의 상황에 불안을 느끼지 않을까?'

• 면접대책 : 예측을 하고 실행을 하는 것은 플러스 평가가 되지만, 너무 신중하면 일의 진행이 정체될 가능성을 보이므로 추진력이 있다는 강한 의욕을 보여준다.

㉡ 'B'가 많은 경우 : 주변 상황을 살펴보지 않고 착실한 계획 없이 일을 진행시킨다.

• 면접관의 심리 : '사려 깊지 않고, 실패하는 일이 많지 않을까?', '판단이 빠르고 유연한 사고를 할 수 있을까?'

• 면접대책 : 사전준비를 중요하게 생각하고 있다는 것 등을 보여주고, 경솔한 인상을 주지 않도록 한다. 또한 판단력이 빠르거나 유연한 사고 덕분에 일 처리를 잘 할 수 있다는 것을 강조한다.

(3) 의욕적인 측면

의욕적인 측면은 의욕의 정도, 활동력의 유무 등을 측정한다. 여기서의 의욕이란 우리들이 보통 말하고 사용하는 '하려는 의지'와는 조금 뉘앙스가 다르다. '하려는 의지'란 그 때의 환경이나 기분에 따라 변화하는 것이지만, 여기에서는 조금 더 변화하기 어려운 특징, 말하자면 정신적 에너지의 양으로 측정하는 것이다.

의욕적 측면은 행동적 측면과는 다르고, 전반적으로 어느 정도 점수가 높은 쪽을 선호한다. 모의검사의 의욕적 측면의 결과가 낮다면, 평소 일에 몰두할 때 조금 의욕 있는 자세를 가지고 서서히 개선하도록 노력해야 한다.

① 달성의욕 … 목적의식을 가지고 높은 이상을 가지고 있는지를 측정한다.

질문	선택
A : 경쟁심이 강한 편이다. B : 경쟁심이 약한 편이다.	
A : 어떤 한 분야에서 제1인자가 되고 싶다고 생각한다. B : 어느 분야에서든 성실하게 임무를 진행하고 싶다고 생각한다.	
A : 규모가 큰 일을 해보고 싶다. B : 맡은 일에 충실히 임하고 싶다.	
A : 아무리 노력해도 실패한 것은 아무런 도움이 되지 않는다. B : 가령 실패했을 지라도 나름대로의 노력이 있었으므로 괜찮다.	
A : 높은 목표를 설정하여 수행하는 것이 의욕적이다. B : 실현 가능한 정도의 목표를 설정하는 것이 의욕적이다.	

▶측정결과
㉠ 'A'가 많은 경우 : 큰 목표와 높은 이상을 가지고 승부욕이 강한 편이다.
 • 면접관의 심리 : '열심히 일을 해줄 것 같은 유형이다.'
 • 면접대책 : 달성의욕이 높다는 것은 어떤 직종이라도 플러스 평가가 된다.
㉡ 'B'가 많은 경우 : 현재의 생활을 소중하게 여기고 비약적인 발전을 위하여 기를 쓰지 않는다.
 • 면접관의 심리 : '외부의 압력에 약하고, 기획입안 등을 하기 어려울 것이다.'
 • 면접대책 : 일을 통하여 하고 싶은 것들을 구체적으로 어필한다.

② **활동의욕** … 자신에게 잠재된 에너지의 크기로, 정신적인 측면의 활동력이라 할 수 있다.

질문	선택
A : 하고 싶은 일을 실행으로 옮기는 편이다. B : 하고 싶은 일을 좀처럼 실행할 수 없는 편이다.	
A : 어려운 문제를 해결해 가는 것이 좋다. B : 어려운 문제를 해결하는 것을 잘하지 못한다.	
A : 일반적으로 결단이 빠른 편이다. B : 일반적으로 결단이 느린 편이다.	
A : 곤란한 상황에도 도전하는 편이다. B : 사물의 본질을 깊게 관찰하는 편이다.	
A : 시원시원하다는 말을 잘 듣는다. B : 꼼꼼하다는 말을 잘 듣는다.	

▶**측정결과**

㉠ 'A'가 많은 경우 : 꾸물거리는 것을 싫어하고 재빠르게 결단해서 행동하는 타입이다.
- 면접관의 심리 : '일을 처리하는 솜씨가 좋고, 일을 척척 진행할 수 있을 것 같다.'
- 면접대책 : 활동의욕이 높은 것은 플러스 평가가 된다. 사교성이나 활동성이 강하다는 인상을 준다.

㉡ 'B'가 많은 경우 : 안전하고 확실한 방법을 모색하고 차분하게 시간을 아껴서 일에 임하는 타입이다.
- 면접관의 심리 : '재빨리 행동을 못하고, 일의 처리속도가 느린 것이 아닐까?'
- 면접대책 : 활동성이 있는 것을 좋아하고 움직임이 더디다는 인상을 주지 않도록 한다.

③ 성격의 유형

(1) 인성검사 유형의 4가지 척도

정서적인 측면, 행동적인 측면, 의욕적인 측면의 요소들은 성격 특성이라는 관점에서 제시된 것들로 각 개인의 장·단점을 파악하는 데 유용하다. 그러나 전체적인 개인의 인성을 이해하는 데는 한계가 있다.

성격의 유형은 개인의 '성격적인 특색'을 가리키는 것으로, 사회인으로서 적합한지, 아닌지를 말하는 관점과는 관계가 없다. 따라서 채용의 합격 여부에는 사용되지 않는 경우가 많으며, 입사 후의 적정 부서 배치의 자료가 되는 편이라 생각하면 된다. 그러나 채용과 관계가 없다고 해서 아무런 준비도 필요없는 것은 아니다. 자신을 아는 것은 면접 대책의 밑거름이 되므로 모의검사 결과를 충분히 활용하도록 하여야 한다.

본서에서는 4개의 척도를 사용하여 기본적으로 16개의 패턴으로 성격의 유형을 분류하고 있다. 각 개인의 성격이 어떤 유형인지 재빨리 파악하기 위해 사용되며, '적성'에 맞는지, 맞지 않는지의 관점에 활용된다.

- 흥미·관심의 방향 : 내향형 ←———————→ 외향형
- 사물에 대한 견해 : 직관형 ←———————→ 감각형
- 판단하는 방법 : 감정형 ←———————→ 사고형
- 환경에 대한 접근방법 : 지각형 ←———————→ 판단형

(2) 성격유형

① 흥미·관심의 방향(내향↔외향) … 흥미·관심의 방향이 자신의 내면에 있는지, 주위환경 등 외면에 향하는 지를 가리키는 척도이다.

질문	선택
A : 내성적인 성격인 편이다. B : 개방적인 성격인 편이다.	
A : 항상 신중하게 생각을 하는 편이다. B : 바로 행동에 착수하는 편이다.	
A : 수수하고 조심스러운 편이다. B : 자기 표현력이 강한 편이다.	
A : 다른 사람과 함께 있으면 침착하지 않다. B : 혼자서 있으면 침착하지 않다.	

▶측정결과

㉠ 'A'가 많은 경우(내향) : 관심의 방향이 자기 내면에 있으며, 조용하고 낯을 가리는 유형이다. 행동력은 부족하나 집중력이 뛰어나고 신중하고 꼼꼼하다.

㉡ 'B'가 많은 경우(외향) : 관심의 방향이 외부환경에 있으며, 사교적이고 활동적인 유형이다. 꼼꼼함이 부족하여 대충하는 경향이 있으나 행동력이 있다.

② 일(사물)을 보는 방법(직감⇆감각) … 일(사물)을 보는 법이 직감적으로 형식에 얽매이는지, 감각적으로 상식적인지를 가리키는 척도이다.

질문	선택
A : 현실주의적인 편이다. B : 상상력이 풍부한 편이다. A : 정형적인 방법으로 일을 처리하는 것을 좋아한다. B : 만들어진 방법에 변화가 있는 것을 좋아한다. A : 경험에서 가장 적합한 방법으로 선택한다. B : 지금까지 없었던 새로운 방법을 개척하는 것을 좋아한다. A : 성실하다는 말을 듣는다. B : 호기심이 강하다는 말을 듣는다.	

▶측정결과

㉠ 'A'가 많은 경우(감각) : 현실적이고 경험주의적이며 보수적인 유형이다.

㉡ 'B'가 많은 경우(직관) : 새로운 주제를 좋아하며, 독자적인 시각을 가진 유형이다.

③ 판단하는 방법(감정⇆사고) … 일을 감정적으로 판단하는지, 논리적으로 판단하는지를 가리키는 척도이다.

질문	선택
A : 인간관계를 중시하는 편이다. B : 일의 내용을 중시하는 편이다. A : 결론을 자기의 신념과 감정에서 이끌어내는 편이다. B : 결론을 논리적 사고에 의거하여 내리는 편이다. A : 다른 사람보다 동정적이고 눈물이 많은 편이다. B : 다른 사람보다 이성적이고 냉정하게 대응하는 편이다. A : 남의 이야기를 듣고 감정몰입이 빠른 편이다. B : 고민 상담을 받으면 해결책을 제시해주는 편이다.	

▶측정결과

㉠ 'A'가 많은 경우(감정) : 일을 판단할 때 마음·감정을 중요하게 여기는 유형이다. 감정이 풍부하고 친절하나 엄격함이 부족하고 우유부단하며, 합리성이 부족하다.

㉡ 'B'가 많은 경우(사고) : 일을 판단할 때 논리성을 중요하게 여기는 유형이다. 이성적이고 합리적이나 타인에 대한 배려가 부족하다.

④ 환경에 대한 접근방법 … 주변상황에 어떻게 접근하는지, 그 판단기준을 어디에 두는지를 측정한다.

질문	선택
A : 사전에 계획을 세우지 않고 행동한다. B : 반드시 계획을 세우고 그것에 의거해서 행동한다. A : 자유롭게 행동하는 것을 좋아한다. B : 조직적으로 행동하는 것을 좋아한다. A : 조직성이나 관습에 속박당하지 않는다. B : 조직성이나 관습을 중요하게 여긴다. A : 계획 없이 낭비가 심한 편이다. B : 예산을 세워 물건을 구입하는 편이다.	

▶측정결과
㉠ 'A'가 많은 경우(지각) : 일의 변화에 융통성을 가지고 유연하게 대응하는 유형이다. 낙관적이며 질서보다는 자유를 좋아하나 임기응변식의 대응으로 무계획적인 인상을 줄 수 있다.
㉡ 'B'가 많은 경우(판단) : 일의 진행시 계획을 세워서 실행하는 유형이다. 순차적으로 진행하는 일을 좋아하고 끈기가 있으나 변화에 대해 적절하게 대응하지 못하는 경향이 있다.

4 인성검사의 대책

(1) 미리 알아두어야 할 점

① 출제 문항 수 … 인성검사의 출제 문항 수는 특별히 정해진 것이 아니며 각 기업체의 기준에 따라 달라질 수 있다. 보통 100문항 이상에서 500문항까지 출제된다고 예상하면 된다.

② 출제형식

    ⊙ 1Set로 묶인 세 개의 문항 중 자신에게 가장 가까운 것(Most)과 가장 먼 것(Least)을 하나씩 고르는 유형

다음 세 가지 문항 중 자신에게 가장 가까운 것은 Most, 가장 먼 것은 Least에 체크하시오.

질문	Most	Least
① 자신의 생각이나 의견은 좀처럼 변하지 않는다.	✔	
② 구입한 후 끝까지 읽지 않은 책이 많다.		
③ 여행가기 전에 계획을 세운다.		✔

    ⓛ '예' 아니면 '아니오'의 유형

다음 문항을 읽고 자신에게 해당되는지 안 되는지를 판단하여 해당될 경우 '예'를, 해당되지 않을 경우 '아니오'를 고르시오.

질문	예	아니오
① 걱정거리가 있어서 잠을 못 잘 때가 있다.	✔	
② 시간에 쫓기는 것이 싫다.		✔

    ⓒ 그 외의 유형

다음 문항에 대해서 평소에 자신이 생각하고 있는 것이나 행동하고 있는 것에 체크하시오.

질문	전혀 그렇지 않다	그렇지 않다	그렇다	매우 그렇다
① 머리를 쓰는 것보다 땀을 흘리는 일이 좋다.			✔	
② 자신은 사교적이 아니라고 생각한다.	✔			

(2) 임하는 자세

① **솔직하게 있는 그대로 표현한다** … 인성검사는 평범한 일상생활 내용들을 다룬 짧은 문장과 어떤 대상이나 일에 대한 선로를 선택하는 문장으로 구성되었으므로 평소에 자신이 생각한 바를 너무 골똘히 생각하지 말고 문제를 보는 순간 떠오른 것을 표현한다.

② **모든 문제를 신속하게 대답한다** … 인성검사는 시간 제한이 없는 것이 원칙이지만 기업체들은 일정한 시간 제한을 두고 있다. 인성검사는 개인의 성격과 자질을 알아보기 위한 검사이기 때문에 정답이 없다. 다만, 기업체에서 바람직하게 생각하거나 기대되는 결과가 있을 뿐이다. 따라서 시간에 쫓겨서 대충 대답을 하는 것은 바람직하지 못하다.

③ **일관성 있게 대답한다** … 간혹 반복되는 문제들이 출제되기 때문에 일관성 있게 답하지 않으면 감점될 수 있으므로 유의한다. 실제로 공기업 인사부 직원의 인터뷰에 따르면 일관성이 없게 대답한 응시자들이 감점을 받아 탈락했다고 한다. 거짓된 응답을 하다보면 일관성 없는 결과가 나타날 수 있으므로, 위에서 언급한 대로 신속하고 솔직하게 답해 일관성 있는 응답을 하는 것이 중요하다.

④ **마지막까지 집중해서 검사에 임한다** … 장시간 진행되는 검사에 지치지 않고 마지막까지 집중해서 정확히 답할 수 있도록 해야 한다.

>> 유형 Ⅰ

▌1~25▌ 다음 질문에 대해서 평소 자신이 생각하고 있는 것이나 행동하고 있는 것에 대해 주어진 응답요령에 따라 박스에 답하시오.

응답요령
•응답 Ⅰ : 제시된 문항들을 읽은 다음 각각의 문항에 대해 자신이 동의하는 정도를 ①(전혀 그렇지 않다)~⑤(매우 그렇다)로 표시하면 된다.
•응답 Ⅱ : 제시된 문항들을 비교하여 상대적으로 자신의 성격과 가장 가까운 문항 하나와 가장 거리가 먼 문항 하나를 선택하여야 한다(응답 Ⅱ의 응답은 가깝다 1개, 멀다 1개, 무응답 2개이어야 한다).

1

문항	응답 Ⅰ					응답 Ⅱ	
	①	②	③	④	⑤	멀다	가깝다
A. 몸을 움직이는 것을 좋아하지 않는다.							
B. 쉽게 질리는 편이다.							
C. 경솔한 편이라고 생각한다.							
D. 인생의 목표는 손이 닿을 정도면 된다.							

2

문항	응답 Ⅰ					응답 Ⅱ	
	①	②	③	④	⑤	멀다	가깝다
A. 무슨 일도 좀처럼 시작하지 못한다.							
B. 초면인 사람과도 바로 친해질 수 있다.							
C. 행동하고 나서 생각하는 편이다.							
D. 쉬는 날은 집에 있는 경우가 많다.							

3

문항	응답 I					응답 II	
	①	②	③	④	⑤	멀다	가깝다
A. 조금이라도 나쁜 소식은 절망의 시작이라고 생각해 버린다.							
B. 언제나 실패가 걱정이 되어 어쩔 줄 모른다.							
C. 다수결의 의견에 따르는 편이다.							
D. 혼자서 술집에 들어가는 것은 전혀 두려운 일이 아니다.							

4

문항	응답 I					응답 II	
	①	②	③	④	⑤	멀다	가깝다
A. 승부근성이 강하다.							
B. 자주 흥분해서 침착하지 못하다.							
C. 지금까지 살면서 타인에게 폐를 끼친 적이 없다.							
D. 소곤소곤 이야기하는 것을 보면 자기에 대해 험담하고 있는 것으로 생각된다.							

5

문항	응답 I					응답 II	
	①	②	③	④	⑤	멀다	가깝다
A. 무엇이든지 자기가 나쁘다고 생각하는 편이다.							
B. 자신을 변덕스러운 사람이라고 생각한다.							
C. 고독을 즐기는 편이다.							
D. 자존심이 강하다고 생각한다.							

6

문항	응답 I					응답 II	
	①	②	③	④	⑤	멀다	가깝다
A. 금방 흥분하는 성격이다.							
B. 거짓말을 한 적이 없다.							
C. 신경질적인 편이다.							
D. 끙끙대며 고민하는 타입이다.							

7

문항	응답 I					응답 II	
	①	②	③	④	⑤	멀다	가깝다
A. 감정적인 사람이라고 생각한다.							
B. 자신만의 신념을 가지고 있다.							
C. 다른 사람을 바보 같다고 생각한 적이 있다.							
D. 금방 말해버리는 편이다.							

8

문항	응답 I					응답 II	
	①	②	③	④	⑤	멀다	가깝다
A. 싫어하는 사람이 없다.							
B. 대재앙이 오지 않을까 항상 걱정을 한다.							
C. 쓸데없는 고생을 하는 일이 많다.							
D. 자주 생각이 바뀌는 편이다.							

9

문항	응답 I					응답 II	
	①	②	③	④	⑤	멀다	가깝다
A. 문제점을 해결하기 위해 여러 사람과 상의한다.							
B. 내 방식대로 일을 한다.							
C. 영화를 보고 운 적이 많다.							
D. 어떤 것에 대해서도 화낸 적이 없다.							

10

문항	응답 I					응답 II	
	①	②	③	④	⑤	멀다	가깝다
A. 사소한 충고에도 걱정을 한다.							
B. 자신은 도움이 안 되는 사람이라고 생각한다.							
C. 금방 싫증을 내는 편이다.							
D. 개성적인 사람이라고 생각한다.							

11

문항	응답 I					응답 II	
	①	②	③	④	⑤	멀다	가깝다
A. 자기주장이 강한 편이다.							
B. 뒤숭숭하다는 말을 들은 적이 있다.							
C. 학교를 쉬고 싶다고 생각한 적이 한 번도 없다.							
D. 사람들과 관계 맺는 것을 보면 잘하지 못한다.							

12

문항	응답 I					응답 II	
	①	②	③	④	⑤	멀다	가깝다
A. 사려 깊은 편이다.							
B. 몸을 움직이는 것을 좋아한다.							
C. 끈기가 있는 편이다.							
D. 신중한 편이라고 생각한다.							

13

문항	응답 I					응답 II	
	①	②	③	④	⑤	멀다	가깝다
A. 인생의 목표는 큰 것이 좋다.							
B. 어떤 일이라도 바로 시작하는 타입이다.							
C. 낯가림을 하는 편이다.							
D. 생각하고 나서 행동하는 편이다.							

14

문항	응답 I					응답 II	
	①	②	③	④	⑤	멀다	가깝다
A. 쉬는 날은 밖으로 나가는 경우가 많다.							
B. 시작한 일은 반드시 완성시킨다.							
C. 면밀한 계획을 세운 여행을 좋아한다.							
D. 야망이 있는 편이라고 생각한다.							

15

문항	응답 I					응답 II	
	①	②	③	④	⑤	멀다	가깝다
A. 활동력이 있는 편이다.							
B. 많은 사람들과 왁자지껄하게 식사하는 것을 좋아하지 않는다.							
C. 돈을 허비한 적이 없다.							
D. 운동회를 아주 좋아하고 기대했다.							

16

문항	응답 I					응답 II	
	①	②	③	④	⑤	멀다	가깝다
A. 하나의 취미에 열중하는 타입이다.							
B. 모임에서 회장에 어울린다고 생각한다.							
C. 입신출세의 성공이야기를 좋아한다.							
D. 어떠한 일도 의욕을 가지고 임하는 편이다.							

17

문항	응답 I					응답 II	
	①	②	③	④	⑤	멀다	가깝다
A. 학급에서는 존재가 희미했다.							
B. 항상 무언가를 생각하고 있다.							
C. 스포츠는 보는 것보다 하는 게 좋다.							
D. 잘한다라는 말을 자주 듣는다.							

18

문항	응답 I					응답 II	
	①	②	③	④	⑤	멀다	가깝다
A. 흐린 날은 반드시 우산을 가지고 간다.							
B. 주연상을 받을 수 있는 배우를 좋아한다.							
C. 공격하는 타입이라고 생각한다.							
D. 리드를 받는 편이다.							

19

문항	응답 I					응답 II	
	①	②	③	④	⑤	멀다	가깝다
A. 너무 신중해서 기회를 놓친 적이 있다.							
B. 시원시원하게 움직이는 타입이다.							
C. 야근을 해서라도 업무를 끝낸다.							
D. 누군가를 방문할 때는 반드시 사전에 확인한다.							

20

문항	응답 I					응답 II	
	①	②	③	④	⑤	멀다	가깝다
A. 노력해도 결과가 따르지 않으면 의미가 없다.							
B. 무조건 행동해야 한다.							
C. 유행에 둔감하다고 생각한다.							
D. 정해진 대로 움직이는 것은 시시하다.							

21

문항	응답 I					응답 II	
	①	②	③	④	⑤	멀다	가깝다
A. 꿈을 계속 가지고 있고 싶다.							
B. 질서보다 자유를 중요시하는 편이다.							
C. 혼자서 취미에 몰두하는 것을 좋아한다.							
D. 직관적으로 판단하는 편이다.							

22

문항	응답 I					응답 II	
	①	②	③	④	⑤	멀다	가깝다
A. 영화나 드라마를 보면 등장인물의 감정에 이입된다.							
B. 시대의 흐름에 역행해서라도 자신을 관철하고 싶다.							
C. 다른 사람의 소문에 관심이 없다.							
D. 창조적인 편이다.							

23

문항	응답 I					응답 II	
	①	②	③	④	⑤	멀다	가깝다
A. 비교적 눈물이 많은 편이다.							
B. 융통성이 있다고 생각한다.							
C. 친구의 휴대전화 번호를 잘 모른다.							
D. 스스로 고안하는 것을 좋아한다.							

24

문항	응답 I					응답 II	
	①	②	③	④	⑤	멀다	가깝다
A. 정이 두터운 사람으로 남고 싶다.							
B. 조직의 일원으로 별로 안 어울린다.							
C. 세상의 일에 별로 관심이 없다.							
D. 변화를 추구하는 편이다.							

25

문항	응답 I					응답 II	
	①	②	③	④	⑤	멀다	가깝다
A. 업무는 인간관계로 선택한다.							
B. 환경이 변하는 것에 구애되지 않는다.							
C. 불안감이 강한 편이다.							
D. 인생은 살 가치가 없다고 생각한다.							

〉〉 유형 II

┃1~30┃ 다음 각 문제에서 제시된 4개의 질문 중 자신의 생각과 일치하거나 자신을 가장 잘 나타내는 질문과 가장 거리가 먼 질문을 각각 하나씩 고르시오.

	질문	가깝다	멀다
1	나는 계획적으로 일을 하는 것을 좋아한다.		
	나는 꼼꼼하게 일을 마무리 하는 편이다.		
	나는 새로운 방법으로 문제를 해결하는 것을 좋아한다.		
	나는 빠르고 신속하게 일을 처리해야 마음이 편하다.		
2	나는 문제를 해결하기 위해 여러 사람과 상의한다.		
	나는 어떠한 결정을 내릴 때 신중한 편이다.		
	나는 시작한 일은 반드시 완성시킨다.		
	나는 문제를 현실적이고 객관적으로 해결한다.		
3	나는 글보다 말로 표현하는 것이 편하다.		
	나는 논리적인 원칙에 따라 행동하는 것이 좋다.		
	나는 집중력이 강하고 매사에 철저하다.		
	나는 자기능력을 뽐내지 않고 겸손하다.		
4	나는 융통성 있게 업무를 처리한다.		
	나는 질문을 받으면 충분히 생각하고 나서 대답한다.		
	나는 긍정적이고 낙천인 사고방식을 갖고 있다.		
	나는 매사에 적극적인 편이다.		
5	나는 기발한 아이디어를 많이 낸다.		
	나는 새로운 일을 하는 것이 좋다.		
	나는 타인의 견해를 잘 고려한다.		
	나는 사람들을 잘 설득시킨다.		
6	나는 종종 화가 날 때가 있다.		
	나는 화를 잘 참지 못한다.		
	나는 단호하고 통솔력이 있다.		
	나는 집단을 이끌어가는 능력이 있다.		
7	나는 조용하고 성실하다.		
	나는 책임감이 강하다.		
	나는 독창적이며 창의적이다.		
	나는 복잡한 문제도 간단하게 해결한다.		

질문	가깝다	멀다
8	나는 관심 있는 분야에 몰두하는 것이 즐겁다.		
	나는 목표를 달성하는 것을 중요하게 생각한다.		
	나는 상황에 따라 일정을 조율하는 융통성이 있다.		
	나는 의사결정에 신속함이 있다.		
9	나는 정리 정돈과 계획에 능하다.		
	나는 사람들의 관심을 받는 것이 기분 좋다.		
	나는 때로는 고집스러울 때도 있다.		
	나는 원리원칙을 중시하는 편이다.		
10	나는 맡은 일에 헌신적이다.		
	나는 타인의 감정에 민감하다.		
	나는 목적과 방향은 변화할 수 있다고 생각한다.		
	나는 다른 사람과 의견의 충돌은 피하고 싶다.		
11	나는 구체적인 사실을 잘 기억하는 편이다.		
	나는 새로운 일을 시도하는 것이 즐겁다.		
	나는 겸손하다.		
	나는 다른 사람과 별다른 마찰이 없다.		
12	나는 나이에 비해 성숙한 편이다.		
	나는 유머감각이 있다.		
	나는 다른 사람의 생각이나 의견을 중요시 생각한다.		
	나는 솔직하고 단호한 편이다.		
13	나는 낙천적이고 긍정적이다.		
	나는 집단을 이끌어가는 능력이 있다.		
	나는 사람들에게 인기가 많다.		
	나는 활동을 조직하고 주도해나가는데 능하다.		
14	나는 사람들에게 칭찬을 잘 한다.		
	나는 사교성이 풍부한 편이다.		
	나는 동정심이 많다.		
	나는 정보에 밝고 지식에 대한 욕구가 높다.		
15	나는 호기심이 많다.		
	나는 다수결의 의견에 쉽게 따른다.		
	나는 승부근성이 강하다.		
	나는 자존심이 강한 편이다.		
16	나는 한번 생각한 것은 자주 바꾸지 않는다.		
	나는 개성 있다는 말을 자주 듣는다.		
	나는 나만의 방식으로 업무를 풀어나가는데 능하다.		
	나는 신중한 편이라고 생각한다.		

	질문	가깝다	멀다
17	나는 문제를 해결하기 위해 많은 사람의 의견을 참고한다.		
	나는 몸을 움직이는 것을 좋아한다.		
	나는 시작한 일은 반드시 완성시킨다.		
	나는 문제 상황을 객관적으로 대처하는데 자신이 있다.		
18	나는 목표를 향해 계속 도전하는 편이다.		
	나는 실패하는 것이 두렵지 않다.		
	나는 친구들이 많은 편이다.		
	나는 다른 사람의 시선을 고려하여 행동한다.		
19	나는 추상적인 이론을 잘 기억하는 편이다.		
	나는 적극적으로 행동하는 편이다.		
	나는 말하는 것을 좋아한다.		
	나는 꾸준히 노력하는 타입이다.		
20	나는 실행력이 있는 편이다.		
	나는 조직 내 분위기 메이커이다.		
	나는 세심하지 못한 편이다.		
	나는 모임에서 지원자 역할을 맡는 것이 좋다.		
21	나는 현실적이고 실용적인 것을 추구한다.		
	나는 계획을 세우고 실행하는 것이 재미있다.		
	나는 꾸준한 취미를 갖고 있다.		
	나는 성급하게 결정하지 않는다.		
22	나는 싫어하는 사람과도 아무렇지 않게 이야기 할 수 있다.		
	내 책상은 항상 깔끔히 정돈되어 있다.		
	나는 실패보다 성공을 먼저 생각한다.		
	나는 동료와의 경쟁도 즐긴다.		
23	나는 능력을 칭찬받는 경우가 많다.		
	나는 논리정연하게 말을 하는 편이다.		
	나는 사물의 근원과 배경에 대해 관심이 많다.		
	나는 문제에 부딪히면 스스로 해결하는 편이다.		
24	나는 부지런한 편이다.		
	나는 일을 하는 속도가 빠르다.		
	나는 독특하고 창의적인 생각을 잘한다.		
	나는 약속한 일은 어기지 않는다.		
25	나는 환경의 변화에도 쉽게 적응할 수 있다.		
	나는 망설이는 것보다 도전하는 편이다.		
	나는 완벽주의자이다.		
	나는 팀을 짜서 일을 하는 것이 재미있다.		

	질문	가깝다	멀다
26	나는 조직을 위해서 내 이익을 포기할 수 있다.		
	나는 상상력이 풍부하다.		
	나는 여러 가지 각도로 사물을 분석하는 것이 좋다.		
	나는 인간관계를 중시하는 편이다.		
27	나는 경험한 방법 중 가장 적합한 방법으로 일을 해결한다.		
	나는 독자적인 시각을 갖고 있다.		
	나는 시간이 걸려도 침착하게 생각하는 경우가 많다.		
	나는 높은 목표를 설정하고 이루기 위해 노력하는 편이다.		
28	나는 성격이 시원시원하다는 말을 자주 듣는다.		
	나는 자기 표현력이 강한 편이다.		
	나는 일의 내용을 중요시 여긴다.		
	나는 다른 사람보다 동정심이 많은 편이다.		
29	나는 하기 싫은 일을 맡아도 표시내지 않고 마무리 한다.		
	나는 누가 시키지 않아도 일을 계획적으로 진행한다.		
	나는 한 가지 일에 집중을 잘 하는 편이다.		
	나는 남을 설득하고 이해시키는데 자신이 있다.		
30	나는 비합리적이거나 불의를 보면 쉽게 지나치지 못한다.		
	나는 무엇이던 시작하면 이루어야 직성이 풀린다.		
	나는 사람을 가리지 않고 쉽게 사귄다.		
	나는 어렵고 힘든 일에 도전하는 것에 쾌감을 느낀다.		

〉〉 유형 Ⅲ

| 1~200 | 다음 ( ) 안에 당신에게 해당사항이 있으면 'YES', 그렇지 않다면 'NO'를 선택하시오.

YES   NO

1. 사람들이 붐비는 도시보다 한적한 시골이 좋다. ································( )( )

2. 전자기기를 잘 다루지 못하는 편이다. ································( )( )

3. 인생에 대해 깊이 생각해 본 적이 없다. ································( )( )

4. 혼자서 식당에 들어가는 것은 전혀 두려운 일이 아니다. ································( )( )

5. 남녀 사이의 연애에서 중요한 것은 돈이다. ································( )( )

6. 걸음걸이가 빠른 편이다. ································( )( )

7. 육류보다 채소류를 더 좋아한다. ································( )( )

8. 소곤소곤 이야기하는 것을 보면 자기에 대해 험담하고 있는 것으로 생각된다. ································( )( )

9. 여럿이 어울리는 자리에서 이야기를 주도하는 편이다. ································( )( )

10. 집에 머무는 시간보다 밖에서 활동하는 시간이 더 많은 편이다. ································( )( )

11. 무엇인가 창조해내는 작업을 좋아한다. ································( )( )

12. 자존심이 강하다고 생각한다. ································( )( )

13. 금방 흥분하는 성격이다. ································( )( )

14. 거짓말을 한 적이 많다. ································( )( )

15. 신경질적인 편이다. ································( )( )

16. 끙끙대며 고민하는 타입이다. ································( )( )

17. 자신이 맡은 일에 반드시 책임을 지는 편이다. ································( )( )

18. 누군가와 마주하는 것보다 통화로 이야기하는 것이 더 편하다. ································( )( )

19. 운동신경이 뛰어난 편이다. ································( )( )

20. 생각나는 대로 말해버리는 편이다. ································( )( )

21. 싫어하는 사람이 없다. ································( )( )

22. 학창시절 국·영·수보다는 예체능 과목을 더 좋아했다. ································( )( )

23. 쓸데없는 고생을 하는 일이 많다. ································( )( )

24. 자주 생각이 바뀌는 편이다. ································( )( )

25. 갈등은 대화로 해결한다. ································( )( )

YES   NO

26. 내 방식대로 일을 한다. ···( )( )

27. 영화를 보고 운 적이 많다. ···( )( )

28. 어떤 것에 대해서도 화낸 적이 없다. ·····················( )( )

29. 좀처럼 아픈 적이 없다. ···( )( )

30. 자신은 도움이 안 되는 사람이라고 생각한다. ·······( )( )

31. 어떤 일이든 쉽게 싫증을 내는 편이다. ···················( )( )

32. 개성적인 사람이라고 생각한다. ·······························( )( )

33. 자기주장이 강한 편이다. ···( )( )

34. 뒤숭숭하다는 말을 들은 적이 있다. ·························( )( )

35. 인터넷 사용이 아주 능숙하다. ·································( )( )

36. 사람들과 관계 맺는 것을 보면 잘하지 못한다. ·······( )( )

37. 사고방식이 독특하다. ···( )( )

38. 대중교통보다는 걷는 것을 더 선호한다. ·················( )( )

39. 끈기가 있는 편이다. ···( )( )

40. 신중한 편이라고 생각한다. ···( )( )

41. 인생의 목표는 큰 것이 좋다. ·······································( )( )

42. 어떤 일이라도 바로 시작하는 타입이다. ·················( )( )

43. 낯가림을 하는 편이다. ···( )( )

44. 생각하고 나서 행동하는 편이다. ·······························( )( )

45. 쉬는 날은 밖으로 나가는 경우가 많다. ···················( )( )

46. 시작한 일은 반드시 완성시킨다. ·······························( )( )

47. 면밀한 계획을 세운 여행을 좋아한다. ·····················( )( )

48. 야망이 있는 편이라고 생각한다. ·······························( )( )

49. 활동력이 있는 편이다. ···( )( )

50. 많은 사람들과 왁자지껄하게 식사하는 것을 좋아하지 않는다. ·······( )( )

51. 장기적인 계획을 세우는 것을 꺼려한다. ·················( )( )

52. 자기 일이 아닌 이상 무심한 편이다. ·······················( )( )

53. 하나의 취미에 열중하는 타입이다. ······································( )( )

54. 스스로 모임에서 회장에 어울린다고 생각한다. ······················( )( )

55. 입신출세의 성공이야기를 좋아한다. ··································( )( )

56. 어떠한 일도 의욕을 가지고 임하는 편이다. ··························( )( )

57. 학급에서는 존재가 희미했다. ···( )( )

58. 항상 무언가를 생각하고 있다. ··( )( )

59. 스포츠는 보는 것보다 하는 게 좋다. ·································( )( )

60. 문제 상황을 바르게 인식하고 현실적이고 객관적으로 대처한다. ···( )( )

61. 흐린 날은 반드시 우산을 가지고 간다. ·······························( )( )

62. 여러 명보다 1:1로 대화하는 것을 선호한다. ·······················( )( )

63. 공격하는 타입이라고 생각한다. ······································( )( )

64. 리드를 받는 편이다. ··( )( )

65. 너무 신중해서 기회를 놓친 적이 있다. ·······························( )( )

66. 시원시원하게 움직이는 타입이다. ····································( )( )

67. 야근을 해서라도 업무를 끝낸다. ·····································( )( )

68. 누군가를 방문할 때는 반드시 사전에 확인한다. ·····················( )( )

69. 아무리 노력해도 결과가 따르지 않는다면 의미가 없다. ············( )( )

70. 솔직하고 타인에 대해 개방적이다. ···································( )( )

71. 유행에 둔감하다고 생각한다. ··( )( )

72. 정해진 대로 움직이는 것은 시시하다. ·······························( )( )

73. 꿈을 계속 가지고 있고 싶다. ···( )( )

74. 질서보다 자유를 중요시하는 편이다. ·································( )( )

75. 혼자서 취미에 몰두하는 것을 좋아한다. ·····························( )( )

76. 직관적으로 판단하는 편이다. ··( )( )

77. 영화나 드라마를 보며 등장인물의 감정에 이입된다. ···············( )( )

78. 시대의 흐름에 역행해서라도 자신을 관철하고 싶다. ···············( )( )

79. 다른 사람의 소문에 관심이 없다. ····································( )( )

80. 창조적인 편이다. ···( )( )

81. 비교적 눈물이 많은 편이다. ·······································( )( )

82. 융통성이 있다고 생각한다. ·······································( )( )

83. 친구의 휴대전화 번호를 잘 모른다. ···························( )( )

84. 스스로 고안하는 것을 좋아한다. ·······························( )( )

85. 정이 두터운 사람으로 남고 싶다. ·····························( )( )

86. 새로 나온 전자제품의 사용방법을 익히는 데 오래 걸린다. ····( )( )

87. 세상의 일에 별로 관심이 없다. ·································( )( )

88. 변화를 추구하는 편이다. ···( )( )

89. 업무는 인간관계로 선택한다. ····································( )( )

90. 환경이 변하는 것에 구애되지 않는다. ·······················( )( )

91. 다른 사람들에게 첫인상이 좋다는 이야기를 자주 듣는다. ····( )( )

92. 인생은 살 가치가 없다고 생각한다. ···························( )( )

93. 의지가 약한 편이다. ···( )( )

94. 다른 사람이 하는 일에 별로 관심이 없다. ···················( )( )

95. 자주 넘어지거나 다치는 편이다. ·······························( )( )

96. 심심한 것을 못 참는다. ···( )( )

97. 다른 사람을 욕한 적이 한 번도 없다. ·······················( )( )

98. 몸이 아프더라도 병원에 잘 가지 않는 편이다. ··············( )( )

99. 금방 낙심하는 편이다. ··( )( )

100. 평소 말이 빠른 편이다. ··( )( )

101. 어려운 일은 되도록 피하는 게 좋다. ························( )( )

102. 다른 사람이 내 의견에 간섭하는 것이 싫다. ···············( )( )

103. 낙천적인 편이다. ···( )( )

104. 남을 돕다가 오해를 산 적이 있다. ··························( )( )

105. 모든 일에 준비성이 철저한 편이다. ························( )( )

106. 상냥하다는 말을 들은 적이 있다. ···························( )( )

107. 맑은 날보다 흐린 날을 더 좋아한다. ································( )( )

108. 많은 친구들을 만나는 것보다 단 둘이 만나는 것이 더 좋다. ·······( )( )

109. 평소에 불평불만이 많은 편이다. ····························( )( )

110. 가끔 나도 모르게 엉뚱한 행동을 하는 때가 있다. ·············( )( )

111. 생리현상을 잘 참지 못하는 편이다. ························( )( )

112. 다른 사람을 기다리는 경우가 많다. ························( )( )

113. 술자리나 모임에 억지로 참여하는 경우가 많다. ··············( )( )

114. 결혼과 연애는 별개라고 생각한다. ·························( )( )

115. 노후에 대해 걱정이 될 때가 많다. ·························( )( )

116. 잃어버린 물건은 쉽게 찾는 편이다. ························( )( )

117. 비교적 쉽게 감격하는 편이다. ····························( )( )

118. 어떤 것에 대해서는 불만을 가진 적이 없다. ·················( )( )

119. 걱정으로 밤에 못 잘 때가 많다. ···························( )( )

120. 자주 후회하는 편이다. ···································( )( )

121. 쉽게 학습하지만 쉽게 잊어버린다. ·························( )( )

122. 낮보다 밤에 일하는 것이 좋다. ····························( )( )

123. 많은 사람 앞에서도 긴장하지 않는다. ······················( )( )

124. 상대방에게 감정 표현을 하기가 어렵게 느껴진다. ············( )( )

125. 인생을 포기하는 마음을 가진 적이 한 번도 없다. ············( )( )

126. 규칙에 대해 드러나게 반발하기보다 속으로 반발한다. ·········( )( )

127. 자신의 언행에 대해 자주 반성한다. ·······················( )( )

128. 활동범위가 좁아 늘 가던 곳만 고집한다. ···················( )( )

129. 나는 끈기가 다소 부족하다. ······························( )( )

130. 좋다고 생각하더라도 좀 더 검토하고 나서 실행한다. ·········( )( )

131. 위대한 인물이 되고 싶다. ·································( )( )

132. 한 번에 많은 일을 떠맡아도 힘들지 않다. ··················( )( )

133. 사람과 약속은 부담스럽다. ······························( )( )

YES NO

134. 질문을 받으면 충분히 생각하고 나서 대답하는 편이다. ·······························( )( )

135. 머리를 쓰는 것보다 땀을 흘리는 일이 좋다. ···································( )( )

136. 결정한 것에는 철저히 구속받는다. ··( )( )

137. 아무리 바쁘더라도 자기관리를 위한 운동을 꼭 한다. ·······················( )( )

138. 이왕 할 거라면 일등이 되고 싶다. ··( )( )

139. 과감하게 도전하는 타입이다. ··( )( )

140. 자신은 사교적이 아니라고 생각한다. ··( )( )

141. 무심코 도리에 대해서 말하고 싶어진다. ·····································( )( )

142. 목소리가 큰 편이다. ··( )( )

143. 단념하기보다 실패하는 것이 낫다고 생각한다. ·····························( )( )

144. 예상하지 못한 일은 하고 싶지 않다. ··( )( )

145. 파란만장하더라도 성공하는 인생을 살고 싶다. ·····························( )( )

146. 활기찬 편이라고 생각한다. ··( )( )

147. 자신의 성격으로 고민한 적이 있다. ···( )( )

148. 무심코 사람들을 평가 한다. ···( )( )

149. 때때로 성급하다고 생각한다. ··( )( )

150. 자신은 꾸준히 노력하는 타입이라고 생각한다. ·····························( )( )

151. 터무니없는 생각이라도 메모한다. ···( )( )

152. 리더십이 있는 사람이 되고 싶다. ···( )( )

153. 열정적인 사람이라고 생각한다. ···( )( )

154. 다른 사람 앞에서 이야기를 하는 것이 조심스럽다. ·························( )( )

155. 세심하기보다 통찰력이 있는 편이다. ··( )( )

156. 엉덩이가 가벼운 편이다. ··( )( )

157. 여러 가지로 구애받는 것을 견디지 못한다. ··································( )( )

158. 돌다리도 두들겨 보고 건너는 쪽이 좋다. ····································( )( )

159. 자신에게는 권력욕이 있다. ··( )( )

160. 자신의 능력보다 과중한 업무를 할당받으면 기쁘다. ·······················( )( )

161. 사색적인 사람이라고 생각한다. ··( )( )

162. 비교적 개혁적이다. ··( )( )

163. 좋고 싫음으로 정할 때가 많다. ···( )( )

164. 전통에 얽매인 습관은 버리는 것이 적절하다. ··( )( )

165. 교제 범위가 좁은 편이다. ··( )( )

166. 발상의 전환을 할 수 있는 타입이라고 생각한다. ··································( )( )

167. 주관적인 판단으로 실수한 적이 있다. ··( )( )

168. 현실적이고 실용적인 면을 추구한다. ···( )( )

169. 타고난 능력에 의존하는 편이다. ···( )( )

170. 다른 사람을 의식하여 외모에 신경을 쓴다. ··( )( )

171. 마음이 담겨 있으면 선물은 아무 것이나 좋다. ·····································( )( )

172. 여행은 내 마음대로 하는 것이 좋다. ··( )( )

173. 추상적인 일에 관심이 있는 편이다. ··( )( )

174. 큰일을 먼저 결정하고 세세한 일을 나중에 결정하는 편이다. ···········( )( )

175. 괴로워하는 사람을 보면 답답하다. ··( )( )

176. 자신의 가치기준을 알아주는 사람은 아무도 없다. ·································( )( )

177. 인간성이 없는 사람과는 함께 일할 수 없다. ··( )( )

178. 상상력이 풍부한 편이라고 생각한다. ···( )( )

179. 의리, 인정이 두터운 상사를 만나고 싶다. ··( )( )

180. 인생은 앞날을 알 수 없어 재미있다. ··( )( )

181. 조직에서 분위기 메이커다. ··( )( )

182. 반성하는 시간에 차라리 실수를 만회할 방법을 구상한다. ·················( )( )

183. 늘 하던 방식대로 일을 처리해야 마음이 편하다. ································( )( )

184. 쉽게 이룰 수 있는 일에는 흥미를 느끼지 못한다. ·······························( )( )

185. 좋다고 생각하면 바로 행동한다. ···( )( )

186. 후배들은 무섭게 가르쳐야 따라온다. ··( )( )

187. 한 번에 많은 일을 떠맡는 것이 부담스럽다. ··( )( )

188. 능력 없는 상사라도 진급을 위해 아부할 수 있다. ·······································(   )(   )

189. 질문을 받으면 그때의 느낌으로 대답하는 편이다. ·······························(   )(   )

190. 땀을 흘리는 것보다 머리를 쓰는 일이 좋다. ·······································(   )(   )

191. 단체 규칙에 그다지 구속받지 않는다. ···(   )(   )

192. 물건을 자주 잃어버리는 편이다. ···(   )(   )

193. 불만이 생기면 즉시 말해야 한다. ···(   )(   )

194. 안전한 방법을 고르는 타입이다. ···(   )(   )

195. 사교성이 많은 사람을 보면 부럽다. ···(   )(   )

196. 성격이 급한 편이다. ···(   )(   )

197. 갑자기 중요한 프로젝트가 생기면 혼자서라도 야근할 수 있다. ············(   )(   )

198. 내 인생에 절대로 포기하는 경우는 없다. ···(   )(   )

199. 예상하지 못한 일도 해보고 싶다. ···(   )(   )

200. 평범하고 평온하게 행복한 인생을 살고 싶다. ·······································(   )(   )

PART

V

NCS 정답 및 해설

CHAPTER 01 NCS 대표유형 정답해설

PART ❶ 의사소통능력 🔍

| 1 | ① | 2 | ③ | 3 | ③ | 4 | ① | 5 | ③ |

1 ①

제시된 지문은 공문서의 한 종류인 보도자료에 해당한다. 마지막 문단에 밑줄 친 '거쳐'의 앞뒤 문맥을 파악해 보면, 지방재정협의회에서 논의한 지역 현안 사업은 각 부처의 검토 단계를 밟은 뒤 기재부에 신청되고, 이후 관계 기관의 협의를 거쳐 내년도 예산안에 반영함을 알 수 있다. 즉, 밑줄 친 '거쳐'는 '어떤 과정이나 단계를 겪거나 밟다.'의 의미로 사용되었다. 보기 중 이와 동일한 의미로 쓰인 것은 ①이다.
② 마음에 거리끼거나 꺼리다.
③ 오가는 도중에 어디를 지나거나 들르다.
④ 무엇에 걸리거나 막히다.

2 ③

네 개의 문장에서 공통적으로 언급하고 있는 것은 환경문제임을 알 수 있다. 따라서 (나) 문장이 '문제 제기'를 한 것으로 볼 수 있다. (가)는 (나)에서 언급한 바를 더욱 발전시키며 논점을 전개해 나가고 있으며, (라)에서는 논점을 '잘못된 환경문제의 해결 주체'라는 쪽으로 전환하여 결론을 위한 토대를 구성하며, (다)에서 필자의 주장을 간결하게 매듭짓고 있다.

3 ③

③ 디지털화는 공장 내 사물들 간에 소통이 가능하도록 물리적 아날로그 신호를 디지털 신호로 변환하는 것이다.
①② 두 번째 문단에서 언급하고 있다.
④ 세 번째 문단에서 언급하고 있다.

4 ①

① 부지 용도가 단독주택용지이고 토지사용 가능시기가 '즉시'라는 공고를 통해 계약만 이루어지면 즉시 이용이 가능한 토지임을 알 수 있다.

② 계약체결 후 남은 금액은 공급가격에서 계약금을 제외한 33,250,095,000원이다. 이를 무이자로 3년간 6회에 걸쳐 납부해야 하므로 첫 번째 내야 할 중도금은 5,541,682,500원이다.

③ 규모 400㎡의 단독주택용지를 주택건설업자에게 분양하는 공고이다.

④ 계약금은 공급가격의 10%로 보증금이 더 적다.

---

5 ③

고위직급자와 계약직 직원들에 대한 학습목표 달성을 지원해야 한다는 논의가 되고 있으므로 그에 따른 실천 방안이 있을 것으로 판단할 수 있으나, 교육 시간 자체가 더 증가할 것으로 전망하는 것은 근거가 제시되어 있지 않은 의견이다.

① 22시간 → 35시간으로 약 59% 증가하였다.

② 평균 학습시간을 초과하여 달성하는 등 상시학습문화가 정착되었다고 평가하고 있다.

④ 생애주기에 맞는 직급별 직무역량교육 의무화라는 것은 각 직급과 나이에 보다 적합한 교육이 실시될 것임을 의미한다.

PART ❷ 수리능력 🔍

1	③	2	②	3	③	4	②	5	③

1 ③

첫 번째와 두 번째 규칙에 따라 두 사람의 점수 총합은 $4 \times 20 + 2 \times 20 = 120$점이 된다. 이 때 두 사람 중 점수가 더 낮은 사람의 점수를 x점이라고 하면, 높은 사람의 점수는 $120 - x$점이 되므로 $120 - x = x + 12$가 성립한다.

따라서 $x = 54$이다.

---

2 ②

주어진 조건에 의해 다음과 같이 계산할 수 있다.

$\{(1,000,000 + 100,000 + 200,000) \times 12 + (1,000,000 \times 4) + 500,000\} \div 365 \times 30 = 1,652,055$원

따라서 소득월액은 1,652,055원이 된다.

3 ③

자료에 제시된 각 암별 치명률이 나올 수 있는 공식은 보기 중 ③이다. 참고적으로 치명률은 어떤 질환에 의한 사망자수를 그 질환의 환자수로 나눈 것으로 보통 백분율로 나타내며, 치사율이라고도 한다.

---

4 ②

② 〈자료 1〉에 따르면 건강수명은 평균수명에서 질병이나 부상으로 인하여 활동하지 못한 기간을 뺀 기간 이다. 〈자료 2〉에서 건강수명 예상치의 범위는 평균수명의 90%에서 ±1% 수준이고, 해당 연도 환경 개 선 정도에 따라 계산한다고 기준을 제시하고 있으므로 이를 통해 2022년과 2023년의 건강수명을 구할 수 있다.
  • 2022년 건강수명 = 80.79세(평균수명) × 89%(환경 개선 불량) = 71.9031세
  • 2023년 건강수명 = 81.2세(평균수명) × 89%(환경 개선 불량) = 72.268세
  따라서 2022년 건강수명이 2023년 건강수명보다 짧다.
①③ 2021년의 건강수명 = 80.55세(평균수명) × 91%(환경 개선 양호) = 73.3005세로 2022년의 건강수명인 71.9031세 또는 2023년의 건강수명인 72.268세보다 길다.
④ 2022년 환경 개선 정도가 보통일 경우 건강수명 = 80.79세 × 90% = 72.711세이다. 2021년의 건강수명 은 73.3005세이므로 2021년 건강수명이 2022년 건강수명보다 길다.

---

5 ③

③ 표를 통해 건설 부가가치는 '건설공사 매출액 − 건설비용'의 산식이 적용됨을 알 수 있다. 건설공사 매출 액은 국내와 해외 매출액의 합산이므로 해외 매출액의 증감은 건설 부가가치에 직접적인 영향을 미친다.
① 제시된 기업체 수 증가율을 통하여 연도별 기업체 수를 확인할 수 있으며, 2019년도에는 기업체 수가 약 65,183개로 65,000개 이상이 된다.
② 2023년은 313.3 ÷ 356.6 × 100 = 약 87.9%이며, 2024년은 354.0 ÷ 392.0 × 100 = 약 90.3%이다.
④ 다른 항목은 2024년에 모두 증가하였지만, 건설공사 매출액 중 해외 매출액 지표는 감소하였다.

| 1 | ④ | 2 | ③ | 3 | ④ | 4 | ② | 5 | ① |

1 ④

날짜를 따져 보아야 하는 유형의 문제는 아래와 같이 달력을 그려서 살펴보면 어렵지 않게 정답을 구할 수 있다.

일	월	화	수	목	금	토
	1	2	3	4	5	6
7	8	9	10	11	12	13
14	15	16	17	18	19	20
21	22	23	24	25	26	27
28	29	30	31			

1일이 월요일이므로 정 대리는 위와 같은 달력에 해당하는 기간 중에 출장을 가려고 한다. 3박 4일 일정 중 출발과 도착일 모두 휴일이 아니어야 한다면 월~목요일, 화~금요일, 금~월요일 세 가지의 경우의 수가 생기는데, 현지에서 복귀하는 비행편이 화요일과 목요일이므로 월~목요일의 일정을 선택해야 한다. 회의가 셋째 주 화요일이라면 16일이므로 그 이후 가능한 월~목요일은 두 번이 있으나, 마지막 주의 경우 도착일이 다음 달로 넘어가게 되므로 조건에 부합되지 않는다. 따라서 출장 출발일로 적절한 날은 22일이며 일정은 22~25일이 된다.

2 ③

ⓜ에서 유진이는 화요일에 학교에 가지 않으므로 ⓔ의 대우에 의하여 수요일에는 학교에 간다.
수요일에 학교에 가므로 ⓛ의 대우에 의해 금요일에는 학교에 간다.
금요일에 학교에 가므로 ⓐ의 대우에 의해 월요일에는 학교를 가지 않는다.
월요일에 학교를 가지 않으므로 ⓖ의 대우에 의해 목요일에는 학교에 간다.
따라서 유진이가 학교에 가는 요일은 수, 목, 금이다.

3 ④

④ 어머니와 본인, 배우자, 아이 셋을 합하면 丁의 가족은 모두 6명이다. 6인 가구의 월평균소득기준은 5,144,224원 이하로, 월평균소득이 480만 원이 되지 않는 丁는 국민임대주택 예비입주자로 신청할 수 있다.
① 세대 분리되어 있는 배우자도 세대구성원에 포함되므로 주택을 소유한 아내가 있는 甲은 국민임대주택 예비입주자로 신청할 수 없다.
② 본인과 배우자, 배우자의 부모님을 합하면 乙의 가족은 모두 4명이다. 4인 가구 월평균소득기준은 4,315,641원 이하로, 월평균소득이 500만 원을 넘는 乙은 국민임대주택 예비입주자로 신청할 수 없다.
③ 신청자인 丙의 배우자의 직계비속인 아들이 전 남편으로부터 아파트 분양권을 물려받아 소유하고 있으므로 丙은 국민임대주택 예비입주자로 신청할 수 없다.

4 ②

B팀은 자신들이 제작한 K부서 정책홍보책자를 서울에 모두 배포하거나 부산에 모두 배포한다는 지침에 따라 배포하였는데, B팀이 제작·배포한 K부서 정책홍보책자 중 일부를 부산에서 발견하였으므로, B팀의 책자는 모두 부산에 배포되었다.

A팀이 제작·배포한 책자 중 일부를 서울에서 발견하였지만, A팀은 자신들이 제작한 K부서의 모든 정책홍보책자를 서울이나 부산에 배포한다는 지침에 따라 배포하였으므로, 모두 서울에 배포되었는지는 알 수 없다. 따라서 항상 옳은 평가는 ⓒ뿐이다.

---

5 ①

조사 대상과 조사 내용을 볼 때, ①은 본 설문조사의 목적으로 가장 적합하지 않다.

② 조사 내용 중 '향후 해외 근거리 당일 왕복항공 잠재 수요 파악'을 통해 해외 당일치기 여객의 수요에 부응할 수 있는 노선 구축 근거를 마련할 수 있다.

③ 조사 내용 중 '과거 해외 근거리 당일 왕복항공 이용 실적 파악'을 통해 해외 근거리 당일 왕복항공을 이용한 실적 및 행태를 파악할 수 있다.

④ 조사 내용 중 '해외 근거리 당일 왕복항공 이용을 위한 개선 사항 파악'을 통해 근거리 국가로 여행 또는 출장을 위해 당일 왕복항공을 이용할 의향과 수용도를 파악할 수 있다.

PART ④ 자원관리능력 🔍

| 1 | ③ | 2 | ④ | 3 | ④ | 4 | ① | 5 | ② |

1 ③

교육비 지원 기준에 따라 각 직원이 지원 받을 수 있는 내역을 정리하면 다음과 같다.

A	• 본인 대학원 학비 3백만 원(100% 지원) • 동생 대학 학비 2백만 원(형제 및 자매→80% 지원) = 160만 원	총 460만 원
B	딸 대학 학비 2백만 원(직계 비속→90% 지원) = 180만 원	총 180만 원
C	본인 대학 학비 3백만 원(100% 지원) 아들 대학 학비 4백만 원(직계 비속→90% 지원) = 360만 원	총 660만 원
D	본인 대학 학비 2백만 원(100% 지원) 딸 대학 학비 2백만 원(90% 지원) = 180만 원 아들 대학원 학비 2백만 원(90% 지원) = 180만 원	총 560만 원

따라서 A~D 직원 4명의 총 교육비 지원 금액은 1,860만 원이고, 이를 원단위로 표현하면 18,600,000원이다.

2 ④

④ 결원이 생겼을 때에는 그대로 추가 선발 없이 채용을 마감할 수 있으며, 추가합격자를 선발할 경우 반드시 차순위자를 선발하여야 한다.

① 모든 응시자는 1인 1개 분야만 지원할 수 있다. 따라서 중복 응시에 대해 어느 한쪽을 임의로 무효처리할 수 있다.

② 입사지원서 작성 내용과 다르게 된 결과이므로 취소 처분이 가능하다.

③ 지원자가 채용예정인원 수와 같거나 미달하더라도 적격자가 없는 경우 선발하지 않을 수 있다.

---

3 ④

ⓒ 2의 '전자·통신관계법에 의한 전기·전자통신기술에 관한 업무'에 해당하므로 丙은 자격 취득 후 경력 기간 15개월 중 80%인 12개월을 인정받는다.

ⓔ 1의 '전력시설물의 설계·공사·감리·유지보수·관리·진단·점검·검사에 관한 기술업무'에 해당하므로 丁은 자격 취득 전 경력 기간 2년의 50%인 1년을 인정받는다.

ⓐ 3에 따라 자격 취득 전의 경력 기간은 50%만 인정되므로 甲은 5년의 경력 기간 중 50%인 2년 6개월만 인정받는다.

ⓑ 2의 「전기용품안전관리법」에 따른 전기용품의 설계·제조·검사 등의 기술업무에 해당하므로 乙은 자격 취득 후 경력 기간 30개월 중 80%인 24개월을 인정받는다.

---

4 ①

주행속도에 따른 연비와 구간별 소요되는 연료량을 계산하면 다음과 같다.

차량	주행속도(km/h)	연비(km/L)	구간별 소요되는 연료량(L)		
A (LPG)	30 이상 60 미만	$10 \times 50.0\% = 5$	1구간	20	총 31.5
	60 이상 90 미만	$10 \times 100.0\% = 10$	2구간	4	
	90 이상 120 미만	$10 \times 80.0\% = 8$	3구간	7.5	
B (휘발유)	30 이상 60 미만	$16 \times 62.5\% = 10$	1구간	10	총 17.5
	60 이상 90 미만	$16 \times 100.0\% = 16$	2구간	2.5	
	90 이상 120 미만	$16 \times 75.0\% = 12$	3구간	5	
C (경유)	30 이상 60 미만	$20 \times 50.0\% = 10$	1구간	10	총 16
	60 이상 90 미만	$20 \times 100.0\% = 20$	2구간	2	
	90 이상 120 미만	$20 \times 75.0\% = 15$	3구간	4	

따라서 조건에 따른 주행을 완료하는 데 소요되는 연료비는 A 차량은 $31.5 \times 1,000 = 31,500$원, B 차량은 $17.5 \times 2,000 = 35,000$원, C 차량은 $16 \times 1,600 = 25,600$원으로, 두 번째로 높은 연료비가 소요되는 차량은 A며 31,500원의 연료비가 든다.

5 ②

먼저 '층별 월 전기료 60만 원 이하' 조건을 적용해 보면 2층, 3층, 5층에서 각각 6대, 2대, 1대의 구형 에어 컨을 버려야 한다. 다음으로 '구형 에어컨 대비 신형 에어컨 비율 1/2 이상 유지' 조건을 적용하면 4층, 5층에서 각각 1대, 2대의 신형 에어컨을 구입해야 한다. 그런데 5층에서 신형 에어컨 2대를 구입하게 되면 구형 에어컨 12대와 신형 에어컨 6대가 되어 월 전기료가 60만 원이 넘게 되므로 2대의 구형 에어컨을 더 버려야 하며, 신형 에어컨은 1대만 구입하면 된다. 따라서 A상사가 구입해야 하는 신형 에어컨은 총 2대이다.

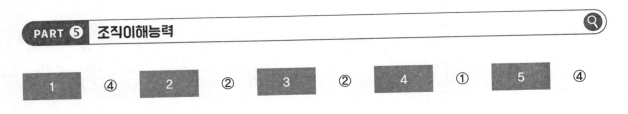

PART ⑤ 조직이해능력

| 1 | ④ | 2 | ② | 3 | ② | 4 | ① | 5 | ④ |

1 ④

일반적으로 기자들을 상대하는 업무는 홍보실, 사장의 동선 및 일정 관리는 비서실, 퇴직 및 퇴직금 관련 업무는 인사부, 사원증 제작은 총무부에서 관장하는 업무로 분류된다.

2 ②

(A) 기능적 조직구조이며, (B)는 사업별 조직구조이다. 환경이 안정적이거나 일상적인 기술, 조직의 내부 효율성을 중요시하며 기업의 규모가 작을 때에는 업무의 내용이 유사하고 관련성이 있는 것들을 결합해서 (A)와 같은 기능적 조직구조 형태를 이룬다. 또한, 급변하는 환경변화에 효과적으로 대응하고 제품, 지역, 고객별 차이에 신속하게 적용하기 위해서는 분권화된 의사결정이 가능한 (B)와 같은 사업별 조직구조 형태를 이룰 필요가 있다. (A)와 같은 조직구조에서는 결재라인이 적어 신속한 의사결정이 이루어질 수 있으며, (B)와 같은 조직구조에서는 본부장, 부문장 등의 이사진이 배치될 수 있어, 중간관리자의 역할이 중요한 경우에 볼 수 있는 조직구조이다.

3 ②

차별화 전략과 원가우위 전략이 전체 시장을 상대로 하는 전략인 반면, 집중화 전략은 특정 시장을 대상으로 한다. 따라서 고객층을 세분화하여 타깃 고객층에 맞는 맞춤형 전략을 세울 필요가 있다. 타깃 고객층에 자사가 가진 특정 역량이 발휘되어 판매를 늘릴 수 있는 전략이라고 할 수 있다.

4 ①

① 기능의 다양화는 자사의 강점에 해당되며, 신흥시장의 잠재 수요를 기대할 수 있어 이를 연결한 전략으로 적절한 ST 전략이라고 할 수 있다.

② 휴대기기의 대중화(O)에 힘입어 MP3폰의 성능 강화(T)

③ 다양한 기능을 추가(S)한 판매 신장으로 이익 확대(W)

④ 개도국 수요를 창출(O)하여 저가 제품 판매 확대(W)

---

5 ④

④ 전결권자가 자리를 비웠을 경우, '직무 권한'은 차상위자가 아닌 직상급직책자가 수행하게 되며, 차상위자가 전결권자가 되는 경우에도 '직무 권한' 자체의 위임이 되는 것은 아니다.

① 차상위자가 필요한 경우, 최종결재자(전결권자)가 될 수 있다.

② 부재 중 결재사항은 전결권자 업무 복귀 시 사후 결재를 받는 것으로 규정하고 있다.

③ 팀장의 업무 인수인계는 부사장의 전결 사항이다.

CHAPTER 02 NCS 예상문제 정답해설

PART ❶ 의사소통능력

1	④	2	④	3	④	4	③	5	④	6	④	7	③	8	②	9	③	10	②
11	①	12	③	13	③	14	①	15	④	16	③	17	②	18	②	19	④	20	③
21	④	22	③	23	③	24	④	25	②	26	④	27	①	28	②	29	③	30	③
31	③	32	③	33	④	34	③	35	①	36	②	37	②	38	②	39	③	40	①
41	④	42	④	43	④	44	③	45	②	46	①	47	②	48	②	49	④	50	②

1 ④

④ 비피도박테리아는 모유에 함유되어있는 모유올리고당을 잘 먹는 유익균으로 모유 수유시 신생아의 장에 자리 잡기 유리하다. 반대로 캄파일로박터는 설사를 일으키는 유해균으로 모유올리고당은 캄파일로박터가 장점막에 달라붙는 것을 방해한다는 내용이 첫 문단에 등장한다. 따라서 두 박테리아의 상생가능성에 대한 이야기는 등장하지 않는다.

2 ④

① 코르티솔 유전자는 스트레스 반응 정도를 결정하는 요인이지만 전체 실험의 결과를 결정하는 것은 아니다.
② 단백질에 의해 유전자가 발현하는 경우는 있지만 유전자가 단백질을 결정하는 내용은 확인할 수 없다.
③ 핥아주는 성향의 유전자가 어떻게 발현되는지는 제시문에 나타나있지 않다.

3 ④

① 2문단과 3문단에 따르면 비생물 배출원에서 질소산화물이 발생하는 경우는 번개가 칠 때이다. 연료의 연소 생성물은 인위적 배출원에 속한다.
② 1문단에 따르면 도시 규모의 오염 지역을 대상으로 할 경우 자연적 배출원이 인위적 배출원에 비해 영향력이 크지 않다. 하지만 지구 규모 또는 대륙 규모의 오염 지역을 대상으로 하면 자연적 배출원이 인위적 배출원에 비해 영향력이 크다.

③ 2문단에 따르면 미생물이나 식생은 휘발성 유기물질이나 질소산화물을 배출하므로 반응성이 큰 오염 물질들을 증가시킨다. 이들이 오염 물질들을 감소시키기도 하는지는 알 수 없다.

4 ③

제시문은 기분관리 이론을 주제로 하고 있다. 이는 사람들이 현재의 기분을 최적 상태로 유지하려 한다는 입장을 바탕으로 하고 있다. 흥분 수준이 낮을 때는 이를 높일 수 있는 수단을 선택하고 흥분 수준이 최적 상태보다 높을 때 이를 낮출 수 있는 수단을 선택한다고 본다.

여기서, 빈칸은 기분조정 이론이 음악 선택의 상황에 적용될 때 나타나는 결론을 찾는 것이다. 단서는 연구자 A의 실험을 통해 기분조정 이론의 내용을 파악할 수 있다. 집단 1은 최적 상태에서 다소 즐거운 음악을 선택했다. 반면 집단 2는 최적 상태보다 기분이 가라앉은 상태에서 과도하게 흥겨운 음악을 선택했다. 30분이 지난 뒤 다시 음악을 선택하는 상황에서 놀이하기를 앞둔 집단 1의 선택에는 변화가 없었다. 반면에 과제하기를 앞둔 집단 2는 차분한 음악을 선택하는 쪽으로 변화가 나타났다.

실험 결과로부터 참가자가 기분이 가라앉았을 때는 흥분을 끌어올리기 위해 흥겨운 음악을 선택한다는 것을 도출할 수 있다. 또한, 과제를 해야 할 상황을 앞두고 과도하게 흥겨운 상태가 되자 이를 가라앉히기 위해 차분한 음악을 선택한다는 것을 알 수 있다. C 사원은 "사람들은 다음에 올 상황에 맞추어 현재의 기분을 조정하는 음악을 선택한다."고 했는데, 가장 적절하게 답하였다.

5 ④

㈏ 제2차 세계대전 이후 소련보다 뒤늦게 미국의 인공위성 발사 성공 – ㈐ 미국보다 한 발 앞선 소련의 유인 우주비행 성공 – ㈑㈒ 유인 귀환 우주선 보스토크 1호 – ㈎ 미국과 소련의 달 착륙 경쟁

6 ④

④ 신고내용이 이미 끝난 경우에만 신고내용에 새로운 증거가 포함되어야 함을 알 수 있다.

① 누구든지 청탁금지법 위반행위를 알게 됐을 때 신고할 수 있다고 되어 있으므로 신고자의 자격 제한은 없다.

② (3)의 ②에서 신고 내용에 보완요구를 할 수 있다는 사실을 알 수 있으므로 신고 시 일정 내용을 포함하고 있어야 함을 알 수 있다.

③ 공직자 등의 외부강의 시 법 시행령 별표2에서 정하는 금액을 초과하여 사례금을 수수하는 행위가 위반이라 했으므로 법 시행령 별표2에 사례금 상한이 정해져 있음을 알 수 있다.

7 ③

주어진 글에서 폭발성 발화는 한 번에 2개 이상의 전기신호가 짧은 시간 동안 발생하는데, 이 전기신호의 전후로 신경세포의 발화가 억제된다고 하였으므로 폭발성 발화를 유도하여 신경세포의 발화를 억제하면 통증을 감소시킬 수 있을 것이다.

8 ②

② 신문하지 않은 증인은 원칙적으로 법정에 들어올 수 없고 법정 안에 있을시 나가도록 명하여야 하지만 필요하다고 인정될 때에는 법정안에 머무르게 할 수 있다.

---

9 ③

③ 편도 서비스 이용 시 반납 위치에 따라 요금이 추가 될 수 있으므로 기본 요금표에 따른 계산 금액과 상이할 수 있다.

① 렌트카를 반납하시면 자동으로 주행거리를 계산해 등록한 카드로 결제되므로 직접 계산하여 지불하지 않아도 된다.

② 대여시간과 주행거리가 같다고 해도 주행거리 당 추가요금이 다르므로 반납 시 지불금액은 다르다.

④ 대여시작 시간이 일요일 19:00~금요일 18:50 이내인 경우에 평일 07:00시가 포함된다.

---

10 ②

② 고가이거나 손상되기 쉬운 물건(카메라, 노트북 등)은 직접 휴대하여야 한다.

---

11 ①

주어진 글은 직감이란 쉽게 설명할 수 없다는 것을 제시하면서 글을 시작한다. 매클린턱은 문제의 답이 떠오르는 경우 답이 도출되는 과정을 알고는 있지만 말로 설명하기 어렵다고 하며 아인슈타인 역시 사고 과정에서 언어가 아무런 역할을 하지 못한다고 말하고 있다. 이를 통해 직관이 떠오르는 과정에서 언어가 중요한 역할을 하지 않는다는 것을 알 수 있다.

---

12 ③

화자는 과학적 이론이나 가설을 검사하는 과정에서 일상적 언어가 사용될 수 밖에 없다고 말한다. 매우 불명료하고 엄밀하게 정의될 수 없는 용어들이 포함된 발룽엔은 명확한 규정이 어렵다고 말하며 이를 염두에 두면 '과학적 가설과 증거의 논리적 관계를 정확하게 판단할 수 있다는 생각은 잘못된 것이다.'라고 결론지을 수 있으므로 ③이 가장 적절하다.

---

13 ③

③ '견(堅)', '백(白)'이 각각의 성질을 가지고 있지만 이는 불가분의 관계에 있다는 주장은 B의 주장이다.

---

14 ①

주어진 글은 침체된 재래시장 활성화를 위한 다양한 방법을 모색하고 있으므로 ①이 가장 적절하다.

15 ④

ㄹ은 블랙아웃의 해결책이 제시되어야 하므로 '절전에 대한 국민 홍보 강화'로 내용을 수정한다.

16 ③

③ 본론에서는 화석 연료의 사용으로 증가한 탄소 배출로 인해 환경오염과 생태계 파괴가 일어났다고 보고, 화석 연료 사용 규제 및 탄소 배출 억제를 통해 이를 해결해야 한다고 주장한다. 따라서 결론은 수정할 필요가 없다.

17 ②

② 손가락이나 발가락이 얼어서 감각이 없고 놀리기가 어렵다.
①③④ 모양, 생김새, 행동거지 따위가 산뜻하고 아름답다.

18 ②

윗글의 ㉠의 '높다'는 '이름이나 명성 따위가 널리 알려진 상태에 있다'를 의미한다.
① 아래에서 위까지의 길이가 길다.
③ 어떤 의견이 다른 의견보다 많고 우세하다.
④ 품질, 수준, 능력, 가치 따위가 보통보다 위에 있다.

19 ④

④ '도탄'은 '진구렁에 빠지고 숯불에 탄다는 뜻으로, 몹시 곤궁하여 고통스러운 지경'을 이르는 말이다. 따라서 ㄹ에는 '헤어나기 힘든 곤욕'을 비유적으로 이르는 '수렁'이 적절하다.

20 ③

역방향 연결이 정상적인 상황에서 활성화되지 않는 이유는 감각 자료에 의해 역류를 차단하기 때문이라고 설명하고 있다. 빈칸은 이와 같은 주장과 상반된 내용이 이어지는 접속부사 '그러나'로 이어지고 있으므로 ③의 내용이 적절하다.

21 ④

④ [D]는 제도 개선을 통해 교통량을 줄임으로써 교통 체증을 완화하고자 하는 방안이다. 따라서 본론 3-(1)에서 활용할 수 있는 자료이다.

22 ③

③ 주어진 자료의 분석 결과를 보면 친구와의 대화 정도와 게임 시간 정도를 비교하는 것으로 보아 게임 시간과 친구와의 대화정도를 비교하는 가설이 적절하다.

23 ③

조정(朝廷)은 임금이 나라의 정치를 신하들과 의논하거나 집행하는 곳을 뜻하므로 제시된 글에서는 분쟁을 중간에서 화해하게 하거나 서로 타협점을 찾아 합의하도록 함을 뜻하는 조정(調停)으로 쓰는 것이 적절하다.

24 ④

주어진 글의 마지막 문장에서 과징금 수납률은 '과징금 예산액 대비 실제 수납액'으로 계산됨을 알 수 있다. 과징금 수납률은 59.9%이며, 과징금 예산액은 앞부분 내용에서 알아낼 수 있다.
3,303억 9500만 원의 환급금이 과징금 예산액의 52.5%라고 언급하고 있으므로 과징금 예산액은 3,303억 9,500만 원÷0.525=약 6,293억 원이 된다.
따라서 6,293억 원의 59.9%인 6,293×0.599=약 3,770억 원이 과징금 수납액이 된다.

25 ②

① 제시문 속에 남성주의·여성주의, 권력의 불공평한 배분, 양성평등주의 등의 주제가 포함되어 있으나 제시문의 본질이 양성평등 기본법을 말하고자 하는 것은 아니다.
③ 3문단에 리더십을 연구했다는 문구가 있으나 리더십 대체이론을 설명하고자 한 것은 아니다.
④ 델파이법은 제시문과 연관성이 없다.

26 ④

④ '따라서', '그러므로' 등 인과 관계 접속어로 고치는 것이 자연스럽다.

27 ①

'보유·관리하는 정보만이 대상이므로 공공기관은 정보를 새로 작성(생성)하거나 취득하여 공개할 의무는 없음'이라고 언급되어 있으므로 정보 요청자의 요구에 맞게 새로 작성하여 공개할 의무는 없다.
② 공공기관이 자발적, 의무적으로 공개하는 것을 '정보제공'이라고 하며 요청에 의한 공개를 '청구공개'라 한다.
③ 결재 또는 공람절차 완료 등 공식적 형식요건 결여한 정보는 공개 대상 정보가 아니다.
④ 업무 참고자료로 활용하기 위해 비공식적으로 수집한 통계자료는 공개 대상 정보에 해당되지 않는다.

28 ②

사람에게서도 신종플루 등 심각한 문제를 일으켰던 것도 A형이며 B형은 사람, 물개, 족제비를 감염시키고, C형은 사람, 개, 돼지를 감염시킨다고 했으므로 사람은 A, B, C 형 모두 감염 될 수 있다.

① 헤마글루티닌과 뉴라미니다제는 간단한 조합만으로도 존재할 수 있는 바이러스 종류가 198종이나 된다.

③ H7N9형 AI는 조류에게서는 전혀 병원성이 없는데 사람을 감염시키면 비로소 극심한 병증을 일으킨다고 했으므로 조류보다 사람에게 더 위험하다.

④ 주어진 글에서 나타나지 않는 내용이다.

---

29 ③

③ 실시간 감시가 가능한 사업장은 대형 사업장이며, 주어진 글에서는 실시간 감시가 어려운 중소 사업장 수가 증가한다고 설명하고 있다. 따라서 실시간 감시가 가능한 대형 사업장의 수가 감소하는 것은 아니다.

① 가축의 분뇨 배출은 초미세먼지의 주원인 중 하나인 암모니아 배출량을 증가시켜 초미세먼지의 발생을 유발할 수 있다.

② 약 330만 대의 1/4 즉, 약 80만 대 이상이 'Euro3' 수준의 초미세먼지를 배출하고 있다.

④ 온습도, 강우 등 기상조건의 영향으로 암모니아 배출량이 달라지므로 올바른 설명이 된다.

---

30 ③

① (나) 문단에서는 비병원성 세균을 지표생물로 이용하고 그 대표적 예로 대장균을 들고 있다. 그러나 '온혈동물의 분변에서 기원된 모든 균이 지표생물이 될 수 있는지'는 확인할 수 없다.

② (나) 문단에서는 수질 정화과정에서 총대장균군이 병원체와 유사한 저항성을 보인다는 사실이 나타나 있다. 그러나 '총대장균군이 병원체보다 높은 생존율을 보이는지'는 확인할 수 없다.

④ (가) 문단에서는 병원체를 직접 검출하는 것이 비싸고 시간이 많이 걸리며 숙달된 기술을 요구한다고 본다. 이어서 이를 해결하기 위해 지표생물을 검출하는 것임을 설명하고 있다. 따라서 '지표생물을 검출하는 것이 병원체 검출보다 숙달된 기술을 필요로 하는지'는 확인할 수 없다.

---

31 ③

㉠ A는 낭포성 유전자를 지니고 있는 '쥐'를 이용한 실험을 통해 낭포성 유전자를 가진 '사람' 역시 콜레라로부터 보호받을 것이라는 결론을 내렸다. 이는 쥐에서 나타나는 질병 양상은 사람에게도 유사하게 적용된다는 것을 전제로 한다.

㉢ A는 실험에서 '콜레라 균'에 감염을 시키는 대신에 '콜레라 독소'를 주입하였다. 이는 콜레라 독소의 주입이 콜레라 균에 의한 감염과 같은 증상을 유발함을 전제로 한다.

㉣ 만약 낭포성 섬유증 유전자를 가진 모든 사람이 낭포섬 섬유증으로 인하여 청년기 전에 사망한다면 '살아남았다'고 할 수 없을 것이다. 따라서 '낭포성 섬유증 유전자를 가진 모든 사람이 이로 인하여 청년기 전에 사망하는 것은 아니다'라는 전제가 필요하다.

32 ③

① 주차대행 서비스가 유료이다.
② 장애인 차량은 장애인증 확인 후 일반주차요금의 50%가 할인된다.
④ 둘 다 무료로 이용할 수 있는 서비스가 아니다.

---

33 ④

Fast Track 이용 가능한 교통약자는 보행장애인, 7세 미만 유소아, 80세 이상 고령자, 임산부, 동반여객 2인이다.

---

34 ③

③ 전문가의 의견에 대해서는 언급된 내용이 없다.

---

35 ①

제브라 피쉬의 실험은 햇빛의 자외선으로부터 줄기세포를 보호하는 멜라닌 세포를 제거한 후 제브라 피쉬를 햇빛에 노출시켜 본 사실이 핵심적인 내용이라고 할 수 있다. 따라서 이를 통하여 알 수 있는 결론은, 줄기세포가 존재하는 장소는 햇빛의 자외선으로부터 보호받을 수 있는 방식으로 진화하게 되었다는 것이 타당하다고 볼 수 있다.

---

36 ②

① 訃告(부고) : 사람의 죽음을 알림
③ 殯所(빈소) : 죽은 사람을 매장할 때까지 안치시켜 놓는 장소
④ 辭絕(사절) : 사양하여 받지 아니함

---

37 ②

甲은 사랑의 도시락 배달에 대한 정보를 얻기 위해 乙과 면담을 하고 있다. 그러므로 ⓒ은 면담의 목적에 대한 동의를 구하는 질문이 아니라 알고 싶은 정보를 얻기 위한 질문에 해당한다고 할 수 있다.

---

38 ②

박 부장이 두 번째 발언에 '그리고 효율성 문제는요, 저희가 알아본 바에 의하면 시설 가동률이 50% 정도에 그치고 있고, 누수율도 15%나 된다는데, 이런 것들은 시설 보수나 철저한 관리를 통해 충분히 해결할 수 있다고 봅니다.'를 통해 앞에서 이 과장이 효율성 문제를 들어 수돗물 사업 민영화를 주장했다는 것을 유추할 수 있다.

39 ③

③ 박 부장은 구체적인 사례와 수치 등을 들어 이 과장의 의견을 비판하고 있다.

---

40 ①

① "제 생각에도 수돗물 사업이 민영화되면 좀 더 효율적이고 전문적으로 운영될 것 같은데요."라고 한 김 팀장의 두 번째 발언으로 볼 때 김 팀장은 이 과장의 의견에 동의하고 있다.

---

41 ④

④ 최종 결재권자의 결재가 있어야 문서로서의 기능이 성립된다.

---

42 ④

① 제4조 1에 보면 "부문은 업무상 필요하다고 판단되는 경우 부서 또는 직원 1인당 업무용 교통카드 1매를 지급한다."라고 명시되어 있다.

② 제4조 2에 보면 "부문은 업무상 필요하다고 판단되는 경우 용역직에게도 업무용 교통카드를 지급할 수 있다."라고 명시되어 있다.

③ 제6조 3에 보면 "업무용 교통카드가 정상적으로 기능하지 않거나 분실, 파손 등의 사유로 사용할 수 없는 경우에는 직원 및 감독부서 부서장은 이를 기술처에 신고하여 정상적인 업무용 교통카드로 교체, 발급받아야 한다."라고 명시되어 있다.

---

43 ④

④ 언어적인 측면으로서 의사소통의 특징이다.

---

44 ③

① 개과불린 : 허물을 고침에 인색하지 않음을 이르는 말

② 경거망동 : 경솔하여 생각 없이 망령되게 행동함. 또는 그런 행동

③ 교각살우 : 소의 뿔을 바로잡으려다가 소를 죽인다는 뜻으로, 잘못된 점을 고치려다가 그 방법이나 정도가 지나쳐 오히려 일을 그르침을 이르는 말

④ 부화뇌동 : 우레 소리에 맞춰 함께 한다는 뜻으로, 자신의 뚜렷한 소신 없이 그저 남이 하는 대로 따라가는 것을 이르는 말

45 ②

검진기관은 검진비용을 공단에 청구하여 공단 본부에서는 심사 후 검진비용을 지급하게 된다. 검진비용은 시·군·보건소에서 공단으로 예탁하는 것이며, 예탁 범위 내에서 지급된다고 설명되어 있다.

① SMS, E-mail 등의 방법을 통하여 사전 고지하며, 건강검진표를 개인별 주소지를 발송한다. 또한 홍보 및 수검률 관리를 통해 지속적으로 수검독려를 안내한다.

③ 공휴일 검진을 독려한다고 설명되어 있다.

④ 건강검진 비용의 지급내역은 공단의 전산시스템(검진기관포털)에서 확인할 수 있으므로 개별 통보되는 것이 아니다.

---

46 ①

발달장애에 대한 검사 항목, 검사 결과, 검사의사 소견 등이 포함된 것으로 보아 '발달장애 정밀검사 결과 통보서'라는 것을 추측할 수 있다. 위와 같은 결과통보서의 의사 소견에 따라 '발달장애 정밀검사비 지원사업'으로 연계되어, 발달장애 영유아로 확인된 경우는 특수교육지원센터로 안내되는 것이 영유아 건강검진 사업의 사후관리 핵심 내용이다.

---

47 ②

여성 노동 인구의 경제활동에 관한 자료는 제시된 글의 내용과는 거리가 멀다. 제시된 자료는 노인의 변화된 위상에 따른 새로운 역할 모색에 대한 주장을 하고 있으며, 첫 문장에서 언급된 초저출산 현상 또한 핵심 논지로 볼 수는 없다.

자발성에 기초하여 예산을 확보하지 못한다는 것은 노인의 경제활동 유형이나 소득규모가 취약하다는 점을 근거로 하고 있으며, 가구 구성원의 내역이 어떻게 변하고 있는지에 대한 자료 역시 제시글의 주장을 뒷받침한다고 볼 수 있다. 또한 우리 사회의 연령분리적인 사회 인식을 알아보기 위한 설문 조사도 적절한 근거 자료가 된다고 볼 수 있다.

---

48 ②

소득이 없는 등의 사유로 연금보험료를 납부할 수 없는 납부예외에 대한 사항은 제시된 안내 사항에 언급되어 있지 않다. (가)~(라)의 내용으로 다음과 같은 사실들을 확인할 수 있다.

(가) 신고대상

(나) 근로자의 개념

(다) 자격취득시기

(라) 제출서류

49 ④

'계리(actuarial)'란 계산하고 정리한다는 말로 이익의 많고 적음을 잰다는 뜻을 지닌 단어이다. 필자는 제시글에서 국민연금제도의 속성으로, 노동시장 취약계층에 대한 배려가 없이 단순한 소득에 따라 '계리적'으로 보험료와 급여지급액이 지급되는 것에 대한 우려를 주장하고 있다. 따라서 국민연금제도의 속성 중 계리적인 면을 부각시켜 언급하고 있다.

---

50 ②

실제로 소득이 있는 지역가입자 중 국민연금을 체납하는 사람이 많다고 언급하고 있으나, 이러한 체납이 발생되고 있는 지역가입자의 소득수준이나 체납률에 대한 정보는 언급되어 있지 않다.

① 가입률은 73.9%, 국민연금 가입자 수는 총 2,238만 명이 언급되어 있다.

③ 소득이 있어도 고의로 소득신고를 기피하거나, 지역가입자 중 소득이 있음에도 보험료를 체납하는 경우가 있다고 언급되어 있다.

④ 고용이 불안정한 노동자는 국민연금 사각지대로 편입될 수 있다는 의견을 엿볼 수 있다.

1	②	2	③	3	④	4	③	5	③	6	③	7	③	8	①	9	④	10	④
11	③	12	④	13	①	14	③	15	③	16	③	17	④	18	④	19	③	20	③
21	①	22	③	23	②	24	②	25	②	26	④	27	②	28	④	29	③	30	②
31	①	32	③	33	①	34	②	35	④	36	④	37	①	38	④	39	①	40	②
41	①	42	③	43	③	44	①	45	③	46	②	47	④	48	③	49	③	50	③

1 ②

1차 캠페인에 참여한 1~3년차 직원 수를 x라고 할 때, 1년차 직원 수를 기준으로 식을 세우면

$$\frac{23}{100} \times x + 20 = (x + 20) \times \frac{30}{100}$$

$23x + 2,000 = 30x + 600$

$7x = 1,400, \ x = 200$

따라서 1차 캠페인에 참여한 1~3년차 직원은 200명이다.

---

2 ③

그룹의 직원 수를 x명이라고 할 때,

$x \times 500,000 \times (1 - 0.12) > 50 \times 500,000 \times (1 - 0.2)$

$x > \dfrac{40}{0.88} = 45.4545 \cdots$

따라서 46명 이상일 때 50명의 단체로 입장하는 것이 유리하다.

---

3 ④

의자수를 x라고 하면, 사람 수는 $8x + 5$와

$10(x - 2) + 7$으로 나타낼 수 있다.

두 식을 연립하여 풀면

$8x + 5 = 10(x - 2) + 7, \ x = 9$

따라서 의자의 개수는 9개이다.

4 ③

갑이 뽑은 두 장의 카드에 적힌 수의 곱이 을이 뽑은 카드에 적힌 수보다 작은 경우는 갑이 1, 2를 뽑고 을이 3 또는 4를 뽑는 경우와 갑이 1, 3을 뽑고 을이 4를 뽑는 경우의 세 가지 경우 밖에 없으므로 구하는 확률은

$$\frac{3}{{}_4C_2 \times {}_2C_1} = \frac{1}{4}$$

---

5 ③

A를 먹은 사람이 50명이고 이때 식중독에 걸린 사람은 22명이므로 $p_1 = \frac{22}{50}$

A를 먹지 않은 사람이 250명이고 이때 식중독에 걸린 사람은 24명이므로 $p_2 = \frac{24}{250}$

$$\therefore \frac{p_1}{p_2} = \frac{22}{50} \times \frac{250}{24} = \frac{55}{12}$$

---

6 ③

남자 승객 2명이 A구역에 배정되는 경우의 수는 2!가지이고 남아 있는 B구역과 C구역의 좌석에 여자 승객들을 각각 배치하는 경우의 수는 2!이다. 따라서 남자 승객 2명이 모두 A구역에 배정될 경우의 수는 → $2! \times 2! = 4$

4명을 4개의 좌석에 임의로 배정하는 경우의 수는 → $4! = 24$ 이므로 $p = \frac{4}{24} = \frac{1}{6}$

$$\therefore 120p = 120 \times \frac{1}{6} = 20$$

---

7 ③

설탕 15g으로 10%의 설탕물을 만들었으므로 물의 양을 x라 하면,

$\frac{15}{x+15} \times 100 = 10\%$에서 $x = 135$

여기에서 설탕물을 끓여 농도가 20%로 되었으므로, 이때의 물의 양을 다시 x라 하면,

$\frac{15}{x+15} \times 100 = 20\%$에서 $x = 60$

여기에서 물 15g을 더 넣었으므로

$\frac{15}{60+15+15} \times 100 = 16.67\%$

약 17%

8 ①

작년의 송전 설비 수리 건수를 x, 배전 설비 수리 건수를 y라고 할 때, $x+y=238$이 성립한다. 또한 감소 비율이 각각 40%와 10%이므로 올해의 수리 건수는 $0.6x$와 $0.9y$가 되며, 이것의 비율이 $5:3$이므로 $0.6x:0.9y=5:3$이 되어 $1.8x=4.5y(\rightarrow x=2.5y)$가 된다.

따라서 두 연립방정식을 계산하면, $3.5y=238$이 되어 $y=68$, $x=170$건임을 알 수 있다. 그러므로 올해의 송전 설비 수리 건수는 $170\times0.6=102$건이 된다.

---

9 ④

통화량을 x, 문자메시지를 y라고 하면

A요금제

$\rightarrow(5x+10y)\times\left(1-\dfrac{1}{5}\right)=4x+8y=14,000$원

B요금제 $\rightarrow 5,000+3x+15\times(y-100)=16,250$원

두 식을 정리해서 풀면

$y=250$, $x=3,000$

---

10 ④

㉠ 갑의 작업량은 $\left(3\times\dfrac{1}{8}\right)+\left(3\times\dfrac{1}{8}\right)=\dfrac{3}{4}$

㉡ 전체 작업량을 1이라 하고 을의 작업량을 x라 하면,

$\dfrac{3}{4}+x=1$, $\therefore x=\dfrac{1}{4}$

㉢ 을의 작업량이 전체에서 차지하는 비율은

$\dfrac{1}{4}\times100=25\%$

---

11 ③

㉠ 재작년 기본급은 1,800만 원이고,

㉡ 재작년 성과급은 그 해의 기본급의 1/5이므로 $1,800\times1/5=360$만 원이다.

㉢ 작년 기본급은 재작년보다 20%가 많은 $1,800\times1.2=2,160$만 원이고,

㉣ 작년 성과급은 재작년보다 10%가 줄어든 $360\times0.9=324$만 원이다.

정리하면 재작년의 연봉은 $1,800+360=2,160$만 원이고, 작년의 연봉은 $2,160+324=2,484$만 원이다.

따라서 작년 연봉의 인상률은

$\dfrac{2,484-2,160}{2,160}\times100=15\%$이다.

12 ④

8명을 2명씩 4개조로 나누는 방법의 수는

$$_8C_2 \times {}_6C_2 \times {}_4C_2 \times {}_2C_2 \times \frac{1}{4!} = 105$$

남자 1명과 여자 1명으로 이루어진 조가 2개인 경우는 남자 2명, 여자 2명, 남자 1명과 여자 1명, 남자 1명과 여자 1명으로 조를 나눌 때이므로 그 경우의 수는

$$_4C_2 \times {}_4C_2 \times 2 \times 1 = 72$$

따라서 구하는 확률은

$$\frac{72}{105} = \frac{24}{35}$$

13 ①

처음 두 수의 합이 4인 사건은

$(1, 3), (2, 2), (3, 1)$

이므로 그 확률은

$$\frac{3}{6} \times \frac{1}{6} + \frac{2}{6} \times \frac{2}{6} + \frac{1}{6} \times \frac{3}{6} = \frac{5}{18}$$

세 번째 수가 홀수일 확률은 $\frac{4}{6} = \frac{2}{3}$ 이므로 구하는 확률은

$$\frac{5}{18} \times \frac{2}{3} = \frac{5}{27}$$

14 ③

$\mathrm{℃} \times \frac{9}{5} + 32 = \mathrm{℉}$ 이므로 $25.9\mathrm{℃} \times \frac{9}{5} + 32 = 78.62\mathrm{℉}$ 이다.

15 ③

乙이 가진 물의 양을 $x\,g$ 이라고 하면

$$500 \times \frac{8}{100} = (500 + x) \times \frac{5}{100} \quad \therefore x = 300(g)$$ 이다.

16 ③

올라갈 때 걸린 시간을 x라고 하면 내려올 때 걸린 시간은 $(6-x)$이고 같은 등산로를 사용하였으므로 거리는 같다. 이를 이용해 공식을 세우면

$$2x = 3(6-x), 5x = 18, x = \frac{18}{5} = 3 + \frac{36}{60}$$ 이므로 올라갈 때 걸린 시간은 3시간 36분이다.

17 ④

시속 $60km$로 간 거리는 x, 시속 $80km$로 간 거리는 $(400-x)$라고 하면

$\dfrac{x}{60}+\dfrac{400-x}{80}=6, 4x+1200-3x=1440, x=240$이다.

---

18 ④

$4x+11=5x-7, \therefore x=18$이다.

---

19 ③

$x+(x+1)+(x+2)=57, 3x=54, \therefore x=18$

---

20 ③

5%의 설탕물의 양을 xg이라고 하면 10%의 설탕물의 양은 $(300-x)$g이다. 두 설탕물을 섞기 전과 섞은 후에 들어 있는 설탕의 양은 같으므로

$\dfrac{5}{100}\times x+\dfrac{10}{100}\times(300-x)=\dfrac{8}{100}\times 300$
$5x+3000-10x=2400, -5x=-600$
$\therefore x=120(g)$

---

21 ①

두 톱니바퀴가 다시 같은 톱니에서 맞물릴 때까지 돌아간 톱니의 개수는 36과 84의 최소공배수이므로 $2^2\times 3^2\times 7=252$이다. 따라서 두 톱니바퀴가 다시 같은 톱니에서 맞물리는 것은 A가 $252\div 36=7$(바퀴), B가 $252\div 84=3$(바퀴) 회전한 후이다. 그러므로 a=7, b=3이고 a+b=10이다.

---

22 ③

시속 80km로 간 거리를 $x$km라 하면 시속 100km로 간 거리는 $(170-x)$km이므로

$\dfrac{x}{80}+\dfrac{170-x}{100}=2, 5x+4(170-x)=800, x=120$이다. 그러므로 시속 80km로 간 거리는 120km이다.

---

23 ②

$\dfrac{x}{1404}\times 100=43.1$
$100x=60512.4$
$\therefore x=605(명)$

24 ②

A, B, C 세 코스에서 받은 쿠폰의 수를 순서쌍으로 나타내면 $(1, 1, 2)$, $(1, 2, 1)$, $(2, 1, 1)$

각 경우의 확률은 각각

$$\frac{2}{3} \times \frac{3}{6} \times \frac{3}{9} = \frac{1}{9}, \qquad \frac{2}{3} \times \frac{2}{6} \times \frac{4}{9} = \frac{8}{81}, \qquad \frac{1}{3} \times \frac{3}{6} \times \frac{4}{9} = \frac{2}{27}$$

이므로 구하는 확률은 $\dfrac{\dfrac{8}{81}}{\dfrac{1}{9} + \dfrac{8}{81} + \dfrac{2}{27}} = \dfrac{8}{23}$

---

25 ②

x분 후에 1.6km 이상 떨어진다고 하면

$300x + 180x \geq 1,600$

$\therefore \ x \geq 3.333\ldots$

최소 4분

---

26 ④

하루에 정수가 하는 일의 양은 $\dfrac{1}{6}$, 하루에 선희가 하는 일의 양은 $\dfrac{1}{12}$

선희는 처음부터 8일 동안 계속해서 일을 하였으므로 선희가 한 일의 양은 $\dfrac{1}{12} \times 8$

(일의 양) - (선희가 한 일의 양) = (정수가 한 일의 양)

$1 - \dfrac{8}{12} = \dfrac{4}{12}$

정수가 일을 하는데 걸린 시간은 $\dfrac{4}{12} \div \dfrac{1}{6} = 2$(일)

작업기간 - 정수가 일한 시간 = 정수가 쉬었던 날이므로 $8 - 2 = 6$

즉, 6일이 된다.

---

27 ②

월 납입액을 a, 월이율을 r, 납입 월수를 n이라고 하고 철수가 2026년 12월 말까지 모은 금액 M_n을 등비

급수로 계산 하면 $M_n = \dfrac{a(r^n - 1)}{r - 1} = \dfrac{20(1.02^{24} - 1)}{1.02 - 1} = \dfrac{20(1.3^2 - 1)}{0.02}$

$\therefore$ 철수가 2026년 12월 말까지 모은 금액은 690만 원이다.

28 ④

원가를 x라 하면,

$x \times (1+0.4) \times (1-0.3) = 9800$

$0.98x = 9800$

$x = 10,000$원

---

29 ③

두 사람이 서로 반대 방향으로 마주보는 방향으로 걷고 있으므로, 두 사람이 만날 때까지 걸린 시간을 t라고 하면, $5 \times t + 3 \times t = 12km, t = 1.5h$ 1.5시간은 1시간 30분이다.

---

30 ②

② 2016년 여성 실업률은 전년대비 감소하였으나, 남성 실업률은 전년대비 증가하였다.

---

31 ①

진료인원 1명당 평균 내원일수는 '내원일수÷진료인원'으로 계산할 수 있으며, 진료인원 1명당 평균 진료비는 '진료비÷진료인원'으로 다음과 같이 각각 계산할 수 있다.

본태성고혈압 : $44,161 \div 5,806 = 7.61$일, $(2,921,284 \times 1,000,000) \div (5,806 \times 1,000) = 503,149$원

2형 당뇨병 : $19,340 \div 2,538 = 7.62$, $(1,850,898 \times 1,000,000) \div (2,538 \times 1,000) = 729,274$원

만성신장병 : $8,914 \div 206 = 43.27$, $(1,812,563 \times 1,000,000) \div (206 \times 1,000) = 8,798,850$원

치매 : $20,701 \div 398 = 52.01$, $(1,618,097 \times 1,000,000) \div (398 \times 1,000) = 4,065,570$원

급성기관지염 : $55,960 \div 15,988 = 3.50$, $(1,516,446 \times 1,000,000) \div (15,988 \times 1,000) = 94,849$원

따라서 진료인원 1명당 평균 내원일수는 치매가, 평균 진료비는 만성신장병이 가장 큰 것을 확인할 수 있다.

---

32 ③

2020, 2021, 2023년에는 '의료급여 적용인구÷건강보험 적용인구(직장+지역)×100'의 결과가 3%에 못 미치는 결과를 보이고 있다.

① $36,899 \div (36.899+14,042) \times 100 = 72.4\%$이다.

② 직장 가입자는 증가 추세, 지역 가입자는 감소 추세이나 둘을 합한 가입자 수는 매년 꾸준히 증가하고 있음을 알 수 있다.

④ 가입자가 부양해야 할 피부양자(세대원)의 비중은 부양률을 의미하며, 매년 직장 가입자의 부양률이 지역 가입자의 부양률보다 크게 나타나 있다.

33 ①

각 연도의 건강보험 적용인구에 대한 부양률을 구해 보면 다음과 같다.

2017년 : $(19,620+9,482) \div (12,664+7,041) = 1.48$

2024년 : $(20,069+7,501) \div (16,830+6,541) = 1.18$

따라서 $(1.18-1.48) \div 1.48 \times 100 =$ 약 -20%의 감소율을 보이고 있음을 알 수 있다.

---

34 ②

상급종합병원은 2022년과 2023년에 모두 1개소 당 평균 1.71건의 브이백 분만이 이루어졌으나, 의원은 2022년 $483 \div 313 =$ 약 1.54건, 2023년은 $341 \div 290 =$ 약 1.18건으로 두 해 모두 가장 낮은 평균 분만건수를 보이고 있다.

① 분만기관 수는 607 → 581개로, 분만건수는 404,703 → 358,285건으로 모두 감소하였다.

③ 2022년 종합병원의 경우 $156 \div 35,461 \times 100 =$ 약 0.44%이며, 2023년은 $139 \div 33,937 \times 100 =$ 약 0.41%로 전년보다 더 낮아졌다.

④ 상급종합병원과 종합병원에서는 소폭 증가하였으나, 병원과 의원에서는 그보다 큰 건수가 감소하였다.

---

35 ④

주어진 두 개의 자료는 각 연령대별 수급자 현황과 성별 수급액의 현황이므로 연령대별 성별 수급액에 관한 자료를 알 수는 없다. 따라서 제시된 보기의 내용 중에서는, 전체 수급액을 전체 수급자 수로 나누어 성별 구분 없는 '연령별 수급자 1인당 평균 수급액'만을 알 수 있다.

---

36 ④

두 해 모두 숙박음식업은 각각 6.4%와 6.5%의 도입률을 보여 도입률이 가장 낮은 업종이며, 부동산업은 각각 11.6%와 11.4%로 두 번째로 도입률이 낮은 업종임을 알 수 있다.

① 26.9 → 27.2%로 전년보다 더 높아졌다.

② 도입 대상 사업장의 개수가 많고 적음에 따라 도입률이 높거나 낮아지는 상관관계를 찾아볼 수 없다.

③ 제조업, 도소매업, 보건사회복지업이 언급된 2가지 지표의 상위 3개 업종에 속한다.

---

37 ①

주어진 산식에 의해 연도별 사업장 규모별 도입률을 구해 보면 다음과 같다.

5인 미만 : 11.3%, 5~9인 : 31.5%, 10~29인 : 53.4%, 30~49인 : 69.4%, 50~99인 : 77.4%, 100~299인 : 83.3%, 300인 이상 : 90.8%

따라서 사업장 규모에 따라 도입률이 비례 관계를 보이고 있으므로 300인 이상 사업장이 가장 도입률이 높고, 5인 미만 사업장이 가장 낮은 도입률을 보이고 있음을 알 수 있다.

38 ④

㉠ 2021년의 남녀 임금격차가 66.6%로 최고 수준이었으나, OECD 국가 평균의 2배 이상은 아니다.

㉡ 우리나라의 남성 근로자의 임금 대비 여성 근로자의 임금 수준은 다음과 같다.

구분	2016	2017	2018	2019	2020	2021	2022
남성 대비 여성 임금 비율	65.1%	64.8%	65.3%	65.7%	66.2%	66.6%	66.4%

2016년에 비해 2022년에는 1.3% 정도로 소폭 상승하였다.

㉢ 남녀 임금격차가 적다는 것은 남녀의 임금격차가 거의 없어 100%가 되어야 한다는 뜻이다. 프랑스는 OECD 국가 중에서 남녀 임금격차가 가장 적다.

㉣ OECD 평균이 78%에서 82%로 100%에 가까워졌으므로 남녀 임금격차가 줄어들고 있다고 볼 수 있다.

---

39 ①

A 도시의 여성 수는 $250,000 \times \dfrac{42}{100} = 105,000$명

A 도시의 여성 독신자 수는 $105,000 \times \dfrac{42}{100} = 44,100$명

A 도시의 여성 독신자 중 7%에 해당하는 수는 $44,100 \times \dfrac{7}{100} = 3,087$명

---

40 ②

② 영업수익이 가장 낮은 해는 2019년이고 영업비용이 가장 높은 해는 2023년이다.

① 총수익이 가장 높은 해와 당기순수익이 가장 높은 해는 모두 2021년이다.

③ 총수익 대비 영업수익이 가장 높은 해는 96.5%로 2022년이다. 2022년 기타 수익은 1,936억 원으로 2,000억 원을 넘지 않는다.

④ 기타수익이 가장 낮은 해는 2022년이고 총수익이 가장 낮은 해는 2013년이다.

---

41 ①

$a = 123,906 - 126,826 = -2,920$

$b = 82,730 - 83,307 = -577$

$c = 123,906 - 107,230 = 16,676$

$d = 82,730 - 68,129 = 14,601$

$a + b + c + d = -2,920 + (-577) + 16,676 + 14,601 = 27,780$

42 ③

3/4 분기 성과평가 점수는 $(10 \times 0.4) + (8 \times 0.4) + (10 \times 0.2) = 9.2$로, 성과평가 등급은 A이다. 성과평가 등급이 A이면 직전 분기 차감액의 50%를 가산하여 지급하므로, 2/4 분기 차감액인 20만 원($\because$ 2/4 분기 성과평가 등급 C)의 50%를 가산한 110만 원이 성과급으로 지급된다.

---

43 ③

㉠ 2022~2024년 동안의 유형별 최종에너지 소비량 비중이므로 전력 소비량의 수치는 알 수 없다.

㉡ 2024년의 산업부문의 최종에너지 소비량은 115,155천TOE이므로 전체 최종 에너지 소비량인 193,832천TOE의 50%인 96,916천TOE보다 많으므로 50% 이상을 차지한다고 볼 수 있다.

㉢ 2022~2024년 동안 석유제품 소비량 대비 전력 소비량의 비율은 $\dfrac{\text{전력}}{\text{석유제품}}$ 으로 계산하면

2022년 $\dfrac{18.2}{53.3} \times 100 = 34.1\%$,

2023년 $\dfrac{18.6}{54} \times 100 = 34.4\%$,

2024년 $\dfrac{19.1}{51.9} \times 100 = 36.8\%$이므로 매년 증가함을 알 수 있다.

㉣ 2024년 산업부문과 가정·상업부문에서 $\dfrac{\text{무연탄}}{\text{유연탄}}$ 을 구하면 산업부문의 경우 $\dfrac{4,750}{15,317} \times 100 = 31\%$, 가정·상업부문의 경우 $\dfrac{901}{4,636} \times 100 = 19.4\%$이므로 모두 25% 이하인 것은 아니다.

---

44 ①

㉠을 구하면 $20 \times 60 + 10 \times 65 + 15 \times ㉠ + 15 \times 60 = 3,650$

$\therefore ㉠ = 60$

㉡을 구하면 $㉡ \times 20 + 10 \times 55 + 15 \times 50 + 15 \times 60 = 3,200$

$\therefore ㉡ = 50$

② A지점 남사원의 스낵바 평균 실적은, B지점 남사원의 스낵바 평균 실적과 동일하다.

③ 영화관람권은 B지점 사원 평균이 60점, A지점 사원의 평균이 62.5점이므로 A지점이 더 높다.

④ 전체 남사원의 팝콘팩토리 매출 실적 평균은 55점, 전체 여사원의 팝콘팩토리 매출 실적 평균은 50점이므로 전체 남사원의 매출 실적 평균이 더 높다.

---

45 ③

㉡ 비흡연 시 폐암 발생량은 $\dfrac{300}{10,000} \times 100 = 3(\%)$ 이다.

㉢ 흡연 여부와 상관없이 폐암 발생률은 $\dfrac{600}{11,000} \times 100 ≒ 5.45(\%)$ 이다.

46 ②

교육연수가 14년인 경우를 계산해 보면

• A사

−남성＝1,000＋(180×14)＝3,520만 원

−여성＝1,840＋(120×14)＝3,520만 원

• B사

−남성＝750＋(220×14)＝3,830만 원

−여성＝2,200＋(120×14)＝3,880만 원

---

47 ④

㉠ 설문 조사에 참여한 장노년층과 농어민의 수가 제시되어 있지 않으므로 이용자 수는 알 수 없다.

㉢ 스마트폰 이용 활성화를 위한 대책으로 경제적 지원이 가장 효과적인 취약 계층은 저소득층이다.

---

48 ③

$45 : 1,350 = 100 : x$

$45x = 135,000$

$\therefore x = 3,000$

---

49 ③

$30 : 15 = x : 2$

$15x = 60$

$\therefore x = 4$

---

50 ③

A~D팀은 총무용품 구매 비용으로 각각 20만 원, 50만 원, 50만 원, 60만 원을 지출하였다. 지출 금액의 구성비에 따라 팀별 금액을 계산해 보면 다음과 같다.

	A팀	B팀	C팀	D팀
복사용품	20×10%＝2만 원	50×10%＝5만 원	50×30%＝15만 원	60×15%＝9만 원
팩스용품	20×20%＝4만 원	50×25%＝12.5만 원	50×25%＝12.5만 원	60×35%＝21만 원
탕비용품	20×30%＝6만 원	50×30%＝15만 원	50×25%＝12.5만 원	60×20%＝12만 원
기타	20×40%＝8만 원	50×35%＝17.5만 원	50×20%＝10만 원	60×30%＝18만 원

따라서 복사용품은 C팀, 팩스용품은 D팀, 탕비용품은 B팀, 기타 총무용품은 D팀임을 알 수 있다.

1	③	2	③	3	③	4	④	5	①	6	④	7	②	8	③	9	④	10	③
11	①	12	②	13	③	14	②	15	①	16	②	17	②	18	④	19	④	20	②
21	③	22	③	23	④	24	④	25	②	26	②	27	①	28	①	29	②	30	④
31	①	32	④	33	③	34	①	35	③	36	④	37	④	38	③	39	①	40	②
41	③	42	①	43	④	44	④	45	①	46	③	47	④	48	④	49	②	50	①

1 ③

乙의 진술이 거짓이라면 乙이 지원한 동아리는 한 곳이라는 것을 알 수 있지만 그 곳이 어느 동아리인지는 알 수 없다.

2 ③

- 범수 – 통역료 : 800,000원+출장비 : 200,000원(40,000+160,000)=1,000,000
- 진주 – 통역료 : 750,000원+출장비 : 140,000원(20,000+120,000)=890,000
- 재현 – 통역료 : 750,000원+출장비 : 120,000원(20,000+100,000)=870,000
- 윤영 – 통역료 : 600,000원+출장비 :120,000원(20,000+100,000)=720,000

3 ③

③ 비교우위에 의한 자유무역의 이득은 한 나라 내의 모든 경제주체가 혜택을 본다는 것을 뜻하지 않는다. 자유무역의 결과 어느 나라가 특정 재화를 수입하게 되면, 소비자는 보다 싼 가격으로 이 재화를 사용할 수 있게 되므로 이득을 보지만 이 재화의 국내 생산자는 손실을 입게 된다.

4 ④

평가대상기관의 내진성능평가지수와 내진보강공사지수를 정리하면 다음과 같다.

	A	B	C	D
내진성능평가지수	82(3점)	90(5점)	80(1점)	83(3점)
내진보강공사지수	91(3점)	95(3점)	90(1점)	96(5점)
합산 점수	6점	8점	2점	8점

합산 점수가 높은 1위, 2위는 B와 D로 두 기관 다 8점으로 동점이다. 이럴 경우 내진보강대상건수가 많은 기관을 높은 순위로 한다고 했으므로 1위는 D, 2위는 B이다.

5 ①

① 6개월 이상 복역한 수형자로서 그 형기의 3분의 1이 되어야 귀휴 허가의 대상이 되므로 甲은 형기의 3분의 1이 되었지만 6개월을 넘지 못하였기 때문에 귀휴 허가 대상이 될 수 없다.

6 ④

무항공사의 경우 화물용 가방 2개의 총 무게가 20×2=40kg, 기내 반입용 가방 1개의 최대 허용 무게가 16kg이므로 총 56kg까지 허용되어 무항공사도 이용이 가능하다.
① 기내 반입용 가방의 개수를 2개까지 허용하는 항공사는 갑, 병항공사 밖에 없다.
② 155cm 2개는 화물용으로, 118cm 1개는 기내 반입용으로 운송 가능한 곳은 무항공사이다.
③ 을항공사는 총 허용무게가 23+23+12=58kg이며, 병항공사는 20+12+12=44kg이다.

7 ②

제시된 상황의 경우 제품의 상태를 포장을 훼손해야만 확인 할 수 있는 경우이므로 취소나 반품이 가능하다.

8 ③

주어진 조건이 모두 참이라고 했으므로 사무실은 조용하지 않고, 두 번째 조건에 의해 복도가 깨끗하다. 따라서 ③은 거짓이다.

9 ④

주어진 조건에 따라 범인을 가정하여 진술을 판단하면 다음과 같다.

〈사건 1〉

진술＼범인	가인	나은	다영
가인	거짓	참	참
나은	참	참	거짓
다영	거짓	거짓	참

〈사건 2〉

진술＼범인	라희	마준	바은
라희	거짓	참	참
마준	거짓	참	참
바은	거짓	거짓	참

따라서 〈사건 1〉의 범인은 가인, 〈사건 2〉의 범인은 라희이다.

10 ③

안내문에서 주의사항으로 시설물 설치는 대관일 하루 전날부터 가능하다고 되어있고 행사는 금요일이므로 화환은 목요일에 보내야 한다.

11 ①

35명이므로 2인실을 이용할 경우 총 18개의 방이 필요하게 된다. 또한 회의실과 운동장을 사용하게 되므로 식사를 제외한 총 소요비용은 900,000＋250,000＋130,000＝1,280,000원이 되어 식사비용으로 총 1,220,000원을 사용할 수 있다.

따라서 갈비탕 30인분과 된장찌개 5인분, 삼겹살 55인분과 육회 10개, 맥주와 소주 각각 40병은 240,000 ＋35,000＋550,000＋110,000＋180,000＋140,000＝1,255,000원이 되어 예산을 초과하게 된다.

② 삼겹살 60인분과 맥주, 소주 각각 30병은 840,000원이 되므로 식사류 어느 메뉴를 주문해도 예산을 초과하지 않게 된다.

③ 600,000＋132,000＋144,000＋135,000＋105,000＝1,116,000원이 되어 주문이 가능하다.

④ 삼겹살 60인분, 먹태 10개와 맥주 50병은 915,000원이므로 역시 식사류 어느 것을 주문해도 예산을 초과하지 않게 된다.

---

12 ②

② 관리팀의 예산이 감축되면 영업팀과 디자인팀의 예산이 감축되지 않고 ㉣에 따라 총무팀, 기획팀의 예산이 감축된다. ㉢의 대우 명제 '기획팀 예산이 감축되지 않으면 인사팀이나 디자인팀의 예산이 감축되지 않는다'는 참이지만 기획팀의 예산이 감축될 것이므로 옳지 않다.

① 기획팀과 영업팀의 예산이 감축되면 ㉣에 따라 총무팀은 예산이 감축되지 않고 ㉤의 대우 명제인 '영업팀이나 디자인팀의 예산이 감축되면 관리팀의 예산이 감축되지 않는다'에 따라 관리팀의 예산도 감축되지 않는다.

③ 총무팀의 예산이 감축될 경우 조건 ㉠의 대우 명제에 따라 금융팀의 예산은 감축되지 않는다.

④ 관리팀의 예산이 감축되면 영업팀과 디자인팀의 예산이 감축되지 않고 ㉣에 따라 총무팀, 기획팀의 예산이 감축된다.

---

13 ③

㉣의 대우 명제 '가돌이를 좋아하는 사람이 있으면 마돌이가 가돌이를 좋아한다'가 되므로 마돌이는 가돌이가 좋아할 가능성이 있는 사람이다. 따라서 가돌이가 마돌이를 좋아하므로 라돌이는 가돌이를 좋아하지 않는다(㉠). ㉤에 의해 다돌이는 라돌이를 좋아하지 않는다. ㉢의 대우 명제 '라돌이가 다돌이를 싫어하고 가돌이가 라돌이를 싫어하면 바돌이가 가돌이를 싫어한다'가 되며 전제(라돌이가 다돌이를 싫어함, 가돌이가 라돌이를 싫어함)이 모두 참이므로 바돌이는 가돌이를 싫어한다. ㉥의 대우 명제 '가돌이가 누군가를 좋아하면 가돌이와 나돌이가 서로 좋아하거나 가돌이가 다돌이를 좋아한다'와 ㉡의 명제를 통해 나돌이와 다돌이도 가돌이가 좋아할 가능성이 있는 사람이다. 따라서 가돌이가 좋아할 가능성이 있는 사람은 나돌, 다돌, 마돌이다.

14 ②

A가 파티에 참석할 시 C와 F도 참석하며, C가 참석하는 경우는 B도 참석해야 한다. A는 B가 참석하면 파티에 참석하지 않는다고 했으므로 원칙에 성립되지 않는다. 따라서 A가 참석하지 않을 수 있는 경우는 B와 C만 참석하는 경우이므로 최대 인원은 2명이 된다.

---

15 ①

합계와 평균을 이용하여 빈 칸을 최대한 채워보면 다음과 같다.

분야 응시자	어학	컴퓨터	실무	NCS	면접	평균
A	16	14	13	15	( )	( )
B	12	14	10	10	14	12.0
C	10	12	9	10	18	11.8
D	14	14	20	17	( )	( )
E	18	20	19	17	19	18.6
F	10	13	16	15	16	14
계	80	87	87	84	( )	( )
평균	13.3	14.5	14.5	14	( )	( )

따라서 응시자 A와 D의 평균 점수를 알 수 없게 된다.

---

16 ②

6명의 면접 평균 점수가 17.5점이며 A와 D의 면접 점수(x로 치환)가 동일하다는 것은 $14+18+19+16+2x=17.5\times6=105$가 된다. 따라서 A와 D의 면접 점수는 19점이 된다.

이를 통해 앞 문제에서 정리한 표를 다시 정리해 보면 다음과 같다.

분야 응시자	어학	컴퓨터	실무	NCS	면접	평균
A	16	14	13	15	19	15.4
B	12	14	10	10	14	12.0
C	10	12	9	10	18	11.8
D	14	14	20	17	19	16.8
E	18	20	19	17	19	18.6
F	10	13	16	15	16	14
계	80	87	87	84	105	( )
평균	13.3	14.5	14.5	14	17.5	( )

따라서 2명의 최종 채용자는 D와 E가 된다. 그러므로 A의 '실무'점수가 최고점, D의 '실무' 점수가 13점일 경우에는 A와 D의 평균 점수가 각각 16.8점과 15.4점이 되어 최종 채용자가 A와 E로 바뀌게 된다.

① E의 평균 점수가 17.6점이 되어 여전히 1위의 성적이므로 채용자는 변경되지 않는다.

③ F의 평균 점수가 16점이 되므로 채용자는 변경되지 않는다.

④ B의 평균 점수가 16점이 되므로 채용자는 변경되지 않는다.

---

17 ②

대우 명제를 이용하여 해결하는 문제이다. 대우 명제를 생각하기 전에 주어진 명제들의 삼단논법에 의한 연결 형태를 먼저 찾아보아야 한다. 주어진 다섯 개의 명제들 중 첫 번째, 두 번째, 세 번째 명제는 단순 삼단논법으로 연결되어 1호선→2호선→5호선→~3호선의 관계가 성립됨을 쉽게 알 수 있다.

따라서 이것의 대우 명제인 3호선→~1호선(3호선을 타 본 사람은 1호선을 타 보지 않았다)도 옳은 명제가 된다.

---

18 ④

① '㉰'에 의해 과장 이상이 아닌 경우 내근을 하거나 미혼이다. 김 대리가 내근을 한다면 그가 미혼이든 미혼이 아니든 지문의 내용은 참이 된다. 따라서 반드시 참은 아니다.

② '㉱, ㉲'에 의해 박 대리가 연금 저축에 가입해 있지 않다면 그는 외근을 하지 않거나 미혼이 아니다. 박 대리는 미혼이므로 외근을 하지 않는다. 따라서 반드시 거짓이다.

③ 이 과장이 미혼이 아니라면 '㉳'에 의해 그가 내근을 하지 않는 경우도 성립한다. 따라서 반드시 참은 아니다.

---

19 ④

참인 명제의 대우 명제는 항상 참이며, 역과 이 명제는 참일 수도, 참이 아닐 수도 있다는 근거를 통해 해결할 수 있다.

따라서 주어진 명제들의 대우 명제를 이용하여 삼단논법에 의한 새로운 참인 명제를 다음과 같이 도출할 수 있다.

-두 번째 명제의 대우 명제 : 홍차를 좋아하는 사람은 배가 아프다. → A

-세 번째 명제의 대우 명제 : 식욕이 좋지 않은 사람은 웃음이 많지 않다. → B

A+첫 번째 명제+B → 홍차를 좋아하는 사람은 웃음이 많지 않다.

① 첫 번째 명제의 역 명제이므로 반드시 참이라고 할 수 없다.

② '세 번째 명제+첫 번째 명제의 대우 명제'의 역 명제이므로 반드시 참이라고 할 수 없다.

③ 두 번째 명제의 이 명제이므로 반드시 참이라고 할 수 없다.

20 ②

정 대리와 서 대리 상호 간의 성적이 네 시기 모두 8승 8패라는 의미가 되므로 나머지 승수는 각각 홍 대리에게 거둔 것이 된다. 따라서 홍 대리에 대한 이들의 성적을 시기별로 정리해 보면 다음과 같다.

봄	여름	가을	겨울
정 대리 11승 5패	정 대리 2승 14패	정 대리 9승 7패	정 대리 9승 7패
서 대리 6승 10패	서 대리 12승 4패	서 대리 6승 10패	서 대리 13승 3패

따라서 8승보다 많은 승수를 나타낸 시기가 우세를 보인 시기가 되므로, 정 대리는 봄, 가을, 겨울로 3회, 서 대리는 여름, 겨울로 2회가 되는 것을 알 수 있다.

① 정 대리가 거둔 19승 중 서 대리에게 8승을 거둔 것이므로 나머지 11승은 홍 대리에게 거둔 승수가 된다.

③ 홍 대리가 서 대리에게 네 시기에 거둔 승수는 시기별로 각각 10승, 4승, 10승, 3승이 되어 총 27승으로 30승을 넘지 않는다.

④ 홍 대리는 봄에 정 대리에게 11패, 서 대리에게 6패를 당한 것이 된다. 그러나 겨울에는 정 대리에게 9패, 서 대리에게 13패를 당하였으므로 한 사람에게 가장 많은 패를 당한 시기는 겨울이 된다.

---

21 ③

- 갑은 "복어 독의 LD50 값은 0.01mg/kg 이상"이라고 했는데 옳은 평가이다. 보톡스의 LD50 값은 1ng/kg으로 복어 독보다 1만 배 이상 강하다고 했으므로 10,000ng/kg을 mg/kg으로 변환하면 1ng = 10−6mg이므로 0.01mg/kg이 된다.

- 을은 "일반적으로 독성이 더 강한 물질일수록 LD50 값이 더 작다"고 했는데 옳은 평가다. 반수를 죽음에 이르도록 할 때 필요한 물질의 양이 더 작다면 일반적으로 독성이 더 강하다고 할 수 있다.

- 병은 "몸무게가 7kg인 실험 대상 동물의 50%가 즉시 치사하는 카페인 투여량은 1.4g이다."라고 했는데 옳은 평가다.
  7kg 동물의 LD50 값은 1,400mg/kg이다. g와 mg는 1,000단위만큼 차이가 나므로, 1.4g/kg이다.

- 정은 "몸무게가 60kg인 실험 대상 동물의 50%가 즉시 치사하는 니코틴 투여량은 1개비당 니코틴 함량이 0.1mg인 담배 60개비에 들어있는 니코틴의 양에 상응한다"고 했는데 이는 적절하지 않다. 몸무게와 담배 개비 수가 같으므로, 1kg에 대한 LD50 값이 0.1mg/kg인지 확인하면 된다. 그러나 니코틴의 LD50은 1mg/kg이다.

---

22 ③

a. 연령대별 임신부 초진 시기가 연도별로 빨라지거나 늦어지는 변동 패턴이 동일한 것은 ㉠과 ㉢이므로 둘 중 하나가 25~29세이며, 나머지 하나가 30~34세가 된다.

b. 의료기관 방문 횟수가 연령별로 가장 적었던 해가 3번인 것은 ㉣의 2012, 2015, 2024년 밖에 없다. 따라서 ㉣이 15~24세가 된다.

c. a와 b를 근거로 ㉡이 35세 이상 연령대가 됨을 알 수 있으며, ㉡과의 증감률 비교를 통해 ㉠과 ㉢을 구분할 수 있다. ㉠, ㉡, ㉢의 방문 횟수 증감률을 차례로 계산해 보면 다음과 같다.

$\bigcirc$ $(13.47-12.8) \div 12.8 \times 100 = $ 약 5.2%

$\bigcirc$ $(12.87-12.57) \div 12.57 \times 100 = $ 약 2.4%

$\bigcirc$ $(13.32-12.7) \div 12.7 \times 100 = $ 약 4.9%

따라서 ⓒ과 ⓒ이 2.5%p의 차이를 보이고 있으므로 ⓒ이 30~34세 연령대의 임신부임을 알 수 있다.

---

23 ④

조류경보 발령을 위해서는 이전 단계인 조류주의보 시보다 최대 10배의 남조류세포 수 증식이 필요하지만, 조류 대발생 발령을 위해서는 이전 단계인 조류주의보 시보다 200배 이상의 남조류세포 수 증식이 필요할 수 있다.

① C유역은 남조류세포와 클로로필a의 수치가 모두 조류대발생의 조건을 충족하지 못하므로 올바르지 않은 설명이다.

② 조류예보 발령의 근거 기준은 2회 채취 시의 결과이다.

③ 해제경보는 조류주의보 수준 이하의 결과 수치가 나와야 발령이 가능하다.

---

24 ④

D유역과 B유역 모두 동일한 조류주의보 단계에 해당된다. 또한 1차와 2차 수질검사 자료만으로 D유역의 수질이 B유역보다 양호하다고 판단할 수는 없다.

① 그래프 상에 제시된 수치를 보면 A, B, C, D유역이 각각 조류대발생, 조류주의보, 조류경보, 조류주의 보 상태임을 알 수 있다.

② A유역은 조류대발생 지역이므로 수면관리자의 흡착제 살포를 통한 조류제거 작업이 요구된다.

③ 수영이나 낚시가 금지되는 것은 조류경보와 조류대발생 시이므로 A, C유역의 2곳에 해당된다.

---

25 ②

A국과 B국은 관세 철폐로 인해 수입품의 가격이 하락하게 되므로 양국 간 교역량이 증가하고 소비자들의 혜택은 증가한다. 그러나 수입품과 경쟁하던 A국과 B국의 공급자들은 가격 하락으로 인해 혜택이 감소할 수 있다. 한편 A국과 B국이 C국으로부터 수입하던 재화의 일부분은 A국과 B국간의 교역으로 대체될 수 있다.

---

26 ②

징계기록이 말소 되었으면 징계에 대한 누적 범죄에 해당되지는 않는다. 또한, 3년 이내에는 '금품 · 향응 수수, 공금횡령 · 유용, 업무상 배임'의 범죄가 반복되었을 경우가 고발에 해당되므로 서류 위조+금품 수수 가 3년 이내에 반복된 것은 반드시 고발해야 하는 사항에 해당되지 않는다.

① 전액 반납 및 회복 여부와 관계없이 100만 원이 넘는 금액이므로 고발에 해당된다.

③ 본인 이익 취득 여부와 관계없이 타인에게 이익을 줄 목적으로 업무상 비밀을 누설하는 경우도 고발에 해당된다.

④ 최근 3년 이내 금품 · 향응 수수, 공금횡령 · 유용, 업무상 배임으로 징계를 받은 자가 또다시 수수 등을 한 경우 반드시 고발하여야 한다.

27 ①

출발지와 도착지는 경도가 다른 지역이므로 주어진 설명의 3번에 해당된다. 따라서 두 지점의 시차를 계산해 보면 $(135+120) \div 15 = 17$시간이 된다.

또한, 인천이 로스앤젤레스보다 더 동쪽에 위치하므로 인천이 로스앤젤레스보다 17시간이 빠르게 된다. 다시 말해, 로스앤젤레스가 인천보다 17시간이 느리다. 따라서 최 과장이 도착지에 7월 10일 오전 11시까지 도착하기 위해서는 비행시간이 12시간이므로 도착지 시간 기준 늦어도 7월 9일 오후 11시에는 출발지에서의 탑승이 이루어져야 한다. 그러므로 7월 9일 오후 11시를 출발지 시간으로 환산하면, 7월 10일 오후 4시가 된다. 따라서 최 과장이 탑승할 수 있는 가장 늦은 항공편은 KR204임을 알 수 있다.

---

28 ①

임 사원을 제외한 모두가 2년에 1일 씩 연차가 추가되므로 각 직원의 연차발생일과 남은 연차일, 통상임금, 연차수당은 다음과 같다.

김 부장 : 25일, 6일, $500 \div 200 \times 8 = 20$만 원, $6 \times 20 = 120$만 원
정 차장 : 22일, 15일, $420 \div 200 \times 8 = 16$만 원, $15 \times 16 = 240$만 원
곽 과장 : 18일, 4일, $350 \div 200 \times 8 = 14$만 원, $4 \times 14 = 56$만 원
남 대리 : 16일, 11일, $300 \div 200 \times 8 = 12$만 원, $11 \times 12 = 132$만 원
임 사원 : 15일, 12일, $270 \div 200 \times 8 = 10$만 원, $12 \times 10 = 120$만 원

따라서 김 부장과 임 사원의 연차수당 지급액이 동일하다.

---

29 ②

1억 원을 1년 동안 예금하면 이자 소득은 210만 원이 된다. 이자 소득의 15.4%에 해당하는 세금 32만 3,400원을 제하면 실제로 예금주가 받게 되는 이자는 177만 6,600원이다. 즉, 세후 명목이자율은 1.77%를 조금 넘는 수준에 지나지 않는다. 만기가 돌아오는 1년 후 에 물가가 1.0% 상승했다고 가정했으므로 세후 실질이자율은 1.77%-1.0%=0.77%가 된다.

---

30 ④

두 번째 조건을 부등호로 나타내면, C<A<E
세 번째 조건을 부등호로 나타내면, B<D, B<A
네 번째 조건을 부등호로 나타내면, B<C<D
다섯 번째 조건에 의해 다음과 같이 정리할 수 있다.
∴ B<C<D, A<E
① 주어진 조건만으로는 세 번째로 월급이 많은 사람이 A인지, D인지 알 수 없다.
② B<C<D, A<E이므로 월급이 가장 많은 E는 월급을 50만 원을 받고, A와 D는 각각 40만 원 또는 30만 원을 받으며, C는 20만 원을, B는 10만 원을 받는다. E와 C의 월급은 30만 원 차이가 난다.
③ B의 월급은 10만 원, E의 월급은 50만 원이므로 합하면 60만 원이다. C의 월급은 20만 원을 받지만, A는 40만 원을 받는지 30만 원을 받는지 알 수 없으므로 B와 E의 월급의 합은 A와 C의 월급의 합보다 많을 수도 있고, 같을 수도 있다.

31 ①

세 번째 조건에 의하면 정 교수와 강 교수는 내과 의사도 산부인과 의사도 아니므로 정형외과와 외과의 의사가 된다. 따라서 내과와 산부인과 의사가 결정되어야 한다. 첫 번째 조건에 의하면 이 교수가 산부인과와 외과 중 한 곳의 의사라고 하였으므로 외과를 제외한 산부인과의 의사임을 알 수 있다. 따라서 남은 한 곳인 내과가 최 교수가 의사로 근무하는 곳임을 알 수 있다.

---

32 ④

제시된 계산 방법을 활용하여 운동량에 따른 칼로리 지수를 곱하여 각각 다음과 같이 계산할 수 있다.
김길동 : $66.47+(13.75\times75)+(5\times175)-(6.76\times48)=1,648.24$
→ 일일 칼로리 요구량 : $1,648.24\times1.9=3,131.66$칼로리
이갑순 : $655.1+(9.56\times52)+(1.85\times165)-(4.68\times36)=1,288.99$
→ 일일 칼로리 요구량 : $1,288.99\times1.55=1,997.93$칼로리

---

33 ③

유동인구가 많은 것에 비해 병원 숫자가 적어 수요가 많아지는 것은 H씨의 내부적인 환경 요인이 아닌 외적인 기회요인(O)에 해당된다.
① 내부적인 요인이므로 강점(S)에 해당된다.
② 외적인 요인이므로 위협요인(T)에 해당된다.
④ H씨에게만 해당되는 내용이므로 H씨의 내적인 약점(W)에 해당된다.

---

34 ①

B씨 : 배우자 동반 휴직에 해당되므로 3년 이내의 휴직이 허용되며, 4년을 원할 경우, 2년 연장을 하여야 한다. 최초 4년을 한 번에 사용할 수 없으며 다른 휴직 유무와는 관계없다. (X)
D씨 : 간병 휴직의 기간이 총 3년 6개월이 되어 재직 중 3년 이내라는 규정에 맞지 않게 된다. (X)
A씨 : 초등학교 2학년 이하의 자녀 양육이므로 육아휴직의 요건에 해당된다. (O)
C씨 : 질병 휴직을 1년 연장하여 2년간 사용하는 경우에 해당되므로 병원 진단서와 관계없이 우선 2년 후 복직을 하여야 한다. (O)

---

35 ③

'갑'국의 2023년 이자율은 6%였고, 물가상승률은 3%였다. 2024년에는 이자율은 7%로, 물가상승률은 3.5%로 상승하였다. 이 경우 물가상승을 감안한 실질이자율은 2023년 3%에서 2024년 3.5%로 상승하였고, 투자의 기회비용이 높아졌으므로 기업들의 투자는 감소하였을 것으로 판단할 수 있다. 따라서 (나)와 (다)의 설명만이 올바르게 비교한 것이 된다.

36 ④

평일의 경우, D과장을 제외한 나머지 세 명은 모두 오전에 진료하는 날이 3일, 오후에 수술하는 날이 3일 씩이므로 네 명 모두 오전에는 진료를, 오후에는 수술을 더 많이 하고 있음을 알 수 있다.

① 예약과 재진 환자의 경우 진료실을 곧바로 찾아가면 된다.

② A과장, C과장은 모두 토요일에 진료와 수술을 담당하고 있으므로 고려할 필요가 없으나, 둘째 주 토요일에는 진료만 담당하는 B과장이 휴무이므로 수술만 담당하는 D과장이 근무하게 되어 진료 일정이 빠듯하게 되며, 반대로 셋째 주에는 수술만 담당하는 D과장이 휴무이므로 수술 일정이 빠듯하게 된다.

③ 안내 사항에 언급되어 있다.

---

37 ④

15일이 수요일이라 했으므로 '이번 달의 달력을 그려 A과장과 C과장의 오전 수술 일정을 확인해 보면 다음과 같다.

일	월	화	수	목	금	토
			1 X	2 A, C	3	4 C과장 X
5	6 C	7 A	8 X	9 A, C	10 X	11
12	13 C	14 A	15 공사	16 공사	17 공사	18 공사
19	20 C	21 A	22 X	23 A, C	24 X	25 A과장 X
26	27 C	28 A	29 X	30 A, C	(31) X	

따라서 수요일과 금요일은 A과장과 C과장이 모두 오전 수술 일정이 없어 K씨가 원하는 시간에 수술을 받을 수 없는 요일이 된다.

① 24일은 금요일이므로 A과장이나 C과장의 오전 수술 일정이 없는 날이다.

② 25일은 넷째 주 토요일이므로 A과장 휴무일이다.

③ 화요일 오전에도 A과장에게 수술을 받을 수 있다.

---

38 ③

임대차계약서는 임대소득을 확인하기 위한 목적뿐 아니라 임차보증금 등의 재산상태를 확인하기 위한 제출 서류이기도 하다.

① 보장가구 제외대상인 행방불명자 등으로 보지 않는 예외 경우에 해당된다.

② 건강보험자격득실확인서 또한 취업이나 퇴직의 증빙 서류가 된다.

④ 일용근로소득 지급명세서는 분기별 신고 자료라고 언급되어 있으므로 한두 달 소득확인의 지연이 발생할 수 있다.

39 ①

(가) 2세대 가구에는 핵가족과 확대가족 모두 있기 때문에 알 수 없다. (X)

(나) 가구 당 가구원 수를 모르기 때문에 총 인구수를 알 수 없다. (X)

(다) 1인 가구는 1명이기 때문에 A지역의 1인 가구 총 인구수는 3,000명, B지역의 1인 가구 총 인구수는 3,500명으로 A지역이 더 적다. (O)

(라) A지역은 4,000÷10,000, B지역은 4,000÷8,000 으로 B지역이 더 높다. (O)

---

40 ②

지원 제외대상에서 언급한 조건은 해당 시점의 근로소득 기준인 '210만 원 미만' 조건을 충족하는 근로자 중 제외되는 대상을 규정한 것이므로, 지원신청일이 속한 월의 과세 대상 근로소득이 210만 원을 초과한다면 지원 대상에서 당연 배제되는 것이다.

① 2018년 1월 1일부터 신규지원자 및 기지원자 지원을 합산하여 3년만 운영하는 제도이므로 2021년부터는 모두 중단된다.

③ 기지원자의 경우 근무하는 사업장 근로자 수가 10명 미만인 경우 동일하게 40%가 지원된다.

④ 두루누리 지원사업은 조건에 맞는 근로자에 대하여 해당 근로자와 사업주 모두에게 일정 비율의 지원을 하게 되는 사업이다.

---

41 ③

두 경우 모두 월평균보수가 210만 원 미만이므로 지원 대상이 되며, A의 경우는 5명 미만 사업장이므로 90%가, B의 경우는 5명 이상 10명 미만인 사업장이므로 80%가 지원된다.

제시된 고용보험료와 연금보험료는 근로자에게 부과된 총액이므로 이를 사업주와 근로자가 절반씩 부담하게 되므로 절반 부담액에 대하여 지원 비율이 적용되어 다음과 같이 지원된다.

A : 근로자 부담금 17,100+85,500=102,600원

  지원금 102,600×0.9=92,340원

B : 근로자 부담금 12,350+81,500=93,850원

  지원금 93,850×0.8=75,080원

---

42 ①

각 조건에서 알 수 있는 내용을 정리하면 다음과 같다.

㉠ 사고 C는 네 번째로 발생하였다.

첫 번째	두 번째	세 번째	C	다섯 번째	여섯 번째

㉡ 사고 A는 사고 E보다 먼저 발생하였다. → A > E

㉢ 사고 B는 사고 A보다 먼저 발생하였다. → B > A

㉣ 사고 E는 가장 나중에 발생하지 않았다. → 사고 E는 2~3번째(∵ ㉡에 의해 A > E이므로) 또는 5번째로 발생하였다.

ⓜ 사고 F는 사고 B보다 나중에 발생하지 않았다. → F > B

ⓑ 사고 C는 사고 E보다 나중에 발생하지 않았다. → C > E

ⓢ 사고 C는 사고 D보다 먼저 발생하였으나, 사고 B보다는 나중에 발생하였다. → B > C > D

따라서 모든 조건을 조합해 보면, 사고가 일어난 순서는 다음과 같으며 세 번째로 발생한 사고는 A이다.

---

43 ④

SWOT분석은 기업의 내부환경과 외부환경을 분석하여 강점(strength), 약점(weakness), 기회(opportunity), 위협(threat) 요인을 규정하고 이를 토대로 경영전략을 수립하는 기법이다. 기회 요인은 경쟁, 고객, 거시적 환경 등과 같은 외부환경으로 인해 비롯된 기회를 말한다.

④ 난공불락의 甲자동차회사는 위협 요인에 들어가야 한다.

---

44 ④

설문조사지는 조사의 목적에 적합한 결과를 얻을 수 있는 문항으로 작성되어야 한다. 제시된 설문조사는 보다 나은 제품과 서비스 공급을 위하여 브랜드 인지도를 조사하는 것이 목적이므로, 자사 자사의 제품이 고객들에게 얼마나 인지되어 있는지, 어떻게 인지되었는지, 전자제품의 품목별 선호 브랜드가 동일한지 여부 등 인지도 관련 문항이 포함되어야 한다.

④ 특정 제품의 필요성을 묻고 있으므로 자사의 브랜드 인지도 제고와의 연관성이 낮아 설문조사 항목으로 가장 적절하지 않다.

---

45 ①

① 새로운 경쟁사들이 시장에 진입할 가능성은 경쟁사(Competitor) 분석에 들어가야 할 질문이다.

---

46 ③

두 번째 보기를 통해 ⊙~ⓢ의 일곱 개 지역 중 4번째인 ⓔ에 대구가 위치하는 것을 알 수 있다.

첫 번째와 세 번째 보기를 통해 ⊙~ⓒ은 대전, 서울, 세종, ⓜ~ⓢ은 강릉, 부산, 울산임을 알 수 있다. 마지막 보기를 통해 두 지역의 합의 차가 20%가 나기 위해 서울은 ⊙이 되어야 하는 것을 알 수 있다. 남은 지역의 합으로 20%가 차이가 나는 조합은 (68+25)과 (46+27)이므로 ⓒ은 대전, ⓑ은 울산, ⓢ은 강릉이 된다. 따라서 남은 ⓛ은 세종, ⓜ은 부산이다.

47 ④

주어진 조건을 보면 관리과와 재무과에는 반드시 각각 5급이 1명씩 배정되고, 총무과에는 6급 2명이 배정된다. 인원수를 따져보면 홍보과에는 5급을 배정할 수 없기 때문에 6급이 2명 배정된다. 6급 4명 중에 C와 D는 총무과에 배정되므로 홍보과에 배정되는 사람은 E와 F이다. 각 과별로 배정되는 사람을 정리하면 다음과 같다.

관리과	A
홍보과	E, F
재무과	B
총무과	C, D

48 ④

현수막을 제작하기 위해서는 라, 다, 마가 선행되어야 한다. 따라서 세미나 기본계획 수립(2일)+세미나 발표자 선정(1일)+세미나 장소 선정(3일)=최소한 6일이 소요된다.

49 ②

각 작업에 걸리는 시간을 모두 더하면 총 11일이다.

50 ①

상사가 '다른 부분은 필요 없고, 어제 원유의 종류에 따라 전일 대비 각각 얼마씩 오르고 내렸는지 그 내용만 있으면 돼.'라고 하였다. 따라서 어제인 13일자 원유 가격을 종류별로 표시하고, 전일 대비 등락 폭을 한눈에 파악하기 쉽게 기호로 나타내 줘야 한다. 또한 '우리나라는 전국 단위만 표시하도록'하였으므로 13일자 전국 휘발유와 전국 경유 가격을 마찬가지로 정리하면 ①과 같다.

1	②	2	①	3	③	4	②	5	②	6	②	7	①	8	①	9	①	10	④
11	④	12	②	13	③	14	③	15	②	16	④	17	③	18	④	19	②	20	④
21	④	22	①	23	④	24	③	25	③	26	④	27	④	28	③	29	④	30	④
31	②	32	④	33	②	34	④	35	③	36	④	37	①	38	①	39	①	40	②
41	③	42	②	43	④	44	③	45	②	46	③	47	②	48	④	49	②	50	①

1 ②

② 600가구×10만 원+500×20만 원+100×30만 원=190,000,000원

① 1,500가구×20%×200만 원×25%=150,000,000원

③ 600가구×30%×30만 원+500가구×30%×60만 원+100가구×30%×100만 원=174,000,000원

④ 500가구×30%×40만 원+100가구×30%×80만 원+1500가구×20%×10만 원=114,000,000원

2 ①

㉠ 성인 4명(28,800×4)+청소년 3명(18,800×3)=171,600원
5인 입장권 구매 시=162,600원

㉡ 성인 6명(25,800×6)+청소년 2명(17,800×2)×평일 10% 할인=171,360원
5인 입장권 구매 시=186,400원

㉢ 성인 5명(28,800×5)+청소년 2명(18,800×2)×주말 통신사 15% 할인=154,360원
5인 입장권 구매 시=162,600원

㉣ 성인 5명(25,800×5명)+어린이 1명(13,800)×평일 10% 할인=128,520원
5인 입장권 구매 시=138,800원

3 ③

지원평가 기준에 미충족된 A, C, F는 제외, 대응투자액 조건이 미충족된 A, I도 제외된다.
주어진 조건을 반영하여 점수를 계산하면 다음과 같다.

	ㄱ	ㄴ	ㄷ	ㄹ	ㅁ	합계
A		87	90	80		257
B	86	90	87			263 ①
C	46	55	61			162
D		60		80	65	205 ④
E		90	57		55	202 ⑤
F	67		77		80	224
G	55	87	65			207 ③
H			67	55	78	200
I	90			80	80	250
J		90	56	70		216 ②

4 ②

대응투자액이 3000만 원씩 증액 될 시 I는 평가 대상에서 제외되지 않는다. 지원평가 기준에 미충족된 A, C, F는 제외, 대응투자액 조건이 미충족된 A는 제외된다.

주어진 조건을 반영하여 점수를 계산하면 다음과 같다.

	ㄱ	ㄴ	ㄷ	ㄹ	ㅁ	합계
A		87	90	80		257
B	86	90	87			263 ①
C	46	55	61			162
D		60		80	65	205 ⑤
E		90	57		55	202
F	67		77		80	224
G	55	87	65			207 ④
H			67	55	78	200
I	90			80	80	250 ②
J		90	56	70		216 ③

5 ②

예산의 종류

• 직접비용 : 서비스를 제공하거나 제품을 생산하기 위해 직접 소비된 비용으로 재료비, 원료와 장비, 시설, 인건비 등이 있다.

• 간접비용 : 서비스를 제공하거나 제품을 생산하기 위해 소비된 비용 중 직접비용을 제외한 비용이다. 건물 관리비, 광고비, 각종 공과금 등이 간접비용에 해당한다.

6 ②

총 인원이 25명이므로 28인승 버스를 대절해야 한다. 출발지부터 도착지까지 총 4시간이 걸리고 식사시간 1시간, 워크숍 진행 시간이 4시간 걸린다고 했으므로 총 9시간 대절하는 것이다. 따라서 총 비용을 계산하면 다음과 같다.

(개)버스 : 140,000(기본료)+72,000(추가운임)=212,000(원)

(내)버스 : 140,000(기본료)+60,000(추가운임)=200,000(원)

(대)버스 : 150,000(기본료)+102,000(추가운임)=252,000(원)

(래)버스 : 130,000(기본료)+120,000(추가운임)=250,000(원)

(매)버스 : 160,000(기본료)+90,000(추가운임)=250,000(원)

---

7 ①

L 사원에게 주어진 예산은 월 3천만 원이며, 이를 초과할 경우 광고수단은 선택하지 않는다. 따라서 월 광고비용이 3,500만 원인 KTX는 배제된다.

조건에 따라 광고수단은 한 달 단위로 선택되며 4월의 광고비용을 계산해야 하므로 모든 광고수단은 30일을 기준으로 한다. 조건에 따른 광고 효과 공식을 대입하면 아래와 같이 광고 효과를 산출할 수 있다.

구분	광고 횟수(회/월)	회당 광고 노출자 수	월 광고비용(천 원)	광고 효과
TV	3	100	30,000	0.01
버스	30	10	20,000	0.015
KTX	2,100	1	35,000	0.06
지하철	1,800	0.2	25,000	0.0144
포털사이트	1,500	0.5	30,000	0.025

---

8 ①

문화재단은 가장 높은 점수를 받은 프로그램을 최종 선정한다. 따라서 가산점을 고려하여 최고 점수를 받은 프로그램을 알 수 있어야 한다. 먼저, 전문가 점수와 학생 점수의 단순 합이 상위 5개인 프로그램을 도출할 수 있다.

분야	프로그램 명	전문가 점수	학생 점수	단순합
무용	스스로 창작	37	25	62
음악	연주하는 교실	34	34	68
연극	연출노트	32	30	62
미술	창의 예술학교	40	25	65
진로	항공체험 캠프	30	35	65

점수의 반영 비율은 전문가와 학생 간 3 : 2의 비율이므로 전문가의 점수에 50%(0.5)를 추가한다. 이 점수에 최종적으로 가산점 30%을 부여해야 한다. 가산점 부여 대상은 하나 밖에 없는 분야에 속한 프로그램인 무용, 음악, 연극, 진로 분야이다. 이를 반영하여 다음과 같이 도출할 수 있다.

분야	프로그램 명	전문가 점수	학생 점수	단순합	전문가 점수(×0.5합)	가산점수(×1.3)
무용	스스로 창작	37	25	62	80.5	104.65
음악	연주하는 교실	34	34	68	85	110.5
연극	연출노트	32	30	62	78	101.4
미술	창의 예술학교	40	25	65	85	85
진로	항공체험 캠프	30	35	65	80	104

따라서 창의 테마파크에서 운영할 프로그램은 가장 높은 점수를 받은 연주하는 교실이다.

9 ①

물품 보관 시에는 사용 물품과 보관 물품의 구분, 동일 및 유사 물품으로의 분류, 물품 특성에 맞는 보관 장소 선정 등의 원칙을 따라야 한다. 보관의 가장 중요한 포인트는 '물품의 손쉽고 효과적인 사용'이 되어야 하므로, 단순히 입고일을 기준으로 물품을 보관하는 것은 특별히 필요한 경우가 아니라면 바람직한 물품 관리 기준이 될 수 없다.

10 ④

주어진 자료에 따라 예산 집행 금액을 계산해 보면 다음과 같다.

(단위 : 백만 원)

영업2팀	영업3팀	유통팀	물류팀	조달팀
$26 \times 1.154 = 30$	$24 \times 0.875 = 21$	$32 \times 0.781 = 25$	$29 \times 0.879 = 25.5$	$30 \times 0.983 = 29.5$

따라서 팀별로 예산의 신청 금액과 집행 금액의 차이는 순서대로 각각 +4백만 원, −3백만 원, −7백만 원, −3.5백만 원, −0.5백만 원이 되어, 2025년에 가장 많은 예산을 분배받을 팀과 가장 적은 예산을 분배받을 팀은 각각 조달팀과 유통팀이 된다.

11 ④

총 지급액이 4만원 단위이므로 충청 F지점 또는 충청 G지점에 속한 직원이 1명 또는 6명 이 포함되어 있어야 하나, 6명일 경우 총 지급액이 맞지 않으므로 1명 포함되어 있는 것이 된다. 이 경우, 5명의 직원에게 총 954−184=770만 원의 학자금이 지급된 것이 된다.

770만 원을 큰 금액부터 나누어 보면, 260만 원을 지급받은 직원이 3명일 수 없으며 2명일 경우 나머지 3명이 770−520=250만 원을 나누어 받았어야 하므로 이 방법 또한 적합하지 않게 된다.

따라서 260만 원을 받은 직원이 1명이라고 가정하면, 나머지 4명이 510만 원을 지급받은 것이 된다.

남은 금액은 195만 원과 60만 원이므로(43만 원은 계산상 맞지 않으므로 제외한다), 1명과 3명, 2명과 2명, 3명과 1명을 각각 대입해 보면, 195만 원을 지급받은 직원이 2명, 60만 원을 지급받은 직원이 2명일 경우 총 지급액이 정확히 일치하는 것을 알 수 있다.

따라서 260만 원 1명, 195만 원 2명, 184만 원 1명, 60만 원 2명으로 총 6명에게 지급되었음을 알 수 있다.

12 ②

총 23만 원의 비용으로 쌩쌩 렌터카를 이용한다.

쌩쌩 렌터카의 경우 90,000원의 비용과 600km 이동에 소요되는 60L의 연료비 60×1,500＝90,000원이 소요되므로 총 180,000원이 발생한다. 고고 렌터카의 경우 50,000원의 비용과 600km의 연료비 600×300＝180,000원이 소요되어 총 230,000원이 발생한다. 따라서 쌩쌩 렌터카를 총 180,000원의 비용으로 이용할 수 있다.

13 ③

일자별 출장비 지급액을 살펴보면 다음과 같다. 화요일 일정에는 거래처 차량이 지원되므로 5,000원이 차감되며, 금요일 일정에는 거래처 차량 지원과 오후 일정으로 인해 5,000+7,000＝12,000원이 차감된다.

출장 일자	지역	출장 시간	이동계획	출장비
화요일	'갑'시	09:00~18:00	거래처 배차	30,000−5,000＝25,000원
수요일	'갑'시 외 지역	10:30~16:00	대중교통	40,000원
금요일	'갑'시	14:00~19:00	거래처 배차	30,000−5,000−7,000＝18,000원

따라서 출장비 총액은 25,000+40,000+18,000＝83,000원이 된다.

14 ③

甲대학의 학생 중 유학생일 경우 수요연한을 최대 5년으로 할 수 있으며 일반 유학으로 휴학할 시 수료연한의 2분의 1을 이내로 가능하므로 최대 2년 6개월 가능하고 해외 어학연수 시 최대 2년을 추가로 휴학 가능하여 총 9년 6개월이 최장기간이 된다.

특별입학 시 수료연한은 3년, 일반휴학 시 1년 6개월 휴학이 가능하므로 총 4년 6개월이 최장기간이 된다.

15 ②

대중교통＝$40×4명＝$160

렌터카＝($50＋$10)×3＝$180

택시＝$200

16 ④

최종점수를 산정하면 다음과 같다.

이동수단	경제성	용이성	안전성	합계
렌터카	2	3	2	7
택시	1	2	4	7
대중교통	3	1	4	8

따라서 총점이 가장 높은 대중교통을 이용하며 비용은 $40×4명＝$160이다.

17 ③

최대 음원이용료를 구하는 것이므로 12월 25일은 네 번째 수요일이거나 수요일 이전이어야 한다. 또한 11월 네 번째 목요일 이후 돌아오는 월요일부터 11월 마지막 날까지의 기간을 최대로 가정하면 11월 1일이 목요일일 경우(네 번째 목요일이 22일, 네 번째 수요일이 28일)와 수요일일 경우(네 번째 수요일이 22일, 네 번째 목요일이 23일) 모두 11월에 4일 동안 캐롤을 틀 수 있고, 12월에 25일 동안 캐롤을 틀 수 있으므로 (4+25)×20,000원=58만 원이 된다.

---

18 ④

직접비에는 인건비, 재료비, 원료와 장비비, 여행 및 잡비, 시설비 등이 포함되며, 간접비에는 보험료, 건물관리비, 광고비, 통신비, 사무비품비, 각종 공과금 등이 포함된다. 따라서 제시된 예산 집행 및 배정 현황을 직접비와 간접비를 구분하여 다음과 같이 나누어 볼 수 있다.

항목	2분기		3분기	
	직접비	간접비	직접비	간접비
직원급여	200,850,000		195,000,000	
상여금	6,700,000		5,700,000	
보험료		1,850,000		1,850,000
세금과 공과금		1,500,000		1,350,000
수도광열비		750,000		800,000
잡비	1,000,000		1,250,000	
사무용품비		230,000		180,000
여비교통비	7,650,000		5,350,000	
퇴직급여충당금	15,300,000		13,500,000	
통신비		460,000		620,000
광고선전비		530,000		770,000
합계	231,500,000	5,320,000	220,800,000	5,570,000

따라서 2분기보다 3분기에 직접비의 배정 금액은 더 감소하였으며, 간접비의 배정 금액은 더 증가하였음을 알 수 있다.

③ 인건비를 구성하는 항목인 직원급여, 상여금, 퇴직급여충당금이 모두 감소하였으므로 이것이 직접비 감소의 가장 큰 요인이 되므로 인건비의 감소에 따라 직접비 배정액이 감소하였다고 볼 수 있다.

---

19 ②

6월 초에는 4월 재고분과 5월 입고분이 함께 창고에 있게 된다. 따라서 수량은 SS 품목이 4,295장으로 2,385장인 FW 품목보다 많지만, 재고 금액은 FW 품목이 더 큰 것을 알 수 있다.

① 각각 380, 195, 210장이 입고되어 모두 SS 품목의 수량보다 많다.

③ SS와 FW 모두 Apparel, Footwear, Equipment의 순으로 평균 단가가 높다.

④ 재고와 입고 수량 간의 비례 또는 반비례 관계가 성립하지 않으므로 재고 수량이 많거나 적은 것이 입고 수량의 많고 적음에 의해 결정된 것이 아님을 알 수 있다.

20 ④

대외거래 결과, 예금취급기관의 대외자산은 수출대금이 100달러, 뱅크 론이 50달러 늘어났으나, 수입대금으로 50달러, 차입금상환으로 20달러를 매도함으로써 총 80달러가 늘어나게 되어 총 대외수지는 80달러 흑자가 된 경우이다.

21 ④

이번 달 임대료는 이미 모두 지불하였을 것이므로 $(540,000+350,000) \times 1.1 = 979,000$원을 지불한 상태가 된다.

이 중, 사무실 사용일이 10일이므로 $979,000 \div 30 \times 10 = 326,333$원은 지불해야 하고 $979,000 - 326,333 = 652,667$원을 돌려받아야 한다. 또한 부가세를 포함하지 않은 1개월 치 임대료인 $540,000 + 350,000 = 890,000$원을 돌려받아야 한다. 따라서 총 $652,667 + 890,000 = 1,542,667$원을 사무실 주인으로부터 돌려받아야 한다.

22 ①

인건비, 출장비, 재료비 등은 비용 총액을 특정 제품이나 서비스의 생산에 기여한 몫만큼 배분하여 계산할 수 있기 때문에 해당 제품이나 서비스의 직접비용으로 간주할 수 있는 것이다. 반면, 보험료, 광고료, 건물관리비 등 공통적인 비용으로 계산될 수밖에 없는 비용들은 간접비로 분류한다. 제시된 내용들은 모두 이러한 비용들의 기여도별 분배가 가능한 것인지의 여부에 따라 구분되고 있다고 볼 수 있다.

23 ④

㉠ 09:22에 D구역에 있었던 산양 21마리에서 09:32에 C구역으로 1마리, 09:50에 B구역으로 1마리가 이동하였고 09:52에 C구역에서 3마리가 이동해 왔으므로 09:58에 D구역에 있는 산양은 $21-1-1+3=22$마리이다.

㉡ 09:10에 A구역에 있었던 산양 17마리에서 09:18에 C구역에서 5마리가 이동해 왔고 09:48에 C구역으로 4마리가 이동하였으므로 10:04에 A구역에 있는 산양은 $17+5-4=18$마리이다.

㉢ 09:30에 B구역에 있었던 산양 8마리에서 09:50에 D구역에서 1마리가 이동해 왔고, 10:05에 C구역에서 2마리가 이동해 왔으므로 10:10에 B구역에 있는 산양은 $8+1+2=11$마리이다.

㉣ 09:45에 C구역에 있었던 11마리에서 09:48에 A구역에서 4마리가 이동해 왔고, 09:52에 D구역으로 3마리, 10:05에 B구역으로 2마리가 이동하였으므로 10:15에 C구역에 있는 산양은 $11+4-3-2=10$마리이다.

24 ③

○○목장에서 키우는 산양의 총 마리 수는 22+18+11+10=61마리이다.

---

25 ③

(가) A재는 경합성과 배제성을 동시에 갖는 것으로서, '민간재'이다. 흔히 상품으로 불리기도 한다. 상품은 보통 시장에서 거래를 통해 소비를 하게 된다. (X)

(나) B재는 경합성은 있는데, 배제성이 없어 공짜 소비가 가능한 재화이다. 이런 재화를 공유재라고 한다. 공짜 소비라는 무임 승차를 하기 때문에 공유재는 남용되는 경향이 있다. (O)

(다) C재는 경합성이 없어 여러 사람이 함께 소비할 수는 있지만, 비용을 지불해야 하는 배제성이 있다. 이러한 재화는 요금을 내고 소비할 수 있는 케이블 TV, 인터넷 등이 해당된다. 돈을 내기 때문에 무임 승차자의 문제는 없게 된다. (X)

(라) D재는 공공재이다. 공공재는 비배제성으로 인해 무임승차의 문제를 발생시켜 시장에서는 과소 생산되는 특징이 있다. (X)

---

26 ④

물적자원의 소장 가치를 제고하는 것은 자원관리의 바람직한 모습이라고 볼 수 없다.

긴급 상황이나 재난 상황에서 물적자원의 관리 소홀이나 부족 등은 더욱 큰 2차 손실을 야기할 수 있으며, 꼭 필요한 상황에서 해당 자원의 확보를 위한 많은 시간을 낭비하여 필요한 활동을 하지 못하는 상황이 벌어질 수 있다. 따라서 개인 및 조직에 필요한 물적자원을 확보하고 적절히 관리하는 것은 매우 중요하다고 할 수 있다.

---

27 ④

4개를 구입할 경우와 7개를 구입할 경우 각 쇼핑몰의 비용을 계산해 보면 다음과 같다.

쇼핑몰	4개	7개
A	12만 원+1만 원-1만 원=12만 원	21만 원+1만 원-1만 원=21만 원
B	12만 원+1만 원-1만 원=12만 원	21만 원-2만 원+1만 원=20만 원
C	12만 원+1만 원=13만 원	21만 원/8개 구입→18.375만 원/7개 따라서 배송료 포함 19.375만 원
D	12만 원×0.9=10.8만 원, +1만 원=11.8만 원	21만 원×0.9=18.9만 원, +1만 원=19.9만 원

따라서 4개 구입할 경우는 D쇼핑몰이, 7개 구입할 경우는 C쇼핑몰이 가장 저렴한 비용임을 알 수 있다.

28 ③

시장 가격이 55달러일 때, A기업은 시장 가격보다 생산 비용이 낮은 1광구와 2광구에서 원유를 생산하게 되어 1일 70만 배럴을 생산하게 된다. 시장 가격이 65달러로 상승하면, 3광구에서도 생산을 할 수 있게 되어 총 원유의 공급량은 30만 배럴이 증가하게 된다.

① 3개 광구의 생산 비용보다 시장 가격이 더 낮으므로 어느 광구에서도 원유를 생산하지 않게 된다.

② 1광구와 2광구에서만 생산하게 되어 총 공급량은 70만 배럴이 된다.

④ 생산 비용이 적은 1광구부터 생산을 할 것이므로 70만 배럴을 생산할 경우의 시장 가격은 적어도 50달러 이상인 경우여야 한다.

---

29 ④

주어진 조건에 의해 평점의 환산 점수를 계산해 보면 다음과 같다.

	서류 점수	가격 점수	실적 점수	합계
A실업	$90 \times 40 \div 100 = 36$	$90 \times 40 \div 100 = 36$	$95 \times 20 \div 100 = 19$	91
B물산	$87 \times 40 \div 100 = 34.8$	$95 \times 40 \div 100 = 38$	$90 \times 20 \div 100 = 18$	90.8
C기획	$89 \times 40 \div 100 = 35.6$	$90 \times 40 \div 100 = 36$	$90 \times 20 \div 100 = 18$	89.6
D산업	$86 \times 40 \div 100 = 34.4$	$100 \times 40 \div 100 = 40$	$85 \times 20 \div 100 = 17$	91.4

따라서 우선협상 대상자로 선정될 업체는 D산업이 된다.

---

30 ④

최하위 업체는 89.6점을 얻은 C기획이다. 따라서 입찰 가격을 100만 원 낮출 경우 합계 점수 91.6점이 되어 우선협상 대상자로 선정될 수 있었다.

① 서류 검토 점수에서 3점을 더 얻는다. → 합계 90.8점

② 입찰 가격을 50만 원 낮추고 실적 건수가 1건 더 있다. → 합계 90.6점

③ 실적 건수가 1건 더 추가되고 서류 검토 점수가 1점 더 높다. → 합계 91점

---

31 ②

각 공급처로부터 두 물품 모두를 함께 구매할 경우(내)와 개별 구매할 경우(가)의 총 구매가격을 표로 정리해 보면 다음과 같다. 단, 구매 수량은 각각 400개 이상이어야 한다.

공급처	물품	세트 당 포함 수량(개)	세트 가격	(가)	(내)
A업체	경품1	100	85만 원	340만 원	5,025,500원(5% 할인)
	경품2	60	27만 원	189만 원	
B업체	경품1	110	90만 원	360만 원	5,082,500원(5% 할인)
	경품2	80	35만 원	175만 원	
C업체	경품1	90	80만 원	400만 원	5,120,000원(20% 할인)
	경품2	130	60만 원	240만 원	

32 ④

경품1의 세트 당 가격을 5만 원 인하하면 총 판매가격이 4,920,000원이 되어 가장 낮은 공급가가 된다.

---

33 ②

재작년과 작년에 적립된 마일리지를 구하면 다음과 같다.

재작년: $45 \times 12 = 540$, $540 \times 40 = 21,600$

작년: $65 \times 12 = 780$, $780 \times 50 = 39,000$

총 60,600마일리지

따라서 올해의 카드 결제 금액이 월 평균 60만 원이라면, $60 \times 12 = 720$, $720 \times 50 = 36,000$이 되어 총 96,600마일리지가 되므로 120,000마일리지가 필요한 광주 일등석을 이용할 수 없다.

① $80 \times 12 = 960$, $960 \times 70 = 67,200$마일리지이므로 총 127,800마일리지로 제주 일등석을 이용할 수 없다.

③ 60,600마일리지가 되므로 울산 일반석을 이용할 수 없다.

④ $30 \times 12 = 360$, $360 \times 40 = 14,400$마일리지이므로 총 75,000마일리지로 울산 프레스티지석을 이용할 수 없다.

---

34 ④

회의 시간이 런던을 기준으로 11월 1일 9시이므로, 이때 서울은 11월 1일 18시, 시애틀은 11월 1일 2시이다.

• 甲은 런던을 기준으로 말했으므로 甲이 프로젝트에서 맡은 업무를 마치는 시간은 런던 기준 11월 1일 22시로, 甲이 맡은 업무를 마치는 데 필요한 시간은 $22 - 9 = 13$시간이다.

• 乙은 시애틀을 기준으로 이해하고 말했으므로 乙은 甲이 말한 乙이 말한 다음날 오후 3시는 시애틀 기준 11월 2일 15시이다. 乙은 甲이 시애틀을 기준으로 11월 1일 22시에 맡은 일을 끝내 줄 것이라고 생각하였으므로, 乙이 맡은 업무를 마치는 데 필요한 시간은 $2 + 15 = 17$시간이다.

• 丙은 서울을 기준으로 말했으므로 丙이 말한 모레 오전 10시는 11월 3일 10시이다. 丙은 乙이 서울을 기준으로 11월 2일 15시에 맡은 일을 끝내 줄 것이라고 생각하였으므로, 丙이 맡은 업무를 마치는 데 필요한 시간은 $9 + 10 = 19$시간이다.

따라서 계획대로 진행될 경우 甲, 乙, 丙이 맡은 업무를 끝내는 데 필요한 총 시간은 $13 + 17 + 19 = 49$시간으로, 2일하고 1시간이라고 할 수 있다. 이를 서울 기준으로 보면 11월 1일 18시에서 2일하고 1시간이 지난 후이므로, 11월 3일 19시이다.

---

35 ③

식량 부족 문제를 해결하기 위해서는 더 많은 식량을 생산해 내야하지만, 토지를 무한정늘릴 수 없을 뿐 아니라 이미 확보한 토지마저도 미래엔 줄어들 수 있음을 언급하고 있다. 이것은 식량이라는 자원을 초점으로 하는 것이 아닌 이미 포화 상태에 이르러 유한성을 드러낸 토지에서 어떻게 하면 더 많은 식량을 생산할 수 있는지를 고민하고 있다. 따라서 토지라는 자원은 유한하며 어떻게 효율적인 활용을 할 수 있는지를 주제로 담고 있다고 볼 수 있다.

36 ④

④ 10,000원(A4용지)+1,000원(체감비용)+16,000원(토너)=27,000원

① 1,000원(체감비용)+27,000원=28,000원

② 20,000원(토너)+8,000원(A4용지)=28,000원

③ 5,000원(체감비용)+24,000원=29,000원

---

37 ①

① 도보로 버스정류장까지 이동해서 버스를 타고 가게 되면 도보(30분), 버스(50분), 도보(5분)으로 1시간 25분이 걸리지만 버스가 정체될 수 있으므로 1시간 45분으로 계산하는 것이 바람직하다. 민기씨는 1시 30분에 출발할 수 있으므로 3시 15분에 도착하게 되고 입장은 할 수 있으나 늦는다.

※ 소요시간 계산

　㉠ 도보-버스 : 도보(30분), 버스(50분), 도보(5분)이므로 총 1시간 25분(정체 시 1시간 45분) 걸린다.

　㉡ 도보-지하철 : 도보(20분), 지하철(1시간), 도보(10분)이므로 총 1시간 30분 걸린다.

　㉢ 택시-버스 : 택시(10분), 버스(50분), 도보(5분)이므로 총 1시간 5분(정체 시 1시간 25분) 걸린다.

　㉣ 택시-지하철 : 택시(5분), 지하철(1시간), 도보(10분)이므로 총 1시간 15분 걸린다.

---

38 ①

위 지문에서는 공생마케팅의 개념을 설명하고 있는데, 소주 업계와 화장품 회사 간의 자원의 연계로 인해 시너지 효과를 극대화시키는 전략(기업 간 자원의 결합으로 인해 시장에서의 입지는 높아지며 독립적으로 시장에 진출할 시에 불필요하게 소요되어지는 많은 인적 및 물적 자원의 소비를 예방할 수 있다)이다. 즉, 공생 마케팅(Symbiotic Marketing)은 동일한 유통 경로 수준에 있는 기업들이 자본, 생산, 마케팅 기능 등을 결합해 각 기업의 경쟁 우위를 공유하려는 마케팅 활동으로써 이에 참여하는 업체가 경쟁 관계에 있는 경우가 보통이며 자신의 브랜드는 그대로 유지한다. 무엇보다도 각 기업이 가지고 있는 자원을 하나로 묶음으로서 그 외 불필요한 인적자원 및 물적 자원의 소비를 막을 수 있다는 이점이 있다.

② 디 마케팅　③ 니치 마케팅　④ 바이러스 마케팅

---

39 ①

적재율, 실제가동률, 실차율을 구하면 각각 다음과 같다.

㉠ 적재율이란, 어떤 운송 수단의 짐칸에 실을 수 있는 짐의 분량에 대하여 실제 실은 짐의 비율이다. 따라서 기준용적이 10㎡인 2.5톤 트럭에 대하여 1회 운행당 평균용적이 8㎡이므로 적재율은 $\frac{8}{10} \times 100 = 80\%$이다.

㉡ 실제가동률은 누적실제차량수에 대한 누적실제가동차량수의 비율이다.

따라서 $\frac{340}{400} \times 100 = 85\%$이다.

㉢ 실차율이란, 총 주행거리 중 이용되고 있는 좌석 및 화물 수용 용량 비율이다. 따라서 누적주행거리에서 누적실제주행거리가 차지하는 비율인 $\frac{30,000}{40,000} \times 100 = 75\%$이다.

40 ②

1분기의 km당 연료비는 휘발유 100원, 경유 60원이다.

ㄱ 갑 지역 이동(집화터미널-A허브-갑 지역)

집화터미널-A허브(60km) : 100원 × 60km × 5회 = 30,000원

A허브-갑 지역(50km) : 60원 × 50km × 5회 = 15,000원

ㄴ 정 지역 이동(집화터미널-B허브-정 지역 또는 집화터미널-C허브-정 지역)

집화터미널-B허브(50km) : 100원 × 50km × 5회 = 25,000원

B허브-정 지역(70km) : 60원 × 70km × 5회 = 21,000원

또는

집화터미널-C허브(100km) : 100원 × 100km × 5회 = 50,000원

C허브-정 지역(40km) : 60원 × 40km × 5회 = 12,000원

∴ 총 연료비는 91,000원이다(∵ 정 지역 이동시 B허브 이용).

---

41 ③

2분기의 km당 연료비는 휘발유 140원, 경유 90원이다.

ㄱ 정 지역으로 가는 방법

집화터미널-B허브(50km) : 140원 × 50km = 7,000원

B허브-정 지역(70km) : 90원 × 70km = 6,300원

또는

집화터미널-C허브(100km) : 140원 × 100km = 14,000원

C허브-정 지역(40km) : 90원 × 40km = 3,600원

∴ 13,300원(∵ 정 지역 이동시 B허브 이용)

ㄴ 무 지역으로 이동 후 정 지역으로 가는 방법

집화터미널-C허브(100km) : 140원 × 100km = 14,000원

C허브-무 지역(60km) : 90원 × 60km = 5,400원

무 지역-정 지역(100km) : 90원 × 100km = 9,000원(∵ 무 지역과 정 지역은 C허브로 연결)

∴ 28,400원

∴ 15,100원 손해이다.

---

42 ②

3분기의 km당 연료비는 휘발유 120원, 경유 75원이다.

집화터미널-A허브(60km) : 120원 × 60km = 7,200원

A허브-을 지역(50km) : 75원 × 50km = 3,750원

또는

집화터미널-B허브(50km) : 120원 × 50km = 6,000원

B허브-을 지역(70km)75원 × 70km = 5,250원 이므로

을 지역은 A허브를 통해 이동하는 것이 더 저렴하다(10,950원)

∴ 총 4회 왕복 가능하다(∵ 1회 왕복 연료비 21,900원).

43 ④

일반적 질병으로 60일 병가를 모두 사용하였고, 부상으로 인한 지각·조퇴·외출 누계 허용

① 진단서 없이 6일간의 기한 내 병가 사용이며 지각·조퇴·외출 누계 시간이 각각 6시간으로 규정 내에서 사용하였다.

② 일반적 질병으로 60일 범위 내에서 사용한 병가이므로 규정 내에서 사용하였다.

③ 정직일수는 병가일수에서 공제하여야 하므로 60일(정직 30일+공무상 병가 30일)의 공무상 병가이며, 지각 누계 시간이 8시간 미만이므로 규정 내에서 사용하였다.

---

44 ③

㈎ 남부지방은 평년 대비 2025년에 장마 기간은 늘어났지만 강수일수와 강수량은 각각 17.1일 → 16.7일, 348.6mm → 254.1mm로 감소하였다.

㈏ 2025년의 장마 기간 1일 당 평균 강수량은 중부지방이 220.9÷35=약 6.3mm, 남부지방이 254.1÷36=약 7.1mm, 제주도가 518.8÷30=약 17.3mm로 제주도-남부지방-중부지방 순으로 많다.

㈐ 중부지방, 남부지방, 제주도의 2025년 장마 기간 대비 강수일수 비율은 각각 18.5÷35×100=약 52.9%, 16.7÷36×100=약 46.4%, 13.5÷30×100=45%이므로 강수일수의 많고 적은 순서(중부지방 18.5일, 남부지방 16.7일, 제주도 13.5일)와 동일하다.

㈑ 평년에는 강수일수와 강수량이 모두 제주도, 중부지방, 남부지방의 순으로 높은 수치였으나, 2025년에는 강수일수는 중부지방, 남부지방, 제주도 순인 반면 강수량은 제주도, 남부지방, 중부지방의 순임을 알 수 있다.

---

45 ②

11월 12일 황보경(3조)은 오전근무이다. 1조는 바로 전날 야간근무를 했기 때문에 대체해줄 수 없다. 따라서 이가희가 아닌 우채원(3조 조장)이 황보경의 업무를 대행한다.

---

46 ③

11월 20일 김희원(3조)는 야간근무이다. 1조는 바로 다음 날 오전근무를 해야 하기 때문에 대체해줄 수 없다. 따라서 임채민이 아닌 우채원(3조 조장)이 김희원의 업무를 대행한다.

---

47 ②

② 외국인은 국제면허증과 자국의 면허증이 필요하며, 내국인의 경우에는 11인승 이상을 대여할 경우 1종 보통면허가 필요하다.

① 임대차 계약서와 차량 인수인계서에 서명을 해야 한다.

③ '예약 시 지정한 반납지점'이라고 명시되어 있으므로 대여지점과 반납지점은 미리 예약한 곳으로 지정이 가능하다고 볼 수 있다.

④ 차량 반납 시 유류 잔량을 확인한다고 명시되어 있다는 것으로 보아, 대여자의 부담이라고 판단할 수 있다.

48 ④

④ 길이 막혀 늦어지는 경우는 사전 예약이 된 경우라고 볼 수 없으므로 초과시간이 12시간에서 한두 시간이 넘을 경우 6시간의 초과 요금이 아닌, 추가 1일의 요금이 더해진다.
① V11과 T11이 11인승이므로 저렴한 V11이 경제적이다.
② 초과시간요금은 6시간까지 모두 동일하다.
③ T9을 대여해서 12시간을 초과하면 278,000원의 초과시간요금이 발생하므로 V11의 하루 요금인 270,000원보다 비싸지게 된다.

49 ②

각 영역의 '통과'와 '미통과'를 판단하면 다음과 같다. 모든 영역이 통과로 판단된 프로젝트인 C와 F는 전년과 동일한 금액을 편성해야 한다.

프로젝트	계획의 충실성(90점 이상)	계획 대비 실적(85점 이상)	성과지표 달성도(80점 이상)
A	96 → 통과	95 → 통과	76 → 미통과
B	93 → 통과	83 → 미통과	81 → 통과
C	94 → 통과	96 → 통과	82 → 통과
D	98 → 통과	82 → 미통과	75 → 미통과
E	95 → 통과	92 → 통과	79 → 미통과
F	95 → 통과	90 → 통과	85 → 통과

50 ①

각 프로젝트의 2025년도 예산 편성은 다음과 같다. 따라서 甲기업의 2025년도 A~F 프로젝트 예산 총액은 110억 원으로 2024년보다 10억 원 감소한다.

프로젝트	예산 편성액
A	2개 영역 통과 → 20 × 0.9 = 18억 원
B	계획 대비 실적 영역 미통과 → 20 × 0.85 = 17억 원
C	전년 동일 20억 원
D	계획 대비 실적 영역 미통과 → 20 × 0.85 = 17억 원
E	2개 영역 통과 → 20 × 0.9 = 18억 원
F	전년 동일 20억 원

1	②	2	③	3	③	4	④	5	④	6	②	7	④	8	④	9	②	10	④
11	④	12	①	13	②	14	④	15	③	16	③	17	②	18	④	19	④	20	④
21	①	22	②	23	③	24	②	25	④	26	②	27	①	28	①	29	③	30	③
31	④	32	③	33	④	34	③	35	④	36	④	37	③	38	④	39	③	40	③
41	③	42	④	43	④	44	④	45	①	46	②	47	④	48	③	49	①	50	③

1 ②

조직 문화의 분류와 그 특징은 다음과 같은 표로 정리될 수 있다. ㈐와 같이 개인의 자율성을 추구하는 경우는 조직문화의 고유 기능과 거리가 멀다고 보아야 한다.

관계지향 문화	−조직 내 가족적인 분위기의 창출과 유지에 가장 큰 역점을 둠. −조직 구성원들의 소속감, 상호 신뢰, 인화/단결 및 팀워크, 참여 등이 이 문화유형의 핵심가치로 자리 잡음.
혁신지향 문화	−조직의 유연성을 강조하는 동시에 외부 환경에의 적응성에 초점을 둠. −따라서 이러한 적응과 조직성장을 뒷받침할 수 있는 적절한 자원획득이 중요하고, 구성원들의 창의성 및 기업가정신이 핵심 가치로 강조됨.
위계지향 문화	−조직 내부의 안정적이고 지속적인 통합/조정을 바탕으로 조직효율성을 추구함. −이를 위해 분명한 위계질서와 명령계통, 그리고 공식적인 절차와 규칙을 중시하는 문화임.
과업지향 문화	−조직의 성과 달성과 과업 수행에 있어서의 효율성을 강조함. −따라서 명확한 조직목표의 설정을 강조하며, 합리적 목표 달성을 위한 수단으로서 구성원들의 전문능력을 중시하며, 구성원들 간의 경쟁을 주요 자극제로 활용함.

2 ③

① 이사장 직속 부서는 기획본부, 개발본부, 운영본부로 총 3개이다.
② 인재개발, 대외협력 등에 관한 사항은 기획본부장산하의 기획처 담당 사업이며, 장기계획에 관한 사항은 개발본부의 장기전력계획처에서 담당한다.
④ 시장개발에 관한 사항은 시장개발처에서 담당하고, 시장운영 및 정산에 관한 사항은 시장 운영처에서 담당한다.

3 ③

감사실장, 이사회의장, 비서실장, 미래 전략실장, A부사장은 모두 사장과 직접적인 업무 라인으로 연결되어 있으므로 직속 결재권자가 사장이 된다.

---

4 ④

백만 불 이상 예산이 집행되는 사안이므로 최종 결재권자인 사장을 대동하여 출장을 계획하는 것은 적절한 행위로 볼 수 있다.

① 사장 부재 시 차상급 직위자는 부사장이다.

② 출장 시 본부장은 사장, 직원은 본부장에게 각각 결재를 득하면 된다.

③ 결재권자의 부재 시, 차상급 직위자의 전결로 처리하되 반드시 결재권자의 업무 복귀 후 후결로 보완한다는 규정이 있다.

---

5 ④

전결권자가 자리를 비웠을 경우, '직무 권한'은 차상위자가 아닌 직상급직책자가 수행하게 되며, 차상위자가 전결권자가 되는 경우에도 '직무 권한' 자체의 위임이 되는 것은 아니다.

① 차상위자가 필요한 경우, 최종결재자(전결권자)가 될 수 있다.

② 부재 중 결재사항은 전결권자 업무 복귀 시 사후 결재를 받는 것으로 규정하고 있다.

③ 팀장의 업무 인수인계는 부사장의 전결 사항이다.

---

6 ②

② 감봉 징계 처분기간 12월+승급제한기간 12월+호봉 재획정 시기 5년=7년 후가 된다.

① 공무상 질병 휴직인 경우는 승급에 제한이 없으나, 특정 기간에 따라 징계처분의 적용이 상이하다는 규정이 없으므로 견책에 의한 징계처분은 휴직 여부에 관계없이 승급제한기간에 산입된다.

③ 근무성적 평정점이 최하등급에 해당하는 자는 승급제한 대상자가 된다.

④ 성희롱으로 인한 정직 12월을 받은 경우 징계처분기간 12월+승급제한기간 18월+호봉재획정 시기 7년= 9년 6개월, 그리고 성폭력, 성희롱 및 성매매로 인한 징계처분의 경우 승급제한기간이 6월 가산하므로 10년 후에 호봉 재획정이 이루어진다.

7 ④

조직 B와 같은 조직도를 가진 조직은 사업이나 제품별로 단위 조직화되는 경우가 많아 사업조직별 내부 경쟁을 통해 긍정적인 발전을 도모할 수 있다.

환경이 안정적이거나 일상적인 기술, 조직의 내부 효율성을 중요시하며 기업의 규모가 작을 때에는 업무의 내용이 유사하고 관련성이 있는 것들을 결합해서 조직 A와 같은 조직도를 갖게 된다. 반대로, 급변하는 환경변화에 효과적으로 대응하고 제품, 지역, 고객별 차이에 신속하게 적응하기 위해서는 분권화된 의사결정이 가능한 사업별 조직구조 형태를 이룰 필요가 있다. 사업별 조직구조는 개별 제품, 서비스, 제품그룹, 주요 프로젝트나 프로그램 등에 따라 조직화된다. 즉, 조직 B와 같이 제품에 따라 조직이 구성되고 각 사업별 구조 아래 생산, 판매, 회계 등의 역할이 이루어진다.

---

8 ④

1~3차 평가의 합계 점수를 구하여 희망 부서 배치 가능 여부를 확인해 보면 다음과 같다.

구 분	합계 점수(점)	고득점 순위(등)	희망 부서	배치 가능 여부
갑	8+5+7=20	3	회계팀	X
을	6+8+5=19	6	생산팀	X
병	6+6+8=20	3	경영기획팀	O
정	7+4+9=20	3	마케팅팀	O
무	9+5+5=19	6	홍보팀	O
기	8+7+7=22	1	생산팀	O
경	4+9+8=21	2	회계팀	O

위의 표에서 알 수 있듯이, 갑은 경보다 점수가 낮고, 을은 경보다 점수가 낮아 각각 1명씩을 원하는 희망 부서에 배치될 수 없다. 나머지 5명은 모두 희망 부서에 배치가 가능함을 알 수 있다.

---

9 ②

가중치를 계산하여 합계 점수를 계산하면 다음과 같다.

구분	1차 평가	2차 평가	3차 평가	합계 점수(점)	희망부서배치
갑	8×0.5=4	5×0.3=1.5	7×0.2=1.4	6.9	회계팀
을	6×0.5=3	8×0.3=2.4	5×0.2=1	6.4	X
병	6×0.5=3	6×0.3=1.8	8×0.2=1.6	6.4	경영기획팀
정	7×0.5=3.5	4×0.3=1.2	9×0.2=1.8	6.5	마케팅팀
무	9×0.5=4.5	5×0.3=1.5	5×0.2=1	7	홍보팀
기	8×0.5=4	7×0.3=2.1	7×0.2=1.4	7.5	생산팀
경	4×0.5=2	9×0.3=2.7	8×0.2=1.6	6.3	X

1~3차 합계 점수로 계산할 경우 회계팀은 경이 배치되지만 가중치로 계산할 경우 갑이 배치되므로 점수 계산 방식에 따라 다른 직원이 배치되는 부서는 회계팀이다.

10 ④

대리 직급 시에 있었던 휴직과 포상 내역은 모두 과장 직급의 경력평정에 포함되지 않으므로 과장 1년의 근무만 적용되어 $0.5 \times 12 = 6$점이 된다.

① 경력평정 점수가 30점 만점인 것은 '평가에 의한' 것이며, 자격증 취득의 경우 '가산점'이 부여되므로 30점을 넘는다고 판단하는 것이 타당하다.

② 4년차인 경우, 3년간은 월 0.5점씩 가산되어 18점이 되며, 4년째에는 $0.4 \times 12 = 4.8$점이 되어 도합 22.8점이 되므로 23점이 될 수 없다.

③ $0.5 \times 24 + 2 = 14$점이 된다.

---

11 ④

규정에 따라 각 인원의 경력평정 점수를 계산하면 다음과 같다.

조 과장 : 기본경력 $0.5 \times 24 = 12$점, 자격증 2점, 국무총리 포상 2점 → 16점

남 대리 : 기본경력 $0.5 \times 36 = 18$점, 초과경력 $0.4 \times (12-1) = 4.4$점, 사장 포상 1점 → 23.4점

권 부장 : 기본경력 $0.5 \times 36 = 18$점, 초과경력 $0.4 \times (24-3) = 8.4$점 → 26.4점

강 대리 : 기본경력 $0.5 \times 36 = 18$점, 장관 포상 1점 → 19점

따라서 경력평정 점수가 가장 높은 직원인 권 부장과 가장 낮은 직원인 조 과장의 점수 차이는 $26.4 - 16 = 10.4$점이 된다.

---

12 ①

용역비 2천만 원의 수탁과제는 1천만 원이 넘으므로 기본과제로 인정받아 100점이 부과되며, 1천만 원당 10점을 합산하여 총 20점이 아닌 120점이 부여된다.

② 현안과제이므로 100p를 넘는 경우 70점이 부여되나, 20일이 늦었으므로 10% 감점을 반영하여 63점이 된다.

③ 기획과제일지라도 타 기관과 공동 작업한 경우이므로 현안과제로 인정되어 100p가 넘는 보고서의 경우인 70점이 부여된다.

④ 용역비 4천만 원의 수탁과제는 100점에 40점이 추가된다. 또한 기한 미준수에 따른 30% 감점이 적용되어 $140 \times 0.7 = 98$점으로 100점에 못 미치게 된다.

---

13 ②

A : 외부 기관으로부터 의뢰받은 경우이므로 수탁과제에 해당된다. 용역비가 1천만 원을 넘으므로 보고서 분량에 관계없이 기본과제로 인정되어 100점을 얻게 되며, '1천만 원당 10점' 기준에 의해 30점이 추가되므로 총 130점을 얻게 되는 경우이다.

B : 100p 미만의 현안과제이므로 기본 50점이 부여되며, 1개월 미만의 기한 미준수가 발생되어 10%가 감점되므로 45점이 된다. 여기에 강 책임연구원의 기여율이 70%이므로 총 $45 \times 0.7 = 31.5$점이 된다.

C : 기획과제이므로 보고서 분량에 관계없이 150점이 부여된다. 여기에 기한 미준수에 따른 감점은 강 책임 연구원에 대해서만 적용되므로, 150점에 대한 강 책임연구원의 기여율을 먼저 계산해 보면 $150 \times 0.5 = 75$점이 된다. 또한 기한 미준수에 따른 30% 감점을 적용하면 강 책임연구원의 평정 점수는 $75 \times 0.7 = 52.5$점이 된다.

14 ④

출장을 위한 항공 일정 확인 및 확정 업무는 총무팀의 협조가 필요하며, 퇴직자의 퇴직금 정산 내역은 인사팀의 협조가 필요하다. 사업계획 관련 회의는 기획팀에서 주관하는 회의가 될 것이며, 전년도 실적 자료를 입수하는 것은 회계팀에 요청하거나 회계팀의 확인 작업을 거쳐야 공식적인 자료로 간주될 수 있을 것이다. 따라서 총무팀, 인사팀, 기획팀, 회계팀과의 업무 협조가 예상되는 상황이며, 외환팀과의 업무 협조는 '오늘' 예정되어 있다고 볼 수 없다.

15 ③

'조직문화'는 조직구성원들의 공유된 생활양식이나 가치이다. 즉, 조직문화는 한 조직체의 구성원들이 모두 공유하고 있는 가치관과 신념, 이데올로기와 관습, 규범과 전통 및 지식과 기술 등을 모두 포함한 종합적인 개념으로 조직전체와 구성원들의 행동에 영향을 미친다. 조직의 구성원들은 조직문화 속에서 활동하고 있지만 이를 의식하지 못하는 경우가 많다. 조직문화에 자연스럽게 융화되어 생활하는 경우도 있지만, 새로운 직장으로 옮겼을 때와 같이 조직문화의 특징을 알지 못하여 조직적응에 문제를 일으키는 경우도 있다.

16 ③

경영참가는 경영자의 고유 권한(경영자와 근로자의 공동 권한이 아닌)인 의사결정과정에 근로자 또는 노동조합이 참여하는 것이다.

경영참가의 초기단계에서는 경영자 층이 경영 관련 정보를 근로자에게 제공하고 근로자들은 의견만을 제출하는 정보 참가 단계를 가진다. 정보참가 단계보다 근로자들의 참여권한이 확대되면 노사 간 서로 의견을 교환하여 토론하며 협의하는 협의 참가 단계를 거친다. 다만 이 단계에서 이루어진 협의결과에 대한 시행은 경영자들에게 달려있다. 마지막은 근로자와 경영자가 공동으로 결정하고 결과에 대하여 공동의 책임을 지는 결정참가 단계이다. 이 단계에서는 경영자의 일방적인 경영권은 인정되지 않는다.

경영능력이 부족한 근로자가 경영에 참여할 경우 의사결정이 늦어지고 합리적으로 일어날 수 없으며, 대표로 참여하는 근로자가 조합원들의 권익을 지속적으로 보장할 수 있는가도 문제가 된다. 또한 경영자의 고유한 권리인 경영권을 약화시키고, 오히려 경영참가제도를 통해 분배문제를 해결함으로써 노동조합의 단체교섭 기능이 약화될 수 있다.

17 ②

자녀학비보조수당은 수업료와 학교운영지원비를 포함하며 입학금은 제외된다고 명시되어 있다.

① 위험근무수당은 위험한 직무에 상시 종사한 직원에게 지급된다.

③ 육아휴직수당은 휴직일로부터 최초 1년 이내에만 지급된다.

---

18 ④

월 급여액이 200만 원이므로 총 지급액은 200만 원의 40퍼센트인 80만 원이며, 이는 50~100만 원 사이의 금액이므로 80만 원의 15퍼센트에 해당하는 금액인 12만 원이 복직 후에 지급된다.

① 3월 1일부로 복직을 하였다면, 6개월을 근무하고 7개월째인 9월에 육아휴직수당 잔여분을 지급받게 된다.

② 육아휴직수당의 지급대상은 30일 이상 휴직한 남·녀 직원이다.

③ 복직 후 3개월째에 퇴직을 할 경우, 복직 후 지급받을 15퍼센트가 지급되지 않으며 휴가 중 지급받은 육아휴직수당을 회사에 반환할 의무 규정은 없다.

---

19 ④

조직의 구성원들이 경영에 참여하는 것을 경영참가제도라 한다. 경영참가제도는 조직의 경영에 참가하는 공동의사결정제도와 노사협의회제도, 이윤에 참가하는 이윤분배제도, 자본에 참가하는 종업원지주제도 및 노동주제도 등이 있다.

종업원지주제란 회사의 경영방침과 관계법령을 통해 특별한 편의를 제공, 종업원들이 자기회사 주식을 취득하고 보유하는 제도를 말한다.

---

20 ④

조직 개편을 목표로 두고 있는 기업이 가장 먼저 고려해야 하는 것은 사업의 우선순위 결정이라는 점이 강의의 내용에 포함되어 있다.

① 강의의 핵심 내용은 조직 개편의 성공률이 낮다는 것이 아니라, 성공률을 높이기 위하여 필요한 것은 무엇인지를 설명하는 것이다. 따라서 적절한 판단이라고 보기 어렵다.

② 조직 개편의 성공을 위한 요소를 지적하였으나, 실패의 원인을 인재 관리 능력 부족으로 판단하는 것은 근거가 없다.

③ 조직 개편을 위해 가장 먼저 고려되어야 하는 것은 사업의 우선순위 선정이다. 이를 통해 조직 구조가 먼저 개편되어야 하며, 인력 재배치를 먼저 단행하는 것은 강의의 내용에 맞지 않는다.

21 ①

A교수는 중장기적으로 근로자를 경영에 참가시킬 것을 제시하고 있다. 이는 근로자의 경영참가제도로서, '근로자를 경영과정에 참가시킴으로써 공동으로 문제를 해결하고 노사 간의 균형을 이루며 상호 신뢰로 경영의 효율을 향상'시키는 데에 그 목적이 있다고 할 수 있다.

② 이는 근로자 경영참가 제도뿐 아니라 노동자의 권익 보호를 강조하는 제시글의 내용과도 관련이 없다.

③ 조직문화에 대한 설명으로, 근로자 경영참가와는 무관한 내용이다.

④ 근로자에 대한 경영참가 제도를 강조하는 제시글에서 주주로서의 권한을 부여한다는 내용의 언급은 없으며, 주주로서의 권리 행사가 경영참가 제도의 도입 목적으로 볼 수는 없다.

---

22 ②

제시된 글에서는 조직문화의 기능 중 특히 조직 성과와의 연관성을 언급하고 있기도 하다. 강력하고 독특한 조직문화는 기업이 성과를 창출하는 데에 중요한 요소이며, 종업원들의 행동을 방향 짓는 강력한 지렛대의 역할을 한다고도 볼 수 있다. 그러나 이러한 조직문화가 조직원들의 단합을 이끌어 이직률을 일정 정도 낮출 수는 있으나, 외부 조직원을 흡인할 수 있는 동기로 작용한다고 보기는 어렵다. 오히려 강력한 조직문화가 형성되어 있을 경우, 외부와의 융합이 어려울 수 있으며, 타 조직과의 단절을 통하여 '그들만의 세계'로 인식될 수 있다. 따라서 조직문화를 통한 외부 조직원의 흡인은 조직문화를 통해 기대할 수 있는 기능으로 볼 수는 없다.

---

23 ③

⑷ 기사문은 노인일자리 추천서비스를 실시한다는 내용이므로 이는 노후준비서비스를 담당하고 있는 노후준비지원실 산하 조직의 업무로 보는 것이 타당하다.(실제로 노후준비지원실 산하 노후준비기획부의 업무 내용이다.)

⑷ 기사문은 장애인 단체들과의 업무협약과 이에 따른 교류 사업에 대한 내용을 언급하고 있으므로 장애인지원실의 업무로 볼 수 있다.(실제로 장애인지원실 산하 장애인서비스지원팀의 업무 내용이다.)

---

24 ②

조직문화는 조직의 방향을 결정하고 존속하게 하는데 중요한 요인이지만, 개성 있고 강한 조직 문화는 다양한 조직구성원들의 의견을 받아들일 수 없거나, 조직이 변화해야 할 시기에 장애요인으로 작용하기도 한다.

---

25 ④

경영전략을 수립하고 각종 경영정보를 수집/분석하는 업무를 하는 기획팀에서 요구되는 자질은 재무/회계/경제/경영 지식, 창의력, 분석력, 전략적 사고 등이다.

26 ②

지원본부의 역할은 생산이나 영업 등 자체의 활동보다 출장이나 교육 등 타 팀이나 전사 공통의 업무 활동에 있어 해당 조직 자체적인 역량으로 해결하기 어렵거나 곤란한 업무를 원활히 지원해 주는 일이 주된 업무 내용이 된다.

제시된 팀은 지원본부(기획, 총무, 인사/교육, 홍보/광고), 사업본부(마케팅, 영업, 영업관리), 생산본부(생산관리, 생산기술, 연구개발) 등으로 구분하여 볼 수 있다.

---

27 ①

100만 원을 초과하는 금액을 법인카드로 결제할 경우, 대표이사를 최종결재권자로 하는 법인카드신청서를 작성해야 한다. 따라서 문서의 제목은 법인카드신청서가 되며, 대표이사가 최종결재권자이므로 결재란에 '전결' 또는 상향대각선 등 별다른 표기 없이 작성하면 된다.

---

28 ①

50만 원 이하의 출장비신청서가 필요한 경우이므로 전결규정에 의해 본부장을 최종 결재권자로 하는 출장비신청서가 필요하다. 따라서 본부장 결재란에는 '전결'이라고 표시하고 최종 결재권자란에 본부장이 결재를 하게 된다.

---

29 ③

윗글의 (가), (나)에서 구성원들이 다루고 있는 회의방식은 브레인스토밍이다. 브레인스토밍은 문제를 해결하기 위해서는 혼자만의 구상보다는 여러 사람이 함께하는 방법이 더 효과적일 수 있다는 인지 하에 주어진 한 가지 문제를 놓고 여러 사람이 머리를 맞대고 회의를 통해 아이디어를 구상하는 방법으로, 많은 아이디어를 얻는 데 매우 효과적인 방법을 의미한다. (가)에서는 "태극전사들은 틈날 때마다 머리를 맞대고 자체 미팅을 가졌다.", "식당과 커피숍, 숙소~훈련장(경기장)을 왕복한 버스, 심지어 아침식사 전 머리를 깨우기 위해 갖는 가벼운 산책길에서도 선수들은 수시로 토론을 했다."에서 보듯이 브레인스토밍임을 암시하고 있으며, (나)에서는 "브레인스토밍 회의기법을 통해 팀원들 모두의 의견을 담아내는 과정을 소중하게 생각한다."에서 브레인스토밍 방식을 암시하고 있다. ③의 경우 회의를 통해 양적으로 아이디어 수는 많아지지만 지속적인 회의를 통해 내용이 걸러지게 되므로 그 중에서 더 나은 질적인 우수한 아이디어가 나올 가능성이 많아지게 되는 것이다.

---

30 ③

어느 조직이라도 조직의 업무를 방해하는 요인이 자연스럽게 생겨나게 된다. 전화, 방문, 인터넷, 메신저, 갈등관리, 스트레스 등이 대표적인 형태의 업무 방해요인이다. 업무를 효과적으로 수행하기 위해서는 방해요인에는 어떤 것이 있는지 알아야 한다. 특히, 방해요인들을 잘 활용하면 오히려 도움이 되는 경우도 있으므로 이를 효과적으로 통제하고 관리할 필요가 있다.

반드시 모든 이메일에 즉각적으로 대답할 필요는 없으며, 선별을 하고 시간을 정해 계획대로 처리한다면 보다 효과적이고 생산적인 시간 내에 많은 이메일을 관리할 수 있다.

31 ④

OJT(On the Job Training 사내교육훈련)는 다수의 종업원을 훈련하는 데에 있어 부적절하다.

---

32 ③

부의금은 접대비에 해당하는 경조사비이다. 30만 원이 초과되는 접대비는 접대비지출품의서, 지출결의서 모두 대표이사 결재사항이다. 따라서 사원 乙씨가 작성해야 하는 결재 양식은 다음과 같다.

결재	접대비지출품의서			
	담당	팀장	부장	최종결재
	乙			대표이사

결재	지출결의서			
	담당	팀장	부장	최종결재
	乙			대표이사

---

33 ④

교육비의 결재서류는 금액에 상관없이 기안서는 팀장 전결, 지출결의서는 대표이사 결재사항이므로 丁씨가 작성해야 하는 결재 양식은 다음과 같다.

결재	기안서			
	담당	팀장	부장	최종결재
	丁	전결	/	팀장

결재	지출결의서			
	담당	팀장	부장	최종결재
	丁			대표이사

---

34 ③

조직기구의 업무분장 및 조절 등에 관한 사항은 인사부에서 관리한다.

---

35 ④

업무지시문에 첨부된 업무협조전 양식을 사용하여야 한다.

---

36 ④

④ 김영태는 병가로 인한 휴직이므로 '기타'에 속해야 한다.

---

37 ③

③ 생일인 경우에는 상품권 5만 원을 지원한다.

38 ④

민츠버그의 경영자 역할

ⓐ 대인적 역할 : 상징자 혹은 지도자로서 대외적으로 조직을 대표하고 대내적으로 조직을 이끄는 리더로서의 역할

ⓑ 정보적 역할 : 조직을 둘러싼 외부 환경의 변화를 모니터링하고, 이를 조직에 전달하는 정보전달자로서의 역할

ⓒ 의사결정적 역할 : 조직 내 문제를 해결하고 대외적 협상을 주도하는 협상가, 분쟁조정자, 자원배분자로서의 역할

---

39 ③

ⓐ 조직은 공식화 정도에 따라 공식조직과 비공식조직으로 구분할 수 있다. 영리성을 기준으로는 영리조직과 비영리조직으로 구분된다.

ⓓ 공식조직 내에서 인간관계를 지향하면서 비공식조직이 새롭게 생성되기도 한다. 이는 자연스러운 인간관계에 의해 일체감을 느끼고 가치나 행동유형 등이 공유되어 공식조직의 기능을 보완해주기도 한다.

ⓔ 기업과 같이 이윤을 목적으로 하는 조직을 영리조직이라 한다.

---

40 ③

ⓒ 채용 후 일정 기간 안에 조합에 가입하는 것이 유니언 숍, 채용과 동시에 가입하는 것이 클로즈드 숍이다.

ⓓ 전문 경영자는 고용 경영자에 비해 독자적인 지위와 기업 경영에 대한 실권을 가진다.

ⓐ 계획 생산은 판매 시장의 수요를 고려하면서 생산한다.

---

41 ③

조직의 기본구성 단위는 팀으로, 수평적 조직구조를 강조하며 조직구성원과 관리자 간의 활발한 커뮤니케이션을 장려하고 전체를 중시하기 때문에 조직구성원의 권한이 약화되지 않는다.

---

42 ④

네트워크 조직은 독립된 각 사업 부서들이 자신의 고유 기능을 수행하면서 제품 생산이나 프로젝트의 수행을 위해서 상호 협력적인 네트워크를 지니는 조직으로 ①②③의 장점이 있지만, 조직 간 경계가 애매하여 정체성과 응집력이 약화될 수 있다는 단점이 있다.

---

43 ④

ⓒ 2의 '전자·통신관계법에 의한 전기·전자통신기술에 관한 업무'에 해당하므로 丙은 자격 취득 후 경력 기간 15개월 중 80%인 12개월을 인정받는다.

ⓓ 1의 '전력시설물의 설계·공사·감리·유지보수·관리·진단·점검·검사에 관한 기술업무'에 해당하므로 丁은 자격 취득 전 경력 기간 2년의 50%인 1년을 인정받는다.

44 ④

ⓒ 구성원들이 서로 유대감을 가지고 협동, 단결할 수 있도록 하는 것은 단결의 원칙이다.

ⓐ 대출 및 자녀 학비 보조금 지원은 법정 외 복리 후생제도에 의한 지원이다.

ⓒ 자재를 필요한 시기에 공급하는 것은 적시 생산 시스템이다.

ⓒ 기업의 구성원 전체가 품질 관리에 참여토록 하는 것은 종합적 품질 관리이다.

---

45 ①

집단의사결정의 특징

ⓐ 지식과 정보가 더 많아 효과적인 결정을 할 수 있다.

ⓒ 다양한 견해를 가지고 접근할 수 있다.

ⓒ 결정된 사항에 대하여 의사결정에 참여한 사람들이 해결책을 수월하게 수용하고, 의사소통의 기회도 향상된다.

ⓒ 의견이 불일치하는 경우 의사결정을 내리는데 시간이 많이 소요된다.

ⓒ 특정 구성원에 의해 의사결정이 독점될 가능성이 있다.

---

46 ②

제시된 글은 비공식 집단에 대한 설명이다.

②는 공식적 집단에 관한 설명이다.

---

47 ④

업무 방해요소

ⓐ 다른 사람의 방문, 인터넷, 전화, 메신저 등

ⓒ 갈등관리

ⓒ 스트레스

---

48 ③

제시된 글은 기획부의 업무에 해당한다.

※ 업무의 종류

ⓐ **총무부** : 주주총회 및 이사회개최 관련 업무, 의전 및 비서업무, 집기비품 및 소모품의 구입과 관리, 사무실 임차 및 관리, 차량 및 통신시설의 운영, 국내외 출장 업무협조, 복리후생 업무, 법률자문과 소송관리, 사내외 홍보 광고업무

ⓒ **인사부** : 조직기구의 개편 및 조정, 업무분장 및 조정, 인력수급계획 및 관리, 직무 및 정원의 조정 종합, 노사관리, 평가관리, 상벌관리, 인사발령, 교육체계 수립 및 관리, 임금제도, 복리후생제도 및 지원업무, 복무관리, 퇴직관리

ⓒ 기획부 : 경영계획 및 전략 수립, 전사기획업무 종합 및 조정, 중장기 사업계획의 종합 및 조정, 경영정보 조사 및 기획보고, 경영진단업무, 종합예산수립 및 실적관리, 단기사업계획 종합 및 조정, 사업계획, 손익추정, 실적관리 및 분석

ⓔ 회계부 : 회계제도의 유지 및 관리, 재무상태 및 경영실적 보고, 결산 관련 업무, 재무제표 분석 및 보고, 법인세, 부가가치세, 국세 지방세 업무자문 및 지원, 보험가입 및 보상업무, 고정자산 관련 업무

ⓜ 영업부 : 판매 계획, 판매예산의 편성, 시장조사, 광고 선전, 견적 및 계약, 제조지시서의 발행, 외상매출금의 청구 및 회수, 제품의 재고 조절, 거래처로부터의 불만처리, 제품의 애프터서비스, 판매원가 및 판매가격의 조사 검토

49 ①

임직원 출장비, 여비관련 업무와 조경 및 조경시설물 유지보수 등의 업무는 일반적으로 총무부(팀) 또는 업무지원부(팀)의 고유 업무 영역으로 볼 수 있다.

제시된 것 이외의 대표적인 인사 및 인재개발 업무 영역으로는 채용, 배치, 승진, 교육, 퇴직 등 인사관리와 인사평가, 급여, 복지후생 관련 업무 등이 있다.

50 ③

경영전략의 추진과정

㉠ 전략목표 설정 : 비전 및 미션 설정

㉡ 환경분석 : 내부 · 외부 환경 분석(SWOT)

㉢ 경영전략 도출 : 조직 · 사업 · 부문 전략

㉣ 경영전략 실행 : 경영 목적 달성

㉤ 평가 및 피드백 : 경영전략 결과평가, 전략목표 및 경영전략 재조정

가볍게! 빠르게! 확인하는 용어사전 시리즈

시사용어사전 | 경제용어사전 | 부동산용어사전

시사용어사전 1228

매일 접하는 각종 기사와 정보! 공기업/언론사/기업체/공무원 채용을 준비하는 수험생과
현대인이 꼭 알아야 할 최신 시사상식을 쏙쏙 뽑아 이해하기 쉽도록 영역별로 정리

경제용어사전 1050

주요 경제용어는 거의 다 실었다! 금융권/공기업/언론사/기업체/공무원 채용을 준비하기 전에,
경제 공부를 시작하기 전에 읽어보면 경제가 쉬워지도록 사전식으로 구성

부동산용어사전 1310

부동산에 대한 이해를 높이고 부동산의 개발과 활용, 투자 및 부동산 용어 학습에도
적극적으로 이용할 수 있는 교재, 공인중개사 출제용어도 수록

자격증

한번에 따기 위한 서원각 교재

한 권에 준비하기 시리즈 / 기출문제 정복하기 시리즈를 통해 자격증 준비하자!